汽车电路图识读与电路分析

主　编　麻友良　游彩霞

U0361070

机械工业出版社

本书系统介绍了汽车电路图识读与电路分析的基础知识，详细总结了汽车各系统电路的特点及识图要点，然后全面讲解了汽车电器和电子控制装置的部件结构类型及典型电路的特点、故障诊断方法等。

本书深浅适度、图文并茂，可帮助读者系统地学习、巩固和提高汽车电器与电子控制装置使用与维修所必备的基础知识，掌握汽车电路分析与故障诊断技能。本书适用于从事或准备从事汽车维修工作的广大读者阅读参考，同时也可作为大专院校、职业技术学校学生学习汽车电器与电子控制技术等专业课程的参考用书。

图书在版编目（CIP）数据

汽车电路图识读与电路分析/麻友良，游彩霞主编 . —北京：机械工业出版社，2020.3（2021.9重印）
IBSN 978-7-111-64997-7

Ⅰ.①汽… Ⅱ.①麻… ②游… Ⅲ.①汽车 - 电气设备 - 电路图 - 识图 ②汽车 - 电路分析
Ⅳ.①U463.6

中国版本图书馆 CIP 数据核字（2020）第 039509 号

机械工业出版社（北京市百万庄大街22号　邮政编码100037）
策划编辑：赵海青　责任编辑：赵海青　陈文龙
责任校对：杜雨霏　责任印制：单爱军
北京虎彩文化传播有限公司印刷
2021 年 9 月第 1 版第 2 次印刷
184mm×260mm · 27 印张 · 668 千字
1 501—2 500 册
标准书号：ISBN 978-7-111-64997-7
定价：89.00 元

电话服务　　　　　　　　网络服务
客服电话：010 - 88361066　机 工 官 网：www.cmpbook.com
　　　　　010 - 88379833　机 工 官 博：weibo.com/cmp1952
　　　　　010 - 68326294　金 书 网：www.golden - book.com
封底无防伪标均为盗版　机工教育服务网：www.cmpedu.com

前言
> Foreword

　　当前，汽车的电气设备和电子控制装置所占的比例很高，汽车电器与电子控制系统的性能好坏、工作正常与否，对汽车整车的使用性能起着至关重要的作用。因此，汽车电器与电子控制系统的正确使用与故障检修，也就成了现代汽车使用与维修中最为重要的工作。越来越多电子控制装置在汽车上的使用，对降低汽车的油耗和排气污染、提高汽车的安全性和舒适性等方面起到了无可替代的作用，但同时也提高了汽车故障检修的技术难度。熟悉汽车电器与电子控制系统的结构与工作原理、掌握汽车电气设备与电子控制装置的故障诊断与检修方法，是汽车维修人员必须具备的专业素养。

　　本书的主要目的是使读者能够很好地掌握汽车电器与电子控制系统使用与维修所必须具备的基础和专业知识，并在此基础上，熟练掌握汽车电气设备与电子控制装置的故障检修技能。全书共十五章，第一章"汽车电路识图与电路分析基础"，系统总结了汽车电路图识读与电路分析所必备的基础知识；为方便读者识图，第二章"典型车系汽车电路图的特点分析"，对各国典型车系汽车电路图的特点及符号等做了总结和说明；第三章到第十五章，全面介绍了汽车电气系统的车载电源及用电设备的电路结构特点与工作原理、电路组成部件的结构原理、电路主要部件的故障检修等内容；读者能系统全面地了解汽车车载电源及用电设备的组成和工作原理，并掌握电路分析与故障诊断方法，以及主要电器及系统部件的检测方法。为使读者更好地掌握这些专业知识和技能，书中精选了针对具体车型的典型电气系统电路，通过对这些典型电路的特点与原理分析、电路故障原因分析与故障诊断方法介绍，帮助读者提高汽车电路阅读与理解、故障分析与诊断的能力。

　　本书文字力求简洁明了、通俗易懂、图文并茂，以方便读者更容易阅读和理解。

　　本书由麻友良、游彩霞任主编，叶海见、孟芳、邵冬明、麻丽、袁青参与编写。在本书编写过程中，编者参考了大量相关的书籍资料，从中汲取了许多知识和经验，借此，向这些资料的作者表示感谢。

　　由于编者水平所限，书中难免会有不妥或错误之处，恳请广大读者批评指正。

编者

于武汉科技大学

目 录
> Contents

前言

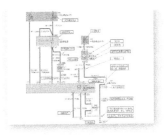

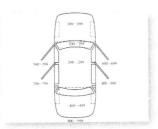

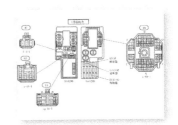

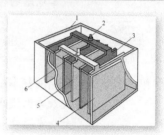

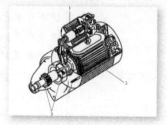

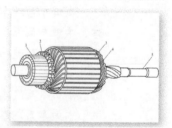

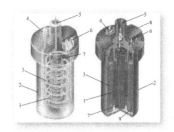

6 第六章　汽车照明系统电路的构成与特点分析 // 164

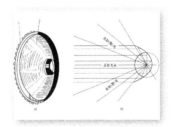

7 第七章　汽车信号系统电路的构成与特点分析 // 183

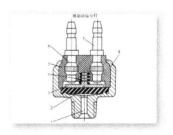

8 第八章　汽车仪表及指示灯系统电路的构成与特点分析 // 198

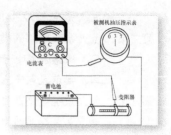

9　第九章　汽车发动机电子控制系统电路的构成与特点分析 // 224

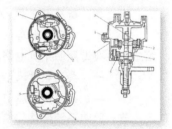

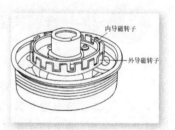

10　第十章　汽车自动变速器电子控制系统电路的构成与特点分析 // 290

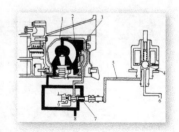

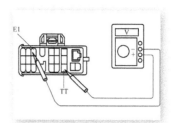

11 第十一章　汽车防抱死制动系统电路的构成与特点分析 // 314

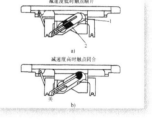

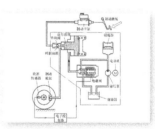

12 第十二章　汽车悬架电子控制系统电路的构成与特点分析 // 333

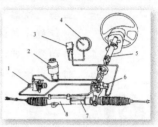

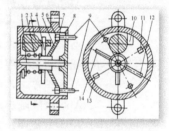
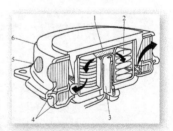

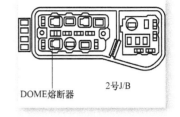

 附录 // 401

 参考文献 // 419

第一章
Chapter 1

汽车电路识图与电路分析基础

第一节　汽车电路的基本组成与特点

　　汽车电路图是我们了解并熟悉汽车电路原理、分析汽车电气系统故障原因、查寻故障确切部位的重要工具，而了解汽车电路的基本组成、掌握汽车电路的特点又是读懂汽车电路图最为重要的基础。

 汽车电路的基本组成

　　现代汽车的电气系统是一个复杂的系统，它包括传统的电器和各种电子控制装置。汽车电气系统可分为车载电源和用电设备两大部分，车载电源和各用电设备通过导线和配电装置连接成汽车电路。车载电源由蓄电池、发电机及调节器、配电装置等组成，用电设备按其功能可大致分为起动系统、照明系统、信号系统、仪表系统、点火系统、辅助电器、电子控制装置等。综上，汽车电路的基本组成如图1-1所示。

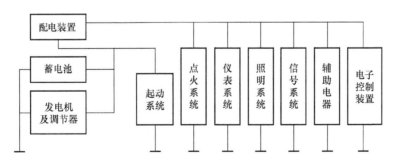

图1-1　汽车电路的基本组成

1. 车载电源

　　车载电源包括蓄电池、发电机及调节器、配电装置等，用于向汽车上所有的用电设备提供电能。

1

蓄电池：是发动机电力起动的电源，并在发电机不发电或电压低时向用电设备提供电能。

发电机及调节器：在发动机工作时，发电机及调节器为汽车用电设备提供电压稳定的电源，并在蓄电池电能不足时，向蓄电池充电。

配电装置：蓄电池和发电机通过配电装置向各用电设备供电，配电装置主要包括电路保护元器件（易熔线、熔断器）和电路控制器件（开关、继电器）及线路插接器等，现代汽车配电装置通常集中装在一个或几个接线盒中。

专业知识 ①

> 蓄电池是一个将化学能转变为电能的装置，又可以通过充电的方式将电能转变为化学能储存起来；发电机由发动机带动工作，是将发动机的机械能转换为电能，并通过调节器使发电机在转速变化的情况下电压保持稳定。

2. 用电设备

（1）起动系统

起动系统由起动开关、起动继电器（有的车无）和起动机组成。当需要起动发动机时，起动机工作，驱动发动机并使其发动而自行运转。

（2）照明系统

照明系统由各灯开关和照明灯组成，用于汽车夜间或能见度较低的阴雨天、雾天的道路照明和车内照明。在一些汽车上照明系统还配有自动变光（远光/近光）、前照灯延时关灯、灯开关未关警告等控制电路。

（3）信号系统

汽车信号系统包括声响信号装置和灯光信号装置，用于向附近行人和汽车驾驶人发出警告，以确保行车安全。

声响信号装置：汽车的声响信号装置是电喇叭，由电喇叭、喇叭按钮、喇叭继电器（有的车无）组成；有的车还装有倒车蜂鸣器。

灯光信号装置：灯光信号装置包括转向灯、制动灯、示廓灯、停车灯等，转向信号装置由闪光器、转向开关和转向灯组成，其他灯光信号由各灯具和相应的灯开关组成。

（4）仪表系统

仪表系统包括各指示仪表和各指示/警告灯，用于向驾驶人反映汽车工作状况，以确保行车安全并及时发现故障。传统的仪表有电流表、机油压力表、发动机温度表、车速里程表、燃油表等，由各指示表和相应的传感器组成。现代轿车上一般都装有发动机转速表，但不装电流表。汽车的指示/警告灯有很多，一般安装在仪表板上，由各指示/警告灯具和控制开关组成。

（5）点火系统

点火系统主要由点火开关、点火线圈、分电器（采用电子高压配电的汽车则无分电器）、火花塞等组成，用于准确、及时地向发动机燃烧室提供电火花，点燃可燃混合气，使发动机正常运转。

阅读提示 ✔

点火系统只是在汽油发动机上使用，柴油发动机缸内混合气是通过压燃燃烧的，不需要点火系统。

（6）辅助电器

除了上述汽车电气系统之外，汽车上还有许多电气设备，通常把它们归类为辅助电器。辅助电器包括风窗玻璃刮水器/洗涤器、电动玻璃升降器、电动天窗调节器、电动车门/中央门锁控制装置、电动座椅调节装置、电动后视镜、音响系统、点烟器等，其主要功能是提高车辆的安全性、舒适性和使用方便性。不同级别的汽车，其辅助电器的配置也有所不同。

（7）电子控制装置

为使汽车更节能、排放更环保、更安全、更舒适，现代汽车上都运用了多个电子控制装置。汽车电子控制装置由传感器、控制器和执行器组成。在现代汽车上，燃油喷射控制、点火时间控制、怠速控制等发动机控制装置，防抱死制动系统及安全气囊系统等安全性电子控制装置已全面普及，悬架、巡航等安全、舒适性电子控制装置在汽车上的应用也逐渐增多。

 二　汽车电路的基本特点

由于车载电源、使用环境及条件等的特殊性，汽车电路与其他电气设备的电路相比，有其不同的特点。汽车电路的基本特点是低压、直流、单线并联和负极搭铁。

1. 低压

车载电源之一的蓄电池由多个电压为 2V 的单体电池串联而成，因而车载电源的电压是 2 的倍数。到现在为止，车载电源的电压等级有 6V、12V、24V 三种，其中 6V 的车载电源现已不采用，现代汽车采用最多的是 12V 电系。有些重型汽车采用 24V 电系，有的重型汽车只是起动机采用 24V 电源，而其他用电设备仍为 12V 电系，但需要通过电源转换开关来改变电源电压。

名词解释 📖

单体电池是指能独立完成电化学反应，输出 2V 电压的电池单元。

采用低压的优点是安全、电源简单（蓄电池单格数可较少），而其主要的缺点是，电压低、发电机的极限功率提高受限、线路的能耗较大、信号传送质量欠佳等。从 20 世纪末开始，国际汽车界就已开始酝酿提高汽车电系的电压，较为一致的意见是将汽车电源电压提高到 42V。汽车电系电压提高后，可提高发电机的极限功率，满足在汽车上装备更多电动装置的需要，同时也可提高汽车电系工作的可靠性和减小汽车电电路线束的结构尺寸和能耗。

2. 直流

汽车电系为直流电系，其主要的原因是汽车电源之一的蓄电池是直流电源，蓄电池电能消耗后必须由发电机提供直流电充电，使其及时恢复电量，因而发电机输出的也必然是直流电。此外，使用直流串励式电动机，其起动性能要优于其他类型的电动机，这也可以当作汽车上为什么要采用直流电的一个次要原因。当然，现代汽车大量使用电子控制技术，这些电子控制装置也只能适应直流电。

3. 单线并联

车载电源蓄电池和发电机是并联相接的，这样的连接可以实现在发电机不工作或电压低的时候由蓄电池供电（起动发动机时的起动电流很大，由蓄电池供电）；而在发动机工作，发电机的电压高于蓄电池电压时，由发电机向用电设备供电及向蓄电池充电，以及时恢复蓄电池的能量。

汽车上所有的用电设备也都是并联相接的，用电设备只用一根导线与电源的正极相连，利用发动机、车身及车架等金属体作为公共回路，与电源的负极相连。

电工知识 ✕

> 并联是指两条或两条以上的电路并列地加在电路中的两点间，如果两条支路的电阻分别为 R_1、R_1，则两条支路的等效电阻 R 为
>
> $$R = \frac{R_1 R_2}{R_1 + R_2}$$
>
> 两条支路中，电阻小的支路其电流大。如果 $R_1 \ll R_2$，则 $I_1 \gg I_2$，即在电阻差值很大时，电阻大的支路电流可以忽略不计。

单线制具有线路清晰、用线少、安装检修方便等优点。在一些小型轿车上，部分部件和系统采用双线制，这些用电设备的负极用导线连接到一个公共接地点或连接到一根公共地线上。

4. 负极搭铁

负极搭铁是指蓄电池和发电机的负极连接车身、车架或发动机的机体，各用电设备连接发动机的机体、车身或车架（实际上是与电源的负极相连）。如果蓄电池的正极连接车身或车架，则为正极搭铁，正极搭铁方式在汽车使用直流发电机的时代曾被广泛应用，但现代汽车上大量使用电子设备，均适用于负极搭铁，因此现代汽车电系已不采用正极搭铁了。

三 现代汽车电路的变化特征

1. 传统电器的电子化

20 世纪 50 年代，随着晶体管的出现，一些传统电器逐渐实现了电子化，使得这些汽车电器的性能得以提高，并在降低汽车油耗和排放等方面也发挥了重要的作用。比如，硅整流发电机、电子调节器、电子喇叭、电子闪光器、电子点火器等电子装置，全部或部分替代了传统的汽车电器。

由于汽车电路中有了许多电子元器件，在对汽车电路进行故障检修时，再也不能用传统的刮火法来检查发电机是否发电和电路的通断情况。此外，蓄电池的正负极连接绝对不能接错，否则，就可能造成发电机整流二极管烧坏或电路中其他电子元器件的损坏。

刮火法是 20 世纪 70 年代以前用于检查电路通断性和发电机是否发电的一种简便方法。方法是将要检查电路的接线端与"搭铁"刮碰，根据有无火花或火花的强弱来判断电路的通断情况或发电机的发电状况。

2. 电子控制装置的使用

20 世纪 70 年代末期，美国通用汽车公司首次将微处理器用于点火时间控制，自此，以微处理器为控制核心的汽车电子控制装置迅速发展起来。在现代汽车上，燃油喷射控制、点火提前角控制、发动机怠速控制、防抱死制动控制、自动变速器控制、动力转向控制、安全气囊等电子控制技术的应用已很普及，一些汽车上还装有排气再循环控制、燃油蒸发排放控制、悬架刚度与阻尼控制、汽车巡航控制、车轮防滑转控制、卫星定位与导航等电子控制装置。这些电子控制装置的应用，使汽车的能耗与排污进一步降低，而汽车的安全性、舒适性则有了更进一步的提高。

汽车电子控制装置的大量使用，使现代汽车真正成为机电一体化的产品，但这对汽车维护和故障诊断的技术要求也更高了。

3. 线路布置与线束的变化

现代汽车的辅助电器应用越来越多，电动门锁、电动车窗等逐渐成了汽车上的标准配置。电动后视镜、电动天窗、电动座椅等应用也逐渐趋于普及。这些辅助电器的应用，使得汽车电路变得较为复杂。尤其是电子控制装置在汽车上的大量使用，使得汽车电气线路变得更为庞大，汽车整车的电气系统采用一根主线束的线路布置形式已经不可能了。

以前的汽车电气设备很少，汽车线路布置较为简单，将这些线路包扎在一起，形成一条线束，全车电气设备基本上都连接在这条线束上，这条线束称为主线束。

为了使庞杂的线路布置变得较为合理而又简捷，现代汽车的线束采用了分段的结构形式，即线束以电气系统的布置形式分段，形成多条小的线束；两条线束若需连接，则采用线间插接器连接。一些汽车上还设置了公共搭铁导线，用以确保各个电气装置良好的搭铁。汽车上通常设置一个或几个集装熔断器和继电器的接线盒，以使汽车电路的线路变得简捷明了，故障查寻和修理更为方便。

4. 汽车网络技术的应用

（1）传统线路传输方式的问题

随着汽车电器与电子控制装置在汽车上的应用越来越多，汽车线路传统的点到点布线方式使汽车上的导线数量成倍增加，汽车的线束越来越庞大。采用传统布线方法的高档汽车，其导线总长度可达 2km，导线的质量可达整车质量的 4% 以上，而电气线路的节点多达 1500 个或更多。粗大的线束不但占用了汽车上有限的空间资源，还使得汽车配线的设计和布线变得十分复杂，而复杂和凌乱的线束使电气线路的故障率增加，降低了汽车电器与电子控制装置的工作可靠性。而当线路发生故障时，不仅故障查找相当麻烦，维修也很困难，这在一定程度上影响了电子控制技术在汽车上的应用。

除此之外，汽车电子控制装置的大量使用，一些数据信息需要在不同的控制系统中共享，大量的控制信号也需要实时交换，以提高系统资源利用率和工作可靠性。很显然，如果在大量采用电子控制装置的汽车上仍然用传统的点到点的布线方式，则信号传输的可靠性、信息传送速率均会显现不适应性，信息传输材料成本也较高。

为了简化线路，提高信息传输的速率和可靠性，降低汽车电路故障频率，在借鉴计算机网络和现场控制技术的基础上，汽车网络信息传输技术应运而生。

（2）汽车网络信息传输系统的特点

汽车网络信息传输方式类似于计算机的总线技术，将汽车上各个功能模块（电子控制器或电器多路控制模块）用公共传输线路连接起来，形成汽车信息传输网络系统，如图1-2所示。发送数据和控制信号的功能模块将数据和控制信号以编码的方式发送到同一根总线上，接收数据和控制信号的功能模块通过解码获得相应的数据和控制命令（如某个开关动作）。总线每次只传送一个信息，多个信息分时逐个（串行）传输。

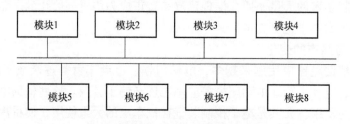

图1-2 汽车网络信息传输方式

汽车网络信息传输方式有如下优点：

1）由于用一根总线替代了多根导线，减少了导线的数量和线束的体积，简化了整车线束，使线路成本和重量都有所下降。

2）由于减少了线路和节点，使信号传输的可靠性得以提高，并提高了整车电气线路的工作可靠性。

3）改善了系统的灵活性，通过系统的软件即可实现控制系统功能变化和系统升级。

4）网络结构将各控制系统紧密连接，达到数据共享，各控制系统的协调性可进一步提高。

5）可为诊断提供通用的接口，可利用多功能诊断测试仪对数据进行诊断与测试，大大方便了维修人员对电子系统的维护和故障检修。

第二节　汽车电路负载的基本特性

在汽车电路中，车载电源是蓄电池和发电机，是汽车电路负载（用电设备）电能的来源。汽车电路的负载消耗电能，将电能转变成光、声、热、机械等能量，以完成电路的特定功能。电路负载有电阻类、电容类和电感类三种类型。

电阻类负载的基本特性

1. 电阻元件的基本特性

电阻元件对电路中的电流具有阻碍作用，它消耗电能。

（1）电阻的降压作用

电流流经电阻时具有电压降。对于一个定值的线性电阻来说，电阻 R 上的电压降 U 与流过电阻的电流 I 呈正比关系：

$$U = RI$$

（2）电阻消耗电能，并产生热量

通电电阻会将电能转化为热量，产生的热量 Q 不仅与电阻阻值有关，还与通电电流 I 和通电时间 t 呈正比关系：

$$Q = 0.24IRt \ （cal^{\ominus}）$$

2. 汽车电路中电阻特性示例

（1）白炽灯泡产生光和热

前照灯及其他照明灯和信号灯所用的白炽灯泡的灯丝属于电阻类负载，通电后在发出光线的同时，也会产生热量。因此，白炽灯泡的能耗比一些冷光源（如荧光灯、LED 等）大。

（2）点火线圈产生热量

点火线圈具有一定的电阻，因此在工作时，电流流过点火线圈会产生热量而使其温度上升。如果电源电压过高（充电系统故障），会使点火线圈初级绕组流过的电流过大，产生的热量过多而来不及散去，进而造成点火线圈的温度过高，甚至烧坏。

（3）接触不良造成电压降和温度升高

点火开关、线路连接端子及蓄电池导线接头等如果接触不良，就会具有一定的接触电阻。接触电阻产生的电压降会使用电设备的电压降低、电流减小，造成用电设备工作不正常或不能工作。

电流经过接触电阻所产生的热量，会使该接触不良处温度升高。因此，对于起动电路、充电电路这样一些通过电流比较大的线路连接处，可以用手摸连接处是否有异常的高温来判断该处是否有接触不良的情况存在。

 电容类负载的基本特性

1. 电容元件的基本特性

电容器由中间隔有介质的两个电极构成，可以储存电场能量，电容元件本身并不消耗能量。

（1）电容储存电场能量

当电流对电容充电时，在电容两个电极上就集聚起电荷，使电极之间形成一个电场。电容的充电过程就是电容将电源的电能转变成其内部电场能量的过程，其电场能量 W_C 与电容

⊖　1cal = 4.1868J。

量 C 和电容两端电压 U 的关系如下：

$$W_C = \frac{1}{2}CU^2$$

（2）电容对直流电开路

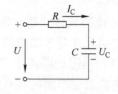

在直流电路中（图1-3），直流电源对电容充电使其两端的电压 U_C 升高，当 U_C 升高至与电源端电压 U 相等时，充电电流 I_C 降至零。此后，只要电容不放电或本身不漏电，连接电容的电路就不可能有电流通过。因此，电容对直流电相当于开路。

图1-3 直流电路中的电容

（3）电容对交流电具有容抗作用

电容对交流电的容抗 X_C 与交流电的频率 f 有如下关系：

$$X_C = \frac{1}{2\pi f C}$$

电容量越大，对交流电的阻碍作用就越小。电容的容抗与交流电的频率 f 成反比，对于高频交流电，电容的容抗很小，可以忽略。也就是说，电容对高频交流电相当于通路。

（4）电容两端的电压不能突变

当电路中有瞬变的电压产生时，瞬变电压对电容形成充电电流，使电容两端的电压上升（电压上升有一个过程）。电压上升的速率与电容量的大小及所形成的充电电流（取决于充电回路的电阻）有关，电容量越大，电压上升就越慢，上升后的电压也越低。

2. 汽车电路中的电容特性示例

（1）电容吸收触点火花

触点式电喇叭中的触点之间并联一个电容，利用电容电压不能突变的特性，吸收喇叭线圈的自感电动势，减小喇叭触点断开时的触点火花。

（2）电容吸收高频波

一些电子点火系统的点火线圈处接一个电容，用以吸收点火系产生的高频振荡波，以减小对无线电的干扰。

（3）蓄电池的电压安全保护作用

蓄电池相当于一个大容量的电容，用它可以吸收汽车电路中产生的瞬变高电压脉冲，使电压稳定，对电子元器件起到了保护作用。

 三 电感类负载的基本特性

1. 电感元件的基本特性

变压器绕组、电动机绕组、点火线圈及继电器线圈等都具有电感特性，可储存磁场能量，电感元件本身也不消耗能量。

（1）电感储存磁场能量

当电感通电后，就会在电感周围形成一个磁场，也就是说，电感把电源的电能转变成了磁场能量。其磁场能量 W_L 与电感量 L 和通电电流 I 的关系如下：

$$W_L = \frac{1}{2} L I^2$$

（2）电感对直流电通路或呈电阻性

对于匝数较少的线圈，其电阻可忽略不计，而其电感对直流不起作用，因此电感线圈对直流电来说相当于一根导线。汽车电器中的一些电感元件（如点火线圈、继电器线圈等）都由多匝线圈构成，其电阻参数不可忽略。因此，这些匝数较多的线圈对直流电而言相当于一个电阻。

（3）电感对交流电具有感抗作用

电感对交流电的感抗 X_L 作用与交流电频率 f 的关系如下：

$$X_L = 2\pi f L$$

感抗 X_L 与交流电的频率成正比，对于高频交流电，X_L 很大，电路中电感相当于开路。

（4）电感两端的电流不能突变

当电路中有电流突变时（如开关的开闭、电路突然断开等），电感会产生一个自感电动势 e_L 去阻碍电流的变化（图 1-4），使得流过电感的电流 i 变化有一个过程。电感的自感电动势 e_L 与电感量 L 和电感电流的变化速率 $\mathrm{d}i/\mathrm{d}t$ 有如下关系：

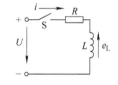

图 1-4　开关电路中的电感

$$e_L = L \frac{\mathrm{d}i}{\mathrm{d}t}$$

电感量越大，产生的自感电动势也越大，电流的变化也就越慢。

2. 汽车电路中电感特性示例

（1）点火线圈储存点火能量

点火线圈初级绕组通电时，将电源的电能变为磁场能量，并在初级绕组断电时，通过点火线圈初、次级的能量转换，最终转换为火花塞电极处的点火能量。

（2）电感的自感电动势造成过电压

点火线圈、继电器线圈、发电机和电动机的绕组等电感在电路开关开闭时或通电线路突然断开时，由于电流的突然变化而产生自感电动势，这些瞬变的电压很高，会对汽车上的电子元器件造成危害。因此，现代汽车电气设备出于对汽车电路中电子元器件的保护考虑，特别强调蓄电池的连接要可靠。因为蓄电池可吸收瞬变过电压，对稳定电网电压可起到很重要的作用。

汽车电路负载大都是电阻性的和电感性的。例如，照明和信号灯具、电热式仪表等均属于电阻类负载，将电能转换为光和热；各种电动机、继电器、触点式电喇叭、点火线圈等则属于电感类负载，分别将电能转变为转矩、触点的动作、声音、点火电压等。

阅读提示 ✔

在汽车电路中的所有负载中，一些负载可能包含有电阻、电容和电感这三个参数，但主要可能是某一种或两种元件参数，其余的参数可以忽略不计。

第三节　汽车电路的基础元件

电源和电路负载（用电设备）是构成电路的最基本要素，除此之外，导线、开关、继电器、熔断器等也是汽车电路必不可少的基础元件。

 一　导线

导线用于连接汽车电源和用电设备，是组成汽车电路的基础元件之一。汽车上的导线均采用多股铜线，并对导线的截面面积和颜色等有具体的规定，以满足汽车电路使用要求和方便维护。

1. 导线的截面面积

汽车导线的截面面积大体上根据所接用电设备的电流值确定，但为了保证导线有足够的机械强度，规定截面面积最小不能小于 $0.5mm^2$。各种低压导线标称截面面积允许载流值见表 1-1。

表 1-1　汽车低压导线标称截面面积允许载流值

导线标称截面面积/mm²	1.0	1.5	2.5	3.0	4.0	6.0	10	13
导线允许载流值/A	11	14	20	22	25	35	50	60

导线标称截面面积是根据规定换算方法得到的截面面积值，它既不是线芯的几何面积，也不是各股铜线几何面积之和。汽车 12V 电系主要电路导线标称截面面积推荐值见表 1-2。

表 1-2　汽车 12V 电系主要电路导线标称截面面积推荐值

标称截面面积/mm²	适用电路
0.5	尾灯、顶灯、仪表灯、指示灯、牌照灯、燃油表、冷却液温度表、油压表、电钟等电路
0.8	转向灯、制动灯、停车灯、点火线圈初级绕组等电路
1.0	前照灯、电喇叭（3A 以下）等电路
1.5	前照灯、电喇叭（3A 以上）等电路
1.5~4.0	其他 5A 以上电路
4.0~6.0	柴油车电热塞电路
6.0~25	电源电路
16~95	起动电路

2. 导线的颜色

为配线和检修的方便，汽车各电路导线均采用不同的颜色，各国对汽车导线的颜色有不同的规定。比如我国要求截面面积 $4.0mm^2$ 以上的导线采用单色，其他导线则采用双色（在主色基础上加辅助色条）。国产汽车低压导线主色的规定见表 1-3。

表 1-3　低压导线主色的规定

导线主色	电路系统的名称
红	电源系统
白	点火系统、起动系统
蓝	前照灯、雾灯等车外照明系统
绿	灯光信号系统
黄	车内照明系统
棕	仪表、警告系统、电喇叭
紫	收音机、电子钟、点烟器等辅助电器
灰	各种辅助电动机及电气操纵系统
黑	搭铁

导线配色的基本原则是，在同一电气系统中的双色线主色与单色线的颜色相同；电路分支线的辅色则通常按允许的颜色选配。这样规定主要是为了方便布线和故障检修时的线路识别。表 1-4 为日本汽车各电气系统的导线配色。

表 1-4　日本汽车各电气系统的导线配色

电气系统	导线配色		
	导线的基色	或选的基色	导线可配的辅色（条纹颜色）
起动与点火系统	黑	—	白、黄、红、浅蓝
电源（充电系统）	白	黄	黑、红、浅蓝
照明系统	红	—	黑、白、绿、浅蓝
信号系统	绿	浅绿、棕	黑、白、红、浅蓝、黄
仪表系统	黄	—	黑、白、红、绿、浅蓝
辅助电器	浅蓝	红、黄、棕	黑、白、红、绿、黄
搭铁	黑	—	—

有的汽车用线比较多，为配线和识别的方便，往往还在导线的接头处套有某种颜色的套管。在电路图中通常还标出导线套管的颜色。比如，日本汽车用英文字母组成的色码标注导线与套管颜色的方式如下：

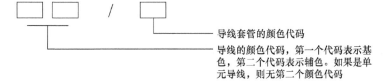

导线套管的颜色代码

导线的颜色代码，第一个代码表示基色，第二个代码表示辅色。如果是单元导线，则无第二个颜色代码

3. 导线颜色代码

为方便电路识别和检修，在导线的接线端和电路图上通常都标有导线颜色代码。国际标准化组织（ISO）规定采用各颜色的英文字母为导线色码（我国及英国、美国、日本等均采用英文字母），但也有一些国家采用本国母语字母作为导线色码。一些国家汽车线路中的导线颜色代码见表 1-5。

表1-5　一些国家汽车线路中的导线颜色代码

颜色	英文代码	日本代码	德国代码	法国代码	颜色	英文代码	日本代码	德国代码	法国代码
黑	B	B	sw	N	灰	Gr	Gr	gr	G
白	W	W	ws	B	紫	V	V	li	Mv
红	R	R	ro	R	橙	O	O	—	Or
绿	G	G	gn	V	粉	—	P	—	Ro
黄	Y	Y	ge	J	浅蓝	—	L	hb	—
棕	Br	Br	br	M	浅绿	—	Lg	—	—
蓝	Bl	—	—	Bl					

　　汽车电路图中，双色线的标注方法是主色在前、辅色在后。比如"BW"，表示该导线的主色是黑色，辅色为白色。也有在主、辅色代码之间加"/"或"—"的标注方法。

　　在一些汽车电路图中，还标出了导线的截面面积。比如"1.5Y"，表示该条线路的导线截面面积为 1.5mm^2，导线颜色为黄色。

二　熔断器与易熔线

　　熔断器与易熔线也属于汽车电路的基础元件，在电路中起安全保护作用。当电路过载或短路时，串联在被保护电路中的熔断器或易熔线就会发热而熔断，切断被保护电路，以防线路和用电设备烧毁。

电工知识

　　串联是指电路中流过同一电流的两个或两个以上的器件，如果一条电路中两个器件的电阻分别为 R_1、R_2，则这条电路的等效电阻 R 为

$$R = R_1 + R_2$$

施加于两个器件上的电压，电阻大的器件上其分压高。如果 $R_1 \gg R_2$，则 $U_1 \gg U_2$，即在电阻差值很大时，电阻小的器件上其电压可以忽略不计。

1. 熔断器

　　熔断器的保护元件是其内部的熔丝，通常将熔丝固定在可插式塑料片上（插片式）或封装在玻璃管内（管式），常见的熔断器如图1-5所示。

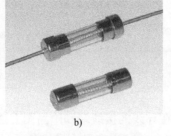

a)　　　　　　　　　　b)　　　　　　　　　　c)

图1-5　常见的熔断器
a) 插片式　b) 管式　c) 片式

一般情况下，当所保护的电路电流过大（通过熔丝的电流达到额定电流的 1.35 倍）时，熔断器中的熔丝会在 60s 内熔断；当通过熔丝的电流达到 1.5 倍额定电流时，20A 以下的熔丝会在 15s 内熔断，30A 的熔丝会在 30s 内熔断。

由于汽车电路中各电气系统的电路几乎都设有熔断器，所以整车汽车电路所配置的熔断器有多个，这些熔断器通常集中安装在一个或几个接线盒（也称熔断器盒）中。接线盒中通常还装有各种用途的继电器，如图 1-6 所示。为便于检修和更换，通常将各个熔断器编号，并按顺序排列，有的汽车上还将各熔断器涂以不同的颜色。

图 1-6　接线盒
1—熔断器　2—继电器　3—熔断器插座

2. 易熔线

易熔线的作用与熔断器相似，但易熔线所保护的电路其工作电流较大。易熔线由多股熔丝绞合而成，其线外包有耐热性能好的绝缘护套。与普通低压导线相比，易熔线更为柔软，一般长度为 50～200mm，如图 1-7 所示。

易熔线通常以棕、绿、红、黑四种颜色来表示其不同规格，不同规格的易熔线及其特性见表 1-6。

图 1-7　易熔线

表 1-6　不同规格的易熔线及其特性

颜色	尺寸/mm²	构成	1m 长的电阻值/Ω	连续通电电流/A	5s 内熔断的电流/A
茶色	0.3	ϕ0.32mm×5 股	0.0475	13	约 150
绿色	0.5	ϕ0.32mm×7 股	0.0325	20	约 200
红色	0.85	ϕ0.32mm×11 股	0.0205	25	约 250
黑色	1.25	ϕ0.5mm×7 股	0.0141	33	约 300

易熔线通常连接在电路的起始端，比如和熔断器一起集中安装在接线盒内，或连接于蓄电池正极桩附近（图 1-8）。易熔线不能包扎在线束内，也不得被其他物件所包裹。

3. 熔断器和易熔线的表示方法

在汽车电路图中，熔断器和易熔线的电气符号如图 1-9 所示。在一些国外汽车公司的汽车电路图中，熔断器和易熔线的表示方法会有所不同，具体请参阅本书第二章的相关内容。

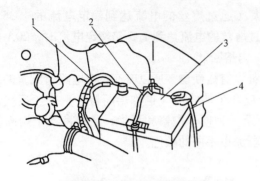

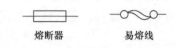

熔断器　　　　易熔线

图1-8 易熔线的安装位置　　　**图1-9** 熔断器和易熔线的电气符号

1—易熔线　2—蓄电池固定支架　3—蓄电池　4—蓄电池负极电缆

 三　插接器

1. 插接器的作用

插接器俗称连接器，由插头和插座两部分组成，用于电气设备与线路之间的连接，以及线路与线路之间的连接。与老式的单线接线柱连接方式相比，插接器连接方式具有接线方便迅速、线束结构简捷紧凑、避免接线错误等优点，已被现代汽车普遍采用。

2. 插接器的结构与识别

在汽车电路中，不同位置所用插接器的连接端子数目、外形尺寸和形状均不相同，几种常见的汽车电路插接器如图1-10所示。

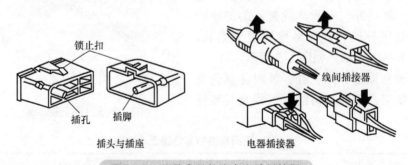

图1-10 几种常见的汽车电路插接器

插接器线路连接端子数量最少是1个，多的可达数十个。为保证连接可靠，插接器设有锁止装置，大多数插接器具有良好的密封性，以防油污、水及灰尘等进入而使端子锈蚀。

注意：在拆开插接器时，应该先松开锁止扣，千万不能在未松开锁止扣的情况下硬拉导线。

专业俗语

用于电气设备和导线连接的插接器，通常将设备侧称为插座，线束侧称为插头；连接两条线束的插接器，通常将插孔侧称为插座，插脚侧称为插头。

3. 插接器的表示方法

不同国家、不同汽车公司的汽车电路图中，插接器的图形符号不尽相同，但方格中的数字都代表插接器的各端子号。插接器的表示方法如图 1-11 所示。通常将涂黑的表示插头，不涂黑的表示插座；有倒角的表示插头插脚呈柱状，直角的表示插头插脚为片状。

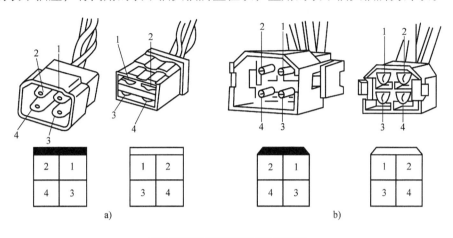

图 1-11　插接器的表示方法

a）片状插脚的插头与插座　b）柱状插脚的插头与插座

 **开关**

1. 开关的作用与类型

开关也是汽车电路的基础元件，起着通断电路的控制作用。现代汽车在其复杂的汽车电路中用到了很多开关，现以不同的分类方法将汽车电路中所用的各种开关进行归类。

（1）按开关的控制方式不同分类

按开关控制方式的不同分，有手动操纵式和自动控制式两种。

1）手动操纵式开关。由驾驶人直接用手或用脚操纵开关的"开"与"关"，手动操纵式开关又有旋转式、推拉式和按压式等不同的形式。

2）自动控制式开关。开关并不是由驾驶人直接操纵，而是在汽车运行时，由某种物理量使其动作。例如：机油压力过低警告电路中的压力开关在发动机机油压力降至低限时动作（接通）；冷却液温度过高警告电路中的温度开关在发动机冷却液温度升至高限时动作（接通）；倒车信号及照明电路中的倒档开关是在变速杆在倒档位置时动作（接通）等。

> **阅读提示** ✔
>
> 　　自动控制式开关的控制参量通常是压力、温度、位移等物理量，因而这些开关也被称为传感器。

（2）按开关的通断状态分类

按开关的通断状态分，汽车电路中的开关可分为动合（常开）开关、动断（常闭）开关两种类型。

1）动合开关。开关在电路不工作时处于断开状态，当需要该电路工作时，使开关闭合，接通其控制的电路。汽车电路中绝大多数开关均为动合开关。

2）动断开关。开关的初始状态为闭合，汽车电路中的一些压力开关通常采用动断式结构。例如，机油压力开关在无机油压力时开关触点处于闭合状态，当发动机工作且机油压力正常时，开关触点在压力的作用下断开，使机油压力警告灯熄灭。

（3）按开关的功能分类

按开关的功能多少分类，汽车电路中的开关可分为单功能开关、复合开关及组合开关等。

1）单功能开关。开关内部只有一个开关触点，通常只控制一条电路。

2）复合开关。开关的内部有两个或两个以上的触点，控制多条电路，开关的动作也有两档或两档以上。

例如，点火开关是一个复合开关，如图 1-12 所示。点火开关一般设有辅助电器档、点火档、起动档等，分别用于控制辅助电器电路、点火系统电路及起动电路的通断。

灯光开关通常也采用复合开关，在不同的档位下所连接的电路也不同。

3）组合开关。组合开关是将两种或两种以上的开关集装在一起，可使开关的操纵更加方便。现代汽车上组合开关的使用已很普遍。

图 1-12　点火开关

JK322A 型组合开关如图 1-13 所示。该组合开关分左右两部分，左组合开关组合了刮水器复合开关和洗涤器开关；右组合开关则组合了转向灯开关、车灯组合开关、前照灯变光开关及喇叭开关。

2. 开关功能的识别

单功能开关只控制一条电路，功能比较简单，但复合开关和组合开关由于其控制的电路比较多，要认清开关在各状态下其线路连接端子和电路通断关系就相对要复杂一些。熟悉复合开关和组合开关在各种状态下的功能和电路通断情况，对理解汽车电路原理及故障诊断是极为重要的。

在汽车电路图中，开关功能及电路连接情况通常用开关原理图和开关档位图表示，因此识读开关原理图和开关档位图是了解开关功能和电路连接情况的重要途径。

（1）开关原理图

开关原理图用于表示复合开关各档位电路通断情况以及所控制的电路，图 1-14 所示为点火开关原理图。

点火开关原理图中右侧表示此开关为旋转式 3 档钥匙开关。虚线中间下三角及数字表示开关在 0、Ⅰ、Ⅱ位可以定位，Ⅲ位不能定位，即将开关旋转至Ⅲ位松开时，开关自动回到Ⅱ位。

点火开关原理图左侧表示开关的通断功能：0 位为 OFF 位，点火开关不接通任何控制电路；Ⅰ位为辅助档，点火开关旋转至Ⅰ位时，辅助电器（如音响、电动车窗等）电源电路

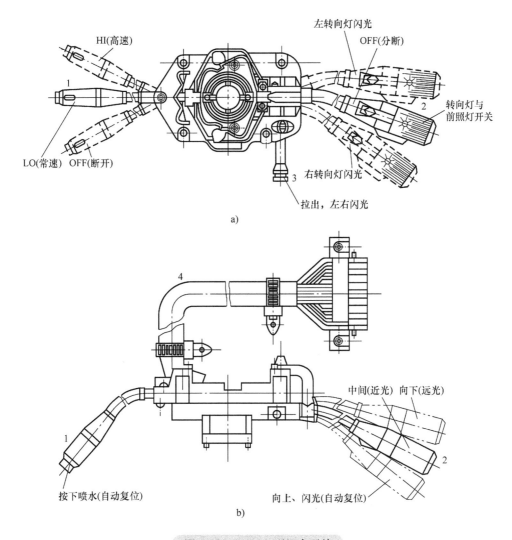

图1-13 JK322A型组合开关

a）前后方向工作状态　b）上下方向工作状态

1—左组合开关　2—右组合开关　3—危险报警开关　4—组合开关线束

接通；Ⅱ位为点火档，点火开关接通点火系统、仪表系统、汽车电子控制装置等电源电路；Ⅲ位为起动档，点火开关接通起动电路、点火系统电路等。

（2）开关档位图

开关档位图也称开关的功能图或表格，用来直观地表示复合开关和组合开关的通断功能。点火开关档位图如图1-15所示。该图表示该点火开关有4个接线端子：

1号（BAT）端子为电源端子，连接蓄电池与发电机的正极。

2号（IG）为点火接线端子，连接点火电路、仪表电路、发电机励磁电路及电子控制装置电源电路等。

3号（ACC）端子为辅助电器接线端子，连接收音机、电动车窗等辅助电器的控制开关。

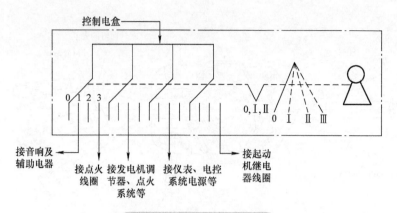

控制电盒

0 1 2 3   0,Ⅰ,Ⅱ   0   Ⅰ   Ⅱ   Ⅲ

接音响及   接点火   接发电机调   接仪表、电控   接起动
辅助电器   线圈   节器、点火   系统电源等   机继电
                          系统等   器线圈

图 1-14　点火开关原理图

4 号（ST）为起动接线端子，连接起动电路。

点火开关档位图还表示了该点火开关有 5 个档位：

"LOCK" 位，是转向盘锁止档，从 0 位逆转至该位，可锁止转向盘。

"OFF" 位，是点火开关的断开位，点火开关在该位时，2、3、4 号接线端子与 1 号接线端子均为断开状态。

"ACC" 位，是辅助电器档（从 0 位顺转Ⅰ位），点火开关在该档位时，1、3 号端子相连接，使辅助电器电路接通电源。

接线柱 开关档位	1 (BAT)	2 (IG)	3 (ACC)	4 (ST)
LOCK(−Ⅰ)				
OFF(0)	○			
ACC(Ⅰ)	○——		——○	
ON(Ⅱ)	○———	——○		
ST(Ⅲ)	○———	——○		———○

○——○ 表示连接。

图 1-15　点火开关档位图

"ON" 位，是点火档（从 0 位顺转Ⅱ位），点火开关在该档位时，1、2、3 号端子相连接，使点火电路、仪表电路等接通电源。

"ST" 位，是起动档（从 0 位顺转Ⅲ位），点火开关在该档位时，1、2、4 号端子相连接，使点火电路、起动电路接通电源。

 五　继电器

1. 继电器的基本组成

继电器也属于汽车电路的基础元件，用于间接控制汽车电路的通断。继电器的基本组成如图 1-16 所示，主要部件包括绕在铁心上的线圈、触点、弹簧、衔铁等。触点串联在被控电路中，弹簧使触点保持在断开或闭合状态，当继电器线圈通电时，线圈产生的电磁力吸动触点，接通或断开被控电路。

2. 继电器的类型

汽车电路中使用继电器的地方很多，其种类也较多。按继电器触点的工作状态的不同，可将其分为常开型、常闭型和混合型三种类型，如图 1-17 所示。

（1）常开型继电器

常开型继电器（图 1-17a）在继电器线圈未通电时，继电器的触点在其弹簧力作用下保

18

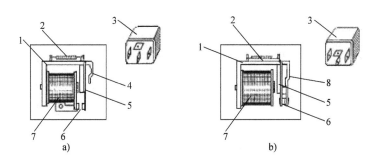

图1-16　继电器的基本组成

a）常开型　b）常闭型

1—磁轭　2—弹簧　3—封装的继电器　4—限位片　5—衔铁　6—触点　7—线圈　8—固定触点支架

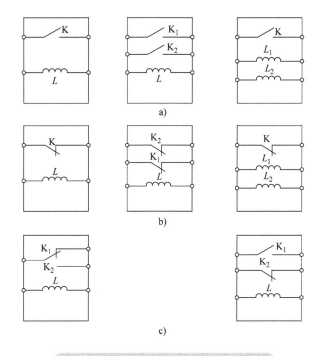

图1-17　汽车电路中所用继电器的类型

a）常开型继电器　b）常闭型继电器　c）混合型继电器

持在张开位置；当通过手动开关、传感器或相应的控制电路使继电器线圈通电时，继电器线圈产生电磁力吸引衔铁而使触点闭合，接通与触点串联的被控电路。

除了一个常开触点和一个线圈的基本型外，常开型继电器还有单线圈双触点和单触点双线圈等其他的结构形式。单线圈双触点的继电器用于同时控制两条互相独立的电路，而单触点双线圈的继电器则有两种工作方式：一种是两个线圈中只要有一个线圈通电触点就动作；另一种是两个线圈都通电时才能使触点动作。

（2）常闭型继电器

常闭型继电器（图1-17b）在继电器线圈未通电时，继电器的触点在其弹簧力作用下保持在闭合位置，当继电器线圈通电时，线圈电磁力使触点张开，断开触点所串联的电路。

常闭型继电器也有单触点双线圈和双触点单线圈等不同的形式，单触点双线圈也有两种工作方式：一种是只要一个线圈通电就可使继电器触点动作，另一种是要通过两个线圈的电磁力共同作用才能使触点打开。

（3）混合型继电器

混合型继电器（图1-17c）是指既有常开触点，又有常闭触点的双触点或多触点继电器，当继电器线圈通电时，继电器触点动作：常开触点闭合，常闭触点断开，以接通和断开相应的电路。

混合型继电器也有双线圈的结构形式，汽车电路中的混合型双线圈继电器大致有两种，一种是两线圈同时通电时触点才动作，另一种是只要有一个线圈通电触点就动作。

汽车电路中所用继电器除了上述各种类型外，还有一些特殊用途的继电器。例如，电容式闪光器，由常闭型继电器加一个电容器构成，通电后触点可自行按某一频率开闭。

继电器除了图1-17这种常见的表示方法外，还有一些其他的表示方法，例如，图1-18中的继电器表示方法是我国汽车行业所规定的继电器符号。

3. 继电器的工作原理

汽车电路中继电器的主要用途是保护和控制。

（1）继电器在电路中的保护作用

一些汽车电路的工作电流较大，如果直接用开关控制，开关内部触点在通断电

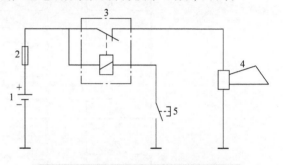

图1-18 继电器起保护作用的电路原理

1—蓄电池 2—熔断器 3—喇叭继电器
4—电喇叭 5—喇叭按钮

时会因电流大而产生较强的触点火花，使触点容易被烧坏。一些汽车电路采用继电器间接控制方式，使开关只是控制电流小的继电器线圈电路的通断，而电流较大的电路由继电器触点的动作来控制其通断，使得开关的工作电流减小，起到了保护开关触点的作用。

通过继电器实现间接控制的电路如图1-18所示。

该继电器线圈由喇叭按钮触点控制，而继电器触点串联在工作电流较大的电喇叭电路中。需要电喇叭工作时，驾驶人按下喇叭按钮，喇叭继电器线圈通电，继电器线圈产生电磁力而吸合触点，使电喇叭通电工作。由于喇叭按钮触点只控制继电器线圈电路的通断，只通过继电器线圈允许的较小电流，使喇叭按钮触点不容易烧坏，其使用寿命得以延长。

继电器在汽车电路中用作保护开关触点的应用实例还有起动继电器、前照灯继电器、空调继电器、冷却风扇继电器等。

（2）继电器的自动控制作用

在汽车电路中，继电器被用于自动控制，以实现某种控制功能。一些汽车电路采用继电器间接控制方式的目的是实现某种自动控制。

　　以被控对象的某一物理量为控制参量，该参量直接（或通过传感器、传感器加控制器）转换为继电器线圈的电流，再由继电器触点的动作通/断被控电路，以实现相应的自动控制。

　　继电器的自动控制电路原理如图 1-19 所示。该继电器控制电路用于自动控制充电指示灯的点亮和熄灭，以向驾驶人提示充电系统工作是否正常。

　　将继电器线圈连接于发电机的中性点接线柱 N，继电器的常闭触点串联在充电指示灯电路中。N 接线柱在发电机内部连接于电枢绕组的中性点（星形联结），其电压是发电机输出端子 B 电压（U_B）的 1/2。当发电机正常发电时，其中性点电压使继电器线圈通电而产生电磁力，将触点吸开，充电指示灯断电而自动熄灭，指示充电系统正常工作。当发动机运行中发电机出现了故障时，由于发电机中性点电压低或无，导致继电器线圈电流减小或断流，使得继电器触点在弹簧力作用下闭合，充电指示灯亮起，指示充电系统有故障。

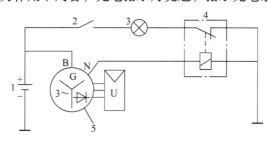

图 1-19　继电器的自动控制电路原理
1—蓄电池　2—点火开关　3—充电指示灯　4—充电指示灯继电器　5—发电机
B—发电机电枢（输出）接线柱　N—发电机中点接线柱　U—电压调节器

　　发电机的电枢产生三相交流电，通过二极管组成的整流器全波整流后，从电枢接线柱 B 输出其端电压；三相电枢绕组从其星形联结的中性点引出到 N 接线柱，从 N 端子输出的电压称为中性点电压，通过半波整流得到，是发电机端电压的 1/2。将 N 端连接到充电指示灯继电器的线圈电路中，用以控制充电指示灯的工作。

4. 继电器的主要参数

　　汽车电路中所使用的继电器其主要的特性参数有额定工作电压和工作电流、线圈电阻、吸动电压或电流、释放电压或电流、触点负荷等。

　　（1）额定工作电压和工作电流

　　额定工作电压和工作电流是指继电器正常吸动触点时，线圈所需要施加的电压值或电流值。同一型号的继电器其构造大体相同，但继电器的额定工作电压和工作电流可能不同，用以适应不同的电路。

　　（2）线圈电阻

　　线圈电阻是指继电器线圈的直流电阻。在一些电工手册中通常给出某型号继电器的额定

工作电压 U 和线圈电阻 R，根据欧姆定律 $I=U/R$ 就可以求出继电器线圈的额定工作电流 I。

（3）吸合电压或电流

阅读提示 ✓

> 继电器线圈在吸合电压或电流状态下，继电器触点有吸合动作，但并不可靠。只有在额定工作电压下，线圈通过额定工作电流，继电器触点的吸合动作才是可靠的。实际使用时，施加电压不得大于额定工作电压的 1.5 倍，否则会导致线圈电流过大而烧坏。

吸合电压或电流是指继电器线圈通电时，能够使继电器触点产生吸合动作的最小电压值或电流值，通常吸合电压为额定工作电压的 75% 左右。

（4）释放电压或电流

吸合状态下的继电器，当线圈两端的电压下降到一定值时，继电器触点会从吸合状态转换到释放状态。释放电压或电流是指继电器触点产生释放动作的最大电压值或电流值。释放电压应该比吸合电压小很多，否则容易导致继电器触点吸合不牢，出现频繁开闭的故障现象。

（5）触点负荷

触点负荷是指触点控制负载电流的能力，即继电器触点允许控制的电压值和电流值。它决定继电器能控制的电压和电流的大小。

使用时，不允许用触点负荷小的继电器去控制大电流或高电压。例如，不允许用额定工作电压为 12V 的继电器去替代额定工作电压为 24V 的继电器。

5. 继电器的外形、内部电路及端子排列

汽车上所使用的继电器种类较多，一些常用的继电器其外形、内部电路及端子的排列见表 1-7。

表 1-7 常用继电器的外形、内部电路及端子排列

型号	外形	内部电路	端子排列
1T	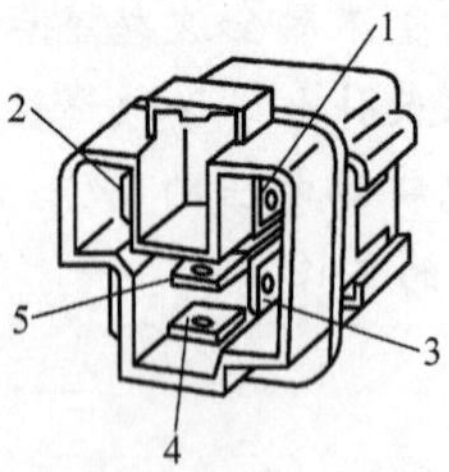	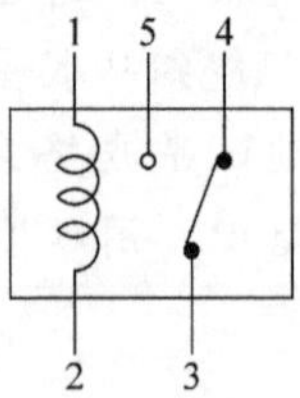	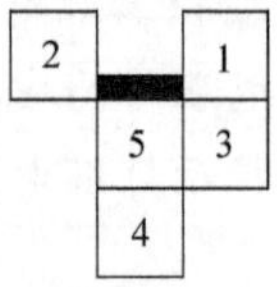
1M	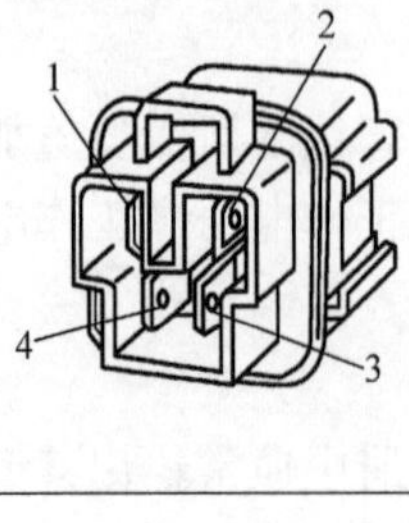	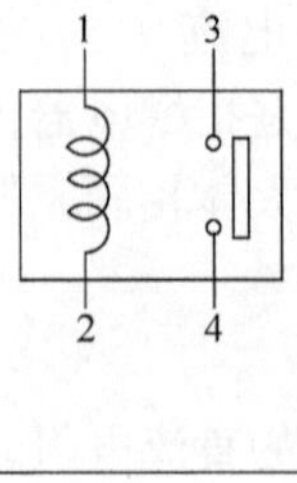	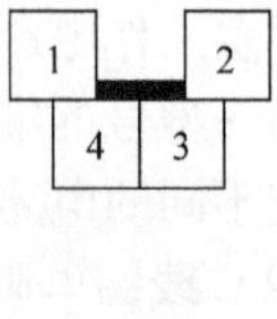

（续）

型号	外形	内部电路	端子排列
2M			

6. 继电器的安装位置

汽车电路中使用的各继电器通常集中安装在专门的继电器盒内，在继电器盒内通常还装有熔断器，因此继电器盒通常也称为接线盒、熔断器盒（继电器盒参见图 1-6）。一些汽车电路图提供了各个继电器位置图（从图中可了解到各继电器的具体位置和继电器各端子的排列情况），以方便故障查寻。继电器的安装示例如图 1-20 所示。

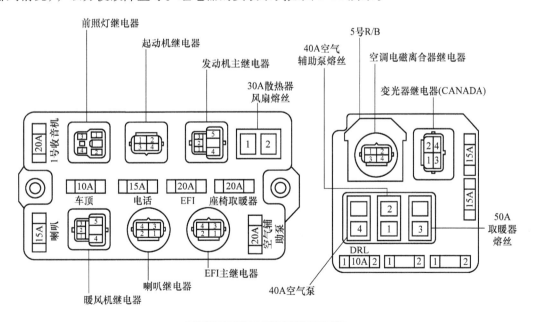

图 1-20　继电器的安装示例

第四节　汽车电路图的类型与识图要点

汽车电路图的作用与类型

1. 汽车电路图的作用

汽车电路图用于显示汽车各电气系统的电路连接关系，表达汽车电路的组成及工作原理，还可标示各电器、线束等在汽车上的具体位置等。汽车电路图不仅可帮助读者了解并熟悉汽车电路的构成和工作原理，还可方便汽车检修人员准确地进行汽车电气系统故障分析和故障诊断操作。

2. 汽车电路图的类型

不同的国家、不同的汽车公司、不同的车型，其汽车电路图的风格各异，但总体上可分为汽车电路原理图、汽车电路线路图、汽车电路线束图三大类。

各种类型的汽车电路图都有其表达的重点和自身的特点，各种电路图相互间具有某种互补性。因此，在一些汽车专业书籍和汽车维修资料中，一些较为重要的汽车电路会用两种或两种以上的电路图来表示，以方便读者学习与理解汽车电路的构成与工作原理。对于汽车使用与维修人员来说，相互补充的汽车电路图，不仅有助于深入了解汽车电气系统的构成和电路特点，还给汽车电路故障的查寻与修复提供了极大的方便。

汽车电路原理图的特点

1. 汽车电路原理图的特点

汽车电路原理图用于表示汽车电路的工作原理，有全车汽车电路原理图和分系统的局部电路原理图（参见图 1-18、图 1-19），某汽车电气系统的电路原理图如图 1-21 所示。

从图 1-21 中可知，汽车电路原理图将各种电器、各条线路等都进行了相应的简化，以简单、清晰的方式表示电路的结构，因此汽车电路原理图是了解汽车电路作用及工作原理最好的工具。总结汽车电路原理图的特点有：

（1）汽车电气设备表示简单明了

在汽车电路原理图中，各种电器通常是用规定的符号表示的，一些电气设备的符号还包含了该电气设备的功能与基本结构信息。例如，图 1-19 中的充电指示灯继电器符号，它表示了该继电器是常闭触点的继电器；又如，图 1-21 中所示的交流发电机符号，从中可获得三相交流、星形联结及外接电压调节器等发电机结构信息。

（2）电路串并联连接关系清晰明了

在汽车电路原理图中，通常将汽车电路的电源线与搭铁线上下布局，实际电路也进行了简化，使得电路较少迂回曲折，并使各条电路中的电路基础元件及电器的串并联关系清晰化，读者很容易识读。

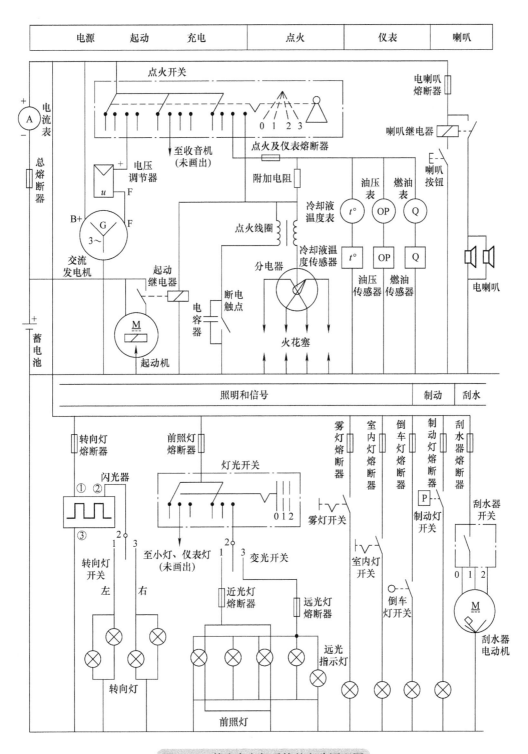

图 1-21 某汽车电气系统的电路原理图

（3）系统电路原理图分析方便

用局部汽车电路原理图表达某个汽车电气系统的电路原理，全车电路原理图通常按系统布置，方便系统电路原理分析。

2. 汽车电路原理图的识图注意事项

为能轻松而又准确地看懂汽车电路原理图，还需注意以下要点：

（1）充分了解电路图中符号的含义

我国对汽车电路中要表达的各种电器、电路的基础元件均作了规定的符号（见附录A），在识读汽车电路原理图前必须熟悉这些符号。不同国家或不同的汽车生产厂家，其汽车电路图中汽车电器的符号和电路的简化方式有不同的形式，因此还应熟悉不同国家的各种不同的电路图符号的含义，以免识图困难或理解错误。

（2）熟悉电路图中的特殊表示方法

在一些电路较多的电路原理图中，为了能使原理图清晰，避免图中有过多的交叉而增加识读的难度，通常采取某些特殊的表示方式，常见的有：

1）将同一个电器装置分成两处，比如，同一个继电器其线圈和触点在电路原理图中画在不同的位置（图1-22）。

2）将一条电路断开，并在两断开处用同一个符号（通常用字母）表示它们的连接关系。

3）某条电路与整个电路图的电源线或搭铁线不连接，而是单独画出该条电路的电源端子或搭铁端子。

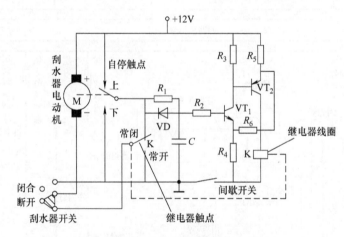

图1-22 继电器触点与线圈分开表示图例

阅读提示 ✔

这些电路原理图的特殊处理方法都是为了使电路原理图更加清晰明了、识图更加方便，但前提是必须熟悉这些电路特殊表示方法，否则就会对阅读电路原理图造成困难。

（3）熟悉电路图中的标记

在一些汽车电路原理图上，通常还标有导线的颜色与规格、插接器的颜色、端子编号或代码、接线柱标记等，这些都是为了方便查找电器和线路在汽车上的实际位置，有助于电路原理分析和故障查寻。熟悉电路图中的这些标记，汽车电路原理图的识读也会变得流畅。

汽车电路线路图

汽车电路线路图用于表示汽车电系线路的实际连接关系和线路的分布情况，有分布图和接线图两种形式。

1. 线路分布图的特点

汽车电路线路分布图将汽车电路中各个电气设备按其实际位置布置，各条线路的布置和连接也与汽车电路的实际情况相一致。东风 EQ1090 汽车电气系统线路分布图如图 1-23 所示。

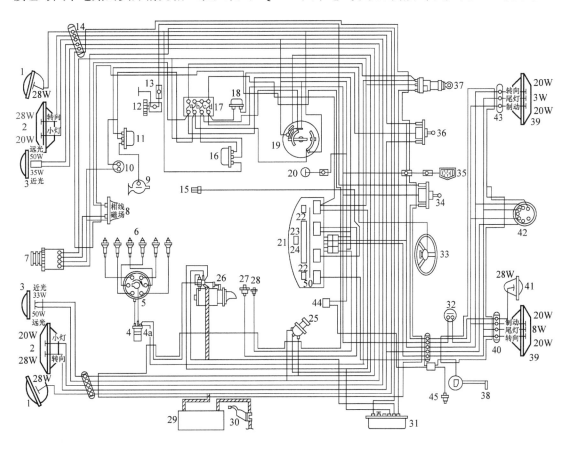

图 1-23　东风 EQ1090 汽车电气系统线路分布图

1—前侧灯　2—组合前灯　3—前照灯　4—点火线圈　4a—附加电阻线　5—分电器　6—火花塞　7—发电机
8—发电机调节器　9—电喇叭　10—工作灯插座　11—喇叭继电器　12—暖风电动机　13—接线管　14、40、43—接线板
15—冷却液温度传感器　16—灯光继电器　17—熔断器　18—闪光器　19—车灯开关　20—发动机舱盖下灯　21—仪表板
22—左右转向指示灯　23—机油低压警告灯　24—车速里程表　25—变光开关　26—起动机　27—机油压力传感器
28—低油压警报开关　29—蓄电池　30—电源开关　31—起动组合继电器　32—制动灯开关　33—喇叭按钮
34—后灯和暖风电动机开关　35—驾驶室顶灯　36—转向开关　37—点火开关　38—燃油液面传感器　39—组合尾灯
41—后灯　42—挂车灯插座　44—低气压蜂鸣器　45—低气压警报开关

从线路分布图可以了解汽车电路中各个电气设备及线路的大致布置情况，以及每条导线的实际连接情况。但是，线路分布图中的线路过于密集，且纵横交错，用作线路寻查和电路

原理分析就不太有用了。因此，汽车电路已很少用线路分布图来表示了。尤其是全车线路图，现代汽车电气设备与较早的汽车相比是成倍增加，很难用线路分布图表示。

2. 电路接线图的特点

电路接线图表示了各电器与电源之间的实际连接关系，但各电器的位置和线路的布置等则都做了简化。汽车电路接线图示例（捷达轿车散热器风扇控制电路的电路接线图）如图1-24所示。

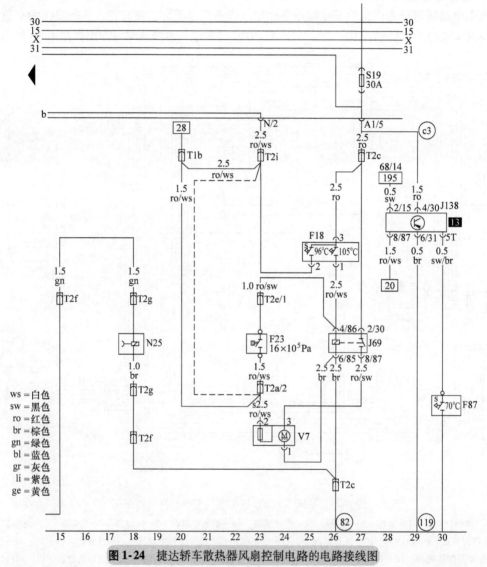

图1-24 捷达轿车散热器风扇控制电路的电路接线图

F18—散热器风扇热敏开关　F23—高压开关　J69—风扇二档继电器　J138—风扇控制单元　N25—空调电磁离合器
T1b—单孔插接器　T2c、T2e、T2f、T2g、T2i—2孔插接器　V7—散热器风扇　F87—风扇起动温度开关

汽车电路接线图反映线路的实际连接关系，且图面线路没有了布线图的纵横交错，线路寻查比较方便，电路接线图通常还被当作汽车电路原理图使用。虽然电路接线图用作分析电路原理不如原理图简单明了，但特别适合用作故障查寻，因此现代汽车维修资料中通常会提供汽车电路接线图。

3. 汽车电路线路图的识图注意事项

汽车电路接线图既可用于电路原理分析，又方便线路故障分析，在阅读接线图时应注意如下事项：

（1）看清各器件的串并联关系

由于接线图表示了汽车电路中所有的线路连接点，所以电路中各器件的串并联关系看起来并不十分清晰。必要时，可根据接线图画出其原理图，明确电路中各器件的串并联关系，以方便电路原理分析和线路故障查寻。

（2）充分了解电路图中符号的含义

接线图中的各种电器及电路的基础元件也是用符号表示的，但不同国家或不同的汽车生产厂家规定的符号有所不同，因此还应熟悉不同国家的各种不同的电路图符号的含义。

（3）熟悉线路插接器的表示方法

在汽车电路接线图中，通常将各条线路的颜色、器件插接器的颜色及端子号都明确标注，熟悉这些标注，结合汽车电路导线配色的特点，将有助于线路查寻和故障分析。

 四 汽车电路线束图

在汽车电路中，将线路走向一致、布置在一起的导线包扎在一起，形成线束。线束的包扎对导线起到保护作用，并可使汽车电路的实际线路变得简明。汽车电路线束图用于表示汽车电路线束的结构与布置，以及各电气设备的具体布置，根据所表示的侧重点不同，汽车电路线束图可大致分为线束结构图、线束定位图和线束布线图三种。

1. 线束结构图的特点

汽车电路线束结构图用来表示电路线束的结构，东风 EQ1090 汽车电路线束结构图如图1-25 所示。

汽车电路线束结构图完整地表示了各条线束的结构尺寸、分支情况及连接端子的分布情况等，对线路的连接、线束的修复有很大的帮助。

由于现代汽车电路线束已从原来的整车电路线束转为分散的多条小型线束，导线出现了断路故障通常采用更换线束的方式修复，而连接也采用插接器的插接方式，所以汽车电路线束结构图的作用已显得无关紧要。在一些汽车维修资料中，汽车电路线束结构图通常只有线束部件号而没有结构尺寸信息，或完全不提供汽车电路线束结构图。

2. 线束定位图的特点

汽车电路线束定位图用于表达一条或几条电路线束的走向、连接点及线束固定等信息。富康轿车 TU5JP/K 发动机电路线束定位图如图1-26 所示。

从线束定位图实例（图1-26）中可知，汽车维修资料提供汽车电路线束定位图，就是为了适应现代汽车线束采用更换方式修复的变化，利用线束定位图，主要是为了方便汽车电路线束的更换。

3. 线束布线图的特点

汽车电路布线图用于表达某个电路系统的线束及所连接电气部件的分布情况。汽车电路线束布线图示例（富康988 轿车仪表系统线束布线图）如图1-27 所示。

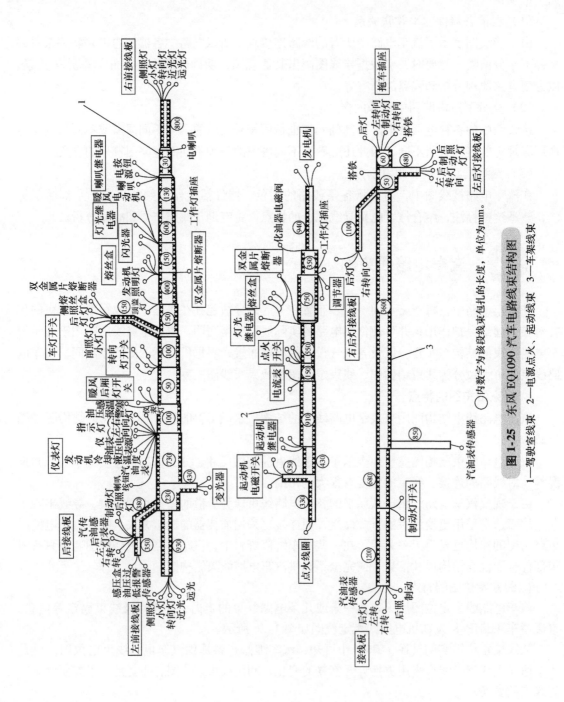

图1-25 东风EQ1090汽车电路线束结构图

1—驾驶室至线束 2—电源点火、起动线束 3—车架线束

○内数字为该段线束包扎的长度，单位为mm。

从汽车电路线束布线图实例（图1-27）可知，汽车电路线束布线图直观、清晰地反映了汽车电路线束的布置和线束所连接器件的具体位置。一些汽车电路线束图还给出了各插接器端子的排列情况，给查找汽车电器和线路故障提供了方便。

电路图特点总结 ✍

　　汽车电路原理图表达电路原理清晰明了，汽车电路线路图表示线路实际走向、器件的大致位置及线路的实际连接关系，汽车电路线束图表示线束的结构与连接器件、在车上的定位及走向等信息。

　　了解各种汽车电路图的特点、能轻松读懂各种汽车电路图是汽车电工必须具备的能力。

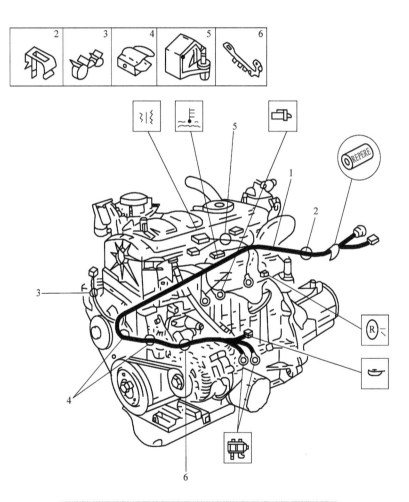

图1-26　富康轿车 TU5JP/K 发动机电路线束定位图

1—发动机电路线束　2、3、4—卡子　5—支架　6—支承夹

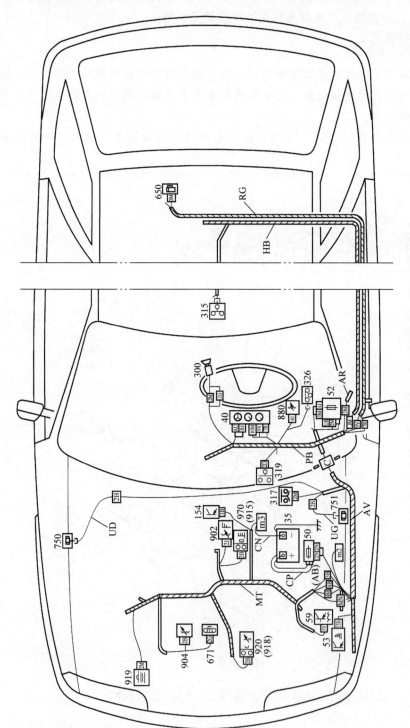

图1-27 富康988轿车仪表系统线束布线图

35—蓄电池 40—仪表板 50—发动机舱下熔盖 52—驾驶室内熔断器盒 53—冷却液温度控制盒 300—点火开关 315—驻车制动灯开关
317—液面开关 319—制动灯开关 326—阻风门开关 650—燃油表传感器 671—机油压力传感器 750—左前制动摩擦片 751—右前制动摩擦片
880—仪表照明变阻器 915、919—冷却液温度传感器 59、154、902、904、918、920、970—未装备

第五节　汽车电路图的识图方法

无论是学习汽车电路原理还是对新车型汽车电路进行故障检修，都离不开识读汽车电路图。熟悉并掌握汽车电路图识图要点，对识读电路图和电路故障分析都十分重要。

 时刻牢记汽车电路的基本特点

当汽车电路图所要表达的汽车电路较多时，读者会感到电路很复杂。如果在识图中牢记汽车电路的基本特点，理解较为复杂的汽车电路就不会感到有困难了。根据汽车电路的基本特点，在阅读汽车电路图时应明确如下几点。

1. 汽车电气系统采用单线连接

在汽车电源中，发电机电枢接线柱与蓄电池正极桩用一根导线相连，通常用蓄电池正极桩连接线或起动机电磁开关上的电源接线柱作为汽车电路电源的正极端。除安装位置不导电或导电不可靠的电器和一些电子控制装置外，汽车电路中的用电设备与电源正极之间的连接都是通过一根导线，电路的回路通过搭铁完成。

阅读提示 ✔

所有用电设备与电源之间的连接均为单线，如果某个用电设备的电源连接端子还连接着其他用电设备，则说明其他用电设备与该用电设备共电源线。

2. 各用电设备之间均为并联关系

用电设备与电源之间可能串联有熔断器、开关或继电器等部件，但无论某个用电设备有多少个与之有连接关系的用电设备，各个用电设备之间仍然是并联关系。如果两个或两个以上的用电设备均通过某个熔断器再连接到电源的正极端，则说明这两个或两个以上的用电设备使用同一个保护元件；如果两个用电设备均通过某继电器触点（或开关触点）再连接到电源的正极端，则说明这两个用电设备电路受同一个继电器（或开关）控制。

3. 搭铁端是电源的负极

汽车电路中的电气设备通常只有正极连接线，然后通过其壳体连接发动机机体、车身或车架等金属进而接至电源的负极（蓄电池的负极和发电机的负极），即通过搭铁连接电源的负极；而有一些电器和电子装置则有连接电源正极和负极的导线，这些电器或电子装置壳体本身不搭铁，而是通过导线搭铁。如果这些电器或电子装置的负极连接导线均连接到某根导线，则这根导线就是这些电器或电子装置的公共搭铁线。

 充分了解电路图的特点与规定

各种汽车电路图的特点不同，不同国家、不同汽车公司汽车电路图的表示方法也会有所不同，应充分了解这些特点及各种电路的表示方法。

1. 充分了解不同汽车电路图的特点

汽车电路的原理图、接线图及线束图，均有其不同的特点。一些汽车资料会同时提供两种或两种以上的汽车电路图，要充分了解各种电路图的特点，将其优势互补，以提高识图能力，方便汽车电路故障查寻。

2. 熟悉汽车电路的不同表示方法

汽车电路图中的符号虽有相关的国际标准，但不同国家、不同的汽车公司都习惯于按自己的风格绘制汽车电路图。因此，在阅读这些汽车电路图以前，必须对该电路图所具有的特点、各电器的表示方法、导线与接线柱的标注方法及含义等进行了解，这样才能读懂各种不同风格的汽车电路图。

 熟悉电器及基本电路的结构与工作原理

熟悉汽车电器和电子控制装置的结构类型与工作原理、充分了解汽车电路的各种不同形式，是读懂汽车电路图的基础。

1. 熟悉汽车电器和电子控制装置的结构类型与原理

汽车电器和电子控制装置部件是组成汽车电路的基本要素，熟悉各电气设备和电子控制装置的结构与工作原理，是分析电气系统的电路原理、理解线路的连接关系及进行电路故障诊断的基础。例如，要了解汽车电源电路的工作原理，首先必须得清楚蓄电池的结构与工作原理、发电机及调节器的结构与工作原理、电压调节器的作用与工作原理、充电指示灯继电器的工作原理（有充电指示灯继电器的充电电路）。这样，在分析电源电路工作原理时，才不会感到有困难。

2. 熟悉汽车各个系统的基本电路及类型

汽车电路中的一些电气系统有几种基本的电路结构形式，例如，起动电路有起动开关直接控制、带起动继电器、具有驱动保护功能等不同的结构形式；充电电路有充电指示灯继电器控制、九管整流发电机控制等不同的电路结构。充分了解这些电路的基本组成、工作原理及特点，在识读各种车型电路时，就不会感到困难。

 熟悉各种开关及继电器的功能与状态

在汽车电路识图过程中，熟悉开关及继电器的功能，以及不同状态下的电路通断电情况也是识图的关键。

1. 充分了解开关和继电器的功能

一些复合开关具有多个档位和多个连接端子，在读图时，首选要充分了解开关各个档位的作用及所连接的电路；继电器触点所连接的是被控电路，继电器线圈所连接的是控制电路，熟悉这两条电路的相互关系，就能更好地理解继电器的功能，以及电路工作原理。

2. 熟悉开关和继电器不同状态下的电路情况

在进行汽车电路原理与故障分析时，需要充分了解开关和继电器在不同状态下的电路通断情况。在汽车电路图中，开关和继电器都是以初始状态表示的，除了要清楚初始状态下开关和继电器触点的开合情况以及受控电路的通断情况外，还要十分清楚对开关进行了操作、继电器线圈通电以后，其触点开合的变化情况及受控电路的通断情况。

 五　分清相互关联电路的关系

在汽车电路中，某个系统电路可能会有多个器件和多条支路，各个器件和电路之间存在着某种关联，当某一电路出现故障时，会影响到其他电路的工作。了解这些电路相互之间的关系，对理解汽车电路原理和电路故障分析都有很大的帮助。

1. 并联关系

例如，转向信号电路中同一侧的前后转向灯电路是一种并联关系，它们受同一个闪光器控制，当某个转向灯或其电路出现了断路或短路故障时，就会因回路的等效电阻改变而使闪光频率改变。明白了转向灯电路的这种并联关系，当出现单边转向灯闪光频率异常时，就会立即联想到该侧的转向灯电路有故障。

2. 控制与被控制关系

继电器线圈电路与继电器触点所连接的电路之间是控制与被控制的关系，清楚这一点，在分析触点所连接的电路不能正常工作时，除了想到该电路、该电路电器及继电器触点本身的故障可能外，还一定不会忘记，继电器线圈电路（包括线路、继电器线圈及控制开关等）也是故障原因之一。

3. 控制目标关联关系

汽车电子控制系统的传感器电路和执行器电路都连接电子控制器，一个是为实现某种控制目标而提供被控对象状态参数的信息源电路，另一个是实施控制目标的控制执行电路，通过控制器相关联。传感器电路的异常会对执行器电路的工作造成直接的影响。因此，某个执行器不工作或工作异常时，除执行器本身的原因外，故障的原因还应该包括所有相关的传感器及其电路。

 六　熟练掌握回路分析法

每一个具有某种功能的汽车电路都是由电源正极通过保险装置（熔断器或易熔线）、控制装置（开关或继电器触点）、用电设备及相应的线路组成的。因此，通过回路分析的方法，可帮助我们分析电路工作原理和电路故障原因。

1. 在识图中熟练运用回路分析法

在通过汽车电路图分析电路工作原理时，可用回路分析法来分析电路的通路情况。一般采用顺序分析法，即从电源的正极开始，经熔断器（有的电路可能无）、开关（或继电器触点）、用电设备到搭铁（或搭铁线），再回到电源的负极。当电路图中电路较多时，也可采用逆向法，即从用电设备的正极电源连接端开始，经开关（或继电器触点）、熔断器（有的话），到电源的正极连接端子。

2. 在电路故障分析与诊断中运用回路分析法

熟悉回路分析方法，不仅对理解电路工作原理有用，对电路故障分析与诊断也很重要。

例如，某用电设备不工作，可通过回路分析法判断该电路是短路故障还是断路故障；若确定汽车电路为断路故障，可在该汽车电路的回路中，从靠近电源正极端开始，通过逐点检查各连接点的电压来寻找断路之处；若确定汽车电路为短路故障，可在该汽车电路的回路中，从电源正极最远端开始，通过各连接点逐点断开法（电压检测法）来寻找短路之处。

 ## 七 汽车电路检修的基本方法及要点

熟悉汽车电路工作原理、了解汽车电气系统线路的连接关系及各部件的结构原理，是汽车电路故障检修的基础。而掌握汽车电路检修的基本方法及要点，则有助于准确迅速地排除汽车电路的故障。

1. 故障分析法

根据所出现的故障现象，分析可能的故障原因，然后对可能的故障部位逐个进行检测。针对故障现象对故障原因进行分析，对可能的故障范围和部位有了大致的了解后，就可避免对无关电路和部件的盲目检测而费工费时，也可避免对可能的故障电路和部件漏检而不能及时排除故障。因此，细致全面的故障分析，有助于迅速准确地排除故障。

根据故障分析所进行的故障诊断操作应该遵循如下要点。

（1）对出现故障频率高的部位先行检查

某种故障现象有多种可能的故障原因，但各电路和部件出现故障的概率差距是很大的。有的部件故障率较高，有的电路和部件则很少发生故障或只是理论上有故障的可能。对故障率较高的部位先行检查，往往可迅速找到故障部位，节省故障检修的时间。

（2）容易检查的可能故障部位检查在先

不同的部位检测其正常与否的难易程度是不同的，比如，对一些可以用直观检查的可能故障部位先行检查，往往可以只需化费很少的时间精力就可迅速排除故障。有的可能故障部位检查需要用专用检测设备，需要进行多项辅助工作后才能进行最终的检测。对这种可能的故障部位，可将其安排在后，待其他比较容易检测的可能故障部位都检测完但故障原因仍未确定时，再进行该项检查。

2. 直观检测法

直观检查无需检测仪器和其他工具，通过人的视觉"看"、听觉"听"和触觉"摸"等方法诊断所检部位正常与否，对一些明显的可能故障部位是一种简捷有效的故障检查方法。

（1）通过眼睛看检查故障

用眼睛仔细观察可能故障部件有无较为明显的故障。比如，导线和部件有无破损、管路有无松脱和破损、线路连接有无断脱、系统和装置有无漏油等。

（2）通过耳朵听检查故障

用耳朵仔细听可能故障部位的声响，用以判断所检部件是否有故障。比如，仔细听所检部件在工作时有无异常的声响、接通电源或断开电路时仔细听有关部件有无动作声响等。

在所检部位的声响较弱或周围其他干扰声响较多时，可借助于旋具或听诊器等工具以提高对声音的感觉和判断能力。

（3）通过触觉检查故障

用手触摸可能故障部位有无异常。比如，插接器连接有无松动、发电机传动带张紧力是否正常、某缸火花塞是否因不工作而温度低、线路连接处是否因连接不良而导致有异常的温度（电流较大的电路连接点）等，均可以通过手触摸的感觉来判断。

3. 电压检测法

电压检测法是汽车电路故障检修中最常用的检测手段，它是通过用电压表测量相关检测点的电压来诊断电路和部件故障与否。

（1）检查电路的通断性

1）检测部件与电源之间的线路。可以在部件连接或断开状态下测量连接电源端子对搭铁的直流电压。接通点火开关和其他控制开关，该端子应为蓄电池电压。如果测得电压为0V，则说明该电源线路有断路故障；如果测得电压偏低（连接状态下测），则说明电源线路连接点有接触不良故障。

2）检测部件的搭铁线路。在部件连接状态下测量搭铁端子对搭铁的直流电压。接通点火开关和其他控制开关，该端子电压应为0V。如果测得电压为蓄电池电压，则为搭铁线路断路；如果测得一个较小的电压，则说明搭铁不良。

3）检测部件之间的连接线路。在接通电源时，测两部件线路连接端子，则对搭铁的直流电压，两端子的电压应一致。如果测得后一端子的电压为0V，则说明该连接线路断路；如果测得后一端子的电压低于前一端子的电压，则说明该线路连接点接触不良。

（2）检查部件性能

1）检测开关类部件。对各种开关、继电器及电子式开关等部件，通过测量部件在"开"（通路）和"关"（断路）两种状态下输出端子对搭铁的直流电压来判断部件是否正常。接通电源后，部件在通路状态时，输出端子的电压应与输入端子的电压一致；部件在断路状态时，输出端子的电压应为0V。如果部件在通路状态下测得输出端子电压为0V或低于输入端子的电压，则说明该部件有触点不能接通或触点接触不良故障；如果部件在断路状态下测得输出端子的电压与输入端子的电压一致或有一个较低的电压，则说明该部件有短路或漏电故障。

也可以在部件"开"（通路）和"关"（断路）两种状态下，通过测量部件输入与输出两端子之间的直流电压来检验其性能好坏。

2）检测传感器。对磁感应式、压电式等无需电源的发电型传感器，测量传感器在某种工作状态下的信号电压，并与正常值进行比较。如果无信号电压或信号电压偏低，则说明传感器有故障。

对光电式、霍尔式、热敏电阻式、电位计式等需要电源的传感器，在接通电源，并在检测电源端子电压正常的情况下，测量传感器在某种工作状态下的信号电压，并与正常值进行比较。如果无信号电压或信号电压与标准值不相符，则说明传感器性能不良。

4. 电阻检测法

电阻检测法也是汽车电路故障检修中常用的检测手段，它通过用欧姆表测量相关线路和部件内部电路的电阻来判断电路和部件是否正常。

（1）检查电路的通断性

1）检测部件连接线路通断性。在不通电时断开线路连接，测量线路两连接点之间的电阻，电阻值应为0Ω。如果电阻值为∞，则说明电路有断路故障。

2）检测部件搭铁良好与否。在不通电时断开线路连接，测量搭铁端子与搭铁之间的电阻，电阻值应为0Ω。如果电阻值为∞，则说明未搭铁；如果电阻值大于0.2Ω，则说明搭铁线路连接点接触不良。

（2）检查部件是否有故障

1）各种开关及继电器等部件的通断性检测。在不通电或断开电路连接时，测量开关和继电器触点的电阻，其通断性应与所设的开关状态（开关）和初始状态（继电器）相符。如果部件在通路状态下测得的电阻值为∞或有大于0.2Ω的电阻，则说明该部件内部触点有故障；如果部件在断开状态下测量的电阻值不为∞，则说明该部件内部有绝缘不良或短路故障。

2）检测热敏电阻类部件。拆下被检测部件，测量该部件在各温度下的电阻，应与标准值相符。如果测得的电阻值为∞，则说明该部件内部有断路故障；如果测得的电阻值与标准值不相符，则说明该部件性能不良。

3）检测电位计类部件。断开被测部件插接器，测量该部件各端子在不同位置时的电阻，应与标准值相符。如果测得的电阻值为∞，则说明该部件内部有断路故障；如果在各个不同的位置所测得的电阻值与标准值不相符，则说明该部件性能不良；如果在位置变化时，电阻值的变化不连续，也说明电位计滑片与滑片电阻接触不良。

4）检测电感线圈类部件。对于继电器线圈、点火线圈、发电机磁场绕组等，可通过测量其连接线圈端子之间的电阻并与标准值比较，以检验该部件内部线圈及连接线路有无断路或短路故障。

对于起动机的电动机绕组和电磁开关线圈等，通过测量其通断性，以检验内部绕组及电路连接有无断路。

5）检测含电子元器件的部件。对于内部电路含二极管的部件（比如，交流发电机的电枢接线柱与搭铁之间），可通过测量其正反向电阻来检验其有无故障：如果测得正反向电阻均小，则说明该部件内部的二极管有短路故障；如果测得正反向电阻均为∞，则说明该部件内部电路或二极管有断路故障。

对于内部电路中含有晶体管的部件（如电子点火器、电子调节器的输出端），通过测量其通断性来检验其有无故障：如果测得两端之间的电阻值为零或电阻值很小，则说明该部件内部的晶体管有短路故障。

5. 输入输出比较法

一些电子部件需要通过检测其输入与输出电压值或电压波形来判断其好坏。

（1）检测部件输入输出端子的电压

1）检测部件电源与输出端子电压。通过测量该部件的电源端子和输出端子对搭铁的直流电压，并与正常情况相比较来检验其是否有故障。比如，电子控制系统的ECU，在检测电源端子电压正常情况下，其传感器电源端子的电压应与标准值（通常为5V）相符。如果传感器电源端子电压不正常，则说明ECU内部电源电路有故障，需更换ECU。

2）检测部件信号输入端子和输出（控制）端子电压。通过测量（或设置）信号输入端子的直流电压，再测量相关控制端子的直流电压，并与正常情况相比较，以检验该部件能否正常工作。如果该部件输入端子的电压正常，而相关联的输出（控制）端子的电压不正常，则说明该部件有故障。

（2）检测部件输入输出端子的电压波形

通过测量该部件输入信号端子和相关联输出端子的电压波形，并与正常波形相比较，以检验该部件是否有故障。如果输入端子的电压波形正常，而相关联的输出端子无电压波形或电压波形不正常，在输出端子连接电路无短路故障的情况下，则可说明该部件有故障。

6. 替代与排除法

一些多端子的电子部件通过检测有关端子的电压、波形或电阻可以确定其是否有某种故障，但还不能确定该部件其性能是否正常，通常用替代与排除法来检验其性能是否良好。

（1）替代法

用一个新的或确认为良好的同类型部件替代被检测部件，看系统的工作情况：如果系统工作恢复正常，则说明该部件有故障，需予以更换；如果系统故障依旧，则该部件所连接的线路或相关部件有故障。

（2）排除法

检测与该部件所连接的电路和相关部件，当所有与故障现象相关的电路和部件均确认为良好时，则可认为该部件有故障，需予以更换。比如，电子控制系统工作异常时，由于有些控制过程很难通过电压和波形等检测方法来反映，所以需要通过检测与故障现象相关的其他电路和部件，如果这些相关的可能故障部位均确认良好，就可以认为 ECU 有故障。

 八 汽车电路的使用与检修注意事项

1. 电源系统的使用与维护操作注意事项

蓄电池、交流发电机及调节器在使用与检修过程中若操作不当，不仅本身容易损坏而影响正常使用，还容易殃及汽车上的其他电子设备，甚至造成事故。因此，在日常使用与维修中，应注意避免不当的操作。

（1）蓄电池的使用与维护注意事项

1）蓄电池的正负极连接必须正确。蓄电池为负极搭铁，千万不能接错，否则，交流发电机整流二极管会被立即烧坏，并且还会对无反接保护的汽车电子设备造成损害。

在连接蓄电池电缆线时，应注意认清蓄电池的正负极桩，确认正负极连接无误时再将电缆线夹与蓄电池极桩连接。标有"＋"、涂红色或较粗的为蓄电池正极桩，标有"－"、涂蓝色或较细的为蓄电池的负极桩。

2）拆卸蓄电池应注意先后次序。拆卸蓄电池时，应先拆下负极电缆线夹，再拆正极电缆线夹，安装时则相反，以避免拆装过程中拆装工具无意碰撞周围金属部件而产生碰撞火花（电源短路），对蓄电池和汽车电子装置造成损害。

3）蓄电池的连接必须牢固可靠。蓄电池极桩与线夹连接松动容易出现如下问题：

① 极桩与线夹松动而使接触表面氧化、脏污而接触不良，造成发动机不能起动或起动困难、充电电流过小或不充电等。

② 汽车运行中蓄电池线夹松脱，电路中出现的瞬间过电压不能被蓄电池吸收，使汽车电路中的电子元器件容易损坏。

③ 蓄电池线夹松动而使电路时通时断或瞬间断脱时，会使电路中的电感元件产生感应电动势，这种较高的感应电动势会对汽车电路中的电子元器件造成损害，而突然断脱时产生

的火花还容易造成火灾事故。

因此，在使用与检修过程中，应注意检查蓄电池电缆线夹连接是否牢固。

（2）发电机及调节器的使用与检修注意事项

1）不能用刮火法检查发电机是否发电。以前的汽车上使用直流发电机，通常采用简便的刮火法（将发电机的电枢接线柱与搭铁之间做瞬间的短路）来检验发电机是否发电。现在普遍使用的是硅整流交流发电机，不能使用刮火法来检验发电机是否发电，否则将损坏发电机上的整流二极管及汽车电路中其他的电子元器件。

2）注意发电机与调节器的匹配。当调节器损坏需要更换时，应更换与发电机配套的调节器，如果用其他的调节器代用，调节器所适用的搭铁形式、调节电压等应与发电机相匹配。

3）就车检查发电机性能时应谨慎。用短路调节器"B""F"接线柱的方法来检测发电机是否发电时，不要使发电机处于中速以上，以避免电压过高（发电机本身无故障时）而损坏发电机整流二极管及汽车电路中的其他电子元器件。

2. 汽车电子控制系统的使用与检修注意事项

现代汽车使用了大量的电子控制装置，如果在使用和检修中操作不当，就可能人为地造成故障，因此在平时使用和故障检修过程中应予以注意。

（1）汽车电子控制系统的一般注意事项

1）不要随意拆检电子控制器。汽车电子控制系统的电子控制器（ECU）是控制系统的核心部件，虽然许多故障现象都可能与 ECU 有关，但其故障率是很低的，因此在排除与故障现象有关电路的故障之前，不要轻易地处置 ECU，更不能随便打开 ECU，以免造成故障检修的复杂化和损坏 ECU。

2）要用高阻抗的测量仪表。电子电路绝对禁止用刮火法来检测电路通断性，因为在电路瞬间短路（刮火）时，电路中会产生瞬间过电压而损坏电子元器件。电路的通断性检验应使用高阻抗的万用表，通过检测电路电压和电阻的方法来确认，以确保检测的准确性和安全性。

3）要在断电的情况下进行电路通断操作。在点火开关接通，电子控制系统电路通电的情况下，不要进行断开电路插接器、拆下电气设备等操作，以免使电路中产生过电压而损坏电子元器件。

4）断开蓄电池时的注意事项：

① 必须在点火开关断开时进行，以免对电子元器件造成损坏。

② 应先进行故障码读取操作，看自诊断系统有无故障码储存。因为蓄电池断开后，自诊断系统储存的故障码（如果有的话）将会消失。电子控制系统有故障但未取得故障码，会给故障检修造成不必要的麻烦。

③ 断开蓄电池前，确定带防盗码的音响设备的编码等信息，以免造成音响系统自锁解除困难，影响音响的正常使用。

④ 蓄电池重新连接后，如果发动机工作不如蓄电池断开以前，先不要随便检测或更换零部件，因为这种情况有可能是在蓄电池断开时，ECU 中自诊断系统的自适应修正也同时消除所造成的。如果是这种情况，待发动机运行一段时间后，ECU 重新建立自适应修正记忆，发动机工作不良状况会自动消失。

5）注意电子控制系统线路的防湿。在清洗车辆时，不要让水直喷到电子控制系统线路的插接器、电子控制装置，以免造成锈蚀、漏电或短路等故障。

6）车辆检修时注意对 ECU 的保护：

① 在对车辆进行电弧焊接等修理作业时，ECU 应断开与蓄电池的连接，如果要在靠近 ECU 处进行焊接修理，应将 ECU 盒拆下移走。

② 在对 ECU 进行检修操作时，要注意人体静电对计算机芯片的影响。比如，在拆装 PROM、用万用测量 ECU 内部电路时，应用金属带的一端绕在操作者手上，另一端接搭铁，将人体静电泄放掉。

（2）汽油喷射系统检修时的注意事项

1）注意进行系统的漏气检查：汽油喷射式发动机遇有发动机工作不良时，应注意检查空气流量计（或进气压力传感器）、辅助空气阀（有的汽车无）、怠速稳定控制阀、排气再循环空气阀、炭罐等有无松动，空气软管及连接处有无破损漏气等。因为这些地方的漏气会影响发动机的空燃比，造成发动机工作不良或不工作。

2）拆卸供油管路时应注意燃油喷出：发动机熄火后，供油系统管路中的燃油还保存有一定的压力，在需要拆卸油管、喷油器时，要注意燃油喷出造成危险。可以在拆卸处的下面放一油盆，用毛巾罩住，将燃油导入油盆。

3）注意喷油器密封圈的良好无损：重新安装喷油器时，必须使用新的 O 形密封圈，在安装时，为避免损伤密封圈，可以先用汽油润滑密封圈，切勿使用机油或齿轮油等润滑。

4）检查喷油器性能时应注意喷油器的类型：目前在汽车上使用的喷油器有高电阻型（$12 \sim 14\Omega$）和低电阻型（$2 \sim 3\Omega$）两种，在连接电源进行喷油器喷油性能试验时，高电阻型喷油器可直接连接蓄电池电压，而低电阻型喷油器则必须使用专用插接器或在电路中串联一个 $8 \sim 10\Omega$ 的电阻，以避免低电阻型喷油器因电流过大而烧坏。

5）检修电子控制系统各传感器时应注意：

① 空气流量传感器为精密部件，在拆下空气流量传感器时，要轻拿轻放，不要解体空气流量计，也不要用水或清洗液冲洗空气流量计，以免损坏或影响其测量精度。

② 一些空气流量传感器上有一个调整螺钉，用于调整发动机怠速时的空燃比（CO 的含量），一般情况下不要动该螺钉，以免调整不当而引起发动机动力下降、油耗增加。

③ 温度传感器长期使用后可能出现信号不准确，对系统工作产生影响，但由于其信号电压未消失，且未超出故障判定的极限值，自诊断系统不能辨别而不会有故障码储存。因此，在电子控制系统工作不正常，但无故障码储存或无相关温度传感器故障码储存时，也不要忽略对相关温度传感器的检测。

④ 在检修氧传感器时，要注意避免让氧传感器跌落或碰撞其他硬物，也不要用水冷却它。更换氧传感器时，一定要用专门的防粘剂刷涂螺纹，以免下次拆卸困难。

⑤ 在检修磁感应式传感器时，应注意不要让垫圈、螺钉之类的金属物遗留在传感器内，不要损伤传感器信号触发转子（齿圈）的齿，传感器的安装位置应正确牢固，否则会影响传感器产生正常的信号。

⑥ 光电式传感器不要轻易打开，在确需打开时，要注意避免尘土对光电耦合元件和遮光转子的污损。

3. 电子点火系统的使用与检修注意事项

（1）使用与检修中对高压电的注意事项

1）不要触摸点火系统高压部件。在发动机运转时，不要用手触摸高压导线、分电器盖、点火线圈等点火系统高压部件，以避免被高压所击。这虽不至于造成人身伤害，但会给人造成很不舒服的感觉。

2）高压试火时的注意事项。要用绝缘夹夹住高压导线试火，以避免试火时高压电对人体产生电击，这虽不会对人体造成伤害，但当人被电击时，自然地将高压导线丢脱，这往往会使点火系统高压回路处于开路状态，而点火系统的开路电压（最高电压）可高于点火系统工作电压 3~4 倍，容易使点火系统高压线路和部件受损。

3）逐缸断火应采用高压短路法。需要用逐缸断火法来检验发动机各缸的工作情况时，应将需断火缸的高压线端搭铁，使该气缸断火不工作。如果采用开路法断火（将断火缸高压线拔离火花塞，并悬空），点火系统所产生的最高电压（开路电压）容易使高压线路和部件受损。

（2）检修点火系统部件时的注意事项

1）要用无磁性塞规检查点火信号发生器间隙。在需要检查磁感应式点火信号发生器的间隙时，要采用无磁性塞规，并注意不要硬塞强拉，同时，要注意不要让金属物掉入。

2）用模拟点火信号法检测电子点火器时动作要快。在用干电池模拟点火信号检查电子点火器时，测量动作要快，干电池连接的持续时间一般不要超过 5s，否则容易损坏电子点火器内的电子元器件。

4. 装有三元催化器的汽车的使用与检修注意事项

现代汽车为进一步净化发动机排气中的有害成分，在排气管中安装了三元催化器，用于净化发动机废气中的 HC、CO 和 NO_x。三元催化器在使用过程中会因为燃油不纯而造成催化剂表面有铅、锌、硫、磷等杂质的沉积，过度反应（HC 含量过高）而过热老化或损坏，造成三元催化器失效。为保证三元催化器正常工作，延长其使用寿命，使用及维修中应尽量减少铅、锌、硫、磷及碳氢化合物排入三元催化器。

（1）使用中的注意事项

在使用中，应注意如下事项：

1）不要使用规定汽油标号以下的汽油，必须使用无铅汽油。

2）不要盲目使用各种汽油添加剂及机油添加剂。

3）严禁用起动机带动车辆移动。

4）不要在有易燃物（如干草、汽油、酒精及一些有机溶剂等）的路面和场地行驶及停车，以避免温度很高的三元催化器点燃易燃物而造成火灾。

5）当发动机冷起动困难时，应及时检修，排除冷起动困难的故障，以避免在多次起动中，气缸内未燃烧的汽油排入三元催化器内，造成三元催化器过度反应而烧坏。

6）当燃油过低警报灯亮时，应尽早加满燃油，以避免油箱燃油液面过低而使供油不正常，导致发动机燃烧不良，增加三元催化器的负荷。

（2）维修中的注意事项

维修中为避免过多的 HC 排入三元催化器，应注意如下事项：

1）不能用逐缸断火法来判断各缸的工作情况。

2）在用起动机带动发动机测量气缸压力时，必须拔下喷油器插头。

3）应定期检查和清洗喷油器，及时排除喷油器滴油、通道堵塞、表面积炭等故障。

4）应定期检查点火系统，及时排除高压线脱落或接触不良、火花塞积炭或烧损、点火线圈及线路不良等故障。

第二章

> Chapter 2

典型车系汽车电路图的特点分析

本章介绍典型车系及几种知名品牌的汽车电路图的特点及电路符号的含义，以方便读者识图。有些车系的电路图特点与本章所介绍的典型车系完全相同或相近，读者掌握本章所介绍的各种汽车电路图的特点与表达方式后，阅读这些车系的电路图就不会感到困难。

阅读提示 ✔

汽车电路图总体上有原理图、线路图和线束图三类，但各大汽车公司及知名品牌的汽车，其提供的汽车维修资料中，汽车电路图都有各自习惯的表达方法。要看懂这些汽车维修资料，就必须充分了解其电路图的特点和电路符号的含义。

第一节　汽车电路的基本组成与特点

无论是一汽大众生产的系列轿车，还是上汽的桑塔纳、帕萨特、Polo 等车型，这些汽车的中文维修资料中，电路图都沿用了德国大众公司的汽车电路图绘图标准。

 大众车系汽车电路图的符号

大众汽车电路图中有些符号的画法及含义和我国所用的电路图符号相同或相似，有些则是有其独特的表示方法，需要加以辨别和熟记，以便于识读该车系汽车电路图。大众车系汽车电路图符号及含义如图 2-1 所示。

 大众车系汽车电路图的特点

大众车系汽车电路图的表示方法示例如图 2-2 所示。

大众车系汽车电路图通常以图 2-2 所示的线路连接图的形式表示，这种线路图较适用于线路故障查寻，但分析电路原理相对要困难一些。

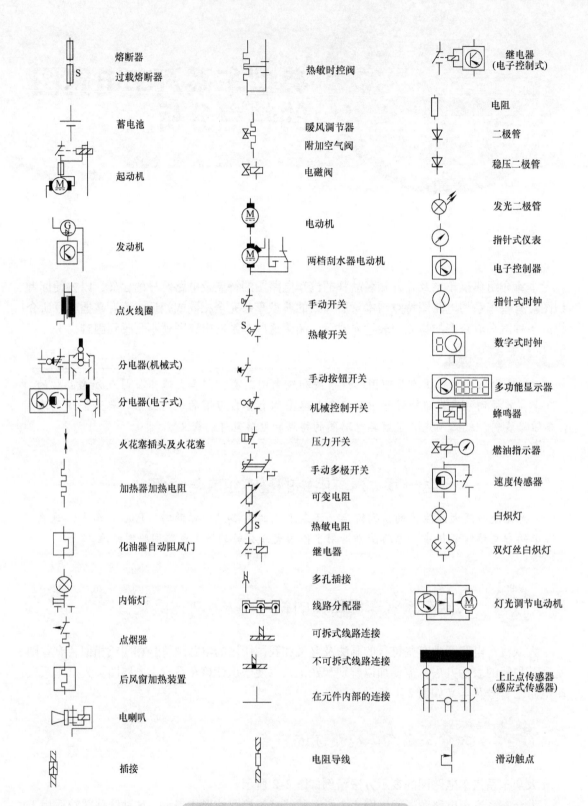

图2-1 大众车系汽车电路图符号及含义

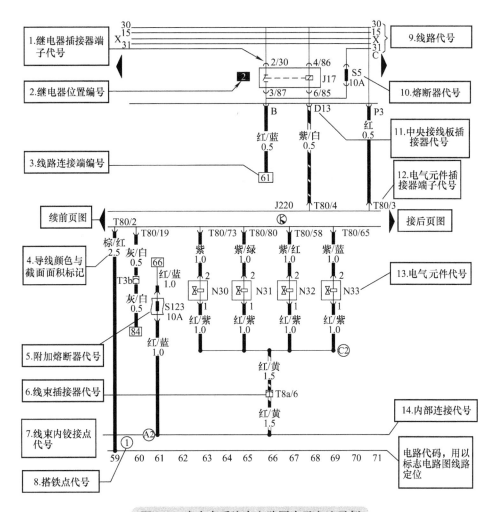

图2-2 大众车系汽车电路图表示方法示例

①—搭铁点（在发动机 ECU 旁的车身处） A2—正极接线（在发动机线束内）

T8a—发动机线束与发动机右线束插接器 C2—在发动机右线束内 S123—熔断器 N30—第一缸喷油器

N31—第二缸喷油器 N32—第三缸喷油器 N33—第四缸喷油器 J17—燃油泵继电器

J220—Motronic 发动机 ECU S5—燃油泵熔断器

　　图2-2 中通过字框对大众车系汽车电路图的符号含义进行了说明。大众车系汽车电路图有如下特点：

1. 用不同的线条表示不同的连接

　　在大众车系汽车电路图中，用粗实线表示连接导线，并且都标明导线的颜色和截面面积；用细实线表示器件的内部连接（非导线连接）。

2. 用符号和代号表示电气元件

　　电路图中的电气元件都是用规定的符号画出的，并用字母或字母加数字组成的代号来表示，例如，用 N31 表示第二缸喷油器，用 J17 表示燃油泵继电器，用 S5 表示燃油泵熔断器。

3. 采用断线代号以减少电路图中交叉线

　　为避免电路图中有太多的线路交叉而影响识图，将一条交叉较多的线路中间断开，断点用小线框中的连接端编号标注，以标明导线的连接点，例如，图2-2中的 61、66、84等，与他处电路图中有相同连接端编号的导线相连。

4. 汽车电气系统线路搭铁点和铰接点清晰

在电路图中标示出了线路搭铁点代号①和铰接点的代号⑭，并在图注中说明搭铁点和铰接点的位置。

记清楚大众车系汽车电路图中的这些特点，识读电路图就不会感到困难了。

 大众车系汽车电路图的标注说明

大众车系汽车电路图的标注用了特定的代号和编号，其含义说明如下：

1. 继电器插接器端子代号

继电器插接器端子代号用于表示其插接器连接端子的端子号及接线柱标记。比如，图2-2中"2/30""3/87""4/86""6/85"，分别表示了继电器插接器的2、3、4、6号端子，连接的接线柱标记为30、87、86、85。

> **阅读提示** ✔
>
> 德国大众车系各电气元件的接线柱标记都已列入德国工业标准（DIN72552），德国汽车电路图上线路的接点标记及其连接导线的颜色等可从表2-1中查得。

2. 继电器位置编号

继电器位置编号是一个方框黑底白字的数字，用于表示该继电器在继电器盒中的位置。比如，图2-2中的"❷"表示该继电器在继电器盒中的2号位置。该继电器的名称和作用等信息则可通过元件代号得到。

3. 线路连接端编号

线路连接端编号是一个方框中的数字，表示电路图中的线路从该处中断，方框中的数字表示该断开点接续的导线。接续的导线有相同的线路连接端编号（也是一个方框中同样的数字），可能在本页图中，也可能在另页图中。

4. 导线颜色与截面面积标记

导线的颜色通常用代码标记，各代码的含义为：ws 白色；sw 黑色；ro 红色；br 棕色；gn 绿色；bl 蓝色；gr 灰色；ge 黄色；li 紫色。

在一些大众汽车的图书资料中，电路图导线的颜色直接用汉字标记。双色线的两种颜色用"/"分隔。比如"棕/红"，表示导线的底色是棕色，条纹为红色。

颜色标记上方或下方的数字表示导线的截面面积，单位为 mm^2。

5. 附加熔断器代号

图2-2中的附加熔断器代号"S123"表示在中央线路板上的第123号10A熔断器。

6. 线束插接器代号

表示连接的两线束、插接器的端子数和连接的端子号，可从图注或元件说明表中查到该代号所代表的插接器所连接的线束。比如，图2-2中的"T8a/6"，T8a是连接发动机线束和发动机右线束的线束插接器，该连接线路为 8 端子插接器的 6 号端子。

7. 线束内铰接点代号

表示线路在此处有一个铰接点，铰接点所在的线束可从图注中查得。比如，图 2-2 中的"Ⓐ2"表示正极接线，在发动机线束内。

8. 搭铁点代号

表示该搭铁点的位置，可以从图注或说明表中查得搭铁点在车身上的具体位置。比如，图 2-2 中的"①"表示搭铁点在发动机 ECU 旁的车身上。

9. 线路代号

表示特定的线路。比如图 2-2 中，"30"表示直接来自蓄电池正极的电源线；"15"表示点火开关在点火或起动位置时通电的小容量电源线；"X"表示点火开关在点火或起动位置时的大容量电源线；"31"表示接地线；"C"表示中央线路板中的内部线。

10. 熔断器代号

表示熔断器的作用、位置及额定电流等。图 2-2 中，"S5"表示燃油泵熔断器，在熔断器盒的 5 号位置；"10A"则表示该熔断器的额定电流为 10A。

11. 中央接线板插接器代号

表示中央接线板的多端子或单端子插接器、端子号和导线的位置。比如，图 2-2 中的"D13"表示该导线由 D 插接器的 13 号端子连接。

12. 电气元件插接器端子代号

表示电气元件插接器的端子数、连接的端子号等。比如图 2-2 中的"T80/3"表示该元件连接线束的插接器有 80 个端子，该导线连接的是 3 号端子。

13. 电气元件代号

大众车系汽车电路图中的元件均用字母和数字组成的代号表示，并通过图注或列表说明各元件代号所代表的电气元件。图 2-2 中各元件代号的含义见其图注。

14. 内部连接代号

表示该导线与其他页电路图中标注相同字母的内部连接是相连的。

德国汽车电路图上线路接点标记与导线颜色见表 2-1。

表 2-1　德国汽车电路图上线路接点标记与导线颜色

起点	接点标记	导线颜色	终点	接点标记	说明
点火线圈	1	绿	分电器	1	低压电
短路保护开关	2		磁电机	2	磁电机点火
点火线圈	4	黑	分电器	4	高压电
起动开关	15	黑	点火线圈 熔断器 固定的负载 预热起动开关	—	接入蓄电池后的正极
点火线圈串联电阻输出端	15a	黑	高压电容点火装置的输入端，晶体管点火装置控制器	15	
起动机	16		点火线圈		起动时接通串联电阻

（续）

起点	接点标记	导线颜色	终点	接点标记	说明
预热起动开关	17	黑	预热塞控制器	—	起动
	19				预热
蓄电池 +	30	黑	起动机 灯光开关 起动开关	—	接点 30 直接连接蓄电池正极
灯光开关		红	熔断器		
			起动开关	30	
蓄电池 –		黑			导线
					搭铁金属片
分电器	31	棕	车身（搭铁）		通过接地回线直接连接蓄电池负极
	31b				接地回线经过开关或继电器
电动机	32				回线
	33				干线接线
	33a				限位开关
	33b				并励磁场
	33f				
	33g				不同的转速
	33h				
	33L				左转向
	33R				右转向
转向信号闪光继电器输入端	49	蓝	起动开关	15	电源正极
转向信号闪光继电器输出端	49a	黑/白/绿	转向信号开关	49a	脉冲电流
	C		转向信号指示灯		
	C2		第二个转向信号指示灯		挂车
转向信号开关	L	黑/白	左转向灯		
	R	黑/绿	右转向灯		
起动开关	50	黑/红	起动机		直接控制起动机
刮水器开关	53	黑/浅紫	永磁电动机	53	刮水器动作 +
	53a	黑/浅紫		53a	限位开关
	53b	棕（黄）	并励式电动机	53b	
刮水器清洗开关	53c		风窗玻璃清洗泵		电动
刮水器开关	53e	蓝	刮水器电动机		制动绕组
	53i				最高转速
制动灯开关	54	黑/黄	制动灯		
防雾大灯	55		继电器	88a	

（续）

起点	接点标记	导线颜色	终点	接点标记	说明
灯光开关	56	白/黑	前照灯变光开关	56	前照灯灯光
前照灯变光开关熔断器	56a	白	熔断器	56a	前照灯远光
		浅蓝/白	前照灯（远光指示）		
前照灯变光开关	56b		熔断器	56b	前照灯近光
熔断器		黄	前照灯		
前照灯闪光继电器触点	56d				
灯光开关	57a		停车灯开关	83	
左停车灯	57L		停车灯开关	83L	
右停车灯	57R			83R	
灯光开关	58	灰	熔断器	58	
熔断器	—	灰/黑	侧灯、尾灯和示廓灯（左）	58L	
	—	灰/红	侧灯、尾灯和示廓灯（右）	58R	
三相交流发电机	61	浅蓝	充电指示		
	B＋		蓄电池正极	＋	
	B－		蓄电池负极	－	
具有分置整流器的三相交流发电机	J		整流器	J	励磁绕组正极
	K			K	励磁绕组负极
	Mp			Mp	中性点接头
	U			U	三相接头
	V			V	
	W			W	
油压开关	·	浅蓝/绿	油压指示灯		
燃油传感器		浅蓝/黑	油量指示灯		
熔断器		黑/红	制动灯		
		红	钟表、收音机、内部照明		
继电器线圈	85	负极			绕组输出
	86				绕组输入
继电器触点	87				常闭触点输入
	87a				常闭触点输出
	88				常开触点输入
	88a				常开触点输出

第二节　奔驰汽车电路图

　　德国奔驰汽车在国内也具有一定的保有量，虽然也是德系汽车，但奔驰汽车维修资料中的汽车电路图有其自身的特点。

 ## 奔驰汽车电路图的符号

　　奔驰汽车电路图符号许多与大众车系相同或相似，如图2-3所示，请注意比较区别。

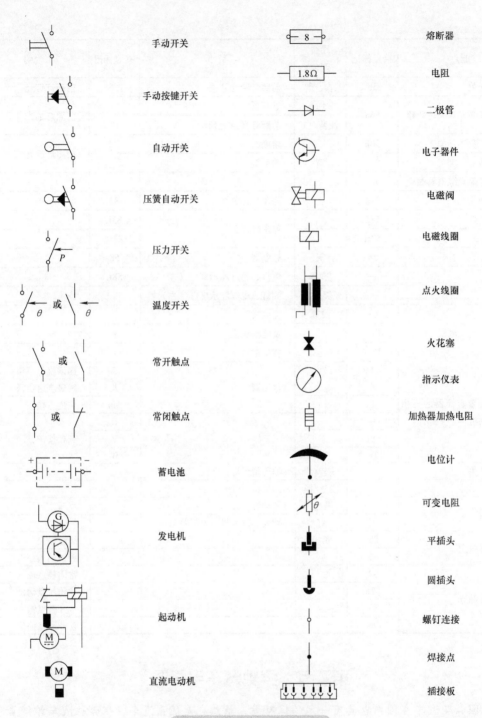

图2-3 奔驰汽车电路图符号

 奔驰汽车电路图的特点

奔驰汽车电路图一例如图2-4所示。

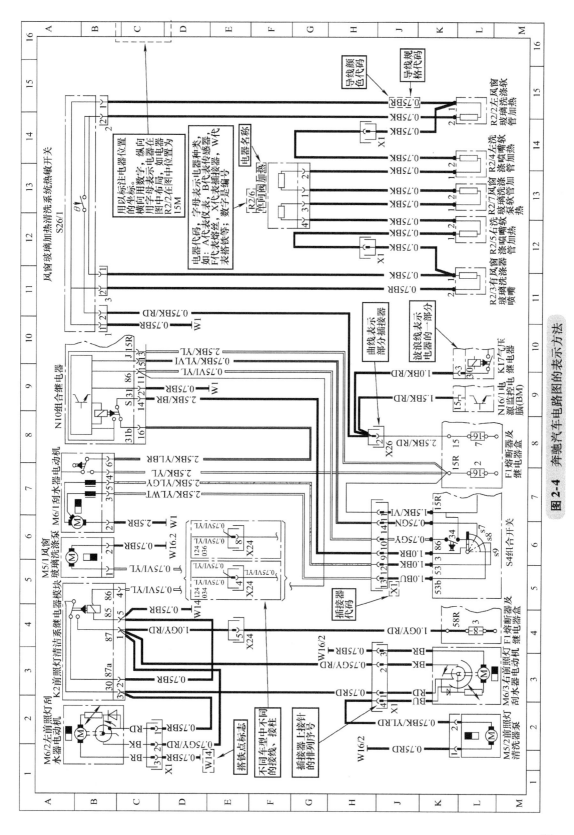

图2-4 奔驰汽车电路图的表示方法

51

从奔驰汽车电路图典型实例可知，其电路图具有如下特点：

1. 电路图采用纵横坐标

电路图四边采用纵横坐标，可方便地确定电器在电路图中的位置，其中横坐标用数字，纵坐标采用字母。

2. 电气元件采用代码加文字的标注方式

电路图中的电气元件符号采用代码和文字标注，代码前部的字母表示电气元件的种类，各字母表示的电气元件见表2-2；代码后面的数字代表编号，一般电气元件代码下面用文字注明电气元件的名称（插接器、搭铁仅有代码，不用文字注明）。

表2-2　奔驰汽车电路图各电气元件代码

代码	表示的电气元件种类	代码	表示的电气元件种类	代码	表示的电气元件种类
A	仪表	H	电喇叭、扬声器	S	开关
B	传感器	K	断电器	T	点火线圈
C	电容	L	转速、速度传感器	W	搭铁点
E	灯	M	电动机	X	插接器
F	熔断器盒	N	电控单元	Y	电磁阀
G	蓄电池、发电机	R	电阻、火花塞	Z	连接套

3. 用曲线和波浪线表示部分电气元件

在电路图中用曲线表示是部分插接器，用波浪线（虚线）表示是电气元件的一部分。

三　奔驰汽车电路图的标注说明

1. 插接器端子的标注

插接器用字母"X"加"数字"组成的代码表示，而在各端子旁用数字标示该端子在插接器上的排列序号。

2. 导线颜色与截面面积标注

导线的颜色早期大都采用两位大写英文缩写代码标记（表2-3）。而近些年来，则采用小写的德文缩写作导线颜色代码。导线颜色代码分别为 ws—白色，sw—黑色，ro—红色，br—棕色，gn—绿色，bl—蓝色，gr—灰色，ge—黄色，li—紫色。

表2-3　奔驰汽车电路图导线颜色代码

颜色代码	表示的导线颜色	颜色代码	表示的导线颜色	颜色代码	表示的导线颜色
BK（bk）	黑色	GN（gn）	绿色	WT（wt）	白色
BR（br）	棕色	BU（bu）	蓝色	PK（pk）	粉红色
BD（rd）	红色	VI（vi）	紫色		
YL（yl）	黄色	GR（gr）	灰色		

对于双色线或三色线，则用"VI/YL"和"BK/YL RD"这种形式表示。导线的截面面积则在导线颜色代码前用数字表示，如 1.25BD/YL，表示导线标称截面面积为 $1.25mm^2$，导线颜色为红底黄纹。

3. 搭铁点代号

在线端画一小横线，表示该处搭铁，并标注搭铁点代号。搭铁点代号由字母"W"和字母后面的数字编号组成。

4. 电气元件代号

电路图中各电气元件用"字母＋数字"组成的代号表示，并用文字说明各元件的名称。

第三节　宝马汽车电路图

 宝马汽车电路图的符号

宝马汽车电路图符号与奔驰汽车电路符号很多是相同或相似的，但电路图的表示方式却不同。宝马汽车电路符号如图 2-5 所示。

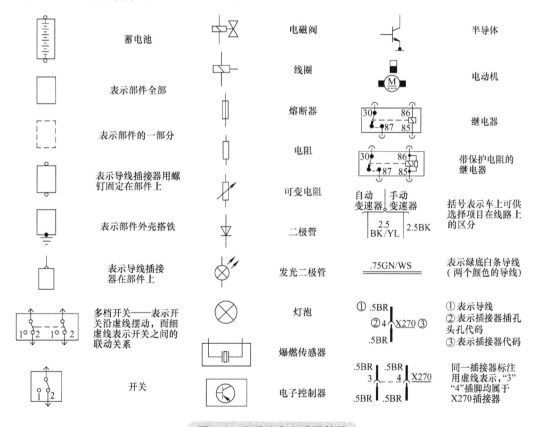

图 2-5　宝马汽车电路图符号

 宝马汽车电路图的特点

宝马汽车电路图示例如图 2-6 所示。

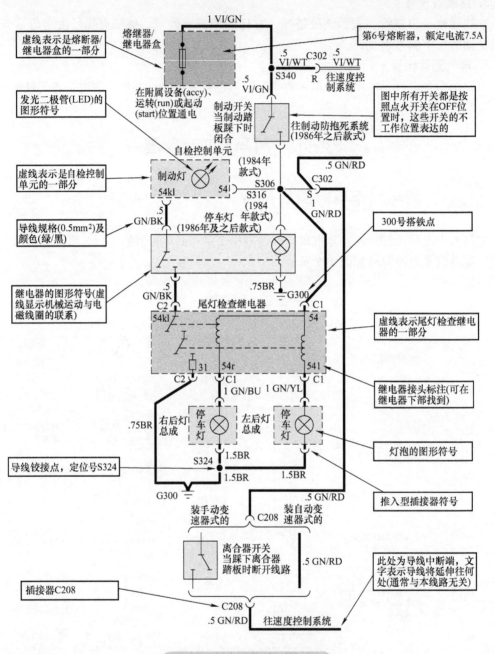

图 2-6 宝马汽车电路图示例

相比大众车系和奔驰汽车电路图，宝马汽车电路图具有如下特点。

1. 电路图中的电气元件采用文字标注

电路图中的各电气元件用文字标注，并用虚线表示线框内所表示的是电气元件的一部分，电路图识读更方便。

2. 电路图中线路的断点采用文字标注

电路图中线路的断点直接用文字表明导线通往何处，或源自何处，这也给电路图阅读提供了方便。

3. 铰接点及搭铁处标注清晰

导线铰接点及线路搭铁处分别用字母"S"及"G"加相应的数字编号所组成的代码表示，标示较为清晰。

 宝马汽车电路图的标注说明

1. 熔断器的标注

熔断器直接用文字标注，文字后的数字表示该熔断器在熔断器/继电器盒中的排列序号，用虚线框表示该部分为熔断器/继电器盒的一部分。

2. 开关状态说明

电路图中的开关均为不工作时的状态，用文字说明开关动作的条件及动作以后的状态。

3. 插接器标注

无论是电气元件与线路插接器，还是线间插接器，用"C"加数字作插接器的代码，标注在各插接器的端子处。

4. 导线颜色与截面面积标注

宝马汽车电路图中也采用代码标注导线的颜色，导线颜色代码见表2-4。导线颜色代码前的数字表示该导线的标称截面面积。

表2-4　宝马汽车电路图导线颜色代码

颜色代码	表示的导线颜色	颜色代码	表示的导线颜色	颜色代码	表示的导线颜色
BL	蓝色	RD	红色	SW	黑色
BR	棕色	GR	灰色	VI	紫色
GE	黄色	OR	橙色	WS	白色
GN	绿色	RS	粉红色		

第四节　雪铁龙车系汽车电路图

自中法合资的神龙汽车公司从1992年起生产汽车以来，雪铁龙车系汽车已在国内占有一定的市场。在这些汽车的中文维修资料中，其电路图都沿用法国雪铁龙汽车公司的规定画法，电路图的表达方式有其自身的特点。

 雪铁龙车系汽车电路图的符号

雪铁龙车系汽车电路图中的电路连接和电气元件都有规定的画法，有些与其他车系相同或相似，有些则与众不同。雪铁龙车系汽车电路图符号如图2-7所示。

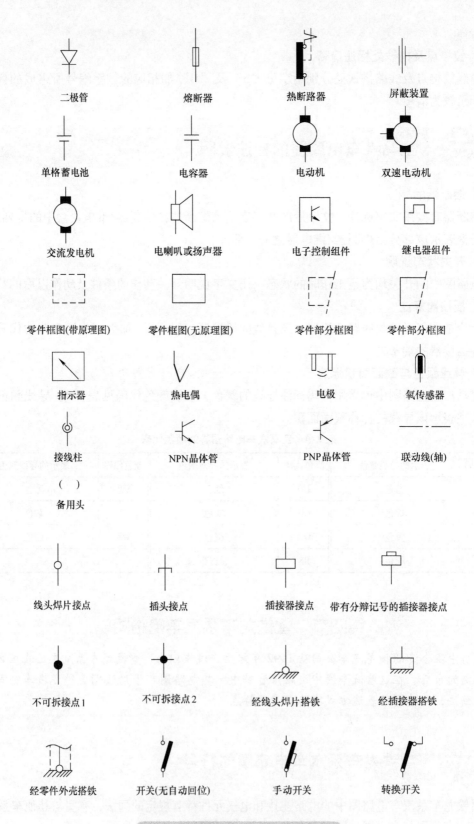

图2-7 雪铁龙车系汽车电路图符号

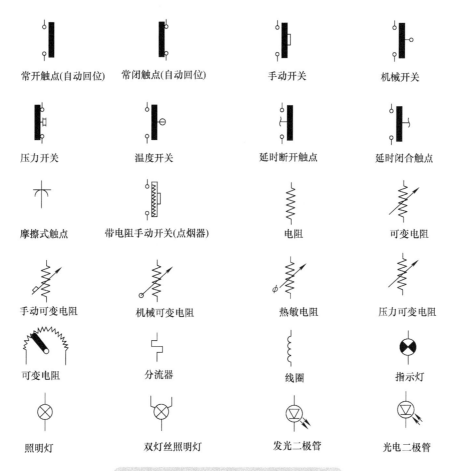

图2-7 雪铁龙车系汽车电路图符号（续）

 雪铁龙车系汽车电路图的特点

雪铁龙车系汽车电路图的标注方法如图2-8所示。

雪铁龙车系汽车电路图与其他车系汽车电路图的不同点较多，其特点如下：

1. 提供不同类型的电路图

雪铁龙车系汽车在其维修资料中通常同时提供电路原理图和线路布置图，有的还提供线束定位图，且电路原理图和线路布置图用相同的标识。

2. 标明导线所在的线束

电路原理图中的导线除了标注其颜色以外，还标明该导线所在的线束。

3. 标明插接器和插头护套的颜色

电路原理图和线路布置图中还标注了插接器和插头护套的颜色，可方便线路查寻。

4. 标明搭铁点的位置

线路布置图中直观地标示了搭铁点位置。

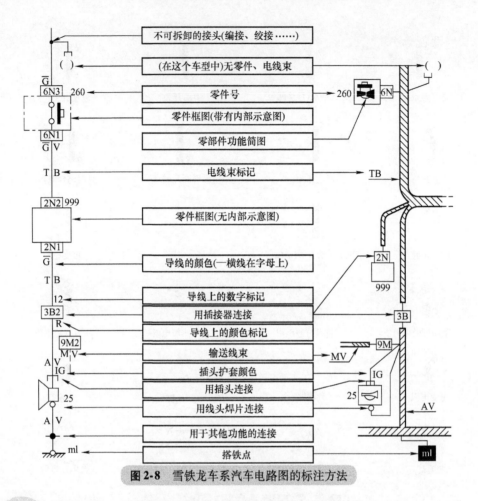

图2-8 雪铁龙车系汽车电路图的标注方法

三 雪铁龙车系汽车电路图的标注说明

1. 零件号

雪铁龙车系汽车电路原理图和线路布置图中各电气元件均用数字编号，可通过图注或零件清单格表查得该数字编号所表示的部件。

2. 线束标注

在电路图中标注各导线所在线束的代号，给寻找线路的方位和走向提供了方便，线束代号见表2-5。

表2-5 线束代号

线束代号	线束名称	线束代号	线束名称	线束代号	线束名称
AV	前部电缆	MT	发动机（和电控喷油系统）电缆	PP	前排乘客侧门电缆
CN	蓄电池负极电缆	MV	电动风扇电缆	RD	右后部电缆
CP	蓄电池正极电缆	PB	仪表板电缆	RG	左后部电缆
EF	行李舱照明灯电缆	PC	驾驶人侧门电缆	RL	侧转向灯电缆
FR	尾灯电缆	PD	右后门电缆	UD	右制动蹄片磨损指示器电缆
GC	空调电缆	PG	左后门电缆	UG	左制动蹄片磨损指示器电缆
HB	驾驶室电缆	PL	顶灯电缆		

3. 导线颜色标注

电路图中用法文字母标注各导线的颜色，导线的颜色代码见表2-6。

表2-6 电路图中导线的颜色代码

颜色代码	导线颜色	颜色代码	导线颜色
N	黑色	Bl	湖蓝色
M	栗色	Mv	深紫色
R	大红色	Vi	紫罗兰色
Ro	粉红色	G	灰色
Or	橙色	B	白色
J	柠檬黄色	Lc	透明
V	翠绿色		

导线代码标注在该电路的左边，双色线则将表示两种颜色的代码分别标注在该电路的两侧，左侧代码表示导线底色，右侧代码表示导线条纹颜色。

有的导线颜色代码字母上方加了一横杠，这用于区别线束代码。

4. 插接器标注

雪铁龙车系汽车电路中的各种插接器均用线框表示，通过标注字母和数字来表示插接器的类型或颜色、插接器的端子数和该端子的排列顺序等。不同类型插接器的标注方法如图2-9所示。

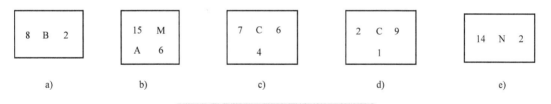

a)   b)   c)   d)   e)

图2-9 不同类型插接器的标注方法

a）单排插接器 b）双排插接器 c）、d）前围板插接器 e）14脚圆插接器

（1）单排插接器

单排插接器只有一排插脚或插孔，插接器及各端子在电路图中的标注方法如图2-9a所示，标注说明如下：

1）左边的数字表示插接器端子数，此例"8"表示该插接器有8个端子。

2）中间的字母表示插接器颜色，此例"B"表示该插接器为白色。

3）右边的数字表示端子的排列顺序，此例"2"表示是该插接器中的第2号端子。

（2）双排插接器

双排插接器有两排插脚或插孔，插接器及各端子在电路图中的标注方法如图2-9b所示，标注说明如下：

1）上排数字表示插接器端子数，此例"15"表示该插接器有15个端子。

2）上排字母表示插接器颜色，此例"M"表示该插接器为栗色。

3）下排字母表示插接器端子的排数，此例"A"表示是该插接器中的A排。

4）下排数字表示该端子的排列顺序，此例"6"表示是该插接器 A 排中的第 6 号端子。

（3）前围板插接器

前围板插接器位于风窗玻璃左下侧的车身内，用于前部线束和仪表板线束的连接，它共有 62 个插孔，如图 2-10 所示，由八组 7 脚插接器和三组 2 脚插接器组成。前围板插接器及各插脚在电路图中的标注方法如图 2-9c、d 所示。

图 2-9c 标注说明如下：

1）上排左边数字表示插接器端子数，此例"7"表示该插接器有 7 个端子。

2）上排中间字母"C"表示该插接器是前围板插接器。

3）上排右边数字表示组数，此例"6"表示是第 6 组插接器。

4）下排数字表示该端子的排列顺序，此例"4"表示是该插接器的第 4 号端子。

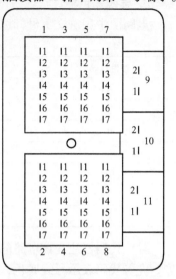

图 2-10 前围板插接器排列

图 2-9d 标注说明如下：

1）上排左边数字表示插接器端子数，此例"2"表示该插接器有 2 个端子。

2）上排中间字母"C"表示是该插接器前围板插接器。

3）上排右边数字表示组数，此例"9"表示是第 9 组插接器。

4）下排数字表示该端子的排列顺序，此例"1"表示是该插接器的第 1 号端子。

（4）14 脚圆插接器

14 脚圆插接器位于发动机舱盖下左侧的熔断器盒内，用于前部 AV 线束与发动机 MT 线束的连接，呈黑色，插接器及各插脚在电路图的标注方法如图 2-9e 所示，说明如下：

1）左边的数字"14"表示该插接器是 14 脚插接器。

2）中间的字母"N"表示插接器为黑色。

3）右边的数字表示该端子的排列顺序，此例"2"表示是该插接器中的第 2 号端子。

第五节　丰田车系汽车电路图

丰田汽车是我国进口汽车中数量最多的车种，一汽丰田（天津一汽与丰田汽车公司合资）生产的威驰、卡罗拉等轿车，以及广汽丰田生产的凯美瑞、汉兰达、雅力士等车型在国内也有较高的市场占有率。这些车型的中文维修资料都源自丰田公司原厂资料，其电器与电子控制系统电路图通常都保留了丰田原厂汽车电路图的绘图风格。

 一　丰田车系汽车电路图的符号

丰田车系汽车电路图的符号也有与其他车系汽车电路图不同的地方，所用的汽车电路图符号如图 2-11 所示。

图2-11　丰田车系汽车电路图符号

二　丰田车系汽车电路图的特点

丰田车系汽车电路图的标注方法示例如图2-12所示。丰田车系汽车电路图的特点如下：

1. 电路图中的电气元件用文字标注

丰田车系汽车电路图中的电气元件通常不用代码标注，而是用文字直接标注，给识图带来便捷。

2. 整车电路图按系统布置并予以标注

对整车电路图，图中各电气系统电路按横向逐个布置，并在电路图的上方标出各系统电路的区域和代表该电路系统的符号或/及文字说明，使电路的阅读比较清晰、方便。

3. 线路搭铁点标示明确

电路图中绘出了搭铁点，并标注代号与文字说明，从电路图中可直观明了地了解线路搭铁点。

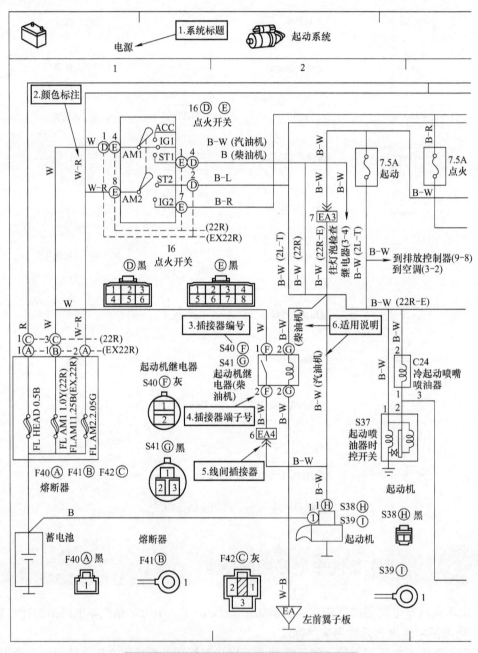

图2-12 丰田车系汽车电路图标注方法示例

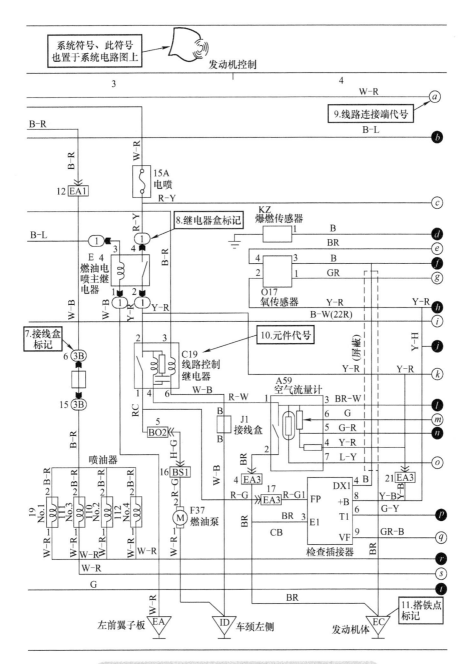

图 2-12 丰田车系汽车电路图标注方法示例（续）

4. 电气元件连接端子标示清楚

有些电路图中还直接标出线路插接器的端子排列和各端子的使用情况，给识图和电路故障查寻提供了便利。

 三 丰田车系汽车电路图的标注说明

丰田车系汽车电路图标注说明如下：

1. 系统标题

在电路图上方用刻线划分的区域内，用文字和系统符号表示下方电路系统的名称。电路图中各系统的符号如图2-13所示。

含义	符号	含义	符号	含义	符号
ABS(防抱死制动系统)		发动机控制		超速档	
AC(空调)		前雾灯		电源	
自动天线		燃油加热器		电动窗	
倒车灯		前刮水器和洗涤器		电动座椅	
行李舱锁		电热和排气控制		散热器风扇和冷凝器风扇	
化油器		电热塞		音响	
充电系		前照灯		后雾灯	
点烟器和时钟		前照灯光束水平控制		后风窗除雾器	
组合仪表		前照灯清洁器		后刮水器和洗涤器	
巡航控制		电喇叭		遥控后视镜	
门锁		照明		座椅加热器	
电子控制变速器和AT/指示灯		车内灯		变速杆锁	
电控液压冷却风扇		灯光自动切断		SRS(乘员辅助安全系统)	
电控安全带收紧器		灯光提醒蜂鸣器		起动和点火	
制动灯		车顶天窗		尾灯	
转向信号和危险信号灯		开锁和座位安全带警告灯			

图2-13　丰田车系汽车电路图中各系统的符号

2. 颜色标注

导线颜色用代码标注在该线路的旁边，各颜色代码见表2-7。双色线用代表两种颜色的代码中间加"－"表示。图2-12中"W－R"表示该导线的底色是白色，条纹为红色。

表 2-7　丰田车系汽车电路图导线颜色代码

颜色代码	导线颜色	颜色代码	导线颜色
B	黑色	G	绿色
L	蓝色	O	橙色
R	红色	W	白色
BR	棕色	GR	灰色
LG	浅绿色	P	粉红色
V	紫色	Y	黄色

3. 插接器编号

表示与电气元件连接的插接器，图 2-12 中 S40 和 S41 表示与起动继电器连接的插接器。插接器的端子排列情况列于图中的某个位置（或在其他图中表示）。通常还标有插接器的颜色，其中未标注的为乳白色。

4. 插接器端子号

用数字表示插接器端子号，可从插接器端子排列图中找到该端子的具体位置。插座各端子的编号从左到右排列，插头端子的编号则相反，如图 2-14 所示。

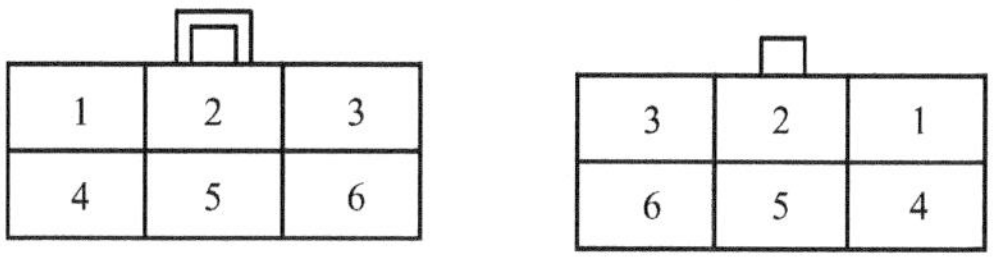

图 2-14　插座与插头端子编号
a）插座各端子编号　b）插头各端子编号

5. 线间插接器

用符号"＞＞"表示导线与导线之间用插接器连接。图 2-12 中线框中间的字母和数字"EA4"为插接器代号，线框外的数字"6"表示连接该导线的插接器端子号。

插接器代号中的第一个字母表示插接器的位置：E 指发动机舱，I 为仪表板及周围区域，B 为车身及周围区域。

6. 适用说明

用"（　　）"中的文字说明该线路、电气元件或连接所适用的发动机、车型或技术条件。

7. 接线盒标记

用"➤"符号表示导线在接线盒内插接，图 2-12 中圆线框内的数字和字母"3B"为插接器代号，其中数字"3"表示该插接器位于 3 号接线盒，圆线框外的数字"6"表示该导线连接插接器的 6 号端子。

8. 继电器盒标记

用"➤"符号表示导线在继电器盒内插接，图 2-12 中圆线框内的数字"1"表示继电器盒号码，表示该继电器位于 1 号位置，圆线框外的数字"4"表示继电器端子号。

9. 线路连接端代号

为减少电路图中的交叉，电路图中交叉较多的导线采用截断的方法，断点用圆圈表示，并用圆圈内的字母表示该线路与下一页标有相同字母的导线相连接。

10. 元件代号

用字母或字母加数字表示电气元件，通常在该元件代号旁标注元件的中文名称，无中文注释的，可根据元件代号从相关表格中查得该元件代号所代表的元件。

11. 搭铁点标记

用符号"▽"表示搭铁点位置，符号中间的字母为搭铁点代号，代号中的第一个字母表示搭铁点位置：E 为发动机舱，I 为仪表板及周围区域，B 为车身及周围区域。电路图中通常在搭铁点标记旁用文字说明搭铁点的具体位置。

四 丰田车系汽车电路图的补充说明

1. 丰田车系局部电路图

丰田车系的检修资料中通常还提供某电气装置的局部电路图，局部电路图的标注的方法与全车电路图是一致的，只是其中电路元器件的连接关系表达得更细致，这也给汽车电路故障的查寻提供了便利。

丰田车系局部电路图示例如图 2-15 所示。本例是丰田某车型牵引力控制系统的 TRC OFF 指示灯和 TRC 开关电路。该电路图表达了 TRC OFF 指示灯电路和 TRC 开关电路所有的连接关系：ABS 和 TRC ECU 的连接端子标注了插接器"A19"、连接端子"8""12"外，还标注了端子代号"WT""CSW"；将适用于左转向盘车型"LHD"和右转向盘车型"RHD"的线路、插接器及端子号均在图上予以标注。

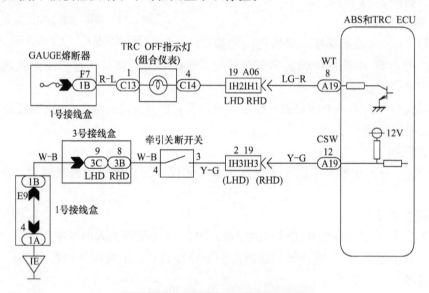

图 2-15　丰田车系局部电路图示例

2. 多插口插接器的标注方法

一些插接器有多个插孔区，在电路图中用字母来代表各插孔区，每个插孔区各自编号。丰田车系汽车电路图中具有多个插孔区的插接器示例如图 2-16 所示。

图 2-16 中，1 号接线盒的 1B 插接器有 A ~ F 共 6 个插孔区，各区的端子排列均各自编号，互不影响。因此，在电路图中，必须有插孔区代号和数字才能表示具体的端子。例如，图中"F7"是表示 1 号接线盒 1B 插接器 F 区 7 号端子；"E9"表示 1 号接线盒 1B 插接器 E

区 9 号端子；"A06"则表示 1 号接线盒 1B 插接器 A 区 6 号端子。单插口插接器不分区，因此只需用数字表示端子号。

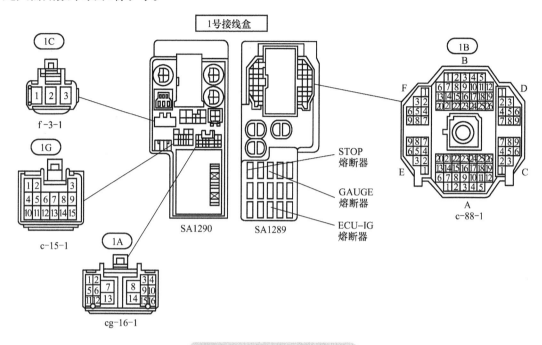

图 2-16 多插口插接器示例

第六节 本田车系汽车电路图

相比丰田汽车，进口的本田汽车虽然不多，但自 1999 年广汽生产的本田雅阁轿车面市以来，各型本田汽车在国内也有较大的保有量。与丰田、日产等其他日系汽车相比较，本田汽车的电路图也有其特点。

 本田车系汽车电路图的符号

本田车系汽车电路图符号与其他车系汽车电路图符号也有些不同之处，其电路图符号如图 2-17 所示，请自行对照比较相同与不同之处。

 本田车系汽车电路图的特点

本田车系汽车电路图标注方法示例如图 2-18 所示。本田车系汽车电路特点如下：

1. 电路图中的电气元件用文字标注

在本田车系汽车电路图中，各电气元件用文字直接标注，因此阅读比较方便。

2. 导线颜色用文字标注

本田车系汽车电路图中的导线颜色以英文缩写标注，但中文维修资料中的汽车电路图通

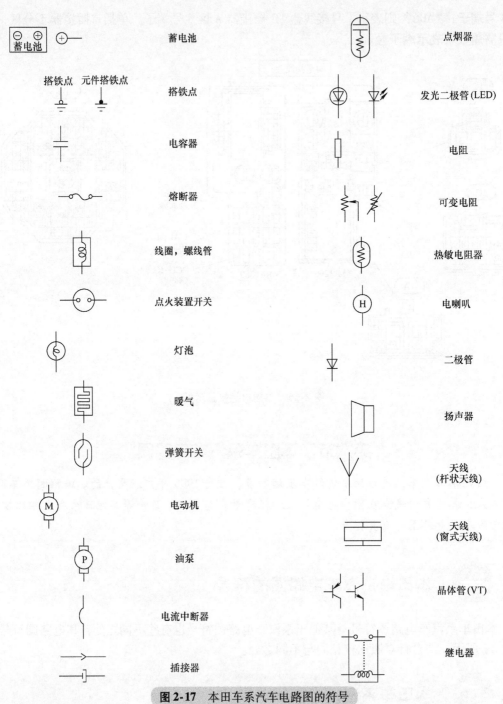

图 2-17 本田车系汽车电路图的符号

常直接用中文标出。例如，浅绿色、棕/黄等，分别表示单色导线和双色导线。

3. 线路搭铁点标示明确

电路图中的搭铁点均标注代号，代号由字母"G"和数字组成，例如 G401、G202 等。在电路图中有相同搭铁点代号的各点表示在汽车上是同一个搭铁点。

4. 电路图中线路断点标示清楚

在电路图中，线路的断点运用较多，用三角形"▽"表示，并用文字注明所连接的电路或电气单元。

5. 电路图中不标注导线的截面面积

本田车系汽车电路图中导线的截面面积并没有标注，因此各导线的截面面积只能根据导线所连接熔断器的额定电流来估计。

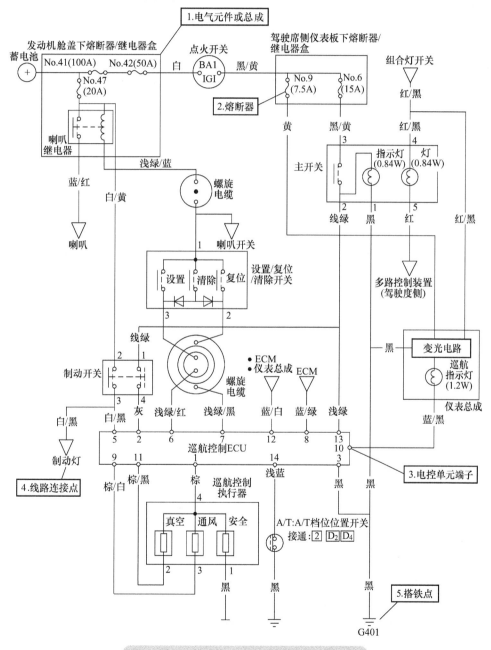

图 2-18 本田车系汽车电路图标注方法示例

本田车系汽车电路图的标注说明

本田车系汽车电路图标注说明如下：

1. 电气元件或总成

电路图中各电气元件或总成用实线框表示，并用文字标注该实线框内的电气元件或总成的名称。

2. 熔断器

电路图中熔断器的标注包括序号和电流。例如，No41（100A），表示该熔断器是发动机舱盖下熔断器/继电器盒中的第41号熔断器，保护电流是100A。

3. 继电器及电控单元等器件端子

电路图中的继电器、开关总成、电控单元等器件各连接端子用数字标出其在插接器上的排列序号。

4. 线路连接点

电路图中线路连接断点用三角形表示，顶部或底部的文字则注明所连接的电路、电气元件或总成，三角形箭头的方向则表示该条线路电流的方向。

5. 搭铁点标示

线路的接地点除用搭铁符号标注外，还用代码标注，该搭铁点代码表示搭铁位置，具体的位置可由维修资料所提供的搭铁线路图或搭铁说明表格查到。

第七节　通用车系汽车电路图

通用汽车也是我国主要的进口车种之一，上海通用汽车公司成立后，通用汽车在我国的保有量迅速上升。通用车系汽车电路图与前述几种车系汽车电路图又有明显的区别。

 通用车系汽车电路图的符号

通用车系汽车电路图的符号如图2-19所示。

 通用车系汽车电路图的特点

通用车系汽车电路图的标注方法示例如图2-20所示。通用车系汽车电路图的特点如下：

1. 电路图中标有特殊的提示符号

在通用车系汽车电路图中，通常标有特殊的提示符号，用于向汽车检修人员提供某种注意事项或警示作用。通用车系汽车电路图中的特殊提示符号如图2-21所示。各特殊提示符号的含义如下：

（1）静电敏感符号

静电敏感符号用于提醒检修人员，该系统含有对静电放电敏感的部件，在检修操作时应

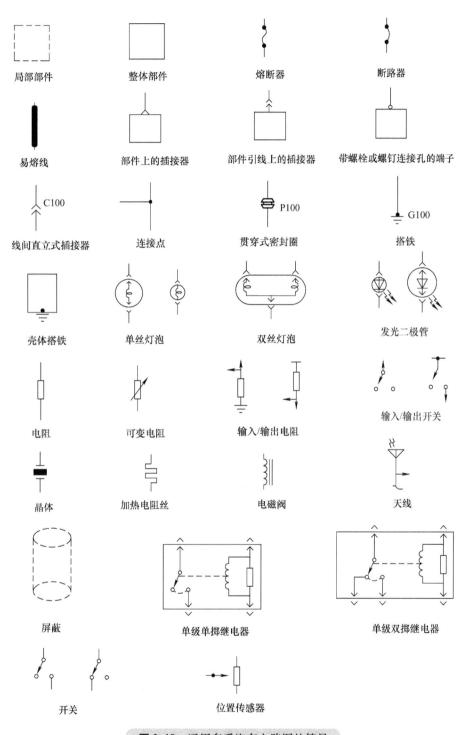

图 2-19　通用车系汽车电路图的符号

注意：

1）在检修操作前通过触摸金属搭铁（接地）点，以除去身体上的静电。

2）检修操作中不要用手触摸裸露的端子，也不要用工具接触裸露的端子。

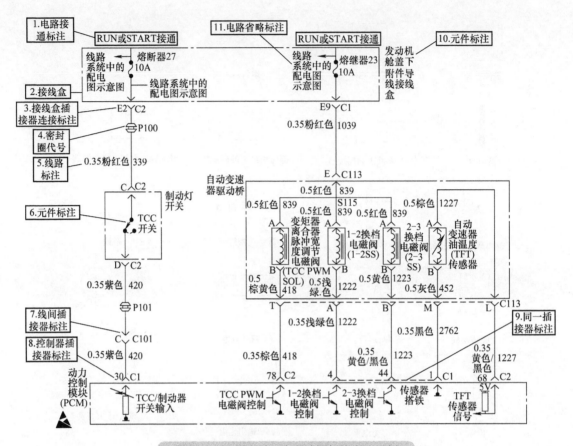

图2-20 通用车系汽车电路图标注方法示例

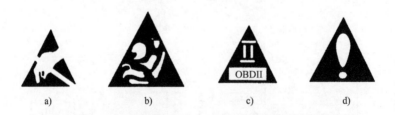

图2-21 通用车系汽车电路图中的特殊提示符号

a）静电敏感符号 b）安全气囊符号 c）故障诊断符号 d）注意事项符号

3）若无必要，不要将零件从保护盒中取出。

4）除非是故障诊断必须，否则不要随意将零部件或插接器跨接或搭铁。

5）打开零部件保护性包装之前应先将其接地（搭铁）。

（2）安全气囊符号

安全气囊符号用于提醒检修人员，该系统为安全气囊系统或与安全气囊系统相关，在检修时应注意：

1）在检修操作前要进行安全气囊系统的检查。

2）检修操作时，先要使安全气囊失效，并在完成检修操作后，恢复安全气囊功能。

3）在车辆交与用户前要进行安全气囊诊断系统的检查。

（3）故障诊断符号

故障诊断符号用于提醒该电路在车载诊断（OBDII）范围内，当该电路出现故障时，故障指示灯就会亮。

（4）注意事项符号

注意事项符号用于提醒检修人员还有其他附加系统的维修信息。

2. 电路图中标有电源接通说明

通用车系的汽车电气系统电路图中的电源通常是从该电路的熔断器起，并用黑框中的文字说明在什么样的情况下该电路接通电源。

3. 电路图中标有电路编号

在通用车系汽车电路图中，各导线除了标明颜色和截面面积外，通常还标有该电路的编号，通过电路编号可以知道该电路在汽车上的位置，以方便识图和故障查寻。

4. 电路图中导线的颜色用英文缩写标注

通用车系汽车电路图中的导线颜色用英文缩写标注，但不同的车型，颜色的代码会有些区别。通用车系汽车电路图中导线颜色代码见表2-8、表2-9。

表2-8　通用车系汽车电路单色导线颜色代码

导线颜色	英文	颜色代码					
		通用	荣御	陆尊	新赛欧	君越	景程
黑色	Black	BLK	BK	BLK	SW	BK	BK
棕色	Brown	BRN	BN		BR		
棕黄			TN			TN	TN
蓝色	Blue	BLU	BU	BLU	BL	BU	BU
深蓝色	Dark Blue	DK BLU	D－BU	BLN DK		D－BU	D－BU
浅蓝色	Light Blue	LT BLU	L－BU	BLN LT		L－BU	L－BU
绿色	Green	GRN	GN	GRN	GN	GN	GN
深绿色	Dark Green	DK GRN	D－GN	GRN DK		D－GN	D－GN
浅绿色	Light Green	LT GRN	L－GN	GRN LT		L－GN	L－GN
灰色	Grey	GRY	GY	GRA	GR	GY	GY
白色	White	WHT	WH	WHT	WS	WS	WS
橙色	Orange	ORG	OG			OG	OG
红色	Red	RED	RD	RED	RT	RD	RD
粉红色	Pink	PNK					PK
紫色	Violet	VIO	PU	PPL		PU	PU
黄色	Yellow	YEL	YE	YEL	GE		
褐色	Brown	TAN		TAN		BN	BN
透明	Clear	CLR					
紫红色	Purple	PPL					

表2-9 通用车系汽车电路双色导线颜色代码

导线	颜色代码	导线	颜色代码
带白色标的红色导线	RD/WH	带白色标的深绿色导线	D－GN/WH
带黑色标的红色导线	RD/BK	带黑色标的浅绿色导线	L－GN/BK
带白色标的棕色导线	BN/WH	带黄色标的红色导线	RD/YE
带白色标的黑色导线	BK/WH	带蓝色标的红色导线	RD/BL
带黄色标的黑色导线	BK/YE	带蓝色和黄色标的红色导线	RD/BL/YE
带黑色标的深绿色导线	D－GN/BK		

三 通用车系汽车电路图的标注说明

以图2-20为例，说明通用车系汽车电路图的标注方法。

1. 电源接通标注

电源接通标注位于电路图的上方，用黑框表示，框内文字说明框内的熔断器在什么情况下接通电源。电源接通标注及说明见表2-10。

表2-10 通用车系汽车电路图电源接通标注及说明

电源接通标注	电源接通说明
RUN 或 START 接通	该电路在点火开关处于点火（RUN）和起动（START）位置时与电源接通
所有时间接通	该电路连接常接通电源
RUN 接通	该电路在点火开关处于点火（RUN）位置时与电源接通
START 接通	该电路在点火开关处于起动（START）位置时与电源接通
ACC 和 RUN	该电路在点火开关处于点火（RUN）或辅助（ACC）位置时与电源接通

2. 接线盒

接线盒又称电路配电盒，电路图中用虚线框表示框内的27号（10A）熔断器和23号（10A）熔断器只是接线盒中的一部分。

3. 接线盒插接器连接标注

"C2"是发动机舱盖下导线接线盒插接器代号，"E2"是插接器端子号。通常插接器代号在右侧，端子号在左侧，该标注表示339号导路从C2插接器的E2号端子接出。

4. 密封圈代号

在贯穿式密封圈符号旁的"P100"为密封圈代号，其中"P"表示密封圈。

5. 线路标注

线路标注包含该导线的截面面积、颜色和电路编号。其中，左边数字表示导线截面面积，右边数字为电路编号，中间标注导线的颜色。在一些通用车系汽车电路图中，用颜色代码标注导线颜色，各种颜色的代码见表2-8、表2-9。

6. 元件标注

框内"TCC开关"注明了此开关的作用（用于液力变矩器中的锁止离合器控制），框外有此元件的名称，在"（ ）"内的文字则说明了此开关的原理。

7. 线间插接器标注

导线右侧"C101"是直立式线束插接器的代号，其中"C"表示连接插头。左侧"C"

表示该线路通过 C101 插接器的 C 端子连接。

8. 控制器插接器标注

右侧代号"C1"表示是控制器上的 C1 插接器，左侧数字"30"表示是 C1 插接器的 30 号端子。

9. 同一插接器标注

用虚线表示 4、44、1（端子号）均为 C1 插接器的端子。自动变速器驱动桥框线外的虚线表示 T、A、B、M、L 均为插接器 C113 的端子。

10. 元件标注

在元件线框旁，用文字直接注明该元件的名称及位置

11. 电路省略标注

用文字注明了连接的电路，那些电路与本电路不相关，故而省略。

 四 **通用车系汽车电路图的补充说明**

1. 通用车系局部电路详图

在通用车系汽车维修资料中，除了表示汽车各电气系统的电路图外，有时还会提供电源分配、熔断器盒及搭铁电路等详图，这些详图对了解电源的分配、熔断器保护的电路及搭铁点分布情况提供了方便。通用车系汽车电路电源分配图、熔断器盒图及搭铁线线路图示例如图 2-22 ~ 图 2-24 所示。

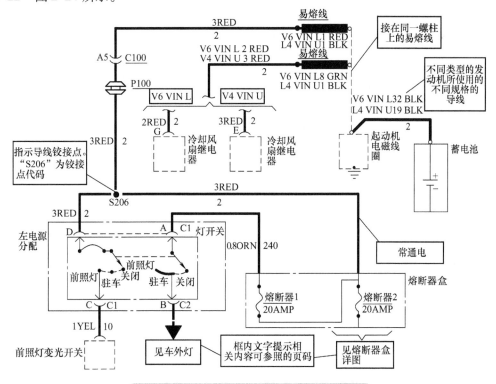

图 2-22 通用车系汽车电路电源分配图示例

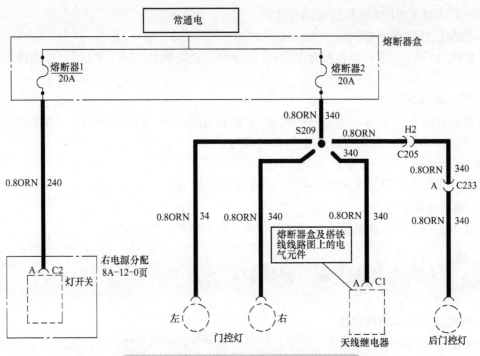

图2-23 通用车系汽车电路熔断器盒图示例

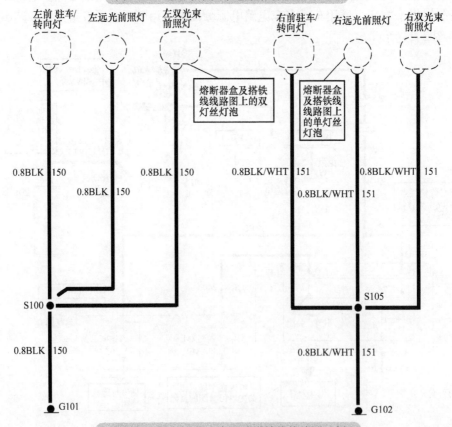

图2-24 通用车系汽车电路搭铁线线路图示例

2. 通用车系车辆位置分区代码

通用车系汽车电路图上的搭铁点、直接插接器、密封圈、接头及线路都有可识别位置的编号，该编号与车辆的某个区域所对应。因此，通过位置识别编码，就可知道其在车辆的具体位置。通用车系车辆位置分区示意图如图 2-25 所示，位置编码说明见表 2-11。

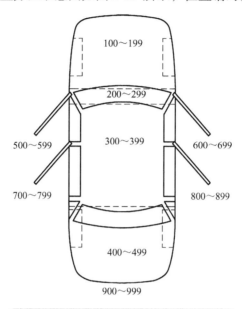

图 2-25　通用车系车辆位置分区示意图

表 2-11　通用车系车辆位置编码说明

位置编码	车辆位置
100 ~ 199	位于发动机舱区域（全部在仪表板前部） 001 ~ 099 代表发动机舱内附加编号，仅在用完 100 ~ 199 编号以后使用
200 ~ 299	位于仪表板区域
300 ~ 399	位于乘员室区域（从仪表板到后车轮罩）
400 ~ 499	位于行李舱区域（从后车轮罩到车辆的后部）
500 ~ 599	位于左前车门内
600 ~ 699	位于右前车门内
700 ~ 799	位于左后车门内
800 ~ 899	位于右后车门内
900 ~ 999	位于行李舱盖区域

第八节　福特车系汽车电路图

除少量的进口福特汽车外，长安福特汽车在国内也具有一定的保有量。福特车系汽车电路图与通用车系汽车电路图很相似，但也有一些不同之处，在对比学习过程中可更好地掌握这两个车系汽车电路图的识图技巧。

福特车系汽车电路图的符号

福特车系汽车电路图符号如图2-26所示。

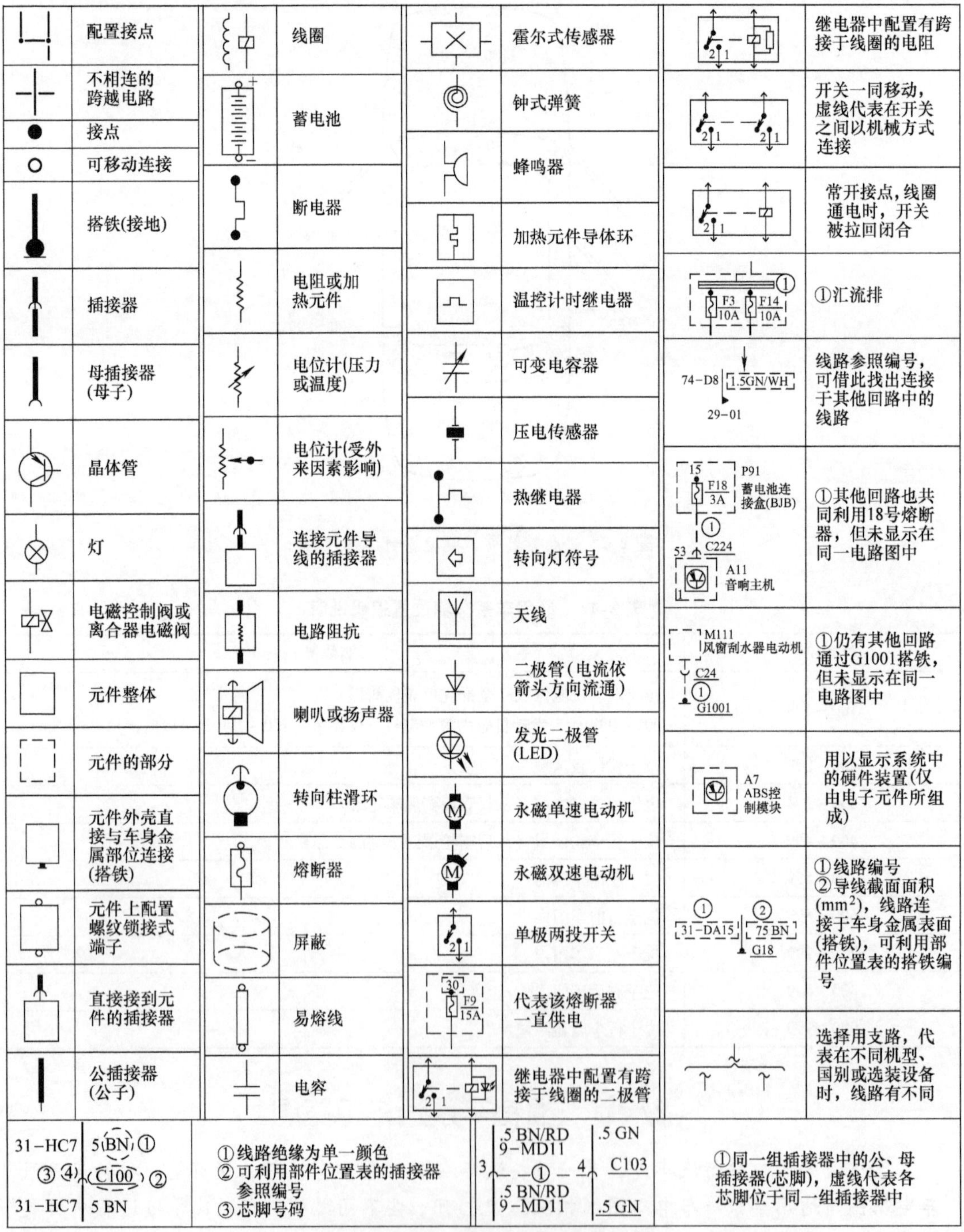

符号	说明	符号	说明
	配置接点		线圈		霍尔式传感器		继电器中配置有跨接于线圈的电阻

说明(列1)	说明(列2)	说明(列3)	说明(列4)
配置接点	线圈	霍尔式传感器	继电器中配置有跨接于线圈的电阻
不相连的跨越电路	蓄电池	钟式弹簧	开关一同移动，虚线代表在开关之间以机械方式连接
接点		蜂鸣器	常开接点，线圈通电时，开关被拉回闭合
可移动连接	断电器	加热元件导体环	①汇流排
搭铁(接地)	电阻或加热元件	温控计时继电器	线路参照编号，可借此找出连接于其他回路中的线路（74-D8 1.5GN/WH 29-01）
插接器	电位计(压力或温度)	可变电容器	①其他回路也共利用18号熔断器，但未显示在同一电路图中（15 F18 3A P91 蓄电池连接盒(BJB) 53 C224 A11 音响主机）
母插接器(母子)	电位计(受外来因素影响)	压电传感器	①仍有其他回路通过G1001搭铁，但未显示在同一电路图中（M111 风窗刮水器电动机 C24 G1001）
晶体管	连接元件导线的插接器	热继电器	用以显示系统中的硬件装置(仅由电子元件所组成)（A7 ABS控制模块）
灯	电路阻抗	转向灯符号	①线路编号 ②导线截面面积(mm²)，线路连接于车身金属表面(搭铁)，可利用部件位置表的搭铁编号（31-DA15 75 BN G18）
电磁控制阀或离合器电磁阀	喇叭或扬声器	天线	
元件整体	转向柱滑环	二极管(电流依箭头方向流通)	
元件的部分	熔断器	发光二极管(LED)	
元件外壳直接与车身金属部位连接(搭铁)	屏蔽	永磁单速电动机	
元件上配置螺纹锁接式端子	易熔线	永磁双速电动机	选择用支路，代表在不同机型、国别或选装设备时，线路有不同
直接接到元件的插接器	电容	单极两投开关	
公插接器(公子)		代表该熔断器一直供电	
		继电器中配置有跨接于线圈的二极管	

31-HC7 5(BN)① ③ ④(C100)② 31-HC7 5BN	①线路绝缘为单一颜色 ②可利用部件位置表的插接器参照编号 ③芯脚号码	.5 BN/RD 9-MD11　.5 GN　3 —①— 4　C103　.5 BN/RD 9-MD11　.5 GN	①同一组插接器中的公、母插接器(芯脚)，虚线代表各芯脚位于同一组插接器中

图2-26 福特车系汽车电路图符号

二 福特车系汽车电路图的特点

福特车系汽车电路图标注方法示例如图2-20所示。

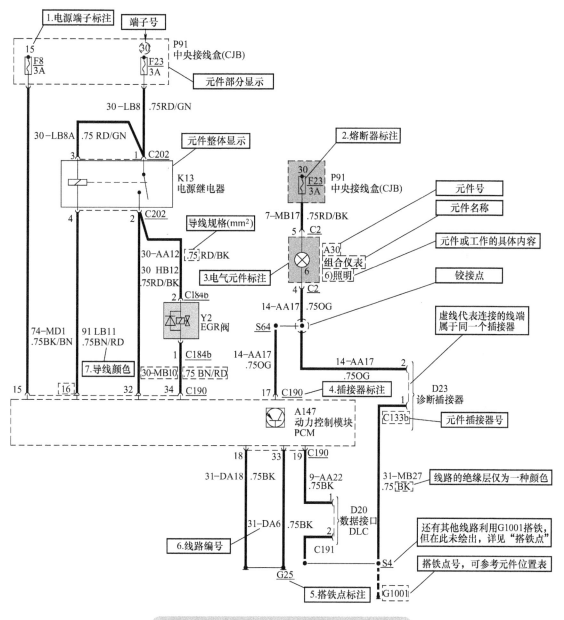

图 2-27 福特车系汽车电路图标注方法示例

福特车系汽车电路图的特点如下：

1. 电路图中不标注熔断器前的电源电路

和通用车系汽车电路图一样，熔断器前的电路部分在电路图中不标注。以前的福特车系汽车电路图也是用黑框中的文字说明在什么样的情况下该电路接通电源，而图 2-27 所示电路图中则是直接标注端子号："30"表示直接连接蓄电池，一直接通电源；"15"表示连接点火开关，在点火开关接通（RUN）时接通电源。

2. 电路图中标有线路编号

福特车系汽车电路图中的导线标注与通用汽车一样，除了标明颜色和截面面积外，也标有该线路的编号，可以方便了解该线路在汽车上的位置。

3. 电路图中导线的颜色标注用英文缩写

福特车系汽车电路图中的导线颜色采用英文缩写标注，导线颜色代码见表 2-12。

表 2-12　福特车系汽车电路图导线颜色代码

颜色代码	导线颜色	颜色代码	导线颜色	颜色代码	导线颜色
BK	黑色	LG	浅绿	OG	橙色
WH	白色	YE	黄色	GY	灰色
RD	红色	BU	蓝色	BN	棕色
GN	绿色	VT	紫色	SR	银色

4. 用文字直接说明电气元件的名称

福特车系汽车电路图也是在电气元件或总成部件线框旁用文字直接说明其名称，并且还标示有该电气元件的代码，代码由字母和数字组成，如图 2-27 中的 A30（组合仪表）、P91（中央接线盒）等。

 三　福特车系汽车电路图的标注说明

1. 电源端子标注

在熔断器前直接标注电源端子号，其作用如同通用车系的电源接通说明，例如，端子号 15 表示在点火开关接通（RUN）时接通电源；而端子号 30 则表示该熔断器一直接通电源。

2. 熔断器标注

熔断器用字母"F"加数字组成的代号标注，数字表示该熔断器在中央接线盒中的排列序号。

3. 电气元件标注

电气元件用虚线框（部分）或实线框（全部）旁的代码和文字标注，电气元件代码由字母和数字组成，文字表示该电气元件的名称，有的在其后还用文字说明该电气元件的作用。

4. 插接器标注

插接器用字母"C"加数字标注，在插脚处的数字表示该端子在插接器上的排列序号。用虚线连接的各端子表示各端子属于同一个插接器。

5. 搭铁点标注

线路搭铁点用字母"G"加数字标注，不同的数字表示是不同的搭铁点；有其他线路使用相同搭铁点的，在搭铁点连接导线上标有黑圆点，并标注"S"加数字代码（图2-27 中为 S4）。

6. 线路编号

通过线路编号可查到该导路的位置，可方便汽车电路故障查寻。

7. 导线颜色

各导线的颜色在电路图中用英文缩写的颜色代码（见表2-12）标注，双色线中间加"/"表示，例如，BN/RD、RD/BK 等。

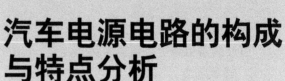

第三章
> Chapter 3

汽车电源电路的构成与特点分析

第一节 汽车电源电路部件的结构原理

车载电源由蓄电池和发电机并联而成，汽车电源电路的主要部件是蓄电池、发电机及调节器，除此之外，还有充电指示灯、电源开关（只部分汽车有）、熔断器等辅件。

 蓄电池

1. 蓄电池的基本组成

燃油汽车上普遍使用的是铅酸蓄电池，其基本组成如图3-1所示。铅酸蓄电池的核心部件是正、负极板和电解液。在充满电状态下，正极板上能通过电化学反应而释放出电量的化学物质是二氧化铅（PbO_2），负极板上的则是纯铅（Pb），PbO_2和Pb均被称为活性物质。铅酸蓄电池的电解液由纯净的硫酸和蒸馏水按一定的比例配制而成。

2. 蓄电池的基本原理

（1）蓄电池电动势的建立

铅酸蓄电池正、负极板上的活性物质在电解液中会有少量溶解电离（见图3-2），使得正极板产生正电荷（留下4价的铅离子Pb^{4+}）而电位升高，负极板产生负电荷（留下电子e^-）而电位降低。当PbO_2和Pb的溶解电离达到动态平衡时，

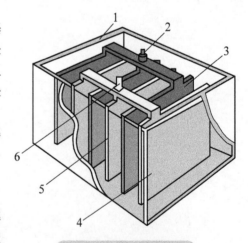

图3-1 蓄电池的组成
1—外壳 2—正极桩 3—正极板 4—负极板
5—隔板 6—负极桩

正、负极板上就有稳定数量的正电荷和负电荷而形成电位差，这个电位差就是蓄电池的电动势。

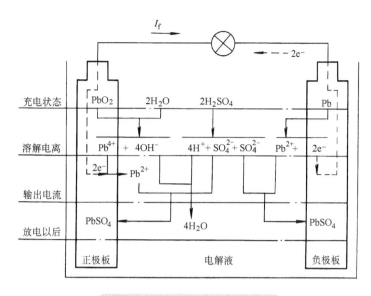

图3-2 蓄电池放电过程示意图

（2）蓄电池的放电过程

当充满电的蓄电池正、负极桩之间连接负载后，就会在其电动势的作用下形成放电电流（见图3-2），这时正、负极板上的电荷减少，失去原来的动态平衡，极板上的活性物质就会继续溶解电离，以补充被消耗掉的电荷，使蓄电池的电动势得以保持。放电后，蓄电池极板的活性物质转化成了硫酸铅（$PbSO_4$），电解液的水分增加、硫酸减少，故而电解液的密度会有所下降。

（3）蓄电池的充电过程

当蓄电池正、负极桩之间连接充电设备后，就会形成充电电流（见图3-3），在电源力的作用下，使放电后在正、负极板上生成的硫酸铅逐渐转化为活性物质二氧化铅和纯铅。充电过程使蓄电池极板的活性物质得以恢复，电解液中的水分减少、硫酸增加，因而电解液的密度会上升。

3. 蓄电池的特性与常见故障

（1）蓄电池的充放电特性

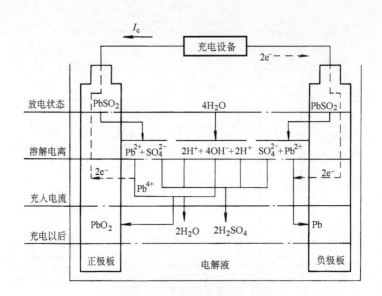

图 3-3　蓄电池充电过程示意图

铅酸蓄电池具有内阻小、可在短时间内迅速提供大电流、电压稳定等优点，因此特别适合用作发动机的起动电源。蓄电池放电后，沉附在其正、负极板表面上的 $PbSO_4$ 具有电阻的作用，且极板上沉附的 $PbSO_4$ 越多，蓄电池的内阻就越大。随着蓄电池放电程度的增加，蓄电池的内阻也会逐渐增大。因此，当蓄电池亏电时，汽车起动时蓄电池的端电压会下降很多，导致蓄电池不能提供足够的电流而使起动机运转无力或不能起转。

当发动机起动后，发电机便正常发电，并可向蓄电池充电，直至蓄电池恢复到满电状态。充电过程，蓄电池的电动势逐渐升高，充电电流逐渐减小（恒压充电）。充电后期，充电电流会将电解液中的水分电解，变成氢气和氧气逸出，导致电解液的液量减少。

要点提示 🔔

　　由于蓄电池充电后期会电解水，并生成氢气和氧气，故有加液盖的蓄电池其加液盖上设有通气小孔，以便于氢气和氧气能及时排出，避免蓄电池内部压力过高。

（2）蓄电池的电容特性

蓄电池的正、负极板还具有电容的作用，在汽车电路中相当于并联了一个容量很大的电容器。当电路中出现瞬间高电压脉冲时，只是对蓄电池形成瞬间的充电电流，但蓄电池的端电压不会有明显的变化。蓄电池的电容特性起着稳定汽车电路电压的作用，可使汽车电路中电子元器件不受瞬间过电压的损害。正因为如此，现代汽车特别强调蓄电池的连接一定要可靠。

（3）蓄电池极板的硫化

1）蓄电池极板硫化的影响。蓄电池极板硫化是指其极板上放电时生成的 $PbSO_4$ 变成了粗晶体（称之为硫酸铅硬化），粗晶体硫酸铅在电解液中很难溶解电离，因而在蓄电池正常充电时，不能将其还原为极板的活性物质。因此，蓄电池极板的硫化会使其容量下降、内阻增大，并最终导致蓄电池"充不进电"而不能继续使用。

2）蓄电池极板硫化的原因。蓄电池极板硫化主要是因为 $PbSO_4$ 溶解电离后的再结晶而形成了粗晶体结构。容易引起蓄电池极板再结晶的常见原因有：

① 蓄电池放电后长时间没有将其充满电，极板上的 $PbSO_4$ 在较长的时间里因其溶解度随温度变化而导致再结晶。

② 蓄电池电解液量不足，极板外露于电解液而氧化，也容易使极板硫化。

③ 蓄电池电解液不纯或密度过高、蓄电池在未充满电状态下环境温度变化大等均容易引起 $PbSO_4$ 的再结晶。

专家提醒

蓄电池使用寿命缩短最主要的原因就是其极板硫化。在汽车使用过程中，始终使蓄电池保持在充满电状态，可避免蓄电池极板的硫化，这对延长蓄电池使用寿命至关重要。

（4）蓄电池的自放电

在没有接通用电设备的情况下，蓄电池的电量会自行逐渐减小至完全消失，这种现象称为自放电。蓄电池轻度自放电是不可避免的，但是，若蓄电池在一昼夜自行消失的电量超过了其额定容量的2%，则就属于自放电故障了。造成蓄电池自放电故障的常见原因有：

1）蓄电池盖表面脏污（沉积了灰尘、油污等）而导致漏电。

2）蓄电池电解液不纯，其内部形成局部电池而自行放电。

蓄电池在平时使用过程中，保持蓄电池盖表面清洁及其电解液的纯净（蓄电池电解液的液面过低时，应补充纯净的蒸馏水），可有效防止蓄电池出现自放电故障。

专家提醒

汽车电路中的线路或开关等有漏电故障时，故障现象与蓄电池自放电故障相似，应注意检查判别。

二　交流发电机

1. 交流发电机的基本组成

现代汽车用发电机均采用硅二极管整流的交流发电机，其基本组成是转子、定子和整流器，再配以其他辅件构成能正常工作的发电装置。JF132 型交流发电机的组成部件如图 3-4 所示。

（1）转子总成

交流发电机的转子是发电机的磁极，转子总成的组成如图 3-5 所示。

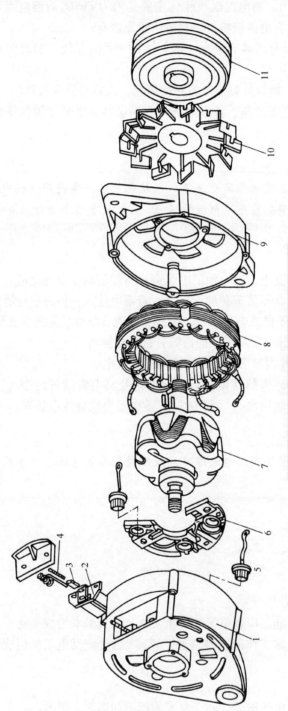

图 3-4 JF132 型交流发电机的组成部件

1—后端盖 2—电刷架 3—电刷 4—电刷弹簧 5—硅二极管 6—元件板（散热板） 7—转子总成 8—定子总成 9—前端盖 10—风扇 11—带轮

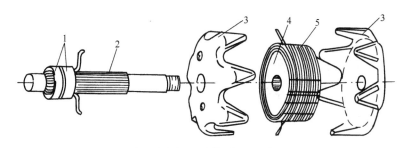

图 3-5 转子总成的组成

1—集电环 2—转子轴 3—爪极 4—磁轭 5—励磁绕组（转子绕组或磁场绕组）

绕有励磁绕组（转子绕组）的磁轭和两端的爪极通过花键与转子轴连接，励磁绕组的两端线分别焊接于一个集电环上。当通过电刷和集电环将直流电引入励磁绕组时，励磁绕组产生磁场而将两端的爪极磁化成 N 极和 S 极，从而形成 4~8 对磁极。当转子旋转时，就形成了一个旋转的磁场。

（2）定子总成

交流发电机的定子是发电机的电枢，定子总成的组成如图 3-6 所示。

定子总成由定子铁心和对称的三相电枢绕组（定子绕组）组成。定子铁心由内缘带槽的环状硅钢片叠成，各硅钢片之间互相绝缘。定子绕组的联结方式有星形联结和三角形联结两种，星形联结方式较为普遍。电枢绕组在旋转磁场中产生三相交流感应电动势。

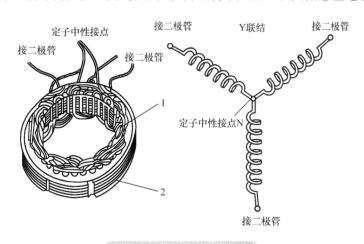

图 3-6 定子总成的组成

1—定子铁心 2—电枢绕组（定子绕组）

（3）整流器

整流器的作用是将电枢绕组产生的三相交流电转变为直流电输出。整流器 6 只硅二极管的安装与连接方式如图 3-7 所示。

二极管的引线为二极管的一极，其壳体部分为二极管的另一极。3 只壳体为正极的硅二极管压装在负整流板（与外壳相连接的散热板）上，这 3 只硅二极管的引线为二极管的负极，称之为负极管；3 只壳体为负极的硅二极管压装在正整流板（与外壳绝缘的散热板）上，这 3 只硅二极管的引线端为二极管的正极，称之为正极管。3 只正极管和 3 只负极管的

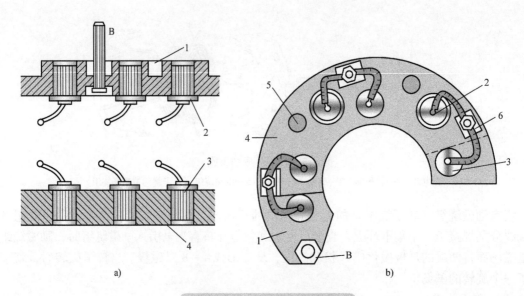

a)   b)

图 3-7 交流发电机整流器

a）整流二极管安装图   b）整流二极管连接图

1—正整流板 2—正极管 3—负极管 4—负整流板 5—安装孔 6—绝缘垫 B—电枢接线柱

引线端通过 3 个与发电机壳体绝缘的接线柱一一对应连接，并分别连接三相绕组的 A、B、C 端，就组成了三相桥式全波整流电路。

固定在绝缘散热板上的螺栓伸出发电机壳体外部，作为发电机的输出接柱，该接柱（称之为电枢接线柱）为发电机的正极，其标记为"B"、"＋"或"电枢"等。

后端盖较厚的交流发电机，通常是将 3 只负极管直接压装在后端盖上。

发电机整流器实物如图 3-8 所示。

2. 发电机的工作原理

交流发电机的基本工作原理如图 3-9 所示。

图 3-8 发电机整流器实物

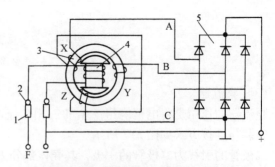

图 3-9 交流发电机的基本工作原理

1—电刷 2—集电环 3—定子 4—转子 5—整流器

（1）发电原理

发电机在工作时，通过电刷、集电环使励磁绕组通入直流电，产生一个旋转磁场；绕制在定子铁心中，均匀分布的三相电枢绕组在旋转磁场的作用下，分别切割磁力线而产生三相感应电动势。

（2）整流原理

发电机整流器的整流原理如图 3-10 所示。

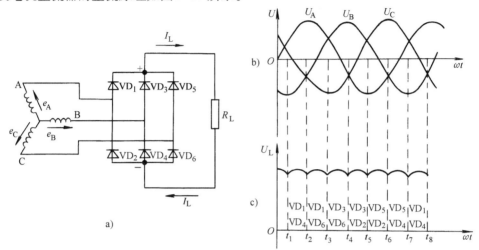

图 3-10 发电机整流器的整流原理

a）发电机整流电路 b）定子三相交流电动势 c）整流后的电压波形

1）整流二极管的导通方式。由于二极管的单向导电性，在每一瞬时，负极接在一起的 3 个二极管（VD_1、VD_3、VD_5），只有正极电位最高（所连接的电枢绕组电动势最高）的那个二极管导通，另两个成反向电压而不导通；在每一瞬时，正极接在一起的 3 个二极管（VD_2、VD_4、VD_6），只有负极电位最低（所连接的电枢绕组电动势最低）的那个导通，另两个也是成反向电压而不导通。

2）整流原理。每一瞬时，三相电枢绕组产生的三相电动势总有一相为最高，另一相为最低，上下各有一个二极管导通，这使得发电机的端电压总是两相电枢绕组电动势之和，并总是上正下负，这就将电枢绕组所产生的交流电（见图 3-10b）整流成了图 3-10c 所示的直流电。

3. 交流发电机的类型

车用发电机有多种结构形式，现以不同的分类方法予以概括。

（1）按励磁绕组搭铁方式分类

发电机励磁绕组的搭铁方式有内搭铁和外搭铁两种，如图 3-11 所示。内搭铁发电机其励磁绕组通过内部的搭铁电刷架直接搭铁（图 3-11a），外搭铁发电机的励磁绕组则是通过其励磁接线柱（F-），再通过连接线路，经调节器和搭铁线路搭铁（见图 3-11b）。因此，外搭铁发电机要比内搭铁发电机多一个励磁接线柱。

（2）按整流二极管的数量分类

发电机整流器的二极管有 6 管、8 管、9 管、11 管等几种形式，如图 3-12 所示。

基本型：由 6 只二极管组成整流器的发电机为基本型；9 管整流器是在 6 管整流器的基

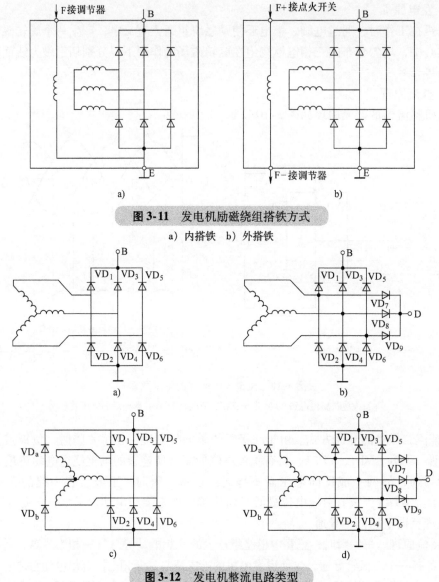

图 3-11 发电机励磁绕组搭铁方式

a）内搭铁 b）外搭铁

图 3-12 发电机整流电路类型

a）6管整流 b）9管整流 c）8管整流 d）11管整流

础上又增加了 VD_7、VD_8、VD_9 3 只二极管，与 VD_2、VD_4、VD_6 组成三相桥式整流电路，通过"D"端子输出，用于向发电机的励磁绕组提供励磁电流和控制充电指示灯。

高效型：8 管和 11 管整流器则是在 6 管和 9 管整流器的基础上增设了两只连接电枢绕组中性点的二极管 VD_a 和 VD_b，以使当中性点瞬间电压高于发电机输出电压时，也可向外输出电流，从而提高了发电机的输出功率。

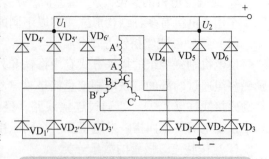

图 3-13 双整流型交流发电机电路原理

双整流型：除了上述 4 种形式的发电机外，现在又出现了 12 管整流的交流发电机，称之为双整流型交流发电机。这是一种新型交流发电机，其电路原理如图 3-13 所示。

双整流型交流发电机是在普通交流发电机三相电枢绕组的基础上，增加绕组匝数并从中间引出接线端子，还增设了一套三相桥式整流器。低速时，由原三相电枢绕组与增加的绕组串联输出，而在较高转速时，仅由原三相电枢绕组输出。中高低速供电工作电路的变换是自动完成。

在低速范围内，由于发电机转速低，三相电枢绕组的串联输出，提高了发电机的输出电压，使发电机低速充电性能大大提高。在高速范围内，随着发电机转速的提高，串接的三相电枢绕组的感抗增大，内压降增大，再加上电枢反应加强，使输出电压下降；这时原三相电枢绕组 A、B、C 因内压降较小，产生的感应电流相对较大，确保高速下的功率输出。

相比普通的交流发电机，双整流型交流发电机的最低充电转速可降低 200 ~ 300r/min，同时，又保证了高速时的大电流输出，提高了发电机的有效功率。双整流型交流发电机只是在定子槽中增加了绕组匝数和抽头引出线，并增加了 6 只整流二极管，因而结构并不算复杂。

三　调节器

1. 调节器的作用与工作方式

（1）调节器的作用

发电机的输出电压 U 与其转速 n 成正比（$U = C_e \Phi n$），发电机电压调节器的作用是在发动机转速变化时，通过调节发电机励磁绕组的励磁电流，改变磁极的磁通量 Φ 而使发电机的输出电压保持稳定。

（2）调节器的工作方式

调节器串联在发电机励磁绕组电路中，根据发电机输出电压的高低而动作。调节器的工作方式如图 3-14 所示。

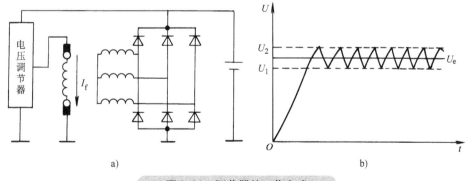

图 3-14　调节器的工作方式

a）调节器基本电路　b）工作电压波形

在发电机输出电压低时，调节器的 B、F 端子通路，流经励磁绕组的励磁电流较大；当发电机的输出电压达到设定的上限 U_2 时，调节器使励磁绕组的励磁电流下降或断流（B、F 端子之间电阻增大或断路），使发电机磁极磁通量迅速减弱或消失，以使发电机的输出电压下降；当发电机的输出电压降至设定的下限 U_1 时，调节器又使励磁绕组的励磁电流增大（B、F 端子之间电阻减小或通路），磁极磁通量增大，发电机的输出电压又上升；当发电机的输出电压又上升至上限时则重复上述过程。

调节器起作用时,发电机的输出电压始终在设定的范围内波动,使其平均电压稳定在设定值。

(3)调节器的稳压原理

当发电机的转速上升时,由于发电机输出电压上升速率增大而下降速率减小,调节器使励磁回路保持通路的时间相对减少,其控制的励磁绕组的平均励磁电流就会随之减小,从而使发电机输出的平均电压保持稳定。

2. 电子调节器的工作原理

电子调节器(电子式电压调节器)利用晶体管的开关特性,通过其导通和截止的相对时间变化来调节发电机的励磁电流。电子调节器的基本原理如图 3-15 所示。

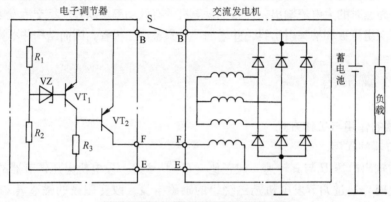

图 3-15 电子调节器的基本原理

发电机的输出电压通过 R_1、R_2 的分压作用,施加于稳压二极管 VZ,控制 VZ 的导通和截止;小功率晶体管 VT_1 起信号放大作用,其导通或截止受控于 VZ;大功率晶体管 VT_2 串联于发电机励磁绕组电路中,通过其导通和截止控制励磁绕组励磁电流的通断。

接通点火开关,蓄电池电压在 R_1 上的分压低于稳压二极管 VZ 的导通电压,VZ 不导通,VT_1 截止;VT_1 截止时其发射极与集电极之间有较高的电压,此电压加在 VT_2 的发射极和基极之间,使 VT_2 饱和导通,发电机的励磁回路处于通路状态。

发动机工作时,发电机正常发电,其输出电压达到设定的高限电压时,R_1 上的分压就会使 VZ 导通,VT_1 同时饱和导通;VT_1 饱和导通后,使 VT_2 的发射极和基极之间无正向导通电压而截止,发电机励磁回路断电;发电机在无励磁电流时其电压迅速下降,当电压降至设定的低限电压时,R_1 上的分压低于 VZ 的导通电压,VZ 又截止,VT_1 也同时截止,VT_1 截止后又使 VT_2 导通,发电机励磁回路又通路;随后发电机的电压又上升,达到高限电压时又使 VT_2 截止,如此反复,使发电机的电压在高、低限值之间波动,其平均电压稳定在设定值。

阅读提示 ✔

以前发电机使用的是触点式调节器,通过触点的开闭来调节发电机励磁绕组的电流,以使输出电压稳定。这种调节器的缺点是工作时有触点火花,其可靠性较差,因而已被电子调节器所取代。

当发电机的转速升高时，由于发电机输出电压上升的速率增大，而下降的速率减小，故而电子调节器晶体管 VT_2 导通的比率减小，使平均励磁电流减小，使得发电机的输出电压保持稳定。

实际电子调节器的电子元器件和电路结构要比图 3-15 所示电路复杂，不同型号的电子调节器其电路结构和元器件组成也有所不同，但其基本原理相同。

3. 集成电路调节器与整体式发电机

现代汽车发电机电压调节器使用集成电路电压调节器的越来越多，集成电路电压调节器由具有电压调节功能的芯片构成，其结构紧凑、电压调节精度高、故障率低。集成电路电压调节器如图 3-16 所示。

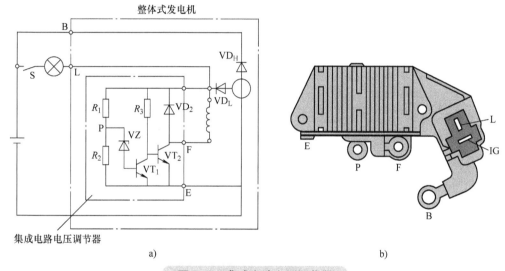

图 3-16 集成电路电压调节器

a）内部电路　b）外形

由于集成电路电压调节器的体积小，通常将其安装在发电机的内部，这种发电机也称其为整体式发电机。

整体式发电机由于调节器在其内部，故而在其外部没有了用于连接调节器的励磁接线柱和搭铁接线柱，通常只有连接蓄电池和用电设备的电枢接线柱和连接充电指示灯的接线柱。

第二节　电源电路的类型与特点分析

在不同类型的汽车上，其电源电路的结构形式有多种，而使用最多的电源电路主要有三种类型：①带充电指示灯继电器且用发电机中性点电压控制方式；②9 管整流发电机控制充电指示灯方式；③整体式发电机充电指示灯控制方式。

阅读提示 ✔

发电机的中性点电压是指从星形联结的电枢绕组的中间连接点引出一个端子，该接线柱用 "N" 标注，中性点电压 U_N 是发电机端电压 U_B 的 1/2。U_N 可反映发电机的发电状态，用于控制充电指示灯继电器。

带充电指示灯继电器的电源电路

仪表板上的充电指示灯用于指示发电机是否正常发电。用充电指示灯继电器控制充电指示灯的电源电路在一些载货汽车上应用较多，带充电指示灯继电器且用发电机中性点电压控制的电源电路如图3-17所示。

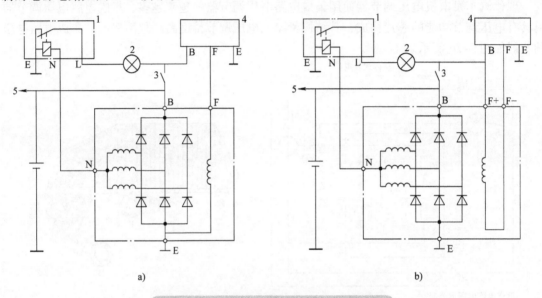

图3-17 带充电指示灯继电器的电源电路

a）内搭铁发电机充电电路 b）外搭铁发电机充电电路

1—充电指示灯继电器 2—充电指示灯 3—点火开关 4—调节器 5—用电设备

1. 电路特点

带充电指示灯继电器的电源电路其电路的特点总结如下：

1）发电机有中性点接线柱，其电压为发电机端电压的1/2，它连接充电指示灯继电器线圈，用来控制充电指示灯继电器的动作。

2）充电指示灯继电器为常闭触点，串联在充电指示灯电路中，当发电机正常发电时，发电机中性点电压加在充电指示灯继电器线圈上，线圈产生的电磁力能将触点断开，使充电指示灯断电熄灭。

3）调节器串联在发电机励磁电路中，内搭铁发电机其调节器串联在点火开关接线柱 B 与励磁接线柱 F 之间（图3-17a），外搭铁发电机的调节器则是串联于励磁接线柱 F 与搭铁端 E 之间（见图3-17b），使得发电机的励磁电流受调节器控制，以稳定发电机的电压。

4）调节器的搭铁端 E 与发电机的搭铁接线柱用一根导线连接，以确保调节器的搭铁与发电机的负极连接可靠。

专家提醒 🖊

内搭铁发电机和外搭铁发电机所匹配的调节器其接线端子都一样，但内部电路结构却不一样，匹配内搭铁发电机的调节器在 B 与 F 之间由晶体管控制其通断，F 与 E 之间不通路；匹配外搭铁发电机的调节器则是在 F 与 E 之间由晶体管控制其通断，而 B 与 F 之间不通路。因此，两种发电机只能用其相匹配的调节器，否则，发电机励磁绕组不能通电！

2. 电路工作原理

（1）发动机不工作时

蓄电池与发电机并联，这时如果接通用电设备，由蓄电池向外输出电流。如果接通点火开关（未起动发动机），充电指示灯电路通路（蓄电池＋→点火开关→充电指示灯→充电指示灯继电器触点→搭铁），充电指示灯亮。

这时发电机励磁绕组也形成通路。

内搭铁发电机的励磁电路通路为：蓄电池＋→点火开关→调节器 B 接线柱→调节器 F 接线柱→发电机 F 接线柱→发电机励磁绕组→搭铁。

外搭铁发电机的励磁电路通路为：蓄电池＋→点火开关→发电机 F＋接线柱→发电机励磁绕组→发电机 F－接线柱→调节器 F 接线柱→调节器 E 接线柱→搭铁。

阅读提示 ✔

发动机未发动时，充电指示灯亮，表明点火开关处于接通状态，这时发电机励磁绕组处于通电状态，且电流比发电机工作时的励磁电流大很多。这种状态下的时间过长，不仅白白消耗蓄电池电能，还容易使发电机励磁绕组过热而烧坏。

（2）发动机工作、发电机正常发电时

1）充电指示灯继电器的状态。发电机中性点电压使充电指示灯继电器线圈通电，产生电磁力将触点断开，充电指示灯熄灭，指示发电机工作正常。

2）电压调节器的状态。发电机的端电压达到了调节器起作用的电压，调节器开始工作，根据发电机输出电压变化率控制发电机励磁绕组通断电的比率，使励磁电流随发动机转速的上升而减小，从而使发电机的端电压保持稳定。

3）发电机的状态。发电机的输出电压高于蓄电池电压，通过电枢接线柱向蓄电池充电、向用电设备供电。

（3）发动机工作、发电机不能正常发电时

发电机的中性点电压无或很低时，充电指示灯继电器线圈失去电流或电流过小，其电磁力消失或过小，触点在弹簧力作用下闭合，充电指示灯亮起，指示充电电路有故障。

3. 电路故障分析

充电系统的常见故障有充电指示灯不熄灭（充电或不充电）、充电指示灯不亮、充电电流过小、充电电流过大等。

（1）充电指示不熄灭（不充电）

发动机起动后充电指示灯不熄灭，或在发动机运行中充电指示灯亮起并一直点亮，蓄电池会很快亏电。这一故障现象说明充电系统出现了不充电故障。

1）可能的故障原因。不充电故障的常见原因是发电机不发电或调节器故障，此外还有线路和机械传动装置异常。可能的故障原因如下：

① 充电系统的线路（充电指示灯至发电机 F 或 F + 接线柱之间）有搭铁故障。

② 发电机有故障。比如，电枢绕组短路、断路或搭铁；磁场绕组短路或搭铁；整流二极管断路或短路等。

③ 电压调节器有故障：电压调节器内部电子元器件损坏。

④ 机械故障：发电机安装松动或传动带磨损而打滑。

2）故障诊断方法：

① 检查发电机传动带是否松动打滑，如果是，则予以排除；如果不是，则进行下一步检查。

② 检查有关线路有无搭铁，直观检查有关线路线束有无破损而搭铁，并用万用表进行检查：拆下发电机 B、F 或 F + （外搭铁发电机）接线柱与调节器 B、F 接线柱上的导线，用万用表电阻档测量 B、F 导线端子与搭铁之间的电阻，电阻应为无穷大（电路不通）。如果电阻为零或很小，则说明线路搭铁或有漏电故障，应予以修理或更换；如果确认线路正常，则进行下一步检查。

③ 检查发电机是否发电，方法：将调节器短路（内搭铁发电机将 F 接线柱与 B 接线柱连接，外搭铁发电机将 F – 接线柱直接搭铁），并使发动机中速运转，然后再看充电指示灯是否熄灭。如果此时充电指示灯熄灭，则说明发电机能正常发电，需检查或更换调节器；如果充电指示灯仍然不熄灭，则说明发电机故障，应检修或更换发电机。

专家提示

发动机起动后充电指示灯不熄灭，但蓄电池不出现亏电现象，则故障可能出自充电指示灯继电器（继电器线圈断路或短路等）或充电指示灯继电器 N 接线柱至发电机 N 接线柱之间的连接导线（线路有断路或连接松脱）。

（2）充电指示灯不亮

接通点火开关时，充电指示灯不亮。

1）可能的故障原因：

① 充电指示灯继电器触点接触不良。

② 充电指示灯电路有断路故障或充电指示灯损坏。

③ 发电机整流二极管（负极通过元件板连接在一起的 3 个二极管）有短路故障，导致蓄电池正极桩经发电机的电枢接线柱、短路的二极管、电枢绕组、充电指示灯继电器的 N 接线柱与继电器线圈连接，线圈通电产生电磁力将触点断开。

2）故障诊断方法：

① 将充电指示继电器的 L 接线柱直接搭铁，接通点火开关时看充电指示灯亮否：如果仍不亮，则应检查充电指示灯及其连接导线；如果充电指示灯亮起，则再进行下一步检查。

② 将充电指示灯继电器 N 接线柱导线拆下，接通点火开关时看充电指示灯亮否：如果

仍不亮，则应检修或更换充电指示灯继电器；如果充电指示灯亮起，则说明发电机内部的整流二极管短路，需检修发电机整流器二极管或更换发电机。

（3）充电电流过小

充电指示灯不能熄灭或在较高的转速下才能熄灭，充满电的蓄电池很容易出现亏电，夜间行车前照灯亮度低等，这说明发电机充电电流过小。

1）可能的故障原因：

① 充电线路连接不良，接触电阻过大。

② 发电机有故障：励磁绕组有局部短路；电刷与集电环接触不良；电枢绕组有断路或短路；整流二极管有短路或断路。

③ 调节器不良：调节器内部电子元器件性能不良。

④ 发电机传动带打滑。

2）故障诊断方法：

① 直观检查：首先检查发电机传动带的松紧度与充电线路的连接，如果传动带过松，则将其调整至适当；如果线路连接处有松动，则将其紧固；如果直观检查未发现异常，则进行下一步检查。

② 检查发电机是否正常发电：将调节器短路（按前面提到过的方法短路），然后在慢慢提高发动机转速的过程中测量发电机 B 接线柱与搭铁之间的电压。如果电压能随发电机转速的升高而上升至调节电压值（13.5V）以上，则说明发电机正常，应检修或更换调节器；如果发电机转速升高时电压变化很小，在发动机转速高于怠速时也达不到调节电压值，则说明发电机有故障，应检修或更换发电机。

专家提醒 ✐

> 如果检查发电机、调节器及线路等均无故障，但蓄电池很容易出现亏电，则可能是蓄电池极板硫化，应检查或更换蓄电池。

（4）充电电流过大

充电指示灯能正常熄灭，但汽车各种灯泡易烧，蓄电池电解液消耗过快，装有电流表的汽车其电流表长时间指示 10A 以上的充电电流。

1）可能的故障原因：

① 电子调节器故障：电子调节器开关晶体管短路或其他电子元器件的故障而使开关晶体管不能截止。

② 线路故障：电子调节器线路连接有误或搭铁不良。

2）故障诊断方法：检查电子调节器与发电机的连接线路是否有误或电子调节器的搭铁是否良好，如果线路无问题，则应检修或更换电子调节器。

二 9 管整流发电机的电源电路

采用 9 管整流发电机的电源电路不用充电指示灯继电器，这种类型的发电机在汽车上的应用很普遍。典型的 9 管整流发电机电源电路如图 3-18 所示。

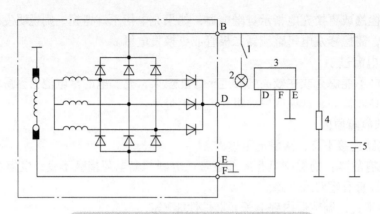

图3-18 9管整流型发电机的电源电路

1—点火开关　2—充电指示灯　3—调节器　4—用电设备　5—蓄电池

1. 电路特点

9管整流发电机电源电路特点如下：

1）发电机无中性点接线柱 N，但有 D 接线柱，发电机工作时，D 接线柱电压 U_D 与发电机端电压 U_B 相同。

2）充电指示灯连接在发电机 D、B 两接线柱之间的电路上，这样，充电指示灯由发电机的端电压直接控制。

3）充电指示灯要通过调节器及发动机励磁绕组才与搭铁相通，因此三者有一个发生断路故障，充电指示灯就会不亮，同时也会使发电机没有励磁电流而出现不充电的故障现象。

2. 电路原理

（1）发动机不工作时

接通点火开关，充电指示灯及发电机励磁绕组通电，电路通路为：蓄电池 + →点火开关→充电指示灯→调节器 D 接线柱→调节器 F 接线柱→发电机 F 接线柱→发电机励磁绕组→搭铁，充电指示灯通电亮起。

（2）发电机正常发电时

1）充电指示灯工作状态。由于发电机 B、D 两接线柱的电压和相同（$U_B = U_D$），使充电指示灯两端的电压为零，所以充电指示灯熄灭，指示发电机正常工作。

2）电压调节器工作状态。发电机通过 D 接线柱并经调节器向其励磁绕组提供励磁电流，调节器通过控制励磁绕组通断电的比率调节励磁电流，使发电机的电压保持稳定。

3）发电机的工作状态。发电机的电压高于蓄电池电压，通过 B 接线柱向蓄电池充电，同时向用电设备供电。

（3）发电机出现不发电故障时

发电机的 B、D 接线柱均无电压输出，充电指示灯连接的发电机 B 接线柱端为蓄电池电压，另一端通过调节器、发电机励磁绕组与搭铁相通，因而充电指示灯有电流通过而亮起，指示充电电路出现了不充电故障。

3. 故障诊断方法

9管整流发电机电源电路可能的故障现象也是充电指示灯不熄灭、充电指示灯不亮、充电电流过小、充电电流过大等。

（1）充电指示灯不熄灭

发动机在怠速以上的转速运转时，充电指示灯不熄灭（装电流表的充电系统，电流表指示放电），说明充电系统出现了不充电故障。

1）可能的故障原因：

① 充电电路的故障：发电机 D 或 F 接线柱搭铁；发电机 D、F 接线柱至调节器 D、F 接线柱之间线路有搭铁故障。

② 发电机的故障：电枢绕组有短路、断路或搭铁；磁场绕组有短路或搭铁；整流二极管有断路或短路等。

③ 调节器的故障：调节器内部电路有搭铁故障。

④ 机械故障：发电机安装松动或传动带磨损而打滑。

2）故障诊断方法：

① 检查发电机传动带是否松动而打滑，如果是，则予以排除；如果不是，则进行下一步检查。

② 检查有关线路有无搭铁，直观检查有关线路线束有无破损而搭铁，然后再用万用表进行检查：拆下发电机 D、F 接线柱与电压调节器 D、F 接线柱上的连接导线，测量 D 和 F 导线端子与地之间的电阻，电阻应为无穷大（电路不通）。如果电阻为零或很小，则说明线路搭铁或有漏电故障，应予以修理或更换；如果确认线路正常，则进行下一步检查。

③ 检查发电机是否正常发电：拆下调节器 F 接线柱上的导线并与 D 接线柱相接（短路调节器），然后使发动机中速运转，看充电指示灯是否熄灭。如果此时充电指示灯能熄灭，则说明发电机能正常发电，需检查或更换电压调节器；如果充电指示灯仍然不熄灭，则说明发电机有故障，应对其进行检修或更换。

（2）充电指示灯不亮（不充电）

接通点火开关时，充电指示灯不亮，发动机工作时，充电指示灯仍然不亮，并且蓄电池会很快亏电，这同样是充电系统出现了不充电故障。

1）可能的故障原因：

① 充电线路的故障：点火开关至发电机 F 接线柱线路有断路；熔断器熔丝烧断（发电机励磁回路有熔断器保护的充电线路）。

② 发电机的故障：励磁绕组有断路；电刷与集电环因烧蚀、脏污或电刷弹簧失效而接触不良。

③ 电子调节器的故障：电子调节器内的开关晶体管断路，或内部其他电子元器件或电路有故障而使开关晶体管不能导通。

④ 充电指示灯已烧坏。

2）故障诊断方法：

① 检查连接发电机励磁回路的熔断器（如果有的话），如果熔断器熔丝已烧断则需更换熔断器，并在更换熔断器之前，检查熔断器所保护电路有无搭铁故障。

② 接通点火开关后，测量调节器 D 接线柱对地电压：如果电压为零，则应检查调节器 D 接线柱至点火开关的线路有无断路、充电指示灯是否烧坏；如果为蓄电池电压，则进行下一步检查。

③ 在接通点火开关时，测量调节器 F 接线柱对地电压：如果电压为零或很低，则需检

修或更换调节器；如果为蓄电池电压，则进行下一步检查。

④ 在接通点火开关时，测量发电机 F 接线柱对地电压：如果电压为零，则需检修发电机至调节器之间的电路；如果为蓄电池电压，则需检修发电机。

阅读提示 ✔

9 管整流发电机电源电路充电电流过小、充电电流过大的故障原因及故障诊断方法与带充电指示灯继电器的电源电路相似。

三 整体式发电机的电源电路

整体式发电机的调节器在发电机的内部，因而其外部电路相对要简单一些。典型的整体式发电机的电源电路如图 3-19 所示。

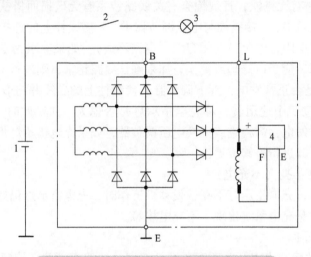

图 3-19 典型的整体式发电机的电源电路
1—蓄电池 2—点火开关 3—充电指示灯 4—电压调节器

1. 电路特点

整体式发电机由于发电机的电压调节器置于发电机内部，故而发电机无需励磁接线柱和搭铁接线柱，但有一个充电指示灯接线柱 L（或标为 D、D +）。L 接线柱在发电机内部连接提供励磁电流的整流器输出端，因此当发电机正常发电时，L 接线柱的电压与 B 接线柱相同。

2. 电路原理

（1）发动机不工作时

接通点火开关，充电指示灯及发电机励磁绕组通电，电路通路为：蓄电池 + →点火开关→充电指示灯→发电机 L 接线柱→发电机励磁绕组→调节器 F 端子→调节器 E 端子→搭铁。这时，充电指示灯亮起。

（2）发动机工作、发电机正常发电时

发电机 B、L 两接线柱的电压都升高，使充电指示灯两端的电压为零，因而充电指示灯熄灭，指示发电机正常工作。

3. 故障诊断方法

（1）充电指示灯不熄灭

发动机起动后，充电指示灯不熄灭，或是在发动机正常运转过程中，充电指示灯亮起，这都说明发电机出现了不充电故障。

1）可能的故障原因：

① 发电机故障，如电枢绕组有短路、断路或搭铁，或发电机励磁绕组有短路或搭铁。

② 调节器故障，发电机内调节器的电子元器件损坏而使大功率晶体管不能饱和导通。

③ 发电机传动带松弛而打滑，故发电机不转或转速过低而不发电。

2）故障诊断方法：首先检查发电机传动带有无打滑，如果正常，则应拆检发电机及调节器。

（2）充电指示灯不亮

接通点火开关直到发动机正常运转，若充电指示灯始终不亮，则也说明充电系统有充电不良或不充电故障。

1）可能的故障原因：

① 发电机电刷与集电环接触不良。

② 调节器内部电子元器件损坏而使大功率晶体管不导通或大功率晶体管本身断路。

③ 发电机内整流二极管有短路。

④ 充电指示灯电路有断路，如熔断器、充电指示灯、发电机 L 接线柱到点火开关之间的线路连接等有问题。

2）故障诊断方法：

① 在不接通点火开关时，检测发电机 L 接线柱对地电压，正常情况电压应为零。如果为蓄电池电压，则说明发电机内整流二极管有短路，应拆修发电机；如果电压为零，则进行下一步检查。

② 接通点火开关后再检测发电机电枢接线柱对地电压，正常情况电压应为蓄电池电压。如果电压仍然为零，则需检查充电指示灯电路和充电指示灯；如果电压正常，则进行下一步检查。

③ 拆检发电机，解体发电机后，检查电刷与集电环的接触是否良好，和励磁绕组有无断路，如果无问题，则需检修或更换调节器。

（3）蓄电池经常亏电

接通点火开关时充电指示灯能亮，发动机起动后和运转时充电指示灯也能熄灭，但蓄电池会很快出现亏电现象。

1）可能的故障原因：

① 发电机发电不良。

② 调节器调节电压过低或内部电路有故障。

③ 发电机至蓄电池的充电线路有接触不良。

④ 蓄电池极板严重硫化。

⑤ 蓄电池有自放电故障或汽车电器和线路有漏电之处。

2）故障诊断方法：

① 用万用表直流电压档测量发电机 B 接线柱对地电压，正常时应为蓄电池电压。如果电压为零，则说明发电机电枢接线柱至蓄电池之间的线路有断路，应对其进行检修；如果电压正常，则进行下一步检查。

② 起动发动机，并使发动机中速运转，在充电指示灯熄灭时，检测发电机电枢接线柱对地电压：如果仍为蓄电池电压，则需检修发电机和调节器；如果电压有所升高，则进行下一步检查。

③ 在发动机中速以上运转时，检测发电机的输出电流和端电压，如图 3-20 所示。

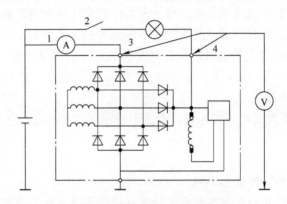

图 3-20 检查发电机及充电线路故障

1—检查发电机的充电电流　2—点火开关　3—检查发电机电枢接线柱对地电压　4—检查发电机 L 接线柱对地电压

如果电压在发动机转速升高时能达到 13.8 ~ 14.5V，且电流表指示有较大的充电电流，则说明发电机及调节器正常，蓄电池很快亏电的原因可能是其本身的故障或汽车电气设备和线路有漏电故障，应对其进行检查。

如果电压能达到 13.8 ~ 14.5V，但无充电电流或充电电流很小，则应检查发电机电枢接线柱至蓄电池之间的充电线路连接有无接触不良之处，若充电线路正常，则可能是蓄电池极板硫化严重，需检查或更换蓄电池。

（4）发电机充电电流过大

汽车运行时灯泡易烧、蓄电池温度过高且其电解液消耗过快，这说明发电机充电电流过大。

1）可能的故障原因：

发电机充电电流过大一般是由调节器调节电压过高或调节器失效造成的。

2）故障诊断方法：

在确认灯泡易烧、蓄电池温度高和电解液消耗过快无其他原因时，应拆解发电机，更换调节器。

 四　整体式发电机调节器的电压检测方式

从调节器的工作原理可知，它根据发电机输出的电压高低来控制励磁电流，并最终实现发电机输出电压在设定的范围内波动。整体式发电机根据调节器分压器电压信号的输入方式不同，可分为发电机电压检测方式和蓄电池电压检测方式。

专家解读 👉

　　电压检测方式是指电子调节器的分压器是引入蓄电池电压还是发电机的端电压。用一根检测线从蓄电池正极桩处引入蓄电池电压的称为蓄电池电压检测方式；电子调节器的分压器直接引入发电机端电压的称为发电机电压检测方式。

1. 发电机电压检测方式

　　发电机电压检测方式电源电路示例如图 3-21 所示。其连接简单，发电机上通常只有两个接线柱，B 接线柱连接蓄电池和汽车电路的用电设备，L 接线柱连接仪表板上的充电指示灯。

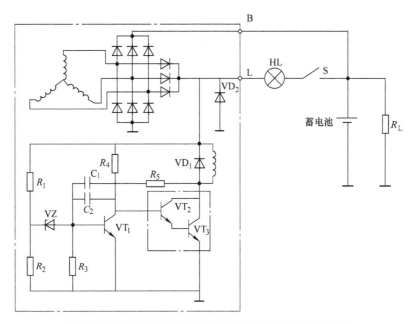

图 3-21　卢卡斯 14TR 型集成电路调节器内部电路

　　发电机电压检测方式的电源电路在汽车上应用较多，但这种电源电路的缺点是当发电机至蓄电池之间的线路出现接触不良故障而使电路有较大电压降时，就会导致蓄电池端的电压偏低而充电不足。

2. 蓄电池电压检测方式

　　为解决发电机电压检测方式的上述不足，一些整体式发电机电源电路采用蓄电池电压检测方式，这种电源电路示例如图 3-22 所示。

　　蓄电池电压检测方式的电源电路增加了一条连接蓄电池正极和发电机 S 接线柱的电压检测线，将蓄电池电压引入发电机内部调节器的分压器（R_2、R_4）。因此，蓄电池电压检测方式的整体式发电机，除了向蓄电池充电和用电设备供电的电枢接线柱（B 接线柱）和连接充电指示灯的 L 接线柱外，还多了一个引入蓄电池端电压的 S 接线柱。

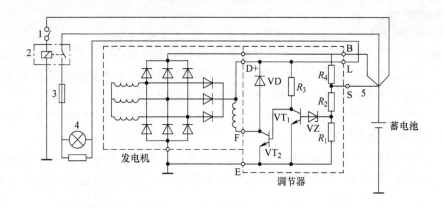

图 3-22 日产蓝鸟轿车集成电路调节器内部电路

1—点火开关 2—充电指示灯继电器 3—熔断器 4—充电指示灯 5—蓄电池电压检测线

　　蓄电池电压检测方式的新问题是，如果电压检测线出现断路故障，发电机内部的调节器就会检测不到蓄电池端电压，这将会引起发电机的电压失控，导致蓄电池过充电和用电设备容易烧坏。因此，蓄电池电压检测方式的整体式发电机需要有应对电压检测线断路的相应措施。

　　本例的应对措施是：将发电机整流器"B"端电压通过调节器的"B"连接点和 R_4 引入分压器，这样，当发电机连接蓄电池的电压检测线发生断路故障时，调节器仍然可以通过 B 端子检测到发电机的端电压，以确保调节器能正常工作，从而避免了发电机电压失控的危险。

第三节　电源电路部件的检修

 发电机的检修与性能测试

1. 发电机解体前的检查

　　在发电机解体前，通过适当的检测方法，可确定发电机是否有故障和故障的大致部位。发电机解体前的检查主要有各接线柱之间电阻检测和电压输出波形检测两种。

　　（1）检测交流发电机各接线柱之间的电阻

　　根据测得的电阻值正常与否来判断连接两接线柱之间部件和线路是否有故障。表 3-1 以内搭铁发电机（JF132）和外搭铁发电机（JF1522）为例，列出了发电机各接线柱之间的正常电阻值及电阻值不正常时的可能故障。

表 3-1 检测 JF132、JF1522 型交流发电机各接线柱之间的电阻（$R \times 1\Omega$ 档）

	F—"－"	F1 或 F2 —"－"	F1—F2	B—"－"	
				正向	反向
JF132	$6 \sim 8\Omega$	——	——	$40 \sim 50\Omega$	$>1000\Omega$
JF1522	——	∞	$\approx 4\Omega$		
检测可能的异常情况及故障原因	① 电阻值为∞，是励磁绕组或引线连接断路 ② 电阻值过小，是励磁绕组有短路 ③ 电阻值过大，是电刷与集电环接触不良 ④ 电阻值为0，是 F 接线柱搭铁或集电环之间短路	① 电阻值不为∞，是励磁绕组绝缘不良 ② 电阻值为0，是 F1 或 F2 接线柱搭铁	① 电阻值为∞，是励磁绕组或引线连接断路 ② 电阻值过小，是励磁绕组有短路 ③ 电阻值过大，是电刷与集电环接触不良 ④ 电阻值为0，是集电环之间短路	① 正向电阻过小，是有二极管短路 ② 正向电阻过大，是有二极管断路 ③ 正、反向电阻均为0，是 B 端子搭铁或正、负极管至少各有一只短路	

几点说明：

1）测发电机 B（或标为"＋"）接线柱与"－"接线柱之间的电阻，实际上测的是整流二极管的电阻，因而需要测其正、反向电阻。万用表红表笔（＋）连接万用表内部电源的负极，黑表笔（－）连接内部电源的正极，因此，测正向电阻时是黑表笔接"－"接线柱，红表笔接 B（或"＋"）接线柱，测反向电阻时则相反。

2）用同一万用表的不同电阻档位或用不同型号的万用表测量时，由于表内部电源加在二极管上的电压会有所不同，且二极管的电阻呈非线性，故测得的电阻值也会有很大的差别。表 3-1 中 B 接线柱与"－"接线柱之间的正向电阻是万用表 $R \times 1\Omega$ 档的测量值。

3）F 接线柱为内搭铁发电机的励磁接线柱，F1 和 F2 接线柱是外搭铁发电机的励磁接线柱。

（2）检测交流发电机输出电压波形

当发电机内部的二极管或电枢绕组有断路或短路时，发电机的输出电压波形就会异常，因此可根据示波器显示的发电机输出电压波形判断发电机内部是否有故障。各种故障的输出电压波形如图 3-23 所示。

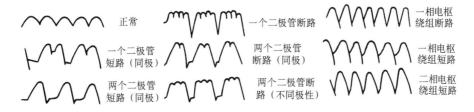

图 3-23 交流发电机各种故障的输出电压波形

2. 发电机解体后的检修

（1）发电机转子的检修

1）发电机转子的常见故障：

① 集电环表面脏污、烧蚀，使电刷与集电环之间接触不良，发电机励磁电流断流或减小，造成发电机不发电或发电不良。

② 发电机励磁绕组短路、断路或搭铁，转子不能产生电磁场或磁场减弱，造成发电机不发电或发电不良。

2）发电机转子的检修方法：

① 检查转子集电环表面是否光滑、清洁，若有油污，可用布沾些汽油将其擦净；若有烧伤或划痕等，可用"00"号砂布打磨。

② 检查励磁绕组有无断路、短路：用万用表电阻档检测转子两集电环之间的电阻，如图 3-24a 所示。如果电阻过小，则励磁绕组有短路故障；如果电阻为∞，则励磁绕组有断路故障，需更换转子总成。

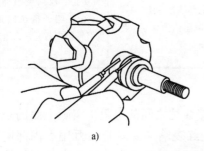 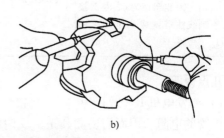

a)   b)

图 3-24   发电机励磁绕组的检查

a）励磁绕组短路断路检查   b）励磁绕组搭铁检查

③ 检查励磁绕组有无搭铁：检测转子集电环与转子轴之间的电阻，如图 3-24b 所示。正常电阻应为∞（电路不通），如果电阻过小或为零（通路），则说明励磁绕组或集电环有搭铁故障，需更换转子总成。

（2）发电机定子的检修

1）发电机定子的常见故障：发电机定子（电枢）的常见故障主要是发电机电枢绕组短路、断路或搭铁，造成发电机不发电或发电不良。

2）发电机定子的检修方法：

① 用万用表电阻档测量电枢绕组线端之间的电阻，以检查电枢绕组有无断路（见图 3-25a）。正常电阻值应为电枢绕组的电阻值（对于三相星形联结的，应为两相串联后的电阻值）；若很小或为零，则说明匝间短路；若为∞，则说明电枢绕组有断路，需更换定子。

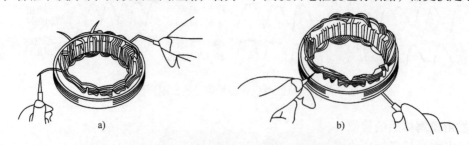

a)   b)

图 3-25   发电机定子（电枢）的检查

a）电枢绕组断路检查   b）电枢绕组搭铁检查

② 用万用表电阻档测量电枢绕组线端与铁心之间的电阻，以检查电枢绕组有无搭铁，（见图3-25b），正常情况电阻应为∞（电路不通）。如果电阻为零或小于50MΩ，则说明电枢绕组有搭铁故障或绝缘不良，需更换定子。

（3）发电机电刷与电刷架

1）电刷与电刷架的常见故障：

① 电刷过度磨损，使电刷与集电环的接触压力减小而接触不良，发电机励磁电流减小或断流，造成发电机发电不良或不发电。

② 电刷架内的弹簧失效，使电刷与集电环的接触压力减小而接触不良，发电机励磁电流减小或断流，造成发电机发电不良或不发电。

③ 电刷架变形或电刷架槽内有脏污，使电刷卡滞，不能与集电环良好接触，造成发电机不发电或发电不良。

2）电刷与电刷架的检修方法：

① 查电刷的长度，如果电刷已磨损过短，则需更换电刷。

② 查电刷在电刷架中是否滑动自如，电刷是否具有一定的弹簧压力。若有不良，则需更换电刷或电刷架。

（4）发电机整流器的检修

1）整流器的常见故障：

整流器的常见故障是整流二极管的短路和断路，造成发电机发电不良、不发电或充电指示灯不亮（带充电指示灯继电器的充电电路）。

2）整流器的检修方法：

用万用表电阻档检测各整流二极管的正、反向电阻，正常情况下正、反向电阻应差别很大。若测得某个二极管正、反向电阻均为∞，则说明二极管已断路；若正、反向电阻均为零，则说明二极管已短路。短路或断路的二极管均需更换。

3. 发电机的性能试验

发电机的试验是通过专用试验台测出发电机所需的空载转速和满载转速，以判断发电机性能的好坏，试验电路如图3-26所示。

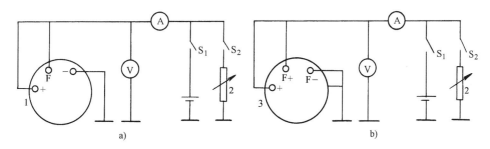

图3-26 发电机性能试验电路

a）内搭铁发电机 b）外搭铁发电机

1—内搭铁发电机 2—变阻器 3—外搭铁发电机

1）空载试验。将发电机固定于试验台架，并按图3-26连接好电路，然后闭合S_1，起动驱动电机并慢慢调速，使发电机转速逐渐升高，当发电机电压稍高于蓄电池电压时，断开

S_1，并继续慢慢提高发电机的转速，直到电压升至发电机的额定电压为止。此时的转速即为发电机所需的空载转速。

2）满载试验。测得空载转速后，接通 S_2，以使发电机连接负载。然后在逐渐增大负载的同时提高发电机的转速，以使发电机的输出电压保持在额定电压值。当发电机的输出电流达到其额定值时，发电机的转速即为满载所需转速。

部分国产交流发电机的额定参数见表3-2。如果测得的空载转速、满载转速过高，或发电机在规定的空载转速下达不到额定电压，规定的满载转速下达不到额定电流，则说明发电机性能不良。

表3-2 部分国产交流发电机的额定参数

发电机型号	额定功率/W	额定电压/V	额定电流/A	空载转速/(r/min)	满载转速/(r/min)
JF1311	350	14	25	1000	2500
JF1313Z	350	14	25	1000	2500
JF13A	350	14	25	1000	2500
JF1314B	350	14	25	1000	2500
JF1512E	500	14	36	1000	2500
JF1518	500	14	36	1100	2500
JF152D	500	14	36	1150	2500
JF1522	500	14	36	1100	2200
JF173	750	14	54	1000	2500
JF2311	350	28	12.5	1000	2500
JF2511Z	500	28	18	1000	2500
JF2511ZB	500	28	18	1000	2500
JF2512	500	28	18	1100	2500
JF2712B	700	28	25	1100	2500

4. 整体式发电机的性能检测

整体式发电机机由于调节器安装在发电机内部，通常采用在稳定的转速下测发电机的输出电流和输出电压的方法来检验发电机及调节器的性能。以雪铁龙系列轿车为例，说明整体式发电机性能检测方法。

（1）检测发电机输出电流

1）试验准备。检查蓄电池是否充满电，若充电不足，应予以补充充电，此项检测应在蓄电池充满电状态下进行。

2）试验方法：

①接通点火开关，充电指示灯亮，发动机起动后，充电指示灯熄灭，则可进行下一步发电机性能检测，否则说明充电系统有故障，应予以排除。

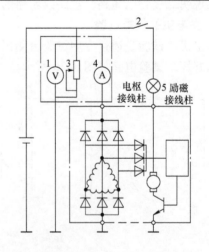

图3-27 检查发电机与调节器性能的试验电路

1—电压表 2—点火开关 3—变阻器
4—电流表 5—充电指示灯

② 在发电机输出电路中接入电压表、电流表及变阻器，试验电路如图3-27所示。

③ 在发动机达到正常的工作温度时，使发动机转速稳定在 2000r/min、3000r/min、4000r/min，在各发动机稳定转速下，调节电阻器，使发电机端电压为 13.5V，并记录此时的输出电流。雪铁龙系列轿车发动机各稳定转速下的发电机输出电流见表3-3。

表3-3 发电机端电压为 13.5V 时的输出电流

发动机转速/(r/min)		2000	3000	4000
发电机端电压/V		13.5	13.5	13.5
发电机输出电流/A	8 级	49	62	68
	9 级	62	76	83

如果各稳定转速下发电机的输出电流达不到规定值，则说明发电机性能不良，需检修发电机。

（2）检测发电机的电压

1）试验准备。检查蓄电池是否充满电，并连接好电压表和变阻器（见图3-27），然后将变阻器调至零位（$R = \infty$），并断开所有的用电设备。

2）试验方法。当发动机达正常工作温度时，使发动机的转速稳定在 5000r/min，记录电压表指示的数值：如果电压超过 14.7V，则说明调节器性能不良或完全损坏，应予以更换。

5. 发电机检修中的注意事项

① 在发动机运转时，不能断开蓄电池电缆，以免造成过电压而烧坏发电机内的整流二极管，或损坏汽车上其他的电子元器件。

② 在发动机运转时，不能用刮火法来检查发电机是否发电，因刮火法也容易烧坏整流二极管。

③ 如果用 220V 的交流试灯或兆欧表来检查电枢绕组的绝缘性能，必须先断开整流二极管与电枢绕组的连接，否则，会烧坏整流二极管。

④ 在发动机不工作的状态下，不能长时间接通点火开关。因为在点火开关接通时，发电机励磁绕组与电源接通，蓄电池将持续向发电机励磁绕组放电。这不仅白白消耗了蓄电池的电能，时间长了还会烧坏发电机励磁绕组。

 调节器的故障检测方法

1. 电子调节器的检测原理

电子调节器的性能检测主要是看其在较低的电压下能否导通，在设定的电压下能否截止。可通过一个电压可调的直流电源（输出电压：0 ~ 30V，输出电流：3A）和一个测试灯（12V 或 24V，20W）对其进行检验，检测电路如图3-28所示。

匹配内搭铁发电机的电子调节器其 B、F 接线柱之间连接了一个开关晶体管，所以试灯应连接在 F、E 接线柱之间；匹配外搭铁发电机的电子调节器其 F、E 接线柱之间连接了一个开关晶体管，故而试灯连接在 B、F 接线柱之间。

2. 电子调节器的检测方法

接通开关 S，然后逐渐提高直流电源电压，看试灯的亮起和熄灭情况。

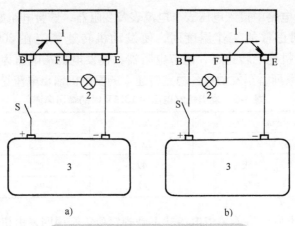

图3-28 电子调节器检测电路

a）内搭铁发电机用调节器 b）外搭铁发电机用调节器
1—开关晶体管 2—测试灯 3—可调直流电源

如果测试灯亮起并随着电源电压的升高亮度增强，而当电压上升至调节器的调节电压值（14V调节器为13.5～14.5V，28V调节器为27～29V）或略高于调节电压值时，测试灯熄灭，则说明调节器能正常起调节作用。

如果测试灯不能熄灭或一直不亮，均说明调节器有故障，应予以更换。

三 蓄电池的检测方法

1. 蓄电池电解液液面高度的检查方法

 专家解读

> 蓄电池在充电结束时，充电电流会使电解液中的水电解转变为氢气和氧气，有加液盖的蓄电池，会通过加液盖中的通气小孔排出氢气和氧气。因此，蓄电池的电解液会减少。注意：当蓄电池电解液的液面过低时，需要补充蒸馏水！

采用透明耐酸塑料容器的蓄电池可从蓄电池容器侧面观察液面的高度，为观察方便，一些蓄电池容器侧面有液面高度指示线。有少数蓄电池可以从加液孔检查液面高度。普通蓄电池可使用玻璃管检查各单格液面高度，如图3-29所示。

2. 放电程度的检查

（1）检测蓄电池电解液的密度

可以通过专用的密度计测量电解液的密度，进而得到蓄电池放电程度的估计值。一般密度每下降 $0.01g/cm^3$，相当于蓄电池放电6%。

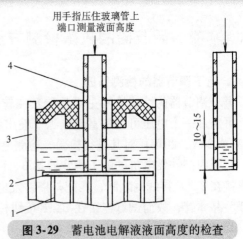

用手指压住玻璃管上端口测量液面高度

图3-29 蓄电池电解液液面高度的检查
1—极板 2—极板防护片 3—容器壁 4—玻璃管

为确保测量结果准确，测量电解液密度时应注意：

1）刚进行了大电流放电或刚加注了蒸馏水的蓄电池不可立即测量电解液的密度。

2）在测量密度时，还应同时测量电解液的温度，并把实测的密度值换算成25℃时的密度。换算公式如下：

$$\rho_{25℃} = \rho_t + 0.00075(T - 25)$$

式中　$\rho_{25℃}$——温度为25℃时的电解液密度（g/cm³）；

　　　ρ_t——实际测得的电解液密度（g/cm³）；

　　　T——实际测得的电解液温度（℃）。

（2）检测蓄电池的放电电压

对于分体式容器盖的蓄电池，由于单格电池的极桩外露，故可以用高率放电计通过测量单格电池电压的方法来检测蓄电池的放电程度，并可检测单格电池是否有故障。3V高率放电计由一块量程为3V的电压表并联一个定值电阻构成，如图3-30a所示。

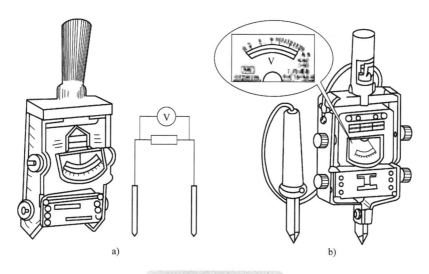

图 3-30　高率放电计

a）3V高率放电计　b）12V高率放电计

整体式盖板的蓄电池需用图3-30b所示的12V高率放电计测量蓄电池的端电压，并根据蓄电池大电流放电时其端电压的高低，来判断蓄电池的状态。国际电池协会（BCI）规定，在常温下以1/2的额定冷起动电流值进行放电15s，如果蓄电池的电压在9.6V以下，则该蓄电池容量不足，需要更换。

（3）检测蓄电池的电导值

新的蓄电池需要用电导仪测得蓄电池的电导值来判断蓄电池的技术状态。铅酸蓄电池的电导值与电池容量有较好的线性关系，蓄电池电导测量仪通过将已知频率和振幅的交流电压加到蓄电池的两端，根据其产生的电流值测得交流电导值。交流电导值就是与交流电压同相的交流电流分量与交流电压的比值。如果测量值与标准值差异在允许的范围之内，说明蓄电池能继续使用，否则（下降大于20%）就必须更换蓄电池。

蓄电池电导仪实物如图3-31所示。蓄电池电导仪的核心部件是单片机，它具有存储和数据处理功能。仪表通过在线监测单体电池的电压和电导，将监测得的数据进行存储和处

理，精确有效地判别电池的优良状况，并可对电池故障进行
报警。这类仪表可对测试数据进行保存、查询、删除。

3. 免维护蓄电池的使用

（1）免维护蓄电池的特点

对普通的汽车使用与维修人员来说，蓄电池的维护是一
件比较麻烦的事情。因此，现代汽车较多地使用免维护蓄电
池。免维护蓄电池是在结构、工艺和材料等方面采取了一些
措施，使蓄电池具有如下优点：

图3-31　蓄电池电导仪实物

1）蓄电池电解液的储量较大、水的析出量小，因此在使
用寿命期内无须添加蒸馏水。

2）蓄电池自放电小，仅为普通蓄电池的1/8～1/6，在使用期内一般无须进行补充
充电。

3）极桩腐蚀小或无腐蚀、使用寿命长、内阻小、起动性能好。

（2）免维护蓄电池的使用

目前一些汽车上所使用的免维护蓄电池还未达到完全地无需维护，因此，在使用一段时
间后（一般每年或每行驶30000km）应对蓄电池进行一次检查和维护。由于无加液孔，不
能用常规的方法来检查蓄电池电解液的液面和密度，但这种蓄电池在其顶部通常有一个检视
孔（被称为电眼或蓄电池状态显示器，见图3-32），通过观察其颜色来判断蓄电池的技术
状况：

1）绿色，表示蓄电池状况良好，可继续使用。

2）深绿色或黑色，表示电解液密度偏低，应对蓄电池进行补充充电。

3）浅黄色、白色或无色，表示电解液液面过低，蓄电池已不能继续使用。

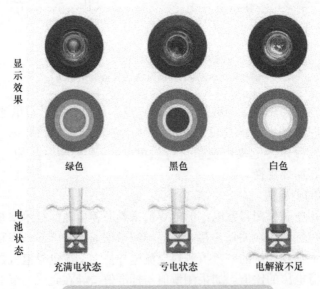

图3-32　免维护蓄电池的状态检测

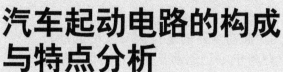

第四章
Chapter 4

汽车起动电路的构成与特点分析

第一节 起动电路部件的结构原理

 起动电路的组成部件

起动电路主要由蓄电池、起动机和控制电路组成，如图4-1所示。起动机在起动发动机时工作，将蓄电池的电能转换为使发动机转动的机械能，起动发动机。

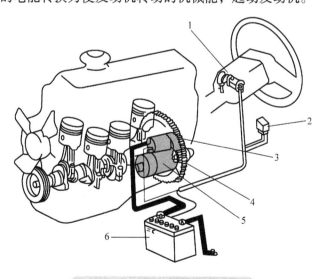

图4-1 起动电路的基本组成

1—点火开关 2—起动继电器 3—飞轮齿圈 4—起动机驱动齿轮 5—起动机 6—蓄电池

1. 起动机

起动机的作用是将蓄电池的电能转变为机械运动，驱动发动机转动而使发动机起动工作。起动机主要由直流串励式电动机、传动机构和电磁开关三大部分组成。典型的电磁操纵

113

强制啮合式起动机的组成如图4-2所示。

2. 点火开关

这里的点火开关是一个复合开关，用在起动电路的是点火开关的起动档（起动开关），起动开关的作用是控制起动机的工作。

3. 起动继电器

起动继电器用于实现起动电路的间接控制，以减小起动开关的工作电流，延长开关的使用寿命。

4. 蓄电池

蓄电池的作用是在起动时，向起动机和点火系统（汽油发动机有点火系统）提供电源，使起动机能带动发动机运转，以起动发动机。

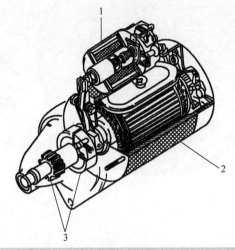

图4-2 典型的电磁操纵强制啮合式起动机的组成

1—电磁开关 2—直流串励式电动机 3—传动机构

专业知识

带起动档的复合式点火开关和点火系统只在汽油发动机上使用，柴油发动机无点火系统，其起动电路中使用的"点火开关"就是起动开关。一些柴油车的起动电路也使用复合开关，此开关通常是起动开关和进气预热开关组合的复合开关。

二 直流串励式电动机

1. 直流电动机的组成

电动机的作用是通入电流后产生电磁转矩，将蓄电池输出的电能转变为机械的旋转运动。直流电动机主要由定子（磁极）、转子（电枢）、换向器、电刷、电刷架及其他附件组成，如图4-3所示。

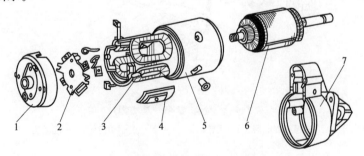

图4-3 直流电动机的组成

1—端盖 2—电刷与电刷架 3—励磁绕组 4—磁极铁心 5—电动机壳体 6—电枢 7—后端盖

（1）磁极

磁极由固定在电动机壳体上的铁心和励磁绕组组成，其作用是通入电流后产生磁场。起动用直流电动机的磁极一般有 2 对（有的大功率起动机的电动机为增大电动机的电磁转矩，配有 3 对磁极）。电动机内部 2 对磁极的励磁绕组通常采用两种连接方式，一种是 4 个绕组串联，另种是 4 个绕组两两串联后并联，如图 4-4 所示。

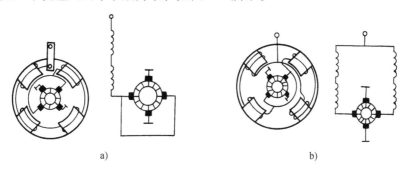

a) b)

图 4-4 励磁绕组的连接方式

a）四励磁绕组串联 b）励磁绕组两两串联后再并联

（2）电枢

电枢由固定在电动机轴上的铁心和电枢绕组组成，其作用是通入电流后，在磁极磁场力的作用下产生电磁转矩。电枢绕组有多匝，按某种排列方式嵌入铁心槽内，并通过换向器铜片互相串联起来，电枢绕组的内部连接方式如图 4-5 所示。

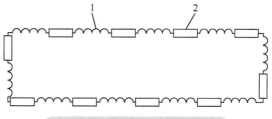

图 4-5 电枢绕组的内部连接方式

1—电枢绕组 2—换向器铜片

（3）换向器

直流电动机的换向器由若干片铜片组成，各铜片互相之间通过云母片绝缘，每匝电枢绕组的端子都焊接在相应的铜片上。换向器的作用是将电枢绕组的电流及时换向，以使电枢各绕组受磁场力作用后，产生方向不变的电磁转矩，使电枢能够转动起来。

（4）电刷与电刷架

起动机的电刷由石墨加铜粉压制而成，通过电刷架及弹簧将其紧压在换向器铜片（换向片）上（图 4-6），用以将电流引入电枢绕组。四个磁极的直流电动机有 2 对电刷，通常是其中一对电刷通过其电刷架搭铁，另一对则与搭铁绝缘，并连接励磁绕组。

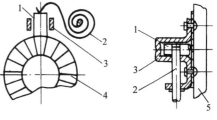

图 4-6 电刷与电刷架

1—电刷 2—盘形弹簧 3—电刷架
4—换向器铜片 5—起动机前端盖

2. 直流电动机的工作原理

以单匝电枢绕组为例，说明直流电动机工作原理（图 4-7）：

电源的直流电通过电刷和换向器铜片引入可转动的电枢绕组，电枢绕组的两个匝边便受磁场力 F 的作用而形成电磁转矩 M（见图 4-7a）。在 M 的作用下，电枢绕组转动，当 ab 匝

115

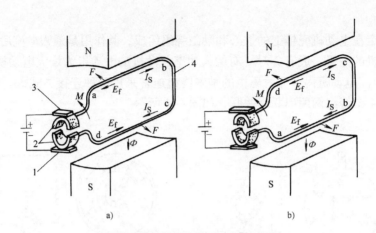

图 4-7   直流电动机的工作原理
1—负极电刷 2—换向铜片 3—正极电刷 4—电枢绕组

边转到下半平面、cd 匝边转到上半平面时，a 端换向片与 d 端换向片交换所接触的电刷，使电枢绕组的电流换向（图 4-7b），电枢绕组两匝边受磁场力 F 作用所形成的电磁转矩 M 的方向保持不变。在方向不变的电磁转矩 M 作用下，电枢便可持续转动起来。

实际直流电动机为能产生足够大且稳定的电磁转矩，其电枢用多匝绕组串联而成，并由多片换向片组成换向器，如图 4-8 所示。

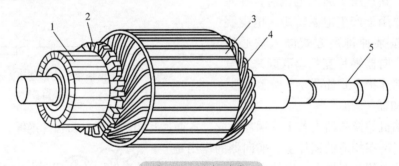

图 4-8   电枢总成
1—换向器 2—焊线突缘 3—电枢铁心 4—电枢绕组 5—电枢轴

 三   起动机的传动机构

1. 普通起动机的传动机构

起动机传动机构的作用是将电枢的电磁转矩传递给发动机飞轮，并在发动机起动后自动打滑，以防止发动机带动电动机高速旋转而损坏起动机。普通强制啮合式起动机的传动机构主要由传动套筒、单向离合器和驱动齿轮等组成，采用滚柱式单向离合器的起动机传动机构如图 4-39 所示。

（1）结构形式

图 4-9a 所示的滚柱式单向离合器由带十字腔座圈与带柄驱动齿轮装配后形成 4 个楔形

槽，而图4-9b所示的滚柱式单向离合器则由十字块与单向离合器外壳装配后形成4个楔形槽，两种形式的滚柱式单向离合器工作原理相同。

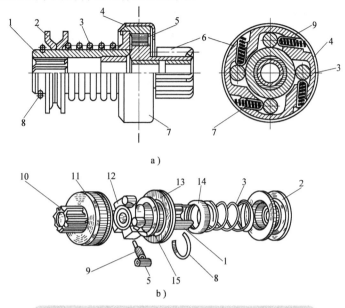

a)

b)

图4-9 采用滚柱式单向离合器的起动机传动机构

a）十字槽滚柱式单向离合器 b）十字块滚柱式单向离合器

1—传动套筒 2—移动衬套 3—缓冲弹簧 4—带十字腔座圈 5—滚柱 6—带柄驱动齿轮 7—罩壳 8—卡簧
9—弹簧及活柱 10—驱动齿轮 11—单向离合器外壳 12—十字块 13—护盖 14—弹簧座 15—垫圈

十字块滚柱式单向离合器的外壳与驱动齿轮连为一体，外壳和十字块装配后形成4个楔形槽，置于槽中的4个滚柱其直径大于槽窄端、小于槽宽端，十字块小孔内的小弹簧通过活柱将滚柱推向槽窄端，使得滚柱与十字块及外壳表面有较小的摩擦力。十字块与传动套筒刚性连接，传动套筒安装在电枢轴花键部位，使单向离合器总成可随电枢轴转动，并可做轴向移动。

（2）工作原理

滚柱式单向离合器的工作原理如图4-10所示。起动时，直流电动机电枢转动，通过其

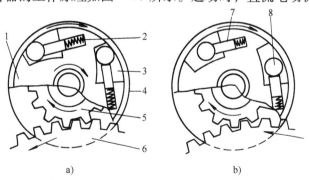

a)   b)

图4-10 滚柱式单向离合器的工作原理

a）起动时传递电磁转矩 b）起动后打滑

1—十字块 2—弹簧 3—楔形槽 4—单向离合器外壳 5—驱动齿轮 6—飞轮 7—活柱 8—滚柱

117

花键带动传动套筒转动，使随传动套筒一起旋转的十字块相对于离合器外壳做顺时针转动，4个滚柱在小摩擦力的作用下滚向槽窄端而被卡紧（图4-10a），离合器外壳就随十字块一起转动，将直流电动机电枢所产生的电磁转矩传递给驱动齿轮。

起动后，发动机飞轮带动驱动齿轮旋转，使离合器外壳的转速高于十字块，十字块相对于外壳逆时针转动而使滚柱滚向槽宽端（图4-10b）。此时单向离合器便处于打滑状态，从而避免了发动机飞轮带动起动机电枢高速旋转而造成"飞散"事故。

滚柱式单向离合器结构简单紧凑，在中小功率的起动机上被广泛采用，但在传递较大转矩时，滚柱容易变形而被卡死。因此，较大功率的起动机一般采用摩擦片式或弹簧式单向离合器。

2. 减速起动机的传动机构

（1）减速起动机的结构与性能特点

1）减速起动机的结构特点。减速起动机与普通起动机的区别是在电枢轴与驱动齿轮之间增设了一个传动比为3~4的减速机构。

2）减速起动机的性能特点。减速起动机的传动机构增设了减速齿轮后，使用了高转速、低转矩的电动机，使得起动机的整体结构尺寸减小、重量减轻而便于安装，其起动性能也有所提高。

减速起动机所具有的这些性能特点使得其在轿车上得到了广泛的应用。

专家解读 ☞

起动机驱动齿轮的转速（起动转速）是由发动机决定的，起动机传动机构中增设了一套减速齿轮后，电动机的转速就相应提高了。也就是说，减速起动机可以使用体积小、重量轻的高速电动机，因而使整个起动机的结构尺寸减小、重量减轻。

（2）减速起动机的结构类型

减速起动机按减速齿轮的结构形式不同，分为外啮合式、内啮合式和行星齿轮式，不同减速齿轮的起动机结构形式如图4-11所示。

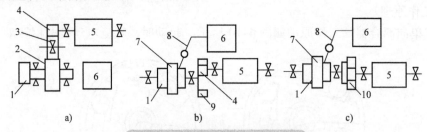

图4-11　减速起动机的结构形式

a）外啮合式　b）内啮合式　c）行星齿轮式

1—驱动齿轮　2—带从动齿轮的单向离合器　3—惰轮　4—减速主动齿轮　5—电枢

6—电磁开关　7—单向离合器　8—拨叉　9—减速从动齿轮（齿圈）　10—行星齿轮机构

外啮合式减速起动机的电枢与驱动齿轮同轴心，所以不需要拨叉，但减速主动齿轮与从动齿轮之间需要加一个惰轮。因此，外啮合式减速起动机的外形与普通起动机差别很大。有一种无惰轮的外啮合式起动机，由于其电枢与驱动齿轮采用不同轴心布置，所以仍然需要拨叉（见图4-12）。

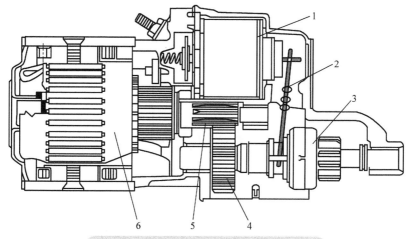

图4-12　无惰轮的外啮合式减速起动机

1—电磁开关　2—拨叉　3—单向离合器及驱动齿轮　4—减速从动齿轮　5—减速主动齿轮　6—电动机

四　电磁开关

（1）电磁开关的基本组成

电磁开关用于控制起动机的工作，在起动时，它使起动机驱动齿轮与发动机飞轮啮合，同时接通电动机电路，使得电动机产生电磁转矩，并通过传动机构带动发动机转动。电磁开关实物如图4-13所示。

图4-13　电磁开关实物

1—电动机接线柱　2—电源接线柱　3—电磁开关接线柱　4—活动铁心及回位弹簧

电源接线柱与电动机接线柱：电源接线柱和电动机接线柱分别连接蓄电池和电动机，而其另一端（电磁开关内部）则是相应的触点，由电磁开关内部的接触盘将两触点接通。

电磁开关接线柱：电磁开关接线柱连接起动开关（起动开关直接控制的起动电路）或起动继电器触点（起动继电器间接控制的起动电路），而在电磁开关内部其则是与吸引线圈和保持线圈相连接。

电磁开关内部：电磁开关内部主要有电磁线圈（吸引线圈、保持线圈）、活动铁心、接触盘及触点等部件。电磁开关的基本组成及内部电路如图4-14所示。

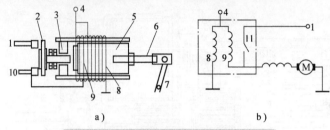

a)　　　　　　　　　　　b)

图4-14　电磁开关的基本组成与内部电路

a）基本组成　b）内部电路

1—电源接线柱　2—接触盘　3—磁轭　4—电磁开关接线柱　5—活动铁心　6—拉杆
7—拨叉　8—保持线圈　9—吸引线圈　10—电动机接线柱　11—触点

电磁开关活动铁心右端通过拉杆连接拨叉，左端与接触盘的推杆相邻（与推杆保持一定的间隙）。电磁开关的吸引线圈与电动机串联，保持线圈与电动机并联；当电磁开关的吸引线圈和保持线圈通电时，其产生的电磁力就会吸动活动铁心左移，从而带动拨叉和接触盘动作。

（2）电磁开关的工作原理

起动时，电磁开关接线柱接通电源，吸引线圈和保持线圈同时通电，两线圈产生的电磁力使活动铁心克服回位弹簧的拉力而左移，带动拨叉和接触盘动作，将驱动齿轮拨向发动机飞轮齿圈，在驱动齿轮与发动机飞轮啮合时，接触盘接通电动机电路。于是，电动机产生电磁转矩，并通过传动机构传递给驱动齿轮，驱动发动机转动。

在电动机通电工作时，吸引线圈已被接触盘短路，这时通过保持线圈所产生的电磁力使铁心保持在左移后的位置，使起动机保持在起动工作状态。

发动机起动后，断开起动开关瞬间，接触盘还未回位，电源通过接触盘使电磁开关两线圈仍然通电，但此时吸引线圈电流反向，所产生的电磁力与保持线圈的电磁力互相抵消，活动铁心便在回位弹簧的拉力作用下退回，使驱动齿轮和接触盘退回原处，电动机断电，起动机停止工作。

专家解读 👉

这种电磁开关适用于强制啮合式起动机，一些起动机采用其他方式来拨动驱动齿轮，其电磁开关的结构形式也有所不同。比如，一些大功率的起动机，由于其驱动齿轮的驱动方式不同，所以其采用的电磁开关有电枢移动式、磁极移动式等不同的形式。

第二节　起动电路的类型与特点分析

 起动开关直接控制的起动电路

起动开关直接控制的起动电路工作原理如图4-15所示。

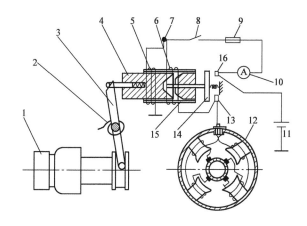

图 4-15 起动开关直接控制的起动电路工作原理

1—驱动齿轮 2—回位弹簧 3—拨叉 4—活动铁心 5—保持线圈 6—吸引线圈 7—电磁开关接线柱
8—起动开关 9—熔断器 10—电流表 11—蓄电池 12—电动机 13、16—触点及接线柱 14—接触盘 15—磁轭

1. 电路特点

（1）起动开关工作电流大

起动开关串联在起动机电磁开关的电路中，由起动开关直接控制起动机电磁开关线圈的通断，起动开关的工作电流就是电磁开关的电流。

起动开关直接控制电磁开关工作电流时存在如下问题：

1）起动机电磁开关内吸引线圈和保持线圈的电阻不能太小，否则起动开关会因工作电流太大而容易烧坏。

2）起动开关直接控制较大的电磁开关电流，因而对起动开关触点的要求较高。

（2）起动机驱动齿轮在慢慢转动中与飞轮齿圈啮合

由于电磁开关中的吸引线圈与电动机串联，使得电动机在接通起动开关的瞬间就已经有一个较小的电流通过，使电动机开始转动，这可使驱动齿轮在慢慢转动过程中与飞轮齿圈啮合，避免了驱动齿轮在啮合过程中产生打齿的可能。

2. 电路原理

（1）起动时

起动发动机时，接通起动开关，电磁开关的吸引线圈和保持线圈通电，电路通路为：蓄电池＋
→电源接线柱 16→起动开关→电磁开关接线柱→吸引线圈→电动机接线柱 13→电动机→搭铁。
　　　　　　　　　　　　　　　　　　　　└───────→ 保持线圈 ───────┘

此时，吸引线圈与保持线圈产生的合成电磁力吸动铁心右移，带动拨叉转动，将驱动齿轮推向发动机飞轮；与此同时，接触盘被右移的铁心顶向触点，并在驱动齿轮与飞轮啮合时将触点接通，使电动机通电。电动机通电后便产生正常的电磁转矩，通过传动机构带动发动机转动。

在接触盘接通触点时，吸引线圈被接触盘短路，这时，由保持线圈所产生的电磁力使铁心保持在移动后位置。

（2）起动后

发动机起动后，在断开起动开关的瞬间（接触盘还未退回），电磁开关线圈仍有电流，电路通路为：蓄电池＋→电源接线柱 16→接触盘→电动机接线柱 13→吸引线圈→保持线圈→搭铁。

这时吸引线圈的电流与起动时反向，产生的电磁力与保持线圈的相反，两线圈的电磁力相互抵消，活动铁心便在回位弹簧拉力的作用下回位，驱动齿轮和接触盘退回，电动机断电，起动机停止工作。

3. 故障诊断方法

起动系统可能出现的故障有起动机不转动、起动转速低、空转、打齿、电磁开关吸合不牢等。

（1）起动机不转

起动时，发动机不转动，起动机无动作迹象。

1）故障原因。有电源、起动机和线路三方面的故障可能，具体如下：

① 起动电源有故障，比如，蓄电池严重亏电、蓄电池极板硫化或短路、蓄电池极桩与线夹接触不良、起动电源电路连接处松动而接触不良等。

② 起动机有故障，比如，换向器与电刷接触不良、励磁绕组或电枢绕组有断路或短路、绝缘电刷搭铁、电磁开关故障（线圈断路、短路、搭铁或其触点烧蚀而接触不良）等。

③ 起动开关接线松动或内部触点接触不良。

④ 起动机控制电路的线路有断路、导线接触不良或松脱、熔断器熔丝烧断等。

2）故障诊断方法。针对上述可能的故障，故障诊断方法如下：

① 检查起动电源：按喇叭或开前照灯，如果喇叭声音小、嘶哑或不响，灯光比平时暗淡，说明电源有问题，应先检查蓄电池极桩与线夹、起动电源电路电缆接头处是否有松动，若线路连接无问题，则应检查蓄电池是否亏电或极板硫化严重等；如果检查起动电源无问题，则进行下一步检查。

② 检查起动机：用旋具或较粗的导线将起动机电磁开关接线柱与起动机电源接线柱（图 4-15 中的 16）直接连接，看起动机是否工作。如果起动机能正常工作，则说明起动机正常，为起动机控制电路有断路故障，应检查熔断器、起动开关及相关的连接线路；如果此时起动机不转，则说明是起动机有故障，进行下一步检查，确定是电磁开关故障，还是电动机的故障。

③ 检查起动机电动机：用旋具将起动机连接蓄电池和电动机的两接线柱（见图 4-15 中的 13、16）直接相连，看起动机是否转动。如果起动机仍然不转动，则说明起动机的电动机有故障，应拆检起动机的电动机；如果起动机能高速转动，则是起动机电磁开关的故障，应拆修或更换起动机电磁开关。

专家解读 👉

将正常的起动电源与电磁开关接线柱直接连接，起动机不转，则说明起动机有故障。一般情况下，故障诊断已有了结果，更换起动机就可以排除故障。步骤 3 诊断的目的是区分起动机的故障是在电动机还是电磁开关，以便于检修起动机。

（2）起动机运转无力

起动时，驱动齿轮能与飞轮齿圈啮合，但起动转速很低，甚至于停转。

1）故障原因：

① 电源的故障：蓄电池亏电或极板硫化、短路，起动电源电缆连接处接触不良等。

② 起动机故障：换向器与电刷接触不良，电磁开关接触盘和触点接触不良，电动机励磁绕组或电枢绕组有局部短路等。

2）故障诊断方法：起动机运转无力时，首先通过按喇叭、开前照灯等方法检查起动机电源是否正常。如果感觉电源有问题，应首先检查蓄电池极桩上的线夹连接是否良好、线夹与导线连接有无异常等。若线路连接正常，则可能是蓄电池亏电或蓄电池故障；如果起动电源无问题，则应拆检或更换起动机。

专家解读 ☞

　　检查起动电源连接线路时，如果蓄电池极桩上线夹连接牢固，但用手摸时有发热的感觉，则说明线夹与极桩的接触不良，应拆下线夹后清洁线夹内表面和极桩的外表面。

（3）起动机空转

起动时，可感觉到起动机驱动齿轮已移动，且高速空转，但发动机不转。

1）故障原因：

① 单向离合器打滑。

② 飞轮齿圈的某一部分严重缺损。

2）故障诊断方法：起动时出现起动机空转时，可将发动机飞轮转一个角度，如果故障会随之消失（但以后还会再现），则为飞轮齿圈有缺损，应更换飞轮齿圈；如果转动飞轮后起动机仍然空转，则需检修单向离合器。

（4）驱动齿轮打齿

起动时，可听到驱动齿轮与飞轮齿圈发生撞击的"嗒、嗒、嗒"声响，驱动齿轮不能啮入，发动机不转。

1）故障原因：

① 电磁开关触点接通的时间过早，驱动齿轮在啮入以前就已高速旋转起来了。

② 飞轮齿圈磨损严重或驱动齿轮磨损严重。

2）故障诊断方法：首先适当地调晚电磁开关触点的接通时间（见第三节 起动电路部件故障检修方法"），看打齿现象是否能消失；如果打齿现象不能消失，则应拆检起动机驱动齿轮和飞轮齿圈。

（5）电磁开关吸合不牢

起动时发动机不转，但可听到驱动齿轮轴向来回窜动的"咔嗒、咔嗒"声响。

1）故障原因：

① 蓄电池亏电或起动机电源线路有接触不良之处（这是这种故障现象最为常见的故障原因）。

② 电磁开关保持线圈断路、短路或搭铁（这种故障出现的概率很低）。

2）故障诊断方法：首先检查起动电源线路连接是否良好，若无问题，则应对蓄电池进行补充充电。如果蓄电池充足电后故障仍不能消除，则起动机电磁开关有故障，应予以检修或更换。

专家解读 👉

蓄电池亏电时，其电动势较低，而其内阻较大。起动时，电磁开关两线圈通电后尚能吸动活动铁心移动，将起动机驱动齿轮拨向飞轮齿圈。当接触盘将电动机电路接通时，蓄电池的输出电流突然增大，其端电压会急剧下降，导致电磁开关保持线圈电流突然减小很多，其电磁力下降而吸不住活动铁心，使活动铁心回位，驱动齿轮退出，电动机断电。这时，由于电动机断电，蓄电池的输出电流减小，其端电压回升，电磁开关两线圈又吸引活动铁心移动，如此循环，从而导致了起动机驱动齿轮轴向来回窜动。

二 带起动继电器的起动电路

为解决起动开关直接控制方式其触点因电流过大而容易烧坏的问题，一些汽车上的起动电路中采用了一个起动继电器，这种带起动继电器的起动电路（QD124 型起动机控制电路）工作原理如图 4-16 所示。

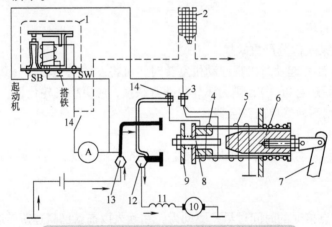

图 4-16 QD124 型起动机控制电路工作原理

1—起动继电器　2—点火线圈　3—电磁开关接线柱　4—吸引线圈　5—保持线圈　6—活动铁心　7—拨叉
8—接触盘推杆　9—接触盘　10—电枢　11—励磁绕组　12—电动机接线柱　13—电源接线柱　14—点火开关（起动档）

1. 电路特点

相比于起动开关直接控制的起动电路，增设了起动继电器后的电路特点如下：

1）电磁开关电路串联的是起动继电器的触点，该触点常开，在继电器线圈通电时触点闭合，接通电磁开关电路。

2）起动继电器线圈电路中串联了起动开关（点火开关的起动档），由起动开关控制起动继电器线圈的通断电。

该起动控制电路使较大的电磁开关电流（35～45A）由起动继电器触点控制，点火开关起动档只是控制较小的继电器线圈电流，因此点火开关不容易烧蚀，延长了点火开关的使用寿命。

2. 电路原理

（1）起动时

1）起动继电器线圈通电。起动发动机时，将点火开关转动至起动档，起动继电器线圈通电，电路通路为：蓄电池＋→电源接线柱 13→电流表→点火开关 14（起动触点）→起动继电器 SW 接线柱→起动继电器线圈→搭铁。

2）起动机电磁开关通电。起动继电器线圈产生的电磁力将触点吸合，接通起动机电磁开关电路，电路通路为：蓄电池＋→电源接线柱 13→起动继电器 B 接线柱→起动继电器触点→起动继电器 S 接线柱→电磁开关接线柱→吸引线圈→电动机接线柱 12→电动机→搭铁。

└──────→ 保持线圈 ──────┘

3）起动机工作。电磁开关通电，起动机便开始工作。

（2）起动后

发动机起动后，在断开起动开关的瞬间（接触盘还未退回），这时电磁开关线圈仍有电流，电路通路为：蓄电池＋→电源接线柱 13→接触盘→电动机接线柱 12→吸引线圈 4→保持线圈 5→搭铁。

这时吸引线圈的电流与起动时反向，产生的电磁力与保持线圈的相反，两线圈的电磁力相互抵消，活动铁心便在回位弹簧拉力的作用下回位，驱动齿轮和接触盘退回，电动机断电，起动机停止工作。

3. 故障诊断方法

在各种可能出现的故障现象中，起动机运转无力、起动机空转、驱动齿轮打齿等均与起动继电器无关，这些故障现象的可能故障原因和故障诊断方法请参见本节第一部分"起动开关直接控制的起动电路"相关内容。起动机不转和起动机驱动齿轮吸合不牢故障则与起动继电器有关。

（1）起动机不转

1）故障原因：

① 起动电源不良：蓄电池严重亏电、蓄电池极板硫化或短路、蓄电池极桩与线夹接触不良、起动电源电路连接处松动而接触不良等。

② 起动机有故障：换向器与电刷接触不良、励磁绕组或电枢绕组有断路或短路、绝缘电刷搭铁、电磁开关故障（线圈断路、短路、搭铁或其触点烧蚀而接触不良）等。

③ 起动继电器不良：起动继电器线圈断路、短路、搭铁或其触点接触不良。

④ 点火开关接线松动或内部开关触点接触不良。

⑤ 起动机控制电路的线路有断路、导线接触不良或松脱等。

2）故障诊断方法。相比起动开关直接控制的起动电路，增加了起动继电器的检查及起动继电器连接线路的检查，具体故障诊断方法如下：

① 检查起动电源：按喇叭或开前照灯检查电源是否正常。如果喇叭声音小、嘶哑或不响、灯光比平时暗淡，则应先检查蓄电池极桩与线夹、起动电源电路电缆接头处是否有松动；若线路连接无问题，则应检查蓄电池是否已存电不足；如果检查起动电源正常，则进行下一步检查。

② 检查起动机：用旋具将电磁开关接线柱与起动机电源接线柱直接相连，看起动机是否工作。如果起动机仍不工作，则说明起动机有故障，应拆检起动机；如果起动机运转正常，则说明故障处为起动继电器或有关的线路，进行下一步检查。

③ 检查起动继电器与起动机之间线路：用旋具将起动继电器上连接蓄电池的 B 接线柱与连接起动机电磁开关的 S 接线柱直接相连，看起动机是否转动。如果起动机不转，则应检修连接这两个接线柱的连接导线；如果起动机能正常运转，则进行下一步检查。

④ 检查起动继电器：将起动继电器上连接蓄电池的 B 接线柱与连接点火开关的 SW 接线柱直接相连，看起动机是否转动。如果起动机不转，则说明是起动继电器不良，应拆修或更换起动继电器；如果起动机能正常运转，则故障处为起动继电器至点火开关的导线或点火开关，应对其进行检修。

（2）电磁开关吸合不牢

1）故障原因：

① 蓄电池亏电或起动机电源线路有接触不良之处。

② 起动继电器的断开电压过高。

③ 电磁开关保持线圈断路、短路或搭铁。

2）故障诊断方法：

① 检查起动电源线路：检查起动电源线路各连接有无松动，触摸各连接处有无发热（接触不良）等。如果起动电源线路连接有问题，予以修理；如果线路连接良好，则进行下一步检查。

② 检查起动继电器：将起动继电器连接蓄电池的 B 接线柱和连接起动机电磁开关的 S 接线柱直接短接，看起动机是否能带动发动机正常转动。如果此时能正常起动，则说明起动继电器断开电压过高，应予以调整或更换；如果故障仍然出现，则应对蓄电池进行补充充电。若蓄电池充足电后故障仍不能消除，则说明起动机电磁开关有故障，应予以检修或更换。

三　具有驱动保护作用的起动电路

专业小知识 ☆

起动机的驱动保护是指：

1）起动时，只要发动机一发动，起动机便立刻自动停止工作。这是为了避免在发动机起动后，起动机高速空转而使起动机传动装置磨损加剧，以及蓄电池电能白白消耗。

2）在发动机工作时，即使误接通起动开关，起动机也不会工作。这是为了防止起动机驱动齿轮与发动机飞轮齿圈发生碰撞，造成驱动齿轮或飞轮齿圈的损坏。

一些汽车通过增设安全继电器或利用充电指示灯继电器使起动机控制电路具有驱动保护功能。通过充电指示灯继电器实现驱动保护作用的起动电路示例（解放 CA1091 汽车起动电路）如图 4-17 所示。

1. 电路特点

本电路采用了由充电指示灯继电器和起动继电器组成的组合继电器，电路的特点如下：

1）起动继电器触点串联在电磁开关电路中。与起动继电器间接控制的起动电路一样，起动继电器触点 K_1（常开）串联在起动机电磁开关电路中，当起动继电器触点 K_1 闭合时起动机电磁开关通电，起动机工作。

2）起动继电器线圈电路串入了充电指示灯继电器的触点。起动继电器线圈 L_1 通过充电指示灯继电器常闭触点 K_2 搭铁，使充电指示灯继电器在控制充电指示灯的同时，也控制了起动继电器线圈 L_1 的通断电。

3）充电指示灯继电器线圈 L_2 的通断电由发电机的中性点电压控制，当发电机正常发电时通电，L_2 产生的电磁力可将 K_2 断开。

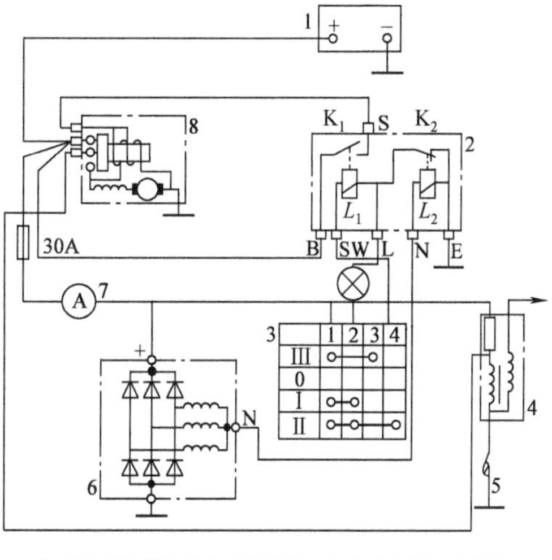

充电指示灯继电器的触点 K_2 串联在起动

图4-17　解放 CA1091 汽车起动电路

1—蓄电池　2—组合继电器　3—点火开关
4—点火线圈　5—断电器触点　6—发电机
7—电流表　8—起动机

继电器的线圈电路后，使得起动继电器线圈 L_1 在如下两种情况下处于断电状态：

① 发动机起动后，充电指示灯继电器触点 K_2 断开，L_1 立刻断电，这使得只要发动机一起动，起动机就立刻自动停止工作。

② 发动机在运转状态下，充电指示灯继电器触点 K_2 保持在断开状态，使 L_1 始终处于断电状态，即使误接通起动开关，起动机也不会工作。

也就是说，将充电指示灯继电器的触点串联于起动继电器的线圈搭铁电路后，该起动电路就具有驱动保护功能了。

2. 电路原理

（1）起动时的电路状态

起动时，点火开关拨至 II 档（起动档），点火开关的 1 号与 4 号接线柱接通，使组合继电器中的起动继电器线圈 L_1 通电，电路通路为：蓄电池正极 +→起动机电源接线柱→30A熔断器→电流表 7→点火开关→组合继电器 SW 接线柱→L_1→K_2→组合继电器 E 接线柱（搭铁）。起动继电器线圈 L_1 通电后产生电磁力吸合触点 K_1，接通了起动机电磁开关电路，使起动机通电工作。

（2）起动后的电路状态

发动机起动后，发电机正常发电，发电机的中性点电压加在充电指示灯继电器线圈 L_2 上，使 L_2 通电产生电磁力将 K_2 吸开，K_2 断开后使起动继电器线圈 L_1 断电，触点 K_1 随即断开，使起动机电磁开关断电，起动机立刻自动停止工作（即使点火开关仍然在起动档）。

（3）发动机在工作时的电路状态

当发动机工作时，由于充电指示灯继电器线圈 L_2 上有发电机的中性点电压，L_2 通电所产生的电磁力使其触点 K_2 保持断开状态，所以即使点火开关误拨至起动档，起动继电器线圈 L_1 也不会通电，起动机不会通电工作。

3. 故障诊断方法

起动机控制电路中增加了充电指示灯继电器，因此起动机不转时会有充电指示灯亮和不亮两种故障现象。起动机运转无力、起动机空转、驱动齿轮打齿等故障现象可能的故障原因和故障诊断方法请参见本节第一部分"起动开关直接控制的起动电路"相关内容；对于起动机驱动齿轮吸合不牢的故障现象，其可能的故障原因和故障诊断方法请参见本节第二部分"带起动继电器的起动电路"相关内容。

（1）起动机不转（充电指示灯亮）

接通点火开关时（点火开关拨至 I 档），充电指示灯能亮，起动时（点火开关拨至 II 档），起动机不转。

1）故障原因。与带起动继电器的起动电路相似，具体如下：

① 起动电源不良：蓄电池严重亏电、蓄电池极板硫化或短路、蓄电池极桩与线夹接触不良、起动电源电路连接处松动而接触不良等。

② 起动机有故障：换向器与电刷接触不良、励磁绕组或电枢绕组有断路或短路、绝缘电刷搭铁、电磁开关故障（线圈断路、短路、搭铁或其触点烧蚀而接触不良）等。

③ 组合继电器不良：组合继电器中的起动继电器线圈断路、短路、搭铁或其触点接触点不良。

④ 点火开关接线松动或内部起动触点接触不良。

⑤ 起动机控制电路的线路（组合继电器与起动机电磁开关之间的连接导线）有断路、导线接触不良或松脱等。

2）故障诊断方法：

① 检查起动电源：按喇叭或开前照灯检查电源是否正常。如果喇叭声音小、嘶哑或不响，灯光比平时暗淡，则应先检查蓄电池极桩与线夹、起动电源电路接头处是否有松动，若线路连接无问题，则应检查蓄电池是否已存电不足；如果检查电源正常，则进行下一步检查。

② 检查起动机：用旋具将电磁开关接线柱与起动机电源接线柱直接相连，看起动机是否转动。如果起动机仍不转，则说明起动机有故障，应拆检起动机；如果起动机运转正常，则说明故障处为起动继电器或有关的线路，进行下一步检查。

③ 检查起动继电器与起动机之间线路：用起子将组合继电器上连接蓄电池的 B 接线柱与连接起动机的 S 接线柱直接相连，看起动机是否转动。如果起动机不转，则应检修连接这两个接线柱的导线；如果起动机能正常运转，则进行下一步检查。

④ 检查起动继电器：将组合继电器上连接蓄电池的 B 接线柱与连接点火开关的 SW 接线柱直接相连，看起动机是否转动。如果起动机不转，则说明是起动继电器不良，应拆修或更换组合继电器；如果起动机能正常运转，则故障处为组合继电器至点火开关的导线或点火开关，应对其进行检修。

（2）起动机不转（充电指示灯不亮）

接通点火开关时（点火开关拨至 I 档），充电指示灯不亮，起动时（点火开关拨至 II 档），起动机不转。

1）故障原因：

① 起动电源电路连接有断脱或接触不良。

② 组合继电器中的充电指示灯继电器触点接触不良。

③ 起动机控制电路（起动机电源接线柱至点火开关的 1 号接线柱之间）的线路连接有松动、断脱，30A 熔断器熔丝烧断等。

④ 发电机元件板上的整流二极管有反向击穿短路，导致电源电压经电枢绕组加在了充电指示灯继电器线圈上，使充电指示灯继电器触点始终处于断开状态。相比前面 3 种故障原因，本故障原因出现的概率较低，但要知道这也是导致充电指示灯不亮且起动机不转的原因之一。

2）故障诊断方法。对于故障原因① ~ ③，故障诊断的方法如下：

① 检查电源线路：按喇叭或开前照灯检查电源线路。如果喇叭声音小、嘶哑或不响，灯光暗淡或不亮，则应检查蓄电池极桩与线夹、起动电源电路接头处是否有松动；如果检查电源线路正常，则进行下一步检查。

② 检查 30A 熔断器：打开熔断器盒盖，检查 30A 熔断器熔丝是否烧断。如果熔丝已烧断，更换新的熔断器，并检查相关电路有无短路；如果熔断器正常，则进行下一步检查。

③ 检查组合继电器：将组合继电器上的 L 接线柱直接搭铁，看故障能否消除。如果故障现象消除，则说明组合继电器中的充电指示灯继电器触点接触不良，需予以修理或更换；如果故障现象依旧，则说明起动机电源接线柱至点火开关的 1 号接线柱之间的线路连接有松动或断脱，需检修线路。

专家提醒 ✎

点火开关拨至点火档时充电指示灯不亮，拨至起动档时起动机不工作，可能性最大的故障就是组合继电器中的充电指示灯继电器触点接触不良，通常更换组合继电器后故障即可排除。如果更换组合继电器后，故障现象依旧，不要忘记发电机内整流二极管有短路也会导致点火开关拨至点火档（ON）时充电指示灯不亮、点火开关拨至起动档（ST）时起动机不工作这样的结果。

如果上述故障诊断不能找到故障的原因，对于车上有电流表的汽车，可在进行故障诊断之前，先观察一下电流表，如果电流表指针偏向放电一侧，则拆下组合继电器 N 接线柱连接导线，若电流表立刻停止放电，且接通点火开关（ON）后充电指示灯即可亮起，就可以确认发电机内的整流二极管有反向击穿短路。

第三节　起动电路部件的故障检修方法

 ### 起动机的检修

起动机的检修包括起动机解体后的部件检修、起动机的试验与调整。

1. 起动机解体后的检修

（1）励磁绕组的检修

励磁绕组的常见故障是接头脱焊、绝缘破损而使励磁绕组匝间短路或搭铁等，造成起动机不工作或运转无力等。励磁绕组的检修方法如下：

1）将起动机解体后，直观检查励磁绕组接头是否松脱、有无破损。如果检查发现励磁绕组连接脱焊，可重新施焊；若绕组连接端有破损，则需予以修理。

2）用万用表电阻档测量励磁绕组两端子之间的电阻（图 4-18），应为励磁绕组电阻值；如果阻值为∞，则励磁绕组有断路故障，应重点检查励磁绕组与电刷、接线端子的连接处是否有断脱。

3）用万用表电阻档测量绕组端子与外壳之间的电阻（图 4-19），应为不通；如果阻值较小或为零，说明励磁绕组有搭铁故障，需检修或更换励磁绕组。

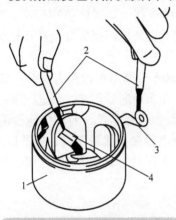 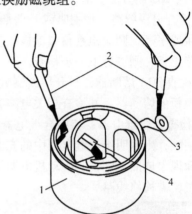

图 4-18 励磁绕组断路检查 　　　　**图 4-19** 励磁绕组搭铁检查
1—外壳 2—表笔 3—引线 4—电刷 　　1—外壳 2—表笔 3—引线 4—电刷

4）用电枢检验仪检查励磁绕组有无匝间短路，检查方法如图 4-20 所示。电枢检验仪通电 5min 后若绕组发热，则说明绕组有匝间短路，需拆除旧的绝缘层重新包扎后再浸漆烘干处理，或更换励磁绕组。

（2）电枢总成的检修

电枢总成的常见故障是电枢绕组绝缘破损而使匝间短路或搭铁、绕组接头与换向器铜片脱焊、换向器铜片烧蚀或磨损、电枢轴弯曲等，造成起动机不转或运转无力等。电枢总成的检修方法如下：

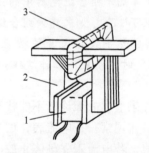

图 4-20 用电枢检验仪检查励磁绕组有无短路
1—感应线圈 2—U 形铁心 3—被检励磁绕组

1）直观检查换向器表面是否烧蚀、云母片有无突出等。如果换向器铜片轻微烧蚀，可用"00"号砂纸打磨修复，若严重烧蚀、失圆（径向圆跳动 > 0.05mm）或云母片高于铜片，应精车加工，但加工后换向器铜片厚度不得小于 2mm。

专家提醒 ✐

　　换向器铜片之间的云母片是否低于铜片，这要看具体的起动机型号，进口汽车的起动机云母片通常低于铜片，检修时，若换向器铜片间槽的深度小于 0.2mm，则需用锯片将云母片割低至规定的深度；国产起动机的云母片和铜片应该是平齐的，检修时无须割低。

2）用万用表电阻档检测换向器铜片和电枢轴之间的电阻，检查绕组是否搭铁。应为不通，否则说明电枢绕组有搭铁故障，需修理（重新绕制，并浸漆、烘干）或更换电枢总成。

3）用电枢检验仪检查电枢绕组有无匝间短路，如图4-21所示。如果钢片在槽上跳动，则说明电枢绕组有短路，需修理或更换电枢总成。

4）检查电枢轴是否弯曲，如图4-22所示。电枢轴和换向器的径向圆跳动应不大于0.15mm。电枢轴若有弯曲，可通过冷校校直。

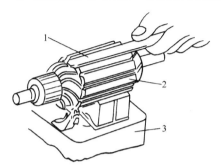

图4-21 用电枢检验仪检查电枢绕组有无短路
1—钢片 2—被检电枢 3—电枢检验仪

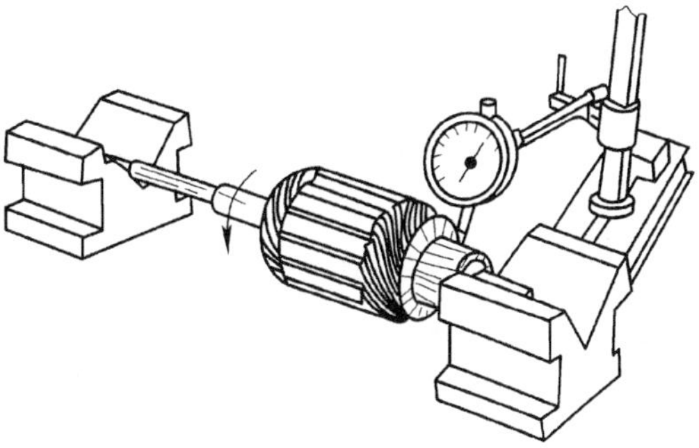

图4-22 检测电枢轴和换向器径向圆跳动

（3）电刷与电刷架的检修

电刷的常见故障是电刷过度磨损、电刷在电刷架中卡滞、绝缘电刷架漏电等，导致起动机不转或运转无力等。检修方法如下：

1）检查电刷的高度（图4-23），一般不应小于标准值的2/3，电刷的接触面积不少于75%，电刷在电刷架内无卡滞现象，否则需进行修磨或更换。

2）用万用表电阻档或试灯检查绝缘电刷架绝缘性。用弹簧秤测电刷弹簧的弹力，若不符合要求应予以更换。

（4）电磁开关的检修

电磁开关的常见故障有吸引线圈和保持线圈连接处断脱、线圈匝间短路或搭铁、接触盘及触点表面烧蚀等，进而导致起动机不能工作。检修方法如下：

1）电磁开关线圈的断路检查。可用电阻表检测电磁开关接线柱与电动机接线柱、电磁开关接线柱与外壳之间的电阻来检查两线圈有否断路，如图4-24所示。如果检测有不通路，则说明电磁开关吸线圈或保持线圈有断路。

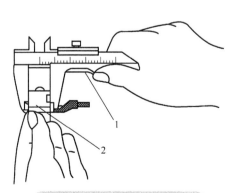

图4-23 检查电刷的高度
1—游标卡尺 2—电刷

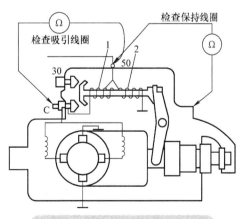

图4-24 电磁开关线圈的检查
1—吸引线圈 2—保持线圈 30—电源接线柱
50—电磁开关接线柱 C—电动机接线柱

2）电磁开关线圈搭铁检查：检测电磁开关接线柱与壳体之间的电阻。如果电磁开关接线柱与搭铁之间的电阻为零，则说明电磁开关线圈有搭铁故障。

3）电磁开关线圈有故障时，需重绕或更换电磁开关。几种国产起动机电磁开关线圈参数见表4-1。

表4-1　几种国产起动机电磁开关线圈参数

起动机型号	线圈名称	导线/mm	匝数	线圈电阻（20℃）/Ω
ST614	吸引线圈	QZ/φ0.83/0.92	250±5	0.83～0.85
	保持线圈	1QZ/φ0.83/0.92	250±5	1.07～1.14
321	吸引线圈	φ0.90	235±5	0.55～0.65
	保持线圈	φ0.83	245±3	0.87～1.07
QD124	吸引线圈	φ0.90	235±5	0.55～0.65
	保持线圈	φ0.83	245±3	0.87～1.07
QD124A	吸引线圈	φ1.25	200±4	0.30～0.36
	保持线圈	φ0.75	200±4	1.17～1.41

4）解体后直观检查接触盘及触点表面烧蚀情况、回位弹簧是否失效等。若电磁开关触点或接触盘轻微烧蚀，可以用锉刀或砂布修整；若回位弹簧不符合要求应予以更换。

（5）起动机其他部件的检修

起动机其他部件的常见故障有单向离合器打滑、轴承磨损严重而造成松旷等，可导致起动机工作异常（空转、啮合不良等）。检修方法如下：

1）单向离合器的检修。将单向离合器壳固定，转动驱动齿轮（图4-25），如果两边都能转动，则说明单向离合器已经失效，需要更换。单向离合器的检查还可通过扭力扳手检测单向离合器的转矩，若转矩小于规定值，则说明单向离合器打滑，应予以更换。对于摩擦片式单向离合器，如果转矩偏小，可以通过调整（减小）压环前的垫圈厚度使其达到要求。

2）轴承的检修。检查各轴承有无松旷，若有则需更换轴套。轴套压好后再铰销轴套内孔，使之与轴颈的配合符合要求。

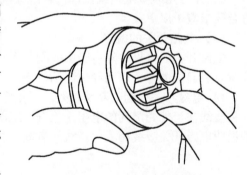

图4-25　单向离合器的检修

2. 起动机的试验

经修理后的起动机在装车前，应通过起动机试验来检验起动机性能是否良好，以避免重复装卸起动机。

（1）空载试验

做空载试验时，首先将起动机置于夹具上并将其夹紧，然后接上电源（图4-26），通过起动机的运转情况和空载电流来判断起动机的性能。空载试验时，起动机应运转均匀、电刷无较强火花，其电流、电压和转速应符合表4-2的参数规定。

如果电流大而转速低，则可能是起动机装配过紧，电枢绕组、励磁绕组有短路或搭铁故障；如果电流和转速都低，则说明起动机内部电路有接触不良之处。

表 4-2　部分国产起动机的性能参数

型号	规格		空载特性		全制动特性			电刷	驱动齿轮		适用车型
	额定电压/V	额定功率/kW	电流/A	转速/(r/min)	电压/V	电流/A	转矩/N·m	弹簧压力/N	齿数	齿轮行程/mm	
QD124A	12	1.85	≤95	≥5000	8	≤600	≥24	—	9	20	解放 CA1091
QD124H	12	1.47	≤90	≥5000	8	≤650	≥29.4	2~15	—	—	解放 CA1091
QD124F	12	1.47	≤90	≥5000	8	≤650	≥29.4	8~13	11	—	东风 EQ1090
QD1211	12	1.8	≤90	≥5000	7.5	≤750	≥34	12~15	11	—	东风 EQ1090
321	12	1.1	≤100	≥5000	6	≤525	≥15.7	12~15	9	20	北京 2020N
QD1225	12	0.96	≤45	≥6000	7	≤480	≥13	—	9	—	上海桑塔纳
QD142A	12	3	≤90	≥5000	7	≤650	≥25	12~15	9	—	南京依维柯
DW1.4	12	1.4	≤67	≥2900	9.6	≤160	≥13	—	9	—	北京切诺基
D6RA37	12	0.57	≤220	≥1000	—	≤350	≥85	—	9	—	神龙富康
QD25	24	3.5	≤90	≥6000	9	≤900	≥34.3	—	9	—	跃进 NJ1061
QD27E	24	8.08	≤120	≥6000	12	≤1700	≥142	—	11	—	五十铃 TD50AD

（2）全制动试验

全制动试验是在空载试验后，通过测量起动机制动（使其不转动）时的电流和转矩来检验起动机的性能良好与否，试验方法如图 4-27 所示。起动机接通电源后，应迅速记下电流表、转矩测试仪和电压表的示值，其全制动电流和制动转矩应符合表 4-2 的参数规定。

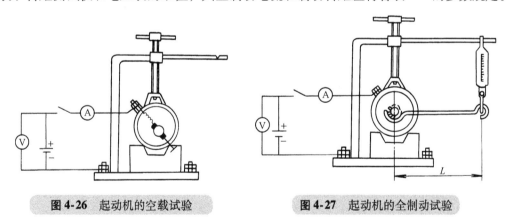

图 4-26　起动机的空载试验　　　　图 4-27　起动机的全制动试验

如果电流大而转矩小，则说明励磁绕组或电枢绕组有短路或搭铁不良故障；如果转矩和电流都小，则说明起动机内接触电阻过大；如果试验过程中电枢轴转动，则说明单向离合器打滑。

专家提醒

　　每次空载试验不要超过1min，以免起动机过热。全制动试验要动作迅速，一次试验时间不要超过5s，以免烧坏电动机或对蓄电池使用寿命造成不利影响。

（3）起动机电磁开关检验

为确保起动工作可靠，装车前还应对起动机电磁开关进行检验，通过检测电磁开关的闭合电压与释放电压、断电能力来检验其性能良好与否。

1）检测电磁开关的闭合电压与释放电压，方法如下：

① 检测电磁开关的闭合电压：将可调直流电源连接于电磁开关接线柱和起动机壳体之间，用万用表电阻档检测起动机电源接线柱与电动机接线柱之间的电阻，以监测电磁开关的通断。将可调直流电源电压调至最低后，再逐渐调高电源电压，当万用表指示电阻由∞突变为0（电磁开关闭合）时，可调直流电源的电压即为电磁开关的闭合电压。

② 检测电磁开关的释放电压：记下电磁开关的闭合电压后，再逐渐调低可调直流电源的电压，当万用表指示电阻由0突变为∞（电磁开关释放）时，可调直流电源的电压即为电磁开关的释放电压。

诊断标准 ❖

电磁开关的闭合电压值应不大于起动机额定电压的75%，释放电压不应高于起动机额定电压的40%。否则应需予以检修或更换。

如果没有可调直流电源，也可用蓄电池加一个变阻器及万用表来检测电磁开关的闭合电压和释放电压。用试灯监测电磁开关通断的检测电路如图4-28所示。

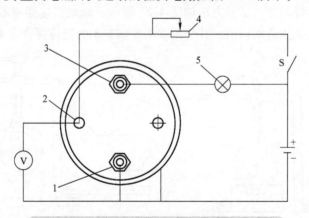

图4-28 电磁开关闭合电压与释放电压检测

1—电动机接线柱 2—电磁开关接线柱 3—电源接线柱 4—变阻器 5—试灯

2）检测电磁开关的断电能力

起动机电源接线柱连接电源，再使起动机电磁开关通电，并使起动机处于制动状态，然后断开电磁开关电源，看电磁开关主触点能否断开。如果电磁开关不能可靠断开，则说明电磁开关性能不良，需检修或更换电磁开关。

3. 起动机的调整

（1）驱动齿轮前端面与端盖突缘间距的调整

起动机不工作时，起动机驱动齿轮前端面与端盖突缘间距应符合标准要求，如果间距不当，应通过定位螺钉（图4-29）进行调整。一些起动机无定位螺钉，则需通过修理（如加减垫圈的方法）使驱动齿轮的位置适当。

部分车型起动机驱动齿轮前端面与端盖突缘间距见表4-3。

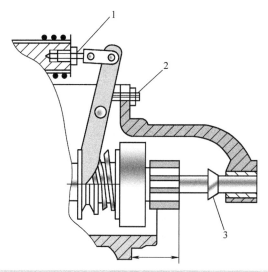

图4-29　起动机驱动齿轮前端面与端盖突缘间距的调整

1—调节螺杆　2—定位螺钉　3—限位螺母

表4-3　部分车型起动机驱动齿轮前端面与端盖突缘间距

车型	EQ1090 系列汽车	BJ2020N 汽车	CA1091 系列汽车
间距/mm	29 ~ 32	32.5 ~ 34	31 ~ 32

（2）电磁开关接通时间的调整

当电磁开关接触盘与触点接触时，驱动齿轮与限位螺母的间距应为（4.5±1）mm，如果此间距不当，会导致电磁开关接通时间过早或过迟，需进行调整。调整时，将调节螺杆的锁紧螺母（图4-29）松开，旋入调节螺杆可调小间距，旋出调节螺杆可调大间距。

 ## 起动继电器的检修

1. 起动继电器的常见故障

起动继电器及组合继电器中充电指示灯继电器的常见故障及影响见表4-4。

表4-4　起动继电器及组合继电器中充电指示灯继电器的常见故障及影响

起动继电器类别	常见的故障	对起动机工作的影响
起动继电器	触点接触不良	起动发动机时因不能接通起动机电磁开关电路而导致起动机不工作
	线圈断路或短路	
	触点间隙失调	继电器的闭合电压或断开电压不当，使起动机工作不正常
	弹簧拉力不当	
组合继电器中充电指示灯继电器	触点接触不良	充电指示灯不亮，起动机不工作
	线圈断路或短路	起动机失去驱动保护作用

2. 起动继电器的检修与调整

（1）起动继电器的检修方法

1）检查起动继电器触点有无烧蚀、氧化。若触点轻微烧蚀，则可用"00"号砂纸打磨并清洁后继续使用；若烧蚀比较严重，则应更换起动继电器。

2）检查起动继电器线圈的电阻（测继电器 SW、E 接线柱之间的电阻），起动继电器线圈的电阻一般为 $10 \sim 15\Omega$。如果起动继电器线圈有断路或短路，应更换继电器。

3）检查起动继电器触点的接触电阻（在触点闭合时，测继电器 S、B 接线柱之间的电阻），触点的接触电阻不应大于 0.05Ω。如果触点的接触电阻过大，应予以修理或更换。

（2）起动继电器的检测与调整

1）单个起动继电器的检测与调整。起动继电器通过检测其闭合电压和断开电压来判断其性能的好坏。起动继电器的检测电路如图 4-30 所示。

单个起动继电器的检测与调整方法如下：

① 将变阻器电阻调至最大，然后慢慢减小电阻，观察试灯的现象。

② 当试灯亮起（触点闭合）时，记下电压表的读数，该电压即为起动继电器的闭合电压，应为 $6 \sim 7.6V$（12V 系统）或 $14 \sim 16V$（24V 系统）。

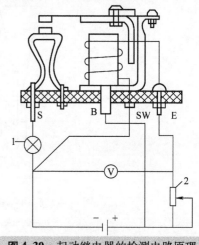

图 4-30 起动继电器的检测电路原理
1—试灯 2—变阻器

③ 慢慢增大变阻器电阻，当试灯熄灭（触点断开）时，记下电压表的读数，该电压即为起动继电器的断开电压，应为 $3 \sim 5.5V$（12V 系统）或 $4.5 \sim 8V$（24V 系统）。

如果起动继电器的闭合电压或断开电压不在正常范围内，可通过改变继电器触点间隙、弹簧拉力及铁心与衔铁之间的气隙来调整。

2）组合继电器的检测与调整。组合继电器不仅要检测其起动继电器的闭合电压和断开电压，还需检测其充电指示灯继电器的动作电压和释放电压。组合继电器的测试电路如图 4-31 所示。

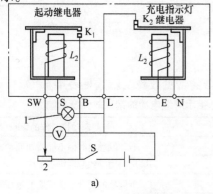

a)

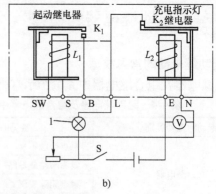

b)

图 4-31 组合继电器的检测电路
a）起动继电器的检测 b）充电指示灯继电器的检测
1—试灯 2—变阻器

组合继电器中起动继电器的检测方法参照单个起动继电器检测方法进行，充电指示灯继电器的检测方法如下：

① 将变阻器电阻调至最大，并接通开关，使试灯亮起。

② 慢慢减小变阻器电阻，并注意观察试灯的情况，当试灯熄灭（触点断开）时，记下电压表的读数，该电压即为充电指示灯继电器的动作电压。

③ 慢慢增大变阻器电阻，当试灯又亮起（触点闭合）时，记下电压表的读数，该电压即为充电指示灯继电器的释放电压。

国产组合继电器的性能检测参数见表4-5，如果组合继电器的检测结果不在正常范围内，则可通过改变继电器触点间隙、弹簧拉力及铁心与衔铁之间的气隙来调整。

表4-5　国产组合继电器的性能检测参数

型号	额定电压/V	起动继电器		充电指示灯继电器		适用车型
		闭合电压/V	断开电压/V	动作电压/V	释放电压/V	
JD136	12	5~6.6	≤3	4.5~5.5	≤3	EQ1090F
JD236	24	10~13.2	≤6	9~11	≤3	—
JD171	12	≤7	≤1.5	4.5~5.5	≤2	CA1091
JD271	24	≤14	≤5	9~11	≤4	—

第五章
> Chapter 5

汽车点火系统电路的构成与特点分析

第一节　点火系统电路部件的结构原理

一　点火系统的基本组成与工作原理

汽油发动机有点火系统，其作用是适时地提供有足够能量的电火花，点燃可燃混合气，使发动机能正常工作。点火系统有触点式和电子式两种，其基本组成与工作方式如图5-1所示。

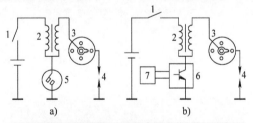

图5-1　点火系统的基本组成与工作方式

a）触点式　b）电子式

1—点火开关　2—点火线圈　3—配电器　4—火花塞　5—断电器　6—电子点火器　7—点火信号发生器或电子控制器

1. 点火系统的工作方式

（1）触点式点火系统

传统的触点式点火系统通过触点的开闭来通断点火线圈初级电流，使次级产生高压。这种触点式点火系统的故障率高、点火能量小，已经被淘汰。

（2）电子式点火系统

电子式点火系统通过电子点火器（或称点火控制模块）中的大功率开关晶体管的导通与截止来通断点火线圈的初级电流，而触发晶体管导通和截止的控制信号方式则有点火信号发生器触发和电子控制器控制两种形式。

1）点火信号发生器触发。点火时间由真空点火提前调节器、离心点火提前调节器控制的电子点火系统，其点火信号是由安装在分电器内的点火信号发生器产生的，信号输入电子点火器后，触发电子点火器中的开关晶体管适时地导通和截止，从而实现点火线圈初级电流的通路和断路控制。

2）电子控制器控制。电子控制器控制式电子点火系统，其点火时间是由电子控制器根据反映发动机工况与状态的传感器信号，以及设定的控制程序，进行综合分析处理后控制的。电子控制器输出点火脉冲信号，控制电子点火器工作，使点火线圈初级电流适时地通断。

阅读提示 ✔

　　电子控制器控制式点火系统已被广泛应用，许多电子点火控制系统已将电子点火器所具有的功能电路直接集成在电子控制器的内部，成为电子控制器控制点火线圈初级电流通断的驱动电路。因此，这些电子点火控制系统无电子点火器。

2. 电子点火系统的基本工作原理

　　目前在汽油发动机上采用最多的是由电子控制器控制点火时间的电子点火系统，其基本组成及工作原理在第九章介绍。本章仅介绍非电子控制器控制的电子点火系统，其基本组成如图 5-2 所示，工作原理如图 5-3 所示。

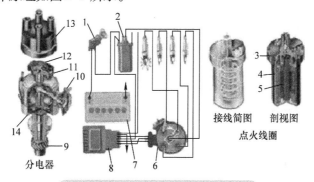

图 5-2　电子点火系统的基本组成

1—点火开关　2—点火线圈　3—点火线圈绝缘盖　4—点火线圈初级绕组　5—点火线圈次级绕组　6—分电器
7—蓄电池　8—电子点火器　9—分电器驱动齿轮　10—真空点火提前调节器　11—接触电刷
12—分火头　13—分电器盖　14—离心点火提前调节器

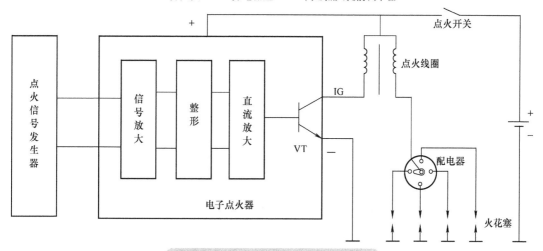

图 5-3　电子点火系统的工作原理

安装在分电器内的点火信号发生器产生一个与曲轴位置相对应的电压脉冲信号，并输入电子点火器，触发电子点火器内部电路工作，控制开关晶体管的导通与截止，适时地通断点火线圈初级回路，使点火线圈次级产生高压。点火线圈次级的高压电由配电器按各缸的点火顺序送到各缸火花塞，点燃可燃混合气，使发动机工作。

二 点火线圈

点火线圈的作用是将电源的低电压转变为足以使火花塞跳火的高电压。不同类型的点火系统所使用的点火线圈其结构形式会有所不同，但基本工作原理相同。

1. 点火线圈的工作原理

点火线圈实际上是一个自耦变压器，其工作原理如图5-4所示。

点火线圈的次级绕组/初级绕组的匝数比很高，点火电路通过控制点火线圈初级绕组适时地通断电，使其内部产生变化的磁场，从而使点火线圈次级绕组产生很高的互感电动势。

2. 点火线圈的结构

点火线圈有多种结构形式，按其内部形成磁路的结构不同可分为开磁路点火线圈和闭磁路点火线圈两大类。

（1）开磁路点火线圈

开磁路点火线圈的结构如图5-5所示，其内部通常充满绝缘油或沥青，作用是提高绝缘性、防止潮气侵入和提高散热效果，因而这种类型的点火线圈也被称为湿式点火线圈。点火线圈的初、次级绕组均绕在棒形的铁心上，由于初级绕组通过的电流较大，产生的热量较多，故将其绕在外面，以利于散热。

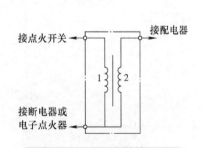

图 5-4　点火线圈的工作原理
1—点火线圈初级绕组
2—点火线圈次级绕组

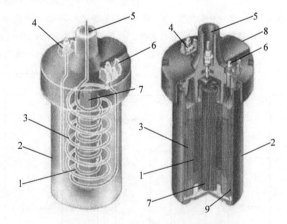

图 5-5　开磁路点火线圈的结构
1—次级绕组　2—外壳　3—初级绕组　4—低压接线柱（−）
5—高压接线柱　6—低压接线柱（＋）　7—铁心　8—胶木盖　9—导磁钢套

开磁路点火线圈通过导磁钢套导磁，但导磁钢套两端与铁心之间则是由空气构成的磁路

（图5-6），因此磁路的磁阻大，漏磁损失较多，其初、次级能量转换效率只约为60%。

（2）闭磁路点火线圈

闭磁路点火线圈也称干式点火线圈，其结构与磁路如图5-7所示。

干式点火线圈采用日字形铁心或口字形铁心，其磁通路均由磁导率极高的铁心构成，因而磁路的磁阻小，漏磁少，点火线圈初次级能量转换效率高。闭磁路点火线圈的初次级能量转换效率通常可达到70%或更高，现代汽车上的电子点火系统已广泛采用闭磁路点火线圈。

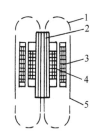

图5-6　开磁路点火线圈的磁路
1—磁路　2—铁心　3—初级绕组
4—次级绕组　5—导磁钢套

一些闭磁路点火线圈的铁心中留有一个小空气气隙，用于减小铁心的磁滞作用。

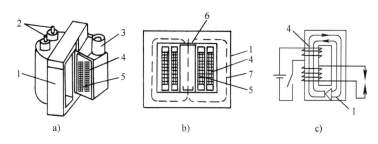

图5-7　闭磁路点火线圈的结构与磁路
a）闭磁路点火线圈外形　b）日字形铁心磁路　c）口字形铁心磁路
1—铁心　2—低压接线柱　3—高压接线柱　4—初级绕组　5—次级绕组　6—空气气隙　7—磁路

分电器

分电器是点火系统的主要部件之一，非电子控制器控制的电子点火系统所用的分电器无断电器触点，分电器总成主要由配电器、点火信号发生器（曲轴位置传感器）、真空点火提前调节器、离心点火提前调节器等部件组成。无触点分电器的结构如图5-8所示。分电器轴由凸轮轴通过驱动齿轮驱动，当分电器轴转动时，配电器、点火信号发生器及离心点火提前调节器就会正常工作。

1. 配电器

（1）配电器的作用与结构

配电器用于将点火线圈次级产生的高压按点火顺序送至各缸火花塞，它由随分电器轴转动的分火头和分电器盖组成。分电器盖的中央插孔内有一个小弹簧和一个接触电刷（小炭柱），接触电刷靠小弹簧压在分火头的导电片上。分电器盖中央插孔的周围有与气缸数相同的旁插孔，旁插孔内连接着旁电极，通过插入高压分线与各缸火花塞相连。

（2）配电器的工作原理

工作时，分火头和点火信号发生器的信号触发转子一起旋转，当点火信号发生器产生的点火信号输入电子点火器后，电子点火器的开关晶体管断开点火线圈初级回路，点火线圈次级产生高压，此时分火头正好对着分电器盖内的一个旁电极，该旁电极通过高压分线与需要点火的气缸火花塞相连。于是，点火线圈的次级高压就经由中央高压线、分火头导电片、旁电极、高压分线等组成的高压回路将电压加于火花塞电极。随着分电器轴的转动，配电器将点火线圈产生的高压按各缸点火的顺序配送给各缸火花塞。

2. 离心点火提前调节器

（1）离心点火提前调节器的作用

离心点火提前调节器根据发动机转速变化自动对点火提前角进行调整，它使发动机的点火提前角随发动机转速的增高而适当增大。

（2）离心点火提前调节器的结构

离心点火提前调节器安装在点火信号发生器信号触发转子的下面，其结构如图5-9所示。

信号触发转子、中空的转子轴及凸轮为一个整体（图5-9中的1、2、3、4），套在分电器轴上，使信号触发转子可相对于分电器轴转动。凸轮通过两侧弹簧的拉力使其紧靠在离心重块上，离心重块通过柱销与托板连接，托板与分电器轴为一体。

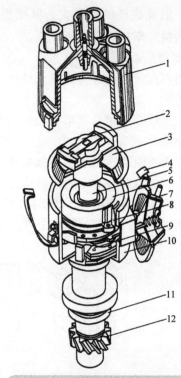

图5-8 无触点分电器的结构

1—分电器盖 2—分火头 3—防尘罩 4—分电器盖弹簧夹 5—分电器轴 6—点火信号发生器的信号触发转子 7—真空点火提前调节器 8—点火信号发生器定子及托架 9—离心点火提前调节器 10—分电器外壳 11—密封圈 12—分电器驱动齿轮

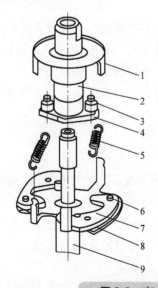

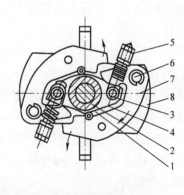

图5-9 离心点火提前调节器的结构

1—信号触发转子 2—信号触发转子轴 3—弹簧销 4—凸轮 5—弹簧 6—柱销 7—离心重块 8—托板 9—分电器轴

（3）离心点火提前调节器的工作原理。工作时，发动机凸轮轴带动分电器轴转动，通过托板、柱销、离心重块、凸轮及信号触发转子轴使信号触发转子随分电器轴转动。

在发动机转速升高时，离心重块因离心力增大而向外张开，离心重块的张力推动凸轮克服弹簧力而相对分电器轴转动一个角度，即信号触发转子顺着分电器轴旋转方向转动一个角度，这使得点火信号电压脉冲适当提前（点火时间适当提前）。

在发动机转速下降时，离心重块的离心力下降而向内收缩，凸轮在弹簧力的作用下逆着分电器轴的方向转动一个角度，使点火信号电压脉冲适当滞后（点火时间适当推迟）。

3. 真空点火提前调节器

（1）真空点火提前调节器的作用

真空点火提前调节器根据发动机负荷的变化自动调节点火提前角，它使点火提前角随着发动机负荷的增减而适当减小或增大。

（2）真空点火提前调节器的结构

真空点火提前调节器安装在分电器壳体的外侧，其结构如图5-10所示。真空点火提前调节器内部膜片的左侧通大气，右侧通过弹簧和真空管与节气门上方的小孔相通。

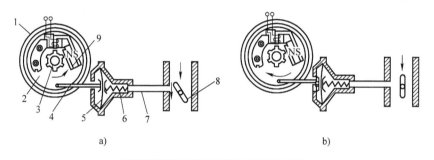

图5-10 真空点火提前调节器的结构

a）小负荷时 b）大负荷时

1—分电器壳 2—底板 3—信号触发转子 4—拉杆 5—膜片 6—弹簧 7—真空管 8—节气门 9—信号触发开关

（3）真空点火提前调节器的工作原理

当发动机的负荷增大时，节气门开度增大，节气门小孔处的真空度减小，使作用于膜片弹簧侧的真空吸力减小，膜片在弹簧力的作用下向左移，带动拉杆拉动信号触发开关顺着信号触发转子转动方向转动一个角度，使产生点火信号电压脉冲（点火时间）适当延迟。

发动机处于怠速工况时，节气门关闭，节门上方的真空度很小，膜片在弹簧力的作用下左移至极限位置，此时的点火提前角最小，满足了发动机在怠速工况时的点火提前角要小的要求。

4. 点火信号发生器

点火信号发生器产生与发动机曲轴位置相对应的电压脉冲信号，并通过电子点火器适时通断点火线圈初级回路，使点火线圈次级产生高压。点火信号发生器由信号触发转子和产生信号的信号触发开关组成。常见的点火信号发生器有磁感应式、光电式和霍尔式三种。

（1）磁感应式点火信号发生器

磁感应式点火信号发生器的结构及工作波形如图5-11所示。

导磁转子是信号触发转子，转子有与发动机气缸数相同的叶片。产生信号的定子部分由

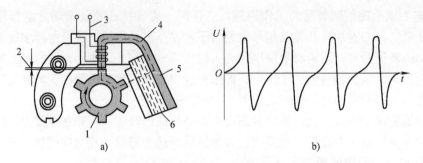

图 5-11 磁感应式点火信号发生器的结构及工作波形

a）结构　b）工作波形

1—导磁转子　2—空气气隙　3—感应线圈　4—磁路　5—导磁铁心　6—永久磁铁

永久磁铁、导磁铁心、感应线圈等组成。

　　永久磁铁产生磁动势，经导磁铁心、空气气隙，和导磁转子构成磁路。分电器轴转动时，通过离心点火提前调节器驱动导磁转子转动，使导磁转子与铁心之间的气隙发生变化，磁路的磁阻随之改变，致使通过感应线圈的磁通量发生变化而产生感应电压脉冲，该电压脉冲与发动机曲轴位置相对应，用于触发电子点火器工作。

　　图 5-12 所示为盘形永久磁铁的磁感应式点火信号发生器的结构，不同结构形式的磁感应式点火信号发生器其主要组成部件及工作原理均相同。

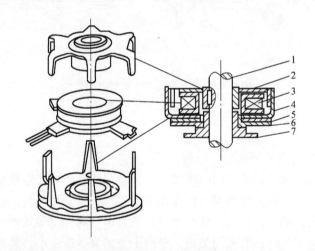

图 5-12 盘形永久磁铁的磁感应式点火信号发生器的结构

1—分电器轴　2—导磁转子　3—感应线圈　4—信号触发开关（导磁铁心及感应线圈）

5—永久磁铁　6—活动底板　7—固定底板

　　磁感应式点火信号发生器结构简单、工作可靠，但其信号电压会随发动机转速的变化而变化。因此，在磁感应式点火信号发生器结构参数和电子点火器电路设计时，需要兼顾发动机低速时能有足够强的信号电压，高速时不会因信号电压过高而损坏电子点火器中的电子元器件。

　　（2）光电式点火信号发生器

光电式点火信号发生器的结构及工作原理如图 5-13 所示。光电式点火信号发生器的信号触发转子是遮光转子，遮光转子有与气缸数相对应的缺口。产生电压信号的信号触发开关部分主要由发光元件、光电元件和相应的电子电路组成。

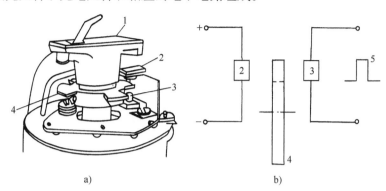

图 5-13 光电式点火信号发生器的结构及工作原理

a）结构简图　b）工作原理

1—分火头　2—发光元件　3—光电元件　4—遮光转子　5—信号电压波形

发光元件通入电流后发光，光电元件受光后产生电压。分电器轴转动时，通过离心点火提前装置驱动遮光转子转动，遮光转子缺口周期性地通过光线，使光电元件周期性受光而产生与曲轴位置相对应的电压脉冲，该电压脉冲输入电子点火器，用于触发电子点火器工作。

光电式点火信号发生器的优点是结构简单，信号电压不受转速影响。其缺点是抗污能力较差，发光元件和光电元件上沾上了灰尘或油污就会影响正常信号电压的产生。因此，光电式无触点分电器其密封性要求很高。由于发光元件工作时需要有直流电源，所以这种分电器的低压插接器中除有信号端子外，还有输入电流的电源端子。

（3）霍尔式点火信号发生器

霍尔式点火信号发生器基于霍尔效应产生电压信号。霍尔效应是由美国人霍尔发现的，其原理如图 5-14 所示。

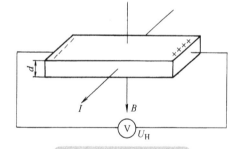

图 5-14 霍尔效应的原理

I—通过霍尔元件的电流　B—磁感应强度
U_H—霍尔电压　d—霍尔元件基片厚度

将霍尔元件（半导体基片）置于磁场中，并通入电流，电流的方向与磁场的方向互相垂直，在垂直于电流和磁场的霍尔元件的横向两侧会产生一个与电流和磁感应强度成正比的电压。这种现象称为霍尔效应，这个电压称为霍尔电压，其大小可用下式表示：

$$U_H = \frac{R_H}{d} IB$$

式中　R_H——霍尔系数（m^3/C）；

　　　d——半导体基片的厚度（m）；

　　　I——通过霍尔元件的电流（A）；

　　　B——磁感应强度（T）。

霍尔式点火信号发生器中，流过霍尔元件的电流 I 固定不变，通过磁感应强度 B 周期性地变化来产生脉动电压。霍尔式点火信号发生器的结构与工作原理如图 5-15 所示。

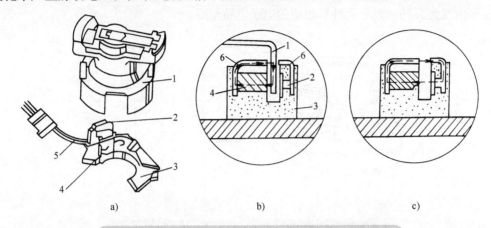

a)   b)   c)

图 5-15 霍尔效应式点火信号发生器的结构和工作原理

a）结构 b）转子叶片插入时 c）转子叶片离开时

1—导磁转子 2—霍尔集成块 3—信号触发开关 4—永久磁铁 5—导线 6—导磁板

信号触发转子是一个导磁转子，有与气缸数相同的叶片。产生信号的信号触发开关部分由霍尔集成块、导磁板及永久磁铁组成。霍尔集成块除外层的霍尔元件外，同一基层的其他部分为集成电路，用于对霍尔元件产生的微弱信号进行放大、整形及温度修正等。

接通点火开关时，就有一个定值电流通过霍尔元件。当导磁转子随分电器轴转动且导磁转子的叶片插入信号触发开关的缝隙时，以永久磁铁为磁动势的磁路经导磁叶片形成磁路（经霍尔元件的磁路被短路），霍尔元件因无磁通量而不产生霍尔电压；当导磁转子的缺口通过缝隙（叶片离开）时，磁路经空气气隙、导磁板、霍尔元件形成闭合回路，霍尔元件上有较强的磁通量而产生霍尔电压。这一脉动的霍尔电压经集成电路的整形、放大后输出与之反相、电压幅值大很多的矩形波电压脉冲，这个与发动机曲轴位置相对应的电压脉冲信号即为点火信号。

霍尔式点火信号发生器的优点是精度高、耐久性好、信号电压稳定，但其结构稍显复杂，且与光电式点火信号发生器一样，也需要电源。

阅读提示 ✔

  各类点火信号发生器产生一个与发动机曲轴位置相对应的电压脉冲，直接用于触发电子点火器工作，适时地通断点火线圈初级电流，使次级产生高压。在电子控制系统中，点火信号发生器又被称为曲轴位置传感器，用于向控制器提供发动机转速与曲轴位置电信号。

四　电子点火器

电子点火器的作用是按照点火信号发生器的信号进行工作，及时、可靠地通断点火线圈初级电流，使点火线圈次级适时地产生高压。此外，电子点火器通常还设有闭合角可控、初级回路电阻可控、停车断电保护、过电压断电保护、低速推迟点火等功能。

1. 电子点火器的基本控制原理

不同的点火信号发生器配用的电子点火器电路的结构会有较大的差别，所配置的功能也不尽相同，各功能电路的工作方式也会有所不同。现以图5-16所示的典型电子点火器电路为例，说明电子点火器点火控制的基本原理。

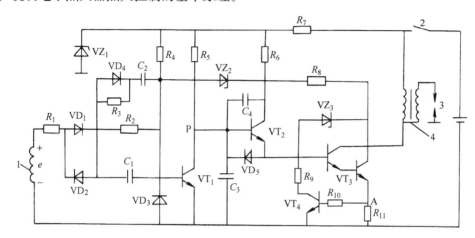

图5-16 典型电子点火器电路

1—点火信号感应线圈 2—点火开关 3—火花塞 4—点火线圈

该电子点火器电路中，VT_1 为触发管，VT_2 起放大作用，复合管 VT_3 为大功率开关晶体管，用于通断初级电流。电子点火器点火控制的原理如下：

当点火信号负脉冲输入时，信号电流流经 VD_3、R_2、VD_2、R_1，VD_3 的正向导通电压降使 VT_1 处于反向偏压而截止。VT_1 截止时，其 P 点处于高电位，使 VT_2 正向偏压而导通。VT_2 导通后又给 VT_3 提供了正向偏压，使 VT_3 导通，于是，点火线圈初级通路，初级电流逐渐增大。

当点火信号正脉冲输入时，信号电流流经 R_1、VD_1、R_2、VT_1 发射结，使得 VT_1 有正向偏压而导通，信号电流经 R_1、VD_1、R_2、VT_1 发射结形成通路。VT_1 导通后使 P 点的电位下降，致使 VT_2 失去正向偏压而截止。VT_2 截止后，VT_3 便无正向偏压而截止，使点火线圈初级断流。次级产生高压。

该电子点火器匹配磁感应式点火信号发生器，根据点火信号电压适时地控制点火线圈初级回路的通断。此外，还设有闭合角可控、发动机停机自动断电、初级电流稳定控制等功能电路。

2. 电子点火器的类型

电子点火器具体的电路组成与形式多种多样，但根据电子点火器的电子元器件与电路的结构形式只可分为分立元件式和集成电路式两种类型。

（1）分立元件电子点火器

将所需的电子元器件焊接在印制电路板上构成电子点火器电路板，通常用罩壳将电子点火器电路板封装起来。早期的电子点火电路多为分立元件电子点火器，这种电子点火器的缺点是体积相对较大，稳定性较差，故障率相对较高，现已很少采用。

（2）集成电路电子点火器

集成电路电子点火器是将大功率晶体管以外的电子电路用专门设计的集成模块代替，配以所需的外围电路组成电子点火器。这种专用的点火集成模块一般功能较全、性能良好、工作可靠性好，且体积小、价格较低，现已广泛应用。

电子点火器的安装方式大致可分为独立安装、与分电器一体安装和与点火线圈一体安装三种。

五 火花塞

火花塞的作用是将点火线圈产生的高压引入气缸燃烧室中，通过其电极电弧放电的方式产生电火花，点燃气缸中的可燃混合气。

1. 火花塞的结构与类型

（1）火花塞的结构

火花塞主要由中心电极、旁电极、壳体、绝缘体等组成，使用较为广泛的绝缘体突出型火花塞的结构如图5-17所示。

火花塞钢质壳体的内部是绝缘体，绝缘体的中心孔装有金属杆和中心电极，金属杆和中心电极之间用导体玻璃密封。铜制内垫圈起密封和导热作用，壳体的下端是弯曲的旁电极。当点火线圈产生的高压加在火花塞电极上时，电极之间形成很强的电场，并最终使电极间的气体电离，产生电弧放电，点燃气缸内的可燃混合气。

电子点火系统的火花塞电极间隙一般为0.8～1.2mm。当火花塞电极间隙过大时，跳火所需的击穿电压较高，火花塞的跳火可靠性较差，易发生断火现象，并使点火系统高压线路因承受的电压过大而出现故障。当火花塞电极间隙过小时，火花塞电极放电时的火焰核太小（图5-18b），传给可燃混合气的有效热能相对较少，而电极吸热（热传导损失）相对较多，导致有效的点火能量相对减少，使火花塞点燃可燃混合气的可靠性降低。

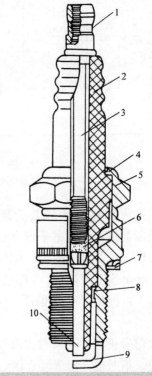

图 5-17　绝缘体突出型火花塞的结构

1—插线螺母　2—绝缘体　3—金属杆
4、8—内垫圈　5—壳体　6—导体玻璃
7—密封垫圈　9—旁电极　10—中心电极

a)　　　　　　　　b)

图 5-18　火花塞电极间隙与火花强度

a) 间隙大，火花强　b) 间隙小，火花弱

专家提醒 ✎

　　火花塞的电极间隙小，跳火可靠性增强，但火花的能量低，导致点燃率下降。适当增大火花塞的电极间隙，可有效提高火花塞的点火能量，对提高点火性能是有帮助的。但"点火电压越高越好"的说法是错误的，因为点火电压（即火花塞电极的击穿电压）高，火花塞电极跳火的可靠性会下降。

（2）火花塞的类型

　　火花塞的结构形式有多种，各种结构形式的火花塞都有其不同的特点，用以满足不同的点火性能要求，或适用不同类型的发动机。图 5-19 所示为汽车上较为常见的几种火花塞类型。

　　1）标准型：绝缘体裙部略缩入壳体下端面，这种形式的火花塞最为常见。

　　2）绝缘体突出型：绝缘体裙部突出壳体端面，其特点是抗污能力较强，又不容易引起炽热点火，因此这种火花塞的热适应能力强。

　　3）细电极型：电极较细，可降低跳火电压，同样的跳火电压则可增加电极的间隙，这种火花塞的突出特点是火花较强，有较强的点火能力。

　　4）锥座型：壳体及旋入螺纹部分呈锥形，因而不用加垫圈就可保持良好的密封性，可减小火花塞的安装体积。

　　5）多极型：旁电极有两个或两个以上，其特点是点火较为可靠，间隙不用经常调整。

　　6）沿面跳火型：与中心电极组成一对电极的是壳体下端内侧的圆突面，这种火花塞通常与电容储能式点火系统（通过储能电容储存点火能量，在电容向点火线圈初级绕组放电时次级绕组产生点火所需的高压）配合使用，其优点是可完全避免炽热点火、抗污能力强，缺点是稀混合气下的点燃率低、中心电极容易烧蚀。

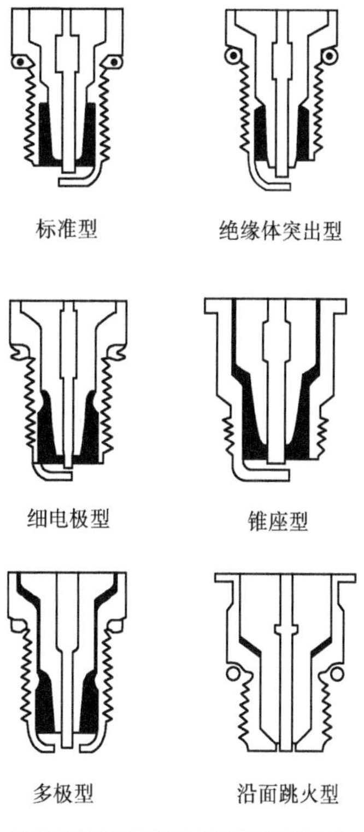

标准型　　　　绝缘体突出型

细电极型　　　　锥座型

多极型　　　　沿面跳火型

图 5-19　常见火花塞类型

　　为抑制点火系统对无线电的干扰，现代汽车上出现了电阻型和屏蔽型火花塞。电阻型火花塞是在火花塞内串联了一个 $5 \sim 10 \mathrm{k\Omega}$ 的电阻，屏蔽型火花塞则是利用金属壳体将整个火花塞屏蔽密封起来。屏蔽型火花塞还适用于需防水、防爆的场合。

2. 火花塞的热特性

　　火花塞的热特性是指其绝缘体裙部（内垫圈以下部分绝缘体）表面的温度与火花塞点火性能之间的关系。

（1）火花塞绝缘体裙部的长度与热特性

　　火花塞绝缘体裙部的长度与热特性如图 5-20 所示。火花塞绝缘体的温度取决于它的受热情况和散热条件。绝缘体裙部较长，受热面积大、吸热容易，而传热距离相对较长而散热困难，因而火花塞的裙部温度容易升高，此类火花塞称为热型火花塞（图5-20左边）。火花塞绝缘体裙部较短，其受热面积小、吸热少，而其传热距离相对较短而散热容易，因而火花塞的裙部温度不易升高，这种类型的火花塞称为"冷型"火花塞（图5-20右边）。介于热型和冷型之间的为中型火花塞。

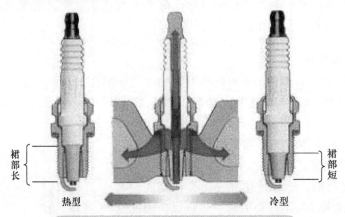

裙部长

裙部短

热型   冷型

图5-20　火花塞绝缘体裙部的长度与热特性

发动机工作时，如果火花塞绝缘体裙部的温度过低，粘上去的汽油或机油不能自行烧掉，就容易形成积炭而漏电，导致点火不良或不点火；绝缘体温度如果过高，则容易点燃周围的可燃混合气（即产生炽热点火）。

如果火花塞绝缘体上的温度保持在500～700℃，落在绝缘体上的油粒能自行烧掉，又不会引起炽热点火，这个温度称为火花塞的自洁温度。

热型火花塞适用于压缩比小、转速低、功率小的发动机，因为这些发动机的燃烧室温度较低；冷型火花塞则适用于高压缩比、高转速、大功率的发动机，因为这些发动机其燃烧室的温度较高。

专家提醒

　　燃烧室温度较低的发动机，错用了偏冷型的火花塞，火花塞就会因其绝缘体的温度过低而很容易积炭；燃烧室温度高的发动机如果错用了偏热型的火花塞，则容易使其绝缘体的温度过高而造成炽热点火，并引起发动机爆燃。

不同类型的发动机应该配用与其热特性相适应的火花塞，其目的就是在发动机工作时，使火花塞绝缘体表面保持在500～700℃的自洁温度，否则发动机就不能正常工作。

（2）火花塞热特性与热值

国产火花塞的热特性是以其绝缘体裙部长度来标定的，并分别用热值（3～9的自然数）来表示，见表5-1。

表5-1　国产火花塞的热特性

裙部长度/mm	16.5	13.5	11.5	9.5	7.5	5.5	3.5
热值	3	4	5	6	7	8	9
热特性	热←——————————————————————————→冷						

注　意

热型火花塞的热值小，而冷型火花塞的热值则大！

第二节　点火系统电路的类型与特点分析

一　磁感应式电子点火系统电路

采用磁感应式点火信号发生器的电子点火系统电路示例（东风 EQ1092 汽车电子点火系统电路）如图 5-21 所示。

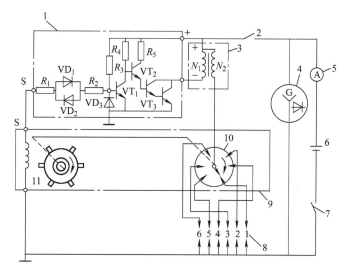

图 5-21　东风 EQ1092 汽车电子点火系统电路

1—电子点火器　2—点火开关　3—点火线圈　4—发电机　5—电流表　6—蓄电池　7—电源开关
8—火花塞　9—分电器　10—配电器　11—磁感应式点火信号发生器

1. 电路分析

（1）点火信号电路

分电器上的低压电路插接器只有信号端子，无电源端子。点火信号脉冲从分电器的信号端子输出，连接电子点火器的 S 接线柱和搭铁端。

（2）点火线圈初级回路

该电子点火系统电路点火线圈的初级回路通过电子点火器搭铁，即点火线圈初级电流的通断由电子点火器内部的大功率开关晶体管 VT_3（复合型晶体管）的导通和截止控制。

（3）电子点火器的连接端子

电子点火器有 4 个线路连接端子：

电源端子——连接点火线圈的"＋"接线柱，接通点火开关时，该端子即与车载电源相通。

输出端子——连接点火线圈的"-"接线柱,使点火线圈初级绕组与其内部的大功率开关晶体管 VT_3 串联。

信号端子——连接分电器的磁感应式点火信号发生器的信号输出端。

搭铁端子——使电子点火器与电源及与信号源均形成电路回路。

2. 电路原理

工作时,分电器轴转动,磁感应式点火信号发生器产生交变的电压信号,并输入电子点火器中,控制大功率晶体管 VT_3 适时导通和截止。

(1)点火线圈初级电流通路,储存初级点火能量

当电子点火器的信号输入端为信号电压负时,VT_1 截止、VT_2 及 VT_3 导通,点火线圈初级回路通路。此时,点火线圈储存点火能量过程,初级电流的路径为:

蓄电池 + →电流表→点火开关→点火线圈初级绕组(N_1)→电子点火器的 VT_3 →搭铁→蓄电池 - 。这时,点火线圈初级绕组的电流逐渐增大。

(2)点火线圈初级电流断路,次级产生高压

当电子点火器的信号输入端转变为信号电压正时,VT_1 导通,VT_2、VT_3 截止,点火线圈初级回路断路,点火线圈次级绕组产生很高的互感电动势,并使火花塞电极两端的电压迅速上升。当火花塞电极之间的电压上升到击穿电压时,电极间气体瞬间电离,产生电弧放电(跳火),将发动机气缸内的可燃混合气点燃。

3. 故障诊断方法

发动机常见故障现象与磁感应式电子点火系统可能的故障部件见表5-2。

表5-2 发动机常见故障现象与磁感应式电子点火系统可能的故障部位

点火系统可能的故障部位		发动机故障现象					
		发动机不能起动	起动后立即熄火	发动机怠速不稳	发动机加速不良	发动机排气管放炮	发动机爆燃
配电器	分火头烧损、漏电	○				○	
	分电器盖脏污、破损而漏电	○		○		○	
高压导线	高压导线破损漏电、松脱或断裂	○		○		○	
	高压导线插错	○		○			
点火提前调节器	真空点火提前装置不良					○	
	离心点火提前装置不良				○		○
点火线圈	初、次级绕组有断路、短路	○		○	○	○	
火花塞	火花塞积炭			○	○	○	
	火花塞电极烧损或间隙过大	○		○	○	○	
点火信号发生器	点火信号发生器有故障	○					
	点火信号发生器连接线路接触不良	○					
电子点火器	电子点火器内部电路或元件有故障	○				○	
	电子点火器接地不良	○					

（续）

点火系统可能的故障部位		发动机故障现象					
		发动机 不能起动	起动后 立即熄火	发动机 怠速不稳	发动机 加速不良	发动机排 气管放炮	发动机 爆燃
开关与线路	点火开关不良	○	○				
	点火线圈初级电路有断路、短路	○					
点火正时	基本点火提前角过小					○	
	基本点火提前角过大	○		○	○		○

（1）发动机不能起动

点火系统不点火、火花太弱等原因均有可能导致发动机不能起动。磁感应式电子点火系统电路导致发动机不能起动的可能故障部位参见表5-2，故障诊断方法如下：

1）外观检查。首先检查点火线圈和分电器上的高压导线、低压导线有无松脱等。如果有，排除故障后再起动发动机，看能否起动；如果外观检查未发现问题，则进行下一步故障诊断。

2）中央高压线试火。拔出分电器上中央高压线，插入放电器（或备用火花塞）并将放电器（火花塞）搭铁，然后接通起动开关，在转动发动机时检查放电器（火花塞）电极间的跳火情况，有三种可能的情况：火花很强、火花很弱或不跳火。

① 中央高压线试火若火花很强，说明点火系统低压电路和点火线圈等基本正常，故障在高压回路或火花塞，进行高压分线试火（第3）步），以找到故障确切部位。

② 中央高压线试火若火花很弱，则可能是电子点火器、点火线圈等部件有故障或低压线路连接不良，可按步骤4）做进一步的诊断。

③ 中央高压线试火若无火花，则可能是点火信号发生器及信号线路、电子点火器、点火线圈存在断路或短路，点火开关和点火线圈低压线路有接触不良处等，可按步骤5）做进一步故障诊断。

3）高压分线试火。插回中央高压线，拔出火花塞上的高压分线试火（与中央高压线试火方法相同）。如果此时不跳火或火花很弱，则说明分电器盖、分火头或高压分线漏电或断路，需检修这些部件；如果火花仍然很强，则需拆检火花塞，如果火花塞均良好，则应检查油路、点火正时及其他可能导致发动机不能起动的可能性。

4）用导线将点火线圈"－"接线柱瞬间搭铁做中央高压线跳火试验，看跳火是否变强。如果火花变强，需检查或更换电子点火器；如果火花仍然弱，则需检查或更换点火线圈。

5）用导线将点火线圈"－"接线柱瞬间搭铁，看是否跳火。如果跳火，需检修信号发生器、电子点火器及其连接线路。如果仍不跳火，则要注意观察在瞬间搭铁刮碰时有无火花，若刮碰时无火花，则应检查点火系统低压回路有无断路、点火线圈初级绕组是否有断路；若刮碰时有火花，则要检查点火线圈次级绕组是否有断路或短路故障、中央高压线有无断路等。

（2）发动机怠速不稳定

磁感应式电子点火系统电路造成发动机怠速不稳定的可能故障部位参见表5-2。故障诊断方法如下：

153

1）检查发动机各缸工作情况。在发动机怠速运转时，采用逐缸断火法（将被测缸高压分线短路而使该缸断火），观察发动机的运转情况。如果发动机转速无变化或变化不明显，则说明该缸不工作或工作不良，按步骤3）做进一步的故障诊断；如果发动机转速明显下降，则说明该缸工作基本正常；再依次检查其他各缸，若各缸断火时发动机转速均有下降，则进行下一步故障诊断。

2）高压分线试火。拔出高压分线做跳火试验，看火花是否强。如果火花强，则需检查和调整点火正时，若点火正时正确或调整点火正时后发动机的怠速仍然不稳，则需检查或调整油路；如果火花弱，则应检查点火线圈、分火头等。

3）高压分线试火。拔出该缸高压分线做跳火试验，看是否跳火。如果不跳火，则需检查分电器盖、高压分线；如果跳火，则需检修或更换火花塞。

 二 霍尔式电子点火系统电路

采用霍尔式点火信号发生器的电子点火系统电路示例（奥迪、桑塔纳等轿车电子点火系统电路）如图 5-22 所示。

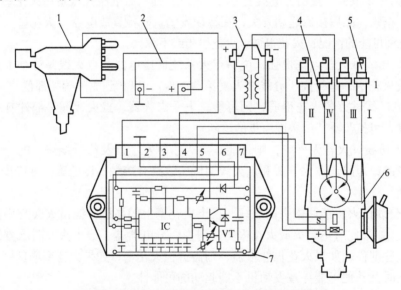

图 5-22 奥迪、桑塔纳等轿车电子点火系统电路

1—点火开关 2—蓄电池 3—点火线圈 4—高压分线 5—火花塞 6—分电器 7—电子点火器

1. 电路特点

（1）点火信号电路

分电器上有 " + " " S " " – " 3 个端子，" + " 和 " – " 为电源端子，" S " 和 " – " 为信号端子，信号发生器的电源由电子点火器的 5 号和 3 号端子提供。

（2）点火线圈初级绕组电路

该电子点火电路其点火线圈的初级回路通过电子点火器搭铁，即点火线圈初级电流的通断由电子点火器内部的大功率开关晶体管 VT 的导通和截止控制。

（3）电子点火器的连接端子

电子点火器由集成电路、大功率开关晶体管及相应的电路构成，电子点火器的 7 个线路连接端子分别为：

1 号端子——电子点火器的输出端子，连接点火线圈"-"接线柱，其内部经大功率晶体管 VT 后通过 2 号端子搭铁。

2 号端子——电子点火器的搭铁端子，当电子点火器内部晶体管 VT 导通时，点火线圈初级绕组通过 2 号端子搭铁。

3 号、5 号端子——电子点火器向霍尔式点火信号发生器提供电源的电源端子，工作时向点火信号发生器提供 10V 左右的稳定电压；3 号端子同时也是霍尔式点火信号发生器信号电压的负极端子。

4 号端子——电子点火器的电源端子，连接点火线圈的"+"接线柱，在点火开关接通时通电。

6 号端子——霍尔式点火信号发生器向电子点火器输出信号的信号电压（正极）端子。

7 号端子——该电子点火系统电路 7 号端子未使用。

2. 电路原理

接通点火开关后，电子点火器内部电子电路通过 4 号、2 号端子接通电源，并通过 5 号、3 号端子向霍尔式点火信号发生器输出 10V 电压。当分电器轴转动时，分电器中霍尔式点火信号发生器所产生的脉冲电压信号（0.4~10V 之间跃变）通过 6 号、3 号端子输入电子点火器的 IC，控制晶体管 VT 的导通和截止，使点火线圈初级绕组适时地通断，点火线圈次级产生高压。

该电子点火电路初级电流的路径为：蓄电池 +→点火开关→点火线圈初级绕组→电子点火器 1 号端子→电子点火器内 VT→电子点火器 2 号端子→搭铁。

3. 故障诊断方法

霍尔式电子点火系统电路的故障诊断方法见表 5-2，故障诊断可按磁感应式电子点火系统电路的故障诊断方法进行；也可在接通点火开关时，通过检测点火线圈低压接线柱及电子点火器各端子电压的方法查寻故障部件。图 5-22 所示的霍尔式电子点火系统电路的故障诊断方法见表 5-3。

表 5-3　霍尔式电子点火系统电路的故障诊断方法（接通点火开关时检测）

检测顺序	检测端子	检测方法	正常情况/检测结果	故障判断
1	点火线圈低压接线柱	测量点火线圈两低压接线柱"+""-"对地电压	蓄电池电压/点火线圈"+"接线柱无蓄电池电压	点火线圈"+"接线柱至点火开关及点火开关至起动机电源接线柱之间的线路有断路故障
			蓄电池电压/只是"-"接线柱无蓄电池电压	点火线圈初级绕组断路、电子点火器有故障
2	电子点火器 4 号端子	测量 4 号端子对地电压	蓄电池电压/无蓄电池电压	4 号端子与点火线圈之间的线路连接有断路故障
3	电子点火器 2 号、3 号端子	测量 2 号、3 号端子与搭铁之间电压	低于 0.5V/电压偏高	电子点火器的搭铁不良

（续）

检测顺序	检测端子	检测方法	正常情况/检测结果	故障判断
4	电子点火器 5 号端子	测量 5 号端子与搭铁之间的电压	约 10V/电压低或无	电子点火器有故障
5	电子点火器 6 号端子	慢慢转动分电器，测量 6 号、3 号端子之间的电压	在 0.4 ~ 9V 之间跃变/无电压或电压无变化	电子点火器与分电器之间的线路有断路或点火信号发生器不良
6	电子点火器 1 号端子	6 号端子 0 ~ 0.4V 电压时，测量 1 号端子与搭铁之间的电压	蓄电池电压/无蓄电池电压（点火线圈 "－" 接线柱电压正常）	电子点火器 1 号端子与点火线圈之间的连接线路有断路故障
		6 号端子有约 9V 电压时，测量 1 号端子与搭铁之间的电压	接近 0V/电压仍为蓄电池电压或电压较高	电子点火器有故障

第三节　点火系统电路部件的检修

一　点火线圈的检修

1. 点火线圈的故障检修

（1）点火线圈的常见故障

点火线圈常见的故障如下：

1）初级绕组或次级绕组断路、短路、搭铁，造成最高次级电压下降或不产生次级电压。

2）绝缘盖破裂漏电而使最高次级电压下降或不产生次级电压。

（2）点火线圈的检修方法

点火线圈的检修方法如下：

1）直观检查。查看点火线圈的绝缘盖有无脏污破裂，接线柱是否松动锈蚀。如果有脏污锈蚀，清洁后再做进一步检查；如果绝缘盖有破损，则应更换点火线圈。

2）检查点火线圈初、次级绕组。用万用表的电阻档测量点火线圈低压接线柱之间的电阻、高压接线柱（插孔）与低压接线柱＋之间的电阻（图 5-23），并与该型点火线圈的标准值比较：如果电阻过小或为无穷大，则说明点火线圈内部的绕组存在短路或断路，需更换点火线圈。

3）检查点火线圈绕组的绝缘性。用万用表的电阻档测量点火线圈任意一个接线柱与外壳之间的电阻，其值应不小于 50MΩ，否则说明点火线圈绝缘不良，应更换点火线圈。

2. 点火线圈的性能检测

点火线圈的性能检测需要用专用的电器试验台，检测方法：将点火线圈的高压接于一个可调间隙的三针放电器，测定跳过规定间隙时的分电器转速是否达到要求。跳过规定间隙时

图5-23　点火线圈初、次级绕组的检测

a）初级绕组电阻测量　b）次级绕组电阻测量

的最高转速低，或在规定的转速下能够不间断跳火的间隙小，都说明点火线圈性能不良，应更换点火线圈。

二　分电器总成的检修

1. 配电器的检修

（1）配电器的常见故障

配电器要承受点火高压，其常见的故障如下：

1）分电器盖脏污、破损漏电，造成火花减弱或不点火等。

2）分电器中央插孔内接触电刷弹簧失效或电刷卡住，使接触电刷不能与分火头导电片接触，此处增加的间隙，会造成点火电压升高和点火能量损失，使点火的可靠性下降。

3）分火头绝缘部分有裂纹、脏污而漏电，使点火线圈的点火能量通过其漏电而损失或使点火线圈的高压不能送入各缸火花塞，造成火花减弱或不点火。

（2）配电器的检修方法

配电器的检修方法如下：

1）分电器盖的外观检查。直观检查分电器盖内外表面是否脏污、有无裂纹、炭迹和磨损等（图5-24）。如果分电器盖有脏污，应予以清洁；如果分电器盖能看到裂纹，则需更换分电器盖。

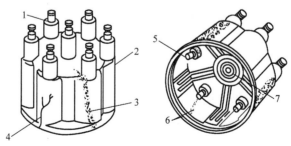

图5-24　直观检查分电器盖

1—破裂　2—分电器盖　3、6—炭迹　4—裂纹　5—烧蚀　7—磨损

2）检查分电器盖绝缘性能。用万用表电阻档（$R \times 10k\Omega$）测量分电器盖各插孔之间的电阻（图5-25），以检验分电器盖的绝缘性能，其电阻应在 $50M\Omega$ 以上。

3）检查接触电刷。用手按压接触电刷，检查分电器中央插孔内的接触电刷有无弹性、是否卡住，检查电刷是否有缺损或太短。

4）检查分火头。目视检查分火头有无裂纹、导电片头有无烧损、分火头套在凸轮上端是否松旷等。分火头的细小裂纹肉眼难以发现，需用万用表通过测量其绝缘电阻来进一步检查（图5-26）。也可用高压跳火的方法来检查其漏电与否，方法如图5-27所示，如果可以看到高压线端跳火，则说明分火头已漏电，需要更换分火头。

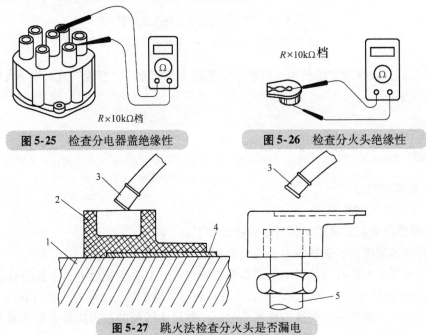

图5-25 检查分电器盖绝缘性　　**图5-26** 检查分火头绝缘性

图5-27 跳火法检查分火头是否漏电

1—缸体（搭铁）　2—分火头　3—中央高压线　4—分火头导电片　5—螺栓（搭铁）

2. 真空点火提前调节器的检修

（1）真空点火提前调节器的常见故障

真空点火提前调节器可能出现的故障如下：

1）弹簧失效，使点火提前角调节过大，发动机易产生爆燃。

2）内部膜片破裂漏气，使点火提前角调节过小或真空点火提前调节器不起作用。

3）分电器内的点火提前机构卡滞，使点火提前角调节过小或真空点火提前调节器不起作用。

（2）真空点火提前调节器的检修方法

真空点火提前调节器的检修方法如下：

1）检查真空点火提前调节器弹簧。固定真空点火提前调节器壳体，用手拨动信号触发开关，应感到有阻力，手放松后开关能迅速回位；否则，说明真空点火提前调节器弹簧失效，需更换分电器总成。

2）检查真空点火提前调节器膜片。在真空点火提前调节器的真空管接口处吹气或吸气，检查真空点火提前调节器内部膜片有无漏气，若有漏气，则需更换分电器总成。

3. 离心点火提前调节器的检修

（1）离心点火提前调节器的常见故障

离心点火提前调节器可能出现的故障如下：

1）弹簧失效，导致离心点火提前调节过大。

2）拨板槽与离心重块上销钉磨损而松旷，使点火提前角变化偏小。

3）拨板与销钉卡死而使离心点火提前调节器不起作用。

（2）离心点火提前调节器的检修方法

离心点火提前调节器的检修方法如下：

1）检查离心装置是否正常。固定分电器轴，用手转动信号触发转子，应感到有阻力，手放松后转子应迅速回位。手转动时感觉很松或很紧都为不正常，需解体后做进一步的检查。

2）拆开检查。打开底板，查看离心点火提前调节器有无锈死，弹簧有无断脱。若有，则予以修理或更换。

3）检查离心装置的弹簧拉力。用弹簧秤测量弹簧的拉力，将弹簧拉长至一定的长度，测量其张力是否符合规定。如果不符，需予以更换。

4. 点火信号发生器的检修

（1）磁感应式点火信号发生器的常见故障与检修方法

磁感应式点火信号发生器的常见故障有：信号感应线圈短路或断路、导磁转子轴磨损偏摆或定子（感应线圈与导磁铁心组件）移动而使转子与铁心之间的气隙不当，造成信号过弱或无信号输出而不能触发电子点火器工作。

磁感应式点火信号发生器的故障检修方法如下：

1）用塞尺（又称厚薄规）检查导磁转子与铁心之间的气隙（图 5-28），一般车型的气隙为 0.2~0.4mm。若气隙过大或过小，可将紧固螺钉 A 松开后，通过调整螺钉 B 做适当的调整（图 5-29），然后再拧紧紧固螺钉 A。

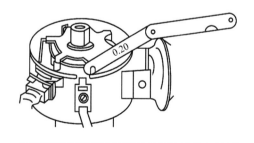

图 5-28　检查导磁转子与铁心之间的气隙

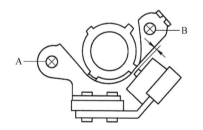

图 5-29　调整导磁转子与铁心之间的气隙

A—紧固螺钉　B—调整螺钉

专家提醒 ✐

　　许多分电器磁转子与铁心之间的气隙是不可调的，若气隙不合适则只能更换分电器总成。

2）检查感应线圈的电阻。用万用表电阻档测量分电器信号输出端（感应线圈）的电阻，若与规定值不符，则需更换点火信号发生器或分电器总成。部分车型/型号磁感应式点火信号发生器感应线圈的电阻参数见表5-4。

表5-4 部分车型/型号磁感应式点火信号发生器感应线圈的电阻参数

车型/型号	线圈电阻/Ω	车型/型号	线圈电阻/Ω	车型/型号	线圈电阻/Ω
丰田	140～180	本田	600～800	切诺基	400～800
日产	140～180	克莱斯勒	920～1120	CA1091	600～800
三菱	500～700	富康	385	JFD667分电器	500～600

（2）光电式点火信号发生器的常见故障与检修方法

光电式点火信号发生器的常见故障有发光元件或光电元件脏污或损坏、内部电路断路或接触不良，造成点火信号发生器信号过弱或无信号产生。

光电式点火信号发生器的故障检修方法如下：

1）外观检查。打开分电器盖，检查发光元件、光电元件表面是否脏污、线路连接是否良好。

2）检测信号电压。将分电器线路插接器的电源端子之间加12V电压，然后慢慢转动分电器轴，用万用表的直流电压档测量插接器的信号输出端子的电压：如果电压在0～1V之间摆动（不同的车型，电压摆动幅度可能不同），则说明信号发生良好；否则，需更换分电器。

（3）霍尔式点火信号发生器的常见故障与检修方法

霍尔式点火信号发生器的常见故障有内部集成块烧坏、线路断脱或接触不良等，造成点火信号发生器信号过弱或无信号输出。

霍尔式点火信号发生器的故障检修方法如下：

将分电器插接器电源端子接上电源后，转动分电器轴，测其信号输出端的直流电压，电压应在某一范围摆动。比如桑塔纳轿车的点火信号发生器，当转子叶片插入缝隙时电压为9V，而在叶片离开时则为0.4V左右。

 三 电子点火器的检修

1. 电子点火器的常见故障

因为内部电子元器件的短路、断路、漏电等，造成电子点火器的常见故障如下：

1）功率晶体管不能导通，使点火线圈初级不能通路而不点火。

2）功率晶体管不能截止，使点火线圈初级不能断路而不点火。

3）功率晶体管不能工作在开关状态，即不能饱和导通和完全截止，使点火线圈初级电流减小或断流不彻底，造成火花减弱或不能点火。

2. 电子点火器的故障检修方法

（1）模拟点火信号法检查

与磁感应式点火信号发生器相配的电子点火器，可用一节1.5V的干电池来模拟点火信号电压。将干电池分别正接和反接于电子点火器的信号输入端，同时测量点火线圈"－"

接线柱对地电压，如图5-30所示。根据两次测得的电压值来判断其好坏。正常情况应该是一次是0（或＜2V），另一次为蓄电池电压。下述情况则表明电子点火器存在故障：

1）两次测得的电压值均高（12V左右），则说明电子点火器存在不能导通的故障。

2）两次测得的电压值均低，则说明电子点火器存在不能截止的故障。

3）如果两次测得的电压值都是在2～12V之间，则说明电子点火器存在不能饱和导通和完全截止的故障。

（2）高压试火法检查

在已确定点火信号发生器、点火线圈均良好的情况下，还可用高压试火法来检验点火器是否良好。高压试火法如下几种检查方式：

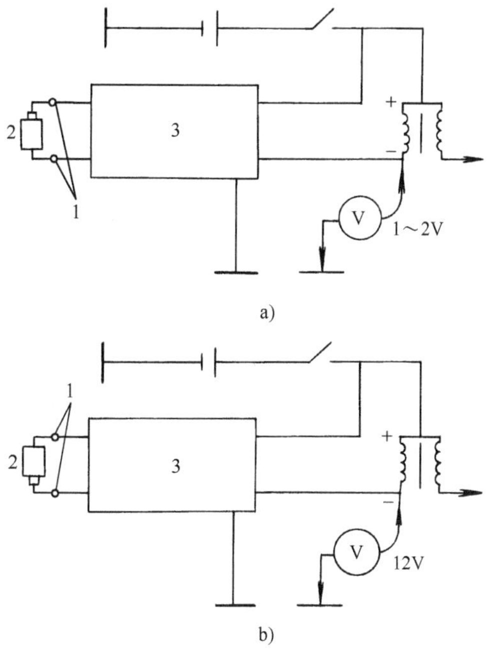

1）将分电器中央高压线拔出，使高压线端距离发动机缸体5mm左右，或将高压线端插入放电器（或备用火花塞）并使其搭铁，起动发动机，看是否跳火：如果跳火且火花强，则说明电子点火器良好；否则，说明电子点火器存在故障。

图5-30 模拟点火信号法检查电子点火器

a）正接（使初级通路）检查情况

b）反接（使初级断路）检查情况

1—信号输入端 2—1.5V 干电池 3—电子点火器

2）如果是磁感应式点火信号发生器，可打开分电器盖，用旋具将导磁转子与铁心瞬间短路，看高压线端（或放电器）是否跳火（图5-31）：如果跳火，说明电子点火器良好。

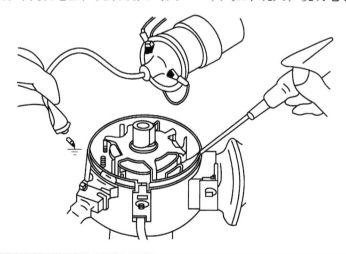

图5-31 跳火试验法检查电子点火器（磁感应式点火信号发生器）

3）如为光电式或霍尔式点火信号发生器，则可在拆下分电器后，通过检查转动分电器轴时高压线端的跳火情况，来判断电子点火器是否良好。

（3）替换法

用一个确认无故障的电子点火器替代被测电子点火器，如果故障消除，则说明原电子点火器已损坏，需要更换。

 四 火花塞的检修

1. 火花塞的常见故障

火花塞在高温、高压下工作，并且还要承受燃油中化学添加剂的腐蚀，工作环境极为恶劣，因此其故障率较高。火花塞的常见故障如下：

1）火花塞烧损，如火花塞绝缘体起皱、破裂，电极烧蚀、熔化等，使火花塞击穿电压升高，从而导致发动机缺火或不能工作。

2）火花塞有沉积物，火花塞的沉积物有积炭、积油、积灰等，使火花塞漏电或击穿电压升高，从而导致发动机缺火或不能工作。

3）火花塞间隙过大或过小，使点火性能下降或断火。

2. 火花塞的检修

（1）火花塞的直观检查

查看火花塞的电极和绝缘体外观，正常工作的火花塞绝缘体裙部呈浅棕色到灰白色（图5-32）。轻微的积炭和电极烧蚀属正常现象，必要时，清洁、锉平已烧蚀的表面并检查和调整好间隙后可继续使用。

图5-32 正常火花塞的外貌特征

如果直观检查发现火花塞异常，可根据火花塞异常的外貌特征，分析故障原因并予以解决，这样，不仅并可使发动机的工作恢复正常，还可避免类似的故障再次发生。常见故障火花塞的外貌特征如图5-33所示，表5-5列出了火花塞常见故障及处理措施。

图5-33 常见故障火花塞的外貌特征

表 5-5 火花塞常见故障及处理措施

火花塞故障状态	可能的故障原因	故障处理措施
电极短路	电极表面因机油或炭等沉积物太多而短路	沉积物不多时可清除沉积物后再用，沉积物太多则更换火花塞
绝缘体呈白色，电极熔化	燃烧室积炭过多、排气不畅、冷却系统不良等引起燃烧室的温度过高，火花塞未拧紧而导致火花塞电极散热困难	更换火花塞，检查并排除引起火花塞电极温度过高的原因
绝缘体顶端起皱疤，电极烧损	火花塞的热值过低引起早燃或点火时间过早、冷却系统不良引起早燃	更换火花塞，并检查冷却系、点火提前角
绝缘体顶端破裂	点火时间过早、燃烧室温度过高、可燃混合气过稀导致发动机爆燃	更换火花塞，检查并排除可能导致发动机爆燃的原因
积炭	火花塞的热值过大、可燃混合气过浓、缸壁间隙过大、空气滤清器堵塞、点火系统性能不良、点火时间过迟等	积炭不严重时，清除积炭后可继续使用；积炭严重时则更换火花塞，检查并排除产生积炭的原因
积油	气缸壁间隙过大或气门导管处间隙过大而窜机油、曲轴箱通风堵塞或机油过多而窜机油	清除积油后可继续使用，但若积油情况依旧，则需检修发动机
积灰	汽油中含有添加剂	清除积灰、检查并调整电极间隙后可继续使用
绝缘体油亮积层	可燃混合气燃烧产生的沉渣来不及排出，熔化在高温的火花塞绝缘体表面	更换火花塞，若故障依旧，应更换热值低一些的火花塞

（2）检查、调整火花塞电极间隙

用圆形塞尺检查火花塞电极间隙，其值应符合规定，电子点火系统的火花塞电极间隙一般为 0.7~0.9mm，有的汽车其火花塞电极间隙达到 1.2 mm。测量时，用规定厚度的塞尺插入火花塞电极间隙，若稍有阻力即为适当，否则需用专用工具通过弯曲火花塞旁电极来调整间隙（图 5-34）。

图 5-34 专用工具调整火花塞电极间隙

第六章
› Chapter 6

汽车照明系统电路的构成与特点分析

第一节　照明系统电路部件的结构原理

汽车照明系统由各种照明灯具、相应的控制开关、线路及熔断器等组成，用于夜间行车的道路照明、车内照明以及其他特殊照明。

阅读提示 ✔

汽车夜间行车对道路照明的要求很高，不仅要求照明距离足够远、路面和路缘都有均匀明亮的照明，且不会对迎面来车的驾驶人造成眩目。因此，对前照灯有特殊的要求，其结构也相对复杂。

 前照灯结构

1. 前照灯的光学组件

前照灯的光学组件由灯泡、反光镜和配光镜三部分组成。

（1）灯泡

灯泡是前照灯的光源，主要由泡壳和灯丝组成。到目前为止，在汽车上大量使用的还是充气灯泡和卤钨灯泡，其结构如图6-1所示。有些全封闭式汽车前照灯没有泡壳，这些前照灯是将灯丝直接焊在反射镜底座上。

1）充气灯泡。充气灯泡用钨丝作灯丝，灯泡内充以氩气和氮气组成的混合惰性气体，充气的目的是在工作时通过这些惰性气体受热膨胀后，使泡壳内产生较高的压力，以减少钨灯丝的蒸发，延长灯泡的使用寿命，并且还可提高灯丝的温度，增加发光效率。

2）卤钨灯泡。卤钨灯泡也是一种充气灯泡，只不过充入的气体中渗有某种卤族元素（如碘、溴、氯、氟等）化合物。这种灯泡在工作时，其内部会形成卤钨再生循环反应，使灯丝上蒸发了的钨回又到灯丝上，可避免灯丝上蒸发的钨沉积在泡壳上而使灯泡发黑，并进

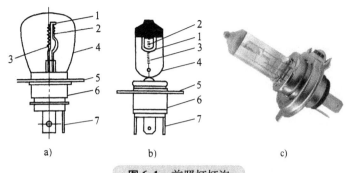

图6-1 前照灯灯泡

a）充气灯泡 b）卤钨灯泡 c）卤钨灯泡外形

1—配光屏 2—近光灯丝 3—远光灯丝 4—泡壳 5—定焦盘 6—灯头 7—插片

一步延长了灯泡的使用寿命。

（2）反射镜

反射镜的作用是使灯泡的光线聚合并导向前方，将灯泡的亮度增强至几百倍甚至上千倍，以增加照明距离。反射镜的结构及反射原理如图6-2所示。

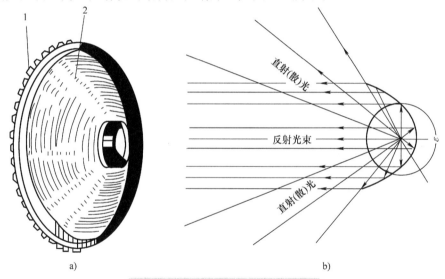

图6-2 反射镜的结构及反射原理

a）半封闭式前照灯反射镜 b）反射镜的反射原理

1—边齿 2—反射镜的反射镜面

反射镜的表面呈旋转抛物面，反光面镀银、铝或镍等。经反射镜反射的光线大部分为平行光线，用于照亮前方道路，少量的散射光线中，朝上的完全无用，朝下的散射光线则有助于照亮近距离路面和路缘。

（3）配光镜

配光镜也被称为散光玻璃，其作用是将反射镜反射出的光束进行折射和散射，以扩大光照的范围，使前照灯100m以内的路面和路缘有均匀明亮的照明。配光镜的外表面平滑，内侧则是凸透镜和棱镜的组合体。配光镜的结构与原理如图6-3所示，作用如图6-4所示。

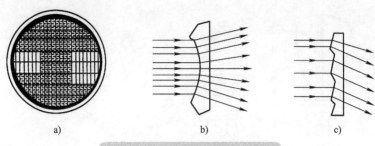

图 6-3 配光镜的结构与原理

a）配光镜结构 b）水平部分（散射） c）垂直部分（折射）

2. 前照灯的结构与类型

前照灯主要由光学组件及灯壳等组成，其结构形式有可拆式、半封闭式和全封闭式等几种。

（1）可拆式前照灯

可拆式前照灯的组件均可解体，其密封性差，反射镜容易受湿气、灰尘的污染而导致其反射能力下降，因而这种前照灯已被淘汰。

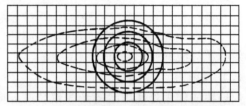

- - - - 带散光玻璃的前照灯光束分布曲线
—— 无散光玻璃的前照灯光束分布曲线

图 6-4 配光镜的作用

（2）半封闭式前照灯

半封闭式前照灯的结构如图 6-5 所示，其配光镜靠卷曲在反射镜边缘上的"牙齿"紧固在反射镜上，并用橡胶圈密封，再用螺钉固定。灯泡从反射镜的后面装入，因此更换灯泡不必拆开配光镜。半封闭式前照灯在现代汽车上还有少量使用。

（3）全封闭式前照灯

全封闭式前照灯将配光镜和反光镜制成一个整体，灯丝直接焊在反射镜底座上，圆形全封闭式前照灯的结构如图 6-6 所示。全封闭的结构可避免反射镜受湿气和灰尘等污染，反光

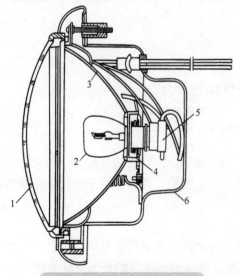

图 6-5 半封闭式前照灯的结构

1—配光镜 2—灯泡 3—反射镜
4—插座 5—接线盒 6—灯壳

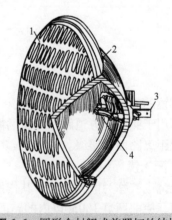

图 6-6 圆形全封闭式前照灯的结构

1—配光镜 2—反射镜 3—插片 4—灯丝

镜可保持高的反光效率，延长了前照灯的使用寿命，因此全封闭式前照灯在汽车上的使用日渐广泛。

3. 前照灯的防眩目

> 眩目是指人眼突然受到强光照射时，由于视觉神经受刺激而失去对眼睛的控制，本能地闭上眼睛或看不清暗处物体的生理现象。夜间行车在会车时，驾驶人眩目是极其危险的，因此前照灯必须要有防眩目的措施。

夜间行车时，如果前照灯光线照射到对方汽车驾驶人的眼睛，就会使驾驶人因强光直射而眩目，这时，由于驾驶人看不清前方道路情况，极易引发交通事故。为此，汽车前照灯均有防眩目功能。

汽车上采用具有远光灯丝和近光灯丝的双丝灯泡来避免前照灯造成的眩目，即：在无迎面来车时采用远光灯，使前照灯照射距离较远，以满足高速行驶的道路照明需要；在会车时则采用照射距离较近但不会产生眩光的近光灯。

（1）普通双丝灯泡

普通双丝灯泡的工作情况如图6-7所示。双丝灯泡中的远光灯丝位于反光镜旋转抛物面的焦点处，并与光轴平行，其光线由反射镜反射后与光轴平行射向远方，因而可获得较远的照射距离和较小的散射光束；近光灯丝位于焦点的前上方，其光线经反射镜反射的主光束倾向于路面，从而避免了光线直射迎面来车驾驶人的眼睛。

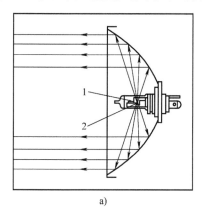 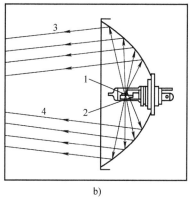

a)　　　　　　　　　　b)

图6-7 普通双丝灯泡的工作情况

a）远光灯光束 b）近光灯光束

1—近光灯丝位置 2—远光灯丝位置 3—近光灯向下光线 4—近光灯向上反射光线

（2）具有配光屏的双丝灯泡

普通双丝灯泡的近光灯丝工作时会有一部分光线偏上照射（图6-7b），因而其防眩目的效果并非最佳。将近光灯丝置于焦点前上方的位置，并在下方装一个配光屏，将近光灯丝射向反射镜下半部的光线挡住（图6-8a），以消除向上的反射光线。这种设有配光屏的双丝灯泡具有更好的防眩目效果。

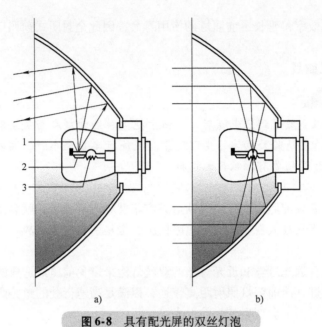

a)　　　　　　　　　　　　　b)

图 6-8　具有配光屏的双丝灯泡

a）近光灯光束　b）远光灯光束

1—近光灯丝　2—配光屏　3—远光灯丝

　　将配光屏单边倾斜15°，可使近光灯既有良好的防眩目效果，又有较远的照明距离。这种形式的配光屏可使近光灯发出的光线形成 L 形非对称近光光形（图 6-9b）。这种配光符合联合国经济委员会制定的 ECE 标准，被称为 ECE 形配光，是一种较为理想的光形，我国已采用这种配光形式。近年来，在国外出现了另一种被称为 Z 形配光的非对称光形（图 6-9c），它不仅可以避免迎面汽车驾驶人眩目，还可以对车辆右边的行人和非机动车辆使用人员有防眩目的作用。

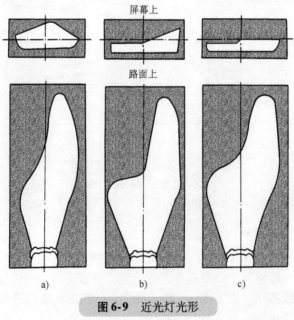

a)　　　　　　　　b)　　　　　　　　c)

图 6-9　近光灯光形

a）对称光形　b）L 形非对称光形　c）Z 形非对称光形

二 新型前照灯

1. 氙气前照灯

（1）氙气前照灯的结构

氙气前照灯又称 HID（High Intensity Discharge）气体放电灯，是近些年在汽车上出现的一种新型前照灯。氙气前照灯的光源部分主要由灯头、电子镇流器（也称稳压器）和相应的辅件组成，如图 6-10 所示。

氙气前照灯在其石英泡壳内充有高压惰性气体——氙气（Xenon），氙气前照灯的灯头是两个电极，没有灯丝，依靠电极间的电弧放电发光。在两电极上涂有汞和含碳化合物，在电极两端施以高压，电极间的氙气电离，通过电弧放电发光。

电子镇流器由电子控制电路和功率放大电路组成，其作用是将蓄电池

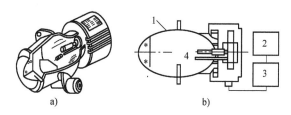

图 6-10 氙气前照灯

a）氙气前照灯灯泡外形 b）氙气前照灯原理
1—泡壳 2—电子控制电路 3—功率放大电路 4—电极

或发电机的直流电进行升压及功率放大，以达到电极发光所需的电源电压。

（2）氙气前照灯的工作原理

接通前照灯开关后，前照灯通电工作，电子控制电路对直流电源输入的电流进行转换、控制、保护、升压、变频等处理，产生一个瞬间 23000V 左右的高压电，使灯头电极之间的气体电离而产生电弧放电。此后，电子镇流器输出 35V 左右的交流电压，以维持灯头电极的电弧放电，使灯头持续发光。

（3）氙气前照灯的特点

与普通的卤钨灯泡相比，氙气灯泡具有如下特点：

1）亮度高。氙气灯泡通过电极的电弧放电发出超强的电弧光，亮度是传统卤钨灯泡的 3 倍，对提升夜间及雾中驾驶视线清晰度有明显的效果。

2）节能。氙气前照灯工作时所需的电流仅为 3.5A，电能转化为光能的效率也比卤钨灯泡提高了 70% 以上，电能消耗则只是卤钨灯泡 2/3。

3）光色好。氙气灯泡发出的光色温从 3000K 到 12000K，其中 6000K 的色温与太阳光相似，但含较多的绿色和蓝色成分，因此呈现蓝白色光。这种蓝白色光大幅提高了道路标志和指示牌的亮度。

4）寿命长。由于氙气灯泡没有灯丝，不存在灯丝烧断而报废的问题，使用寿命比卤钨灯泡长得多（是卤钨灯泡寿命的 10 倍）。

2. LED 前照灯

（1）LED 前照灯的组成原理

LED（Light Emitting Diode，发光二极管）是一种固态的半导体器件，它可以直接把电转化为光。LED 前照灯是一种由多个 LED 组装在一起形成的前照灯光源，LED 灯泡和 LED 前照灯的外形如图 6-11 所示。

（2）LED 前照灯的特点

LED 是冷光源，与白炽灯、荧光灯相比，其节电效率可以达到 50% 以上。在同样亮度下，耗电量仅为普通白炽灯的 1/10，荧光灯管的 1/2。LED 灯泡在人们的日常生活和生产中应用已较为普遍，作为汽车前照灯的光源，也必将得到广泛应用。

图 6-11　LED 灯泡和 LED 前照灯外形

a）LED 灯泡　b）LED 前照灯外形

 前照灯电路的自动控制功能

典型的前照灯电路的自动控制包括车灯开关未关警告、前照灯延时关灯、自动变光及自适应等控制功能。

1. 车灯开关未关警告电路

（1）电路的作用

在照明系统电路中设置车灯开关未关警告电路的汽车较多，其作用是在关闭点火开关时，如果车灯开关未关，则通过控制警告灯亮起和蜂鸣器鸣响的方式发出警告，以提醒驾驶人不要忘记关闭车灯开关。

（2）电路特点分析

不同车型的车灯开关未关警告电路的具体的电路结构可能有所差别，但基本电路原理相似。现以图 6-12 所示的典型车灯开关未关警告电路为例，分析车灯开关未关警告电路的特点。

1）蜂鸣器电路。蜂鸣器电路串联了一个晶体管 VT，即该电路由晶体管 VT 控制车灯开关未关警告蜂鸣器工作。

2）VT 控制电路。VT 为 PNP 型晶体管，在车灯开关接通（前照灯或示廓灯）时，VT 的发射极通过 VD_1 或 VD_2 连接汽车电源，而 VT 的基极通过偏置电阻 R_1 连接点火开关。因此，在点火开关接通时，VT 的基极和发射极是等电位的，故而 VT 保持在截止状态。

（3）电路工作原理

当驾驶人关闭点火开关时，晶体管 VT 的基极电位就会迅速下降，如果此时车灯开关未关，VT 的发射极即为蓄电池电压，于是 VT 的发射极和基极之间就有了正向导通电压，VT 立刻饱和导通，使蜂鸣器电路通电工作，用以提醒驾驶人关掉车灯开关。

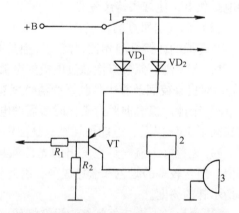

图 6-12　典型车灯开关未关警告控制电路

1—灯开关　2—蜂鸣器控制器　3—蜂鸣器

2. 前照灯延时关灯控制电路

（1）电路的作用

前照灯延时控制电路的作用是在夜间停车时，驾驶人在关闭点火开关和车灯开关后，前照灯仍然能继续亮一段时间，然后自动熄灭，用以给驾驶人提供一段时间的照明。

（2）电路特点分析

现以如图6-13所示的典型前照灯延时控制电路为例，分析该电路的特点。

1）前照灯延时继电器触点电路。前照灯延时继电器触点常开，串联在前照灯电路中，与前照灯开关为并联关系（图中未画出）。

2）前照灯延时继电器线圈电路。前照灯延时继电器线圈电路的通断由晶体管 VT 控制。

3）VT 输入电路。电阻 R 和电容 C 组成延时电路，可控制 VT 延时截止；延时电路通过机油压力开关搭铁，可使该控制电路只是在发动机熄火（停车）时起作用。

（3）电路工作原理

当发动机熄火时，机油压力开关闭合，前照灯延时关灯控制电路的搭铁电路被接通。如果需要前照灯延时关灯，驾驶人只需在离车前按一下仪表板上的前照灯延时按钮，电源就开始对电容 C 充电，其充电电路为：蓄电池 +（B +）→延时按钮开关→C→机油压力开关→蓄电池 −（B −）。

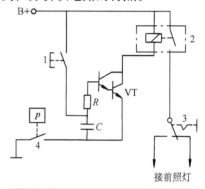

图 6-13　典型前照灯延时控制电路
1—前照灯延时按钮　2—延时继电器
3—变光开关　4—机油压力开关

电容 C 充电后，使晶体管 VT 的基极有较高的电位而导通，前照灯延时继电器线圈通电，其触点闭合，接通前照灯电路。

驾驶人离开时，松开前照灯延时开关按钮，电容 C 开始放电，C 的放电电流经过电阻 R 和晶体管 VT 的发射结，使 VT 保持导通，前照灯继续通电点亮。当 C 电压下降至不能维持 VT 导通时，VT 截止，继电器断电，前照灯自动熄灭。

前照灯延时关灯的时间取决于电容 C 的放电时间，调整延时电路中的 C、R 参数，就可改变前照灯延时关闭的时间。

现代汽车上专门设置延时开关的车型已很少见，其延时关灯控制功能多由前照灯自动开关承担。当驾驶人将车灯开关拨至自动档时，前照灯会根据环境的照明度自动亮起或熄灭，而在点火开关关闭时，前照灯的延时关灯功能电路就进入工作状态，控制前照灯延时熄灭。

专家提示

　　一些汽车上设有前照灯自动开关，此开关在 ON 状态下的功能有：发动机运转（点火开关 ON）时，前照灯自动亮起和熄灭控制电路就处于通电工作状态，前照灯可根据环境照明度自动亮起和熄灭；发动机熄火（点火开关 OFF）时，前照灯延时关灯控制电路通电工作，前照灯可自动延时关灯。

3. 前照灯自动变光控制电路

（1）前照灯自动变光控制电路的作用是在会车时能自动变为近光，这可避免下述不安全因素：

1）夜间会车时，通过手或脚操纵变光开关时容易分散驾驶人的注意力。

2）驾驶人忘了变光或变光不及而造成对方驾驶人眩目。

3）一些不文明驾驶人为抢道或高速行驶而强行使用远光会车。

（2）电路特点分析

前照灯自动变光控制电路示例如图6-14所示。

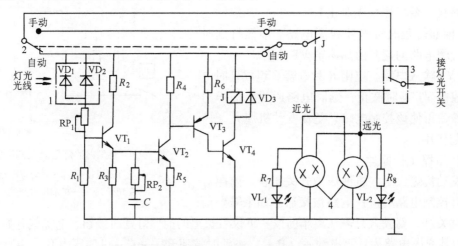

图6-14 前照灯自动变光控制电路示例

1—感光器 2—手动/自动变光转换开关 3—变光开关 4—前照灯 J—变光继电器

1）变光继电器电路。变光继电器有一个常闭触点和一个常开触点。常闭触点连通远光灯，常开触点连接近光灯，因此在继电器线圈不通电时，是远光灯处于接通状态。继电器线圈由 VT_1、VT_2、VT_3、VT_4 等元器件组成的放大电路控制其通断电。

2）光电控制电路。VD_1、VD_2 为光电二极管，安装在汽车风窗玻璃左上角，其电阻值与光照强度成反比，连接于晶体管 VT_1 的偏置电路，使 VT_1、VT_2、VT_3、VT_4 等元器件组成的放大电路的工作受风窗玻璃处的光照强度控制。

3）自动/手动变光转换开关。该开关可以让驾驶人选择自动或手动变光，在自动变光器失效的情况下，通过此开关仍可以实现人工操纵变光。

（3）电路工作原理

1）无会车时。在夜间行车无迎面来车灯光照射时，感光器（VD_1、VD_2）内阻较大，使得 VT_1 基极没有导通所需的正向电压而截止，于是 VT_2、VT_3、VT_4 的基极也都因无正向导通电压而截止，变光继电器线圈不通电，其常闭触点接通远光灯。

2）会车时。当有迎面来车或道路有较好的照明度时，VD_1、VD_2 的电阻下降，这使 VT_1 基极电位升高而导通，VT_2、VT_3、VT_4 的基极也随之有正向偏压而导通，使继电器线圈通电，其常闭触点打开，常开触点闭合，前照灯由远光自动切换为近光。

3）远光灯延时恢复。会车结束后，VD_1、VD_2 因无强光照射而电阻增大，使 VT_1 又截止。此时，由于 C 的放电，使 VT_2、VT_3、VT_4 仍保持导通，1~5s 后，电容 C 放电至 VT_2 不能维持导通状态时，继电器线圈因 VT$_2$ 截止而断电，这时，前照灯才恢复远光照明。

专家解读 ☞

　　设置延时恢复远光是为了避免会车过程中由于光照强度的突变而引起频繁变光，以提高汽车近光会车的可靠性。延时的时间可通过电位器 RP$_2$ 来调整。

4. 自适应前照灯

　　在一些汽车上，还设置了更多的前照灯自动控制功能，以满足汽车夜间行车道路照明更高的要求。具有两项或两项以上能自动适应夜间行车照明条件和环境变化的前照灯，被称为自适应前照灯（Adaptive Front – lighting System，AFS）。AFS 通常设有如下自动控制功能：

　　（1）前照灯自动亮灭控制功能

　　该功能电路可根据车辆周围环境光照亮度自动控制前照灯的亮起和熄灭，既可使驾驶人在光线较暗的情况下能及时得到照明，又可避免光线变强后因忘记及时关闭前照灯而白白浪费电能。该控制功能由光照度传感器提供环境亮度信号，通过电子控制器控制前照灯电路的通断，实现前照灯的亮起与熄灭自动控制。

　　（2）前照灯随动转向控制功能

　　该功能电路可使前照灯随转向盘的转动而转向，使驾驶人在夜间行车过程中，克服转向时的照明盲区，以确保行车安全。前照灯的随动转向控制功能效果对比如图 6-15 所示。

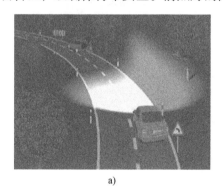　

a)　　　　　　　　　　　　　　　　　b)

图 6-15　前照灯随动转向控制功能效果对比

a）汽车转向时的照明盲区　b）前照灯随动转向照明效果

　　（3）汽车载质量变化时的前照灯垂直照射角度控制功能

　　该功能电路可根据汽车载质量的变化，及时调整前照灯垂直照射角度，这样既可防止车辆重载时前照灯光线偏上照射而对迎面来车驾驶人造成眩目，又可避免轻载时前照灯光线偏下照射而使照明距离缩短，影响车辆的行驶速度和行车安全。

　　（4）前照灯高速公路照明模式控制功能

　　当车辆在夜间行驶于高速公路上时，该功能电路可根据汽车行驶的速度，自动控制前照灯的照射高度和前雾灯的亮起与熄灭，以增加照明距离，确保汽车高速行驶时驾驶人能看清安全制动距离之内的障碍物。前照灯高速公路照明模式控制功能效果对比如图 6-16 所示。

a)   b)

图 6-16 前照灯高速公路照明模式控制功能效果对比

a）普通的前照灯照明效果 b）高速公路照明模式效果

（5）前照灯城市照明模式控制功能

该控制电路在车辆行驶速度不高、车外照明度较差的情况下起作用，可以自动控制两边的示廓灯亮起，以扩大光照范围，能有效避免因岔路中突然出现行人或车辆而引发的交通事故。前照灯城市照明模式控制功能效果对比如图 6-17 所示。

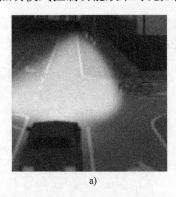

a)   b)

图 6-17 前照灯城市照明模式控制功能效果对比

a）普通的前照灯照明效果 b）城市照明模式效果

（6）前照灯乡村道路照明模式控制功能

当车辆夜间行驶在路面凹凸不平、起伏不定的乡村道路上时，该功能电路起作用，使前照灯立刻进入乡村道路照明模式。控制器根据前轴和后轴高度差的变化量来自动调整前照灯的投射俯仰角度，既能达到良好的照明效果，又不会对迎面来车的驾驶人造成眩目。

（7）阴雨天照明模式控制功能

夜间行车遇阴雨天气时，该控制电路起作用，使前照灯进入阴雨天照明模式，根据雨量大小适当降低前照灯的高度，对汽车前面距离为 5～25m 的路面（有积水）范围内的照度进行限制，从而避免反射眩光对车辆前方 60m 范围内的驾驶人造成眩目，确保阴雨天行车的安全。

第二节　典型照明系统电路的特点分析

 典型载货汽车照明系统电路

相比于小轿车，载货汽车的照明系统电路有些不同的特点，典型载货汽车照明系统电路如图 6-18 所示。

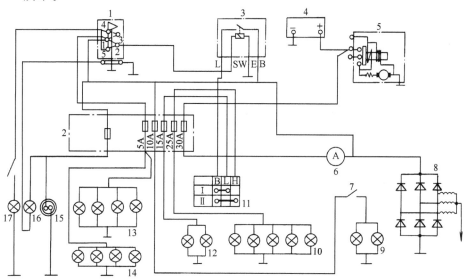

图 6-18 典型载货汽车照明系统电路

1—车灯开关　2—熔断器盒　3—前照灯继电器　4—蓄电池　5—起动机　6—电流表　7—雾灯开关　8—发电机
9—雾灯　10—前照灯远光灯　11—前照灯变光开关　12—前照灯近光灯　13—示廓灯/尾灯　14—仪表照明灯
15—工作灯插座　16—顶灯　17—工作灯（发动机舱盖下灯）

1. 电路特点

电路的特点总结如下：

1）车灯开关为复合开关。该照明系统电路的车灯开关为推拉式复合开关，有两档，1 档接通示廓灯、尾灯、仪表照明灯等，2 档则同时接通前照灯；旋扭开关（在车灯开关不拉出的位置时）通过旋转拉钮接通顶灯。

2）配有前照灯继电器。前照灯电路中设置了前照灯继电器。前照灯开关（车灯开关 2 档）控制前照灯继电器线圈通断电，继电器触点为常开，在继电器线圈通电时闭合。触点闭合时接通前照灯电路。

专家解读 ☞

设置前照灯继电器的原因与设置起动继电器相似，前照灯的工作电流较大，设置前照灯继电器后，车灯开关只控制继电器线圈电路的通断，其工作电流减小了。

3）脚操纵式变光开关。用脚操纵的机械式变光开关用于前照灯的远光和近光切换，开关按压一次，前照灯就切换一次远近光。

2. 电路原理

（1）车灯开关电路原理

车灯开关拉至1档时，示廓灯、尾灯、仪表照明灯等通电亮起，电路通路为：蓄电池＋→30A熔断器→电流表→车灯开关1档触点→5A熔断器→示廓灯、尾灯、仪表照明灯→搭铁。

车灯开关拉至2档时，前照灯继电器线圈同时通电，电路通路为：蓄电池＋→30A熔断器→电流表→车灯开关2档触点→前照灯继电器线圈→搭铁。

前照灯继电器线圈通电后，使触点闭合，接通前照灯电路，前照灯亮起，电路通路为：蓄电池＋→30A熔断器→电流表→前照灯继电器B接线柱→前照灯继电器触点→前照灯继电器L接线柱→前照灯变光开关→前照灯远光灯或近光灯→搭铁。

在发动机工作、发电机正常发电时，上述电路的电源是发电机。由发电机供电时的电路通路为：发电机＋→前照灯继电器B接线柱→前照灯继电器触点→前照灯继电器L接线柱→前照灯变光开关→前照灯远光灯或近光灯→搭铁。

（2）雾灯开关电路原理

接通雾灯开关时，雾灯电路通电，雾灯亮起，电路通路为：蓄电池＋→30A熔断器→电流表→10A熔断器→雾灯开关→雾灯→搭铁。

3. 电路故障及诊断方法

照明系统电路可能出现的故障是前照灯不亮、示廓灯及仪表照明灯不亮等。

（1）前照灯远光、近光灯均不亮

车灯开关在1档时，示廓灯及仪表照明灯均能亮。将车灯开关拉至2档位置时，前照灯不亮，操纵前照灯变光开关，前照灯仍然不亮。分析前照灯电路，前照灯远光灯和近光灯均不亮可能的故障原因如下：

1）车灯开关内部2档触点接触不良。

2）前照灯变光开关触点接触不良。

3）前照灯继电器故障，如继电器线圈有短路或断路、触点烧蚀、继电器搭铁不良等。

4）前照灯线路有连接不良。

5）远光灯及近光灯熔断器熔丝均烧断。

6）所有前照灯灯泡已烧坏。

故障诊断方法如下：

1）打开熔断器盒，检查前照灯熔断器熔丝（15A、25A）是否已烧断。如果熔丝已烧断，更换熔断器，并检查前照灯及连接线路有无搭铁故障；如果前照灯熔断器正常，则进行下一步故障诊断。

2）将车灯开关拉至2档，检测前照灯继电器L接线柱的对地电压。如果为蓄电池电压，则说明车灯开关、继电器、相关的连接线路均良好，故障在继电器L接线柱后的前照灯变光开关、前照灯及其连接线路，需按步骤4）进一步诊断；如果无电压，则进行下一步诊断。

3）保持车灯开关在2档位置，检测前照灯继电器SW、B接线柱的对地电压。如果均为蓄电池电压，则说明前照灯继电器有故障，需拆修或更换前照灯继电器；如果只是B接线柱无电压，则检查 B 接线柱的连接导线；如果只是 SW 接线柱无电压，则说明车灯开关不良或车灯开关与前照灯继电器之间的线路存在断路，需检查线路或更换车灯开关。

4）车灯开关在 2 档时检测前照灯变光开关三个接线柱的对地电压：如果 B 接线柱无电压，则需检修前照灯变光开关至前照灯继电器之间的连接线路；如果 B 接线柱为蓄电池电压，而 L、H 接线柱均无电压，则需更换前照灯变光开关；如果 L、H 接前照灯柱为蓄电池电压（无电压时，踏一次变光开关就有电压），则需检修远光灯和近光灯相关连接线路、检查或更换前照灯。

（2）前照灯只有远光或只有近光

接通前照灯开关，操纵前照灯变光开关时只有远光灯或近光灯能亮，可能的故障原因如下：

1）前照灯变光开关至近光灯或远光灯的连接线路存在断路。

2）前照灯近光灯或远光灯熔断器的熔丝烧断。

3）前照灯变光开关连接近光灯或远光灯的触点接触不良。

4）近光灯或远光灯灯泡已烧坏。

故障诊断方法如下：

1）检查近光灯熔断器或远光灯熔断器。如果熔断器熔丝烧断，则更换熔断器，并检查熔断器所连接线路有无短路；如果熔断器正常，则进行下一步诊断。

2）车灯开关在 2 档时，检测前照灯变光开关 L 或 H 接线柱的对地电压。如果前照灯变光开关在近光灯或远光灯位置时，L 或 H 接线柱无电压，则说明前照灯变光开关有故障，需予以更换；如果前照灯变光开关在近光灯或远光灯位置时，L 或 H 接线柱为蓄电池电压，则需检修相关线路，若线路正常，则需更换近光灯或远光灯灯泡。

（3）示廓灯及仪表照明灯均不亮

喇叭能响，但接通车灯开关（1 档）时，示廓灯和仪表照明灯均不亮，可能的故障原因如下：

1）车灯开关内部接触不良。

2）相关连接线路存在断路。

3）示廓灯和仪表照明灯电路熔断器熔丝烧断。

故障诊断方法如下：

1）检查示廓灯和仪表照明灯熔断器的熔丝是否烧断。如果熔断器的熔丝已烧断，则更换熔断器，并检查其连接线路是否存在短路；如果熔断器正常，则进行下一步诊断。

2）将灯开关拉至 1 档，检测示廓灯和仪表照明灯熔断器的对地电压。如果为蓄电池电压，则检修熔断器至示廓灯和仪表照明灯的线路；如果无电压，需检查熔断器至车灯开关之间的线路，若线路正常，则需检查或更换车灯开关。

 典型轿车照明系统电路

由于轿车照明灯具配备相对较多，其照明电路也相对复杂一些。桑塔纳轿车照明系统电路是小轿车照明系统电路中最为典型的，其电路如图 6-19 所示。

1. 电路特点

1）该车前照灯直接由车灯开关控制，在车灯开关为 2 档时，通过前照灯变光开关进行远

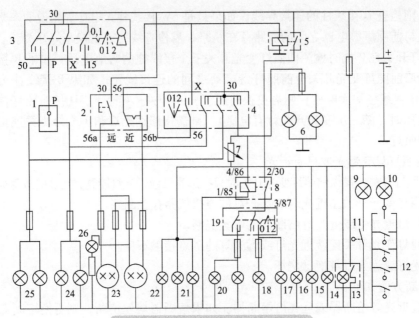

图 6-19 典型轿车照明系统电路

1—停车灯开关 2—前照灯变光和超车灯开关 3—点火开关 4—车灯开关 5—中间继电器 6—牌照灯
7—仪表灯调光电阻 8—雾灯继电器 9—行李舱灯 10—前顶灯 11—行李舱灯门控开关 12—前顶灯门控开关
13—点烟器照明灯 14—前后雾灯 15—后风窗除霜器开关照明灯 16—暖气开关照明灯 17—雾灯指示灯
18—后雾灯 19—前后雾灯开关 20—前雾灯 21—仪表照明灯 22—时钟照明灯 23—前照灯
24—右前后示廓灯 25—左前后示廓灯 26—远光指示灯

光和近光切换。此外，远光灯还可由自动复位的超车灯开关直接控制，在汽车超车时使用。

2）雾灯开关电路中连接了中间继电器和雾灯继电器，中间继电器在点火开关处于点火档时接通，雾灯继电器在车灯开关接1档时接通。因此，只有在点火开关接通且车灯开关也接通时，才能用雾灯开关的1档接通前雾灯，而2档可同时接通前后雾灯。

3）牌照灯由车灯开关控制，在车灯开关1档或2档时接通。

4）顶灯和行李舱灯由门控开关控制，当行李舱或车门打开时，其门控开关就会接通行李舱灯或顶灯电路。

5）仪表板、时钟、点烟器、后除霜器开关、空调开关、雾灯开关等的照明灯也均由车灯开关控制。当车灯开关在1档或2档时，上述照明灯均被接通，其亮度可通过仪表灯调光电阻调节。

专家解读 👉

　　停车灯用于在黑暗的停车场所，给路人以"此处有车"的警示。设置停车灯的汽车很少，这是桑塔纳轿车照明系统电路较独特的设置。在点火开关关闭时，通过专门的停车灯开关来接通一边的示廓灯，以向路人发出警告信号。

　　示廓灯俗称小灯（前端）和尾灯（后端），无论是用来显示汽车的轮廓，还是用作停车灯，都是向周围的行人和车辆发出警告信号。因此，示廓灯属于信号装置。

6）在停车（点火开关断开）时，前后示廓灯可由停车灯开关控制，这时示廓灯当成停车灯使用。

桑塔纳轿车电气系统的熔断器都集中安装在中央接线板处，各继电器基本上也都安装于中央接线板，中央接线板插接着连接各个用电设备及控制开关的线束插接器。了解中央接线板的结构和各接线端子所连接的部件，会给分析电路原理、查寻电路故障带来极大的方便。

2. 电路原理

（1）车灯开关电路原理

当车灯开关拨至 1 档时，示廓灯、牌照灯、仪表及各种开关照明灯等通电亮起，电路通路为：蓄电池＋→车灯开关 1 档触点→仪表灯调光电阻→仪表及各开关照明灯→搭铁。

→示廓灯、牌照灯→

当车灯开关拨至 2 档时，则同时接通前照灯电路，并可通过前照灯变光开关进行远光和近光变换，前照灯亮起时的电路通路为：蓄电池＋→车灯开关 2 档触点→前照灯变光开关→远光灯/近光灯→搭铁。

前照灯变光和超车灯开关中的超车开关为无锁止的手动开关，在未开前照灯或前照灯处于近光状态时，驾驶人均可通过超车开关接通远光灯，以示超车。

（2）雾灯电路原理

接通点火开关（1 档），中间继电器线圈通电使其触点闭合，雾灯继电器电源端子接通电源；接通车灯开关（1 档或 2 档），雾灯继电器线圈通电，其触点闭合，使前后雾灯开关电源端子接通电源。此时，驾驶人就可通过前后雾灯开关接通前雾灯或前后雾灯。雾灯亮起时的电路通路为：蓄电池＋→中间继电器触点→雾灯继电器触点→雾灯开关→后雾灯或前后雾灯→搭铁。

（3）顶灯电路原理

车内的顶灯门控开关可由手动控制和门开关控制。用手动开关可接通顶灯电路（开关拨至左侧位置）而使顶灯亮起；手动开关关闭（开关拨至右侧位置）时，只要四扇车门其有一扇门未关闭，门控开关就将顶灯电路接通，顶灯亮，用以提醒驾驶人车门未关。

3. 电路故障及诊断方法

（1）前照灯不亮

车灯开关在 2 档时，前照灯不亮，操纵前照灯变光开关，前照灯仍然不亮。可能的故障原因如下：

1）车灯开关内部 2 档触点接触不良。

2）前照灯变光开关触点接触不良。

3）前照灯线路存在连接不良。

4）远光灯及近光灯熔断器的熔丝均烧断。

5）所有前照灯灯泡已烧坏。

故障诊断方法如下：

1）操纵超车灯开关，检查前照灯的远光灯能否亮。如果远光灯能亮，则前照灯、熔断器及其连接线路正常，故障点位于车灯开关、变光开关及其连接线路中，需按步骤 3）进行故障诊断；如果远光灯仍不亮，则进行下一步故障诊断。

2）打开熔断器盒，检查前照灯熔断器的熔丝是否已烧断。如果熔丝已烧断，更换熔断器，并检查前照灯及连接线路有无搭铁故障；如果前照灯熔断器正常，则需检查前照灯连接线路（插接器）和前照灯灯泡。

3）将车灯开关拨至2档，检测前照灯变光和超车灯开关的56、56a、56b端子的电压。如果56端子电压正常，而56a、56b端子无电压，则为前照灯变光和超车灯开关故障；如果56端子无电压，则检查车灯开关及连接线路。

（2）前照灯只有远光或只有近光

接通前照灯开关，操纵前照灯变光开关时，只有远光灯或近光灯能亮。可能的故障原因如下：

1）前照灯变光开关至近光灯或远光灯的连接线路存在断路。

2）近光灯或远光灯的熔断器熔丝烧断。

3）前照灯变光和超车灯开关连接近光灯或远光灯的触点接触不良。

4）近光灯或远光灯灯泡已烧坏。

故障诊断方法如下：

1）如果只是远光灯不亮，操纵超车灯开关，检查前照灯能否亮。如果能亮，则故障为前照灯变光与超车灯开关的远光灯触点接触不良，需更换开关；如果仍不能亮，则进行下一步故障诊断。

2）检查近光灯熔断器或远光灯熔断器。如果熔断器的熔丝烧断，则更换熔断器，并检查熔断器所连接线路有无短路；如果熔断器正常，则进行下一步诊断。

3）车灯开关在2档时，检测前照灯变光开关56a或56b端子的对地电压。如果前照灯变光开关在近光灯或远光灯位置时，56a或56b端子无电压，则说明前照灯变光开关有故障，需更换开关；如果前照灯变光开关在近光灯或远光灯位置时，56a或56b端子为正常电压，则需检修前照灯线路连接、近光灯或远光灯。

（3）雾灯不亮

若照明灯及鼓风机等其他系统均正常，操纵雾灯开关时，后雾灯或前后雾灯均不亮。可能的故障原因如下：

1）雾灯继电器存在故障。

2）雾灯开关不良。

3）雾灯连接线路或雾灯熔断器的熔丝烧断。

4）雾灯灯泡已烧坏。

故障诊断方法如下：

1）检查雾灯熔断器的熔丝有无烧断。如果熔丝已被烧断，则更换熔断器，并检查其连接线路有无短路；如果熔断器正常，则进行下一步故障诊断。

2）接通点火开关和车灯开关，检测雾灯继电器各端子的电压。如果2/30端子不为蓄电池电压，则检修雾灯继电器至中间继电器之间的线路；如果4/86端子无电压，则需检修雾灯继电器至车灯开关之间的线路；如果只是3/87端子不为蓄电池电压，则需检查1/85端子接地，若接地良好，则需更换雾灯继电器；如果3/87端子为蓄电池电压，则进行下一步故障诊断。

3）检查前后雾灯线路连接（插接器）有无不良、雾灯灯泡是否已烧坏。如果前后雾灯线路连接不良或雾灯已烧坏，予以修理或更换；如果前后雾灯及其线路连接均正常，则需检修或更换雾灯开关。

第三节 照明系统部件的检修

阅读提示 ✔

前照灯的性能对汽车夜间行车安全影响很大，因而对其要求很高。一般要求前照灯能提供车前100m以上明亮且均匀的道路照明，并会不对迎面来车驾驶人造成眩目。因此，照明系统的检测主要是对前照灯的检测，前照灯检测也是汽车年审安全性检测的必检项目。

1. 前照灯的检测内容

前照灯的检测内容主要有发光强度或光照度、光束的照射位置等。对于双丝灯泡前照灯，以调整近光灯的光形为主。

2. 前照灯的检测方法

前照灯的检测有专用检测仪器检测和屏幕法检测两种。无论采用何种方式，在检测前都应确认汽车轮胎气压正常、前照灯配光镜表面清洁、场地平整、汽车空载（驾驶室只允许乘坐一人）。

（1）专用检测仪器检测

用前照灯检测仪检测前照灯，具有测试准确、工作效率高等优点，汽车检测站及一些汽车保修单位通常采用前照灯检测仪检验前照灯。前照灯检测仪示例如图6-20所示。

前照灯检测仪有多种类型，根据其结构与工作原理不同，可分为聚光式、屏幕式、投影式及自动追踪式等几种。各种前照灯检测仪的检测操作方法可参考各检测仪的使用说明。

（2）屏幕法检测

在无前照灯检测仪时，也可用屏幕法对前照灯进行检测。不同车型的具体调整方法和检测参数会有所不同，现以EQ1090汽车前照灯为例，说明屏幕法检测前照灯的基本方法（图6-21）。

图6-20 前照灯检测仪示例

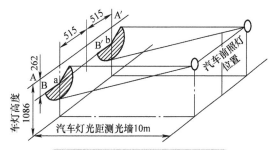

图6-21 屏幕法检测前照灯

1）将汽车停在平整的场地上，并使车头正对幕布或墙壁，前照灯与幕布或墙壁的距离为 10m。

2）在离地面 1086mm 的幕布或墙壁上画一条水平线 A – A′，再在此水平线以下 262mm 处画一条水平线 B – B′；然后画汽车中心垂直线，并在中垂线两侧 515mm 处画两条垂直线，与水平线 B – B′ 交于 a、b 两点。

3）打开前照灯，并根据需要调整前照灯。遮住右侧前照灯检测左侧前照灯，如果光束中心不能对准 a 点，对左侧前照灯进行调整；再遮住左侧前照灯检测右侧前照灯，使右侧前照灯光束中心对准 b 点。

3. 前照灯的调整

前照灯的调整主要是针对光束的偏斜，现代汽车前照灯一般都可进行上下、左右的光束调整，但光束调整机构的具体结构形式不尽相同。当检测得出光束有偏斜时，可通过前照灯的光束调整螺钉（螺栓）将光束的偏移量消除。

前照灯光束的调整一般分外侧调整式和内侧调整式两种，如图 6-22 所示。

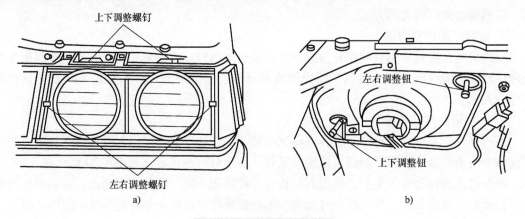

图 6-22　前照灯的调整

a）外侧调整式　b）内侧调整式

4. 前照灯的维护注意事项

1）安装前照灯时，应根据标志，不得倾斜或倒置，以免影响灯光照射角度。

2）前照灯配光镜应保持清洁，若有污垢应及时擦洗干净。

3）对半封闭式前照灯，应注意保持反射镜的清洁，若有灰尘，应用压缩空气吹净；若有脏污，镀铬和镀铝的反射镜可用清洁的棉纱蘸上乙醇，由内向外呈螺旋状擦拭干净。

4）半封闭式前照灯更换灯泡时，注意不要让湿气及灰尘等进入，并保持良好的密封。

5）更换灯泡时，应确保前照灯电路已断开，要戴上干净的手套，不要用手直接接触灯泡的泡壳；普通充气灯泡不应与卤钨灯泡互换。

6）更换全封闭式前照灯时，应注意搭铁极性，通过灯罩可看到，两根灯丝共同连接的灯脚为搭铁电极，较粗的灯丝为远光灯丝，较细的为近光灯丝。安装应注意，不要装错，否则会导致前照灯不能正常发光。

第七章
> Chapter 7

汽车信号系统电路的构成与特点分析

阅读提示 ✔

　　汽车信号系统由电喇叭、倒车蜂鸣器等声响信号装置和转向信号灯、制动灯、危险警告灯等灯光信号装置组成，其作用是向其他车辆和行人发出提示和警告，以引起注意，确保行车安全。

第一节　信号系统电路部件的结构原理

 电喇叭

　　电喇叭有多种结构形式，按有无触点可分为有触点式电喇叭和电子式（无触点式）电喇叭两大类。

1. 触点式电喇叭

　　触点式电喇叭有筒形、盆形和螺旋形等不同的结构形式（图7-1），各种触点式电喇叭的主要组成部件和工作原理基本相同。筒形电喇叭结构尺寸较大，多用在载货汽车上；盆形电喇叭具有结构尺寸小、指向性好等特点，现代汽车使用较为广泛。

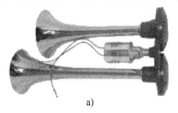
a)

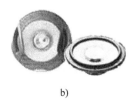
b)

c)

图7-1 触点式电喇叭

a）筒形　b）盆形　c）螺旋形

（1）触点式电喇叭的组成与结构特点

触点式电喇叭主要由铁心、衔铁、电磁线圈、触点、膜片等组成，图7-2所示为盆形触点式电喇叭的结构简图。

盆形电喇叭的结构特点是：膜片、共鸣板、衔铁与活动的上铁心固定在一起，绕在管式铁心上的电磁线圈通过触点与外电路相通；电磁线圈通电时产生电磁力将上铁心吸下，衔铁随上铁心下移又会将触点（通过臂弹力保持闭合）顶开。

（2）触点式电喇叭的工作原理

触点式电喇叭均可等效为线圈通断电受自身触点控制的常闭式继电器，如图7-3所示。其工作原理如下。

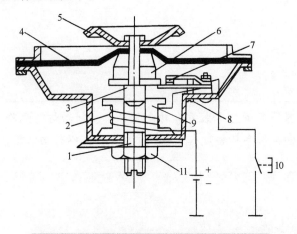

图7-2　触点式电喇叭的结构简图（盆形）

1—下铁心　2—电磁线圈　3—上铁心　4—膜片　5—共鸣板
6—衔铁　7—触点　8—音量调整螺钉
9—铁心　10—喇叭按钮　11—锁紧螺母

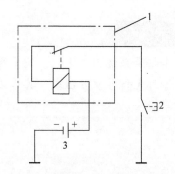

图7-3　触点式电喇叭等效电路

1—电喇叭等效电路
2—喇叭按钮　3—蓄电池

按下喇叭按钮，电磁线圈通电，电路通路为：蓄电池＋→电磁线圈→触点→喇叭按钮→搭铁。电磁线圈产生电磁力，吸动上铁心及衔铁下移，使膜片下拱；衔铁下移过程中将触点顶开，电磁线圈断电而电磁力消失，上铁心、衔铁及膜片又在触点臂和膜片自身弹力的作用下复位，使触点闭合；触点闭合后，电磁线圈又通电，产生的电磁力又吸动上铁心和衔铁下移，如此循环，使膜片振动，产生较低频的基频振动，并促使共鸣板产生一个比基频振强、分布较集中的谐振，使人耳听到音量适中、和谐悦耳的声音。

2. 电子式电喇叭

触点式电喇叭在工作中其触点不断地开闭会产生触点火花，使触点容易烧蚀而影响其工作的可靠性。无触点的电子式电喇叭用振荡电路来产生脉动电流，使电喇叭膜片振动发声。

（1）电子式电喇叭的组成与电路特点

电子式电喇叭由电子电路和扬声器组成，电子电路由振荡电路和功率放大电路两部分组成。典型的电子式电喇叭电路如图7-4所示。

1）振荡电路。晶体管 VT_1、VT_2、VT_3，电容 C_1、C_2 及电阻 $R_1 \sim R_9$ 组成多谐振荡电路，其作用是通电后产生一个脉冲电压。

2）功率放大电路。VT_3、VT_4、VT_5 组成功率放大电路，用于脉冲信号的功率放大。

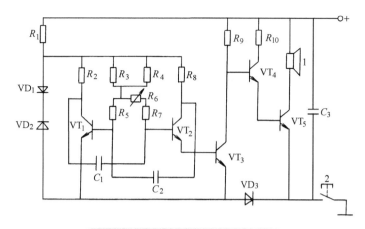

图7-4　典型的电子式电喇叭电路

1—扬声器　2—喇叭按钮

3）扬声器电路。扬声器为功率放大电路的负载，串联在 VT_5 的集电极电路中。

（2）电子式电喇叭的工作原理

按下喇叭按钮后，电子式电喇叭电路接通电源。电路刚通电瞬间，VT_1 和 VT_2 均得到正向偏压，但由于两个晶体管参数有微小的差别，使得它们的导通程度不可能完全一致。假设在电路接通的瞬间 VT_1 先于 VT_2 导通，VT_1 的集电极电压 u_{c1} 首先下降，多谐振荡电路通过 C_1、C_2 正反馈电路就有如下的正反馈过程：

$$\longrightarrow u_{c1}\downarrow\rightarrow u_{b2}\downarrow\rightarrow i_{b2}\downarrow\rightarrow i_{c2}\downarrow\rightarrow u_{c2}\uparrow\rightarrow u_{b1}\uparrow\rightarrow i_{b1}\uparrow\rightarrow i_{c1}\uparrow\longrightarrow$$

这一反馈过程使 VT_1 迅速饱和导通而 VT_2 则迅速截止，VT_3 也截止，电路进入暂稳态。暂稳态期间，C_1 充电使 u_{b2} 升高，当 u_{b2} 达到 VT_2 的导通电压时，VT_2 开始导通，VT_3 也随之导通。这时，又产生如下正反馈过程：

$$\longrightarrow u_{b2}\uparrow\rightarrow i_{b2}\uparrow\rightarrow i_{c2}\uparrow\rightarrow u_{c2}\downarrow\rightarrow u_{b1}\downarrow\rightarrow i_{b1}\downarrow\rightarrow i_{c1}\downarrow\rightarrow u_{c1}\uparrow\longrightarrow$$

这一反馈过程又使 VT_2 迅速饱和导通而 VT_1 则迅速截止，电路进入新的暂稳态。这时，C_2 充电又使 u_{c1} 升高，当 u_{c1} 上升至 VT_1 的导通电压时，VT_1 又导通，电路又产生前一个正反馈过程，又使 VT_1 迅速饱和导通而 VT_2、VT_3 则迅速截止。如此周而复始，形成振荡。

振荡电路输出的振荡电流信号经 VT_4、VT_5 的直流放大，控制扬声器线圈电流的通断，从而使电喇叭发出声音。

电路中，电容 C_3 用来对电喇叭电源滤波，以防止其他电路瞬变电压的干扰。VD_2、R_1 为多谐振荡器的稳压电路，其作用是使振荡频率稳定。VD_1 用作温度补偿，VD_3 起电源反接保护作用。R_6 可用于调节电喇叭的音量。

 二　闪光继电器

闪光继电器简称闪光器，是控制转向灯闪光，发出转向信号和危险警告信号的控制器。闪光器有热丝式、电容式、翼片式和电子式等不同类型。热丝式闪光器由于其工作可靠性较差，闪光频率不稳定，现已经被淘汰。

1. 电容式闪光器

电容式闪光器通常由两个线圈和一个电容组成，其内部电路的结构不完全相同，但电路的工作原理基本相同，都是通过电容的充放电延时特性，使继电器触点按某一频率自动开闭来控制转向灯闪烁。典型电容式闪光器的结构如图7-5所示。

（1）电容式闪光器的结构特点

闪光器触点 K 常闭，串联于转向灯电路中，线圈 L_1 其电阻较小，与转向灯和 K 串联；线圈 L_2 的电阻较大，L_2 的一端通过继电器铁心和磁轭与活动触点相连，另一端串接电容 C 后与固定触点连接，与触点 K 为并联关系。该闪光器的等效电路如图7-6所示。

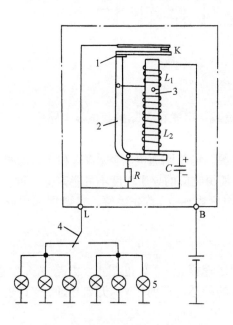

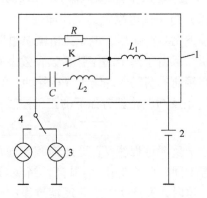

图7-5　典型电容式闪光器的结构

1—弹簧片　2—磁轭　3—铁心
4—转向灯开关　5—转向灯及转向指示灯

图7-6　电容式闪光器的等效电路

1—闪光器内部电路　2—蓄电池
3—转向灯及转向指示灯　4—转向灯开关

（2）电容式闪光器的工作原理

1）转向灯常闪。当转向灯开关接通左侧或右侧转向灯时，闪光器中的线圈 L_1 通电，电路通路为：蓄电池 + →L_1→触点 K→转向灯开关→转向灯及转向指示灯→搭铁。此时，L_2 和 C 电路被触点短路，无电流通过，但通过的 L_1 的电流较大，其产生的电磁力将触点吸开，因此转向灯一闪亮立即变暗。

2）转向灯保持在暗状态。触点断开后，电源向电容 C 充电，充电电路通路为：蓄电池 + →L_1→磁轭及铁心→L_2→C→转向灯开关→转向灯及转向指示灯→搭铁。由于 L_2 的电阻较大，流经转向灯的充电电流较小，所以转向灯是暗的。C 较小的充电电流流经 L_1、L_2 两线圈后，产生相同方向的电磁力足以使触点保持在张开的位置，使转向灯保持在暗的状态。

3）转向灯由暗变亮。C 在充电过程中，其端电压逐渐升高，充电电流随之减小。当充电电流减小至两线圈的电磁力不足以克服弹簧片的弹力时，触点又闭合。这时，通过转向灯的电流增大，灯变亮。

4）转向灯保持亮的状态。触点闭合后，电容通过触点放电，其放电电路通路为：$C+$ →L_2→铁心 5 及磁轭 2→K→$C-$。由于 C 的放电电流使 L_2 产生的磁场与 L_1 相反，削弱了 L_1 的电磁力，所以触点不能被吸开，使转向灯保持亮的状态。

5）转向灯由亮变暗。C 放电过程中，其放电电流逐渐减小，L_2 产生的磁场逐渐减弱。当 L_2 产生的磁场减弱至一定的程度时，L_1 的电磁力又使触点断开，灯光又变暗。

专家解读 ☞

　　电容充放电回路中的 R、C 参数决定了转向灯的频率，使用中，由于 R、C 的参数变化不大，所以转向灯的闪光频率比较稳定。触点并联一个电阻 R，用于减小闪光器工作时的触点火花。

接着又是 C 充电，如此反复，C 不断地充电放电，使触点定时地开和闭，从而使转向灯按一定的频率闪光。

2. 翼片式闪光器

翼片式闪光器通过其热胀条通断电时的热胀冷缩，使翼片产生变形动作来开闭触点，产生脉动电流。翼片式闪光器有直热式和旁热式两种形式，直热翼片式闪光器如图7-7所示。

（1）翼片式闪光器的结构特点

翼片为弹性钢片，热胀条是热胀系数较大的合金钢带，当热胀条通过电流时会产生热量，使其温度升高而膨胀伸长。热胀条在冷却较短状态时，将翼片绷紧呈弓形，使触点处于闭合状态。

（2）直热翼片式闪光器的工作原理

当转向灯开关将一侧的转向灯电路接通时，转向灯电路通电，其电路为：蓄电池 +→接线柱 B→翼片→热胀条→触点→接线柱 L→转向灯开关→转向灯和转向指示灯→搭铁，这时，一侧的转向灯亮。

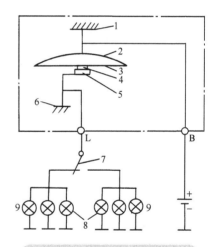

图7-7　直热翼片式闪光器

1、6—支架　2—翼片　3—热胀条　4—动触点
5—静触点　7—转向灯开关
8—转向指示灯　9—转向灯

热胀条通电而受热逐渐伸长，当热胀条伸长至一定长度时，翼片在其自身弹力作用下突然绷直，使触点断开，转向灯电流被切断，转向灯和转向指示灯熄灭。

触点断开后，热胀条因断电而冷却收缩，最终又使翼片弯曲呈弓形，触点又闭合。触点闭合时，又接通转向灯电路，转向灯又亮起。如此交替变化，使转向灯按一定的频率闪烁。

3. 电子闪光器

（1）电子闪光器的结构类型

　　电子闪光器的电路结构形式大体可分为有触点和无触点两大类。有触点电子闪光器仍以继电器触点来通断转向灯电路，由电子电路来控制继电器线圈电流，使继电器工作；无触点电子闪光器由电子电路控制晶体管的导通和截止来通断转向灯电路。

（2）电子闪光器的工作原理

　　以图7-8所示的国产 SG131 型无触点电子闪光器为例，说明电子闪光的工作原理。

　　转向灯电路由晶体管 VT_3 的导通和截止控制，VT_3 的导通和截止则是由 VT_1、VT_2、R_1、R_2、C 所组成的电子电路控制。

　　接通转向灯开关后，电源通过 R_2 和 R_1、C 向 VT_1 提供正向偏压而使 VT_1 饱和导通，VT_1 导通后，VT_2 输入端的电压低于导通电压，故而 VT_2 截止，VT_3 随之截止。VT_1 的导通电流经转

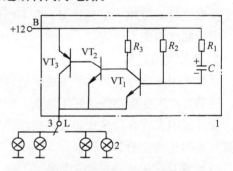

图 7-8　国产 SG131 型无触点电子闪光器

1—闪光器　2—转向灯　3—转向灯开关

向灯形成回路，但由于 VT_1 的集电极电流很小，所以在 VT_1 导通时，转向灯不亮。

　　电源通过 R_1 对 C 充电，使 C 两端电压逐渐增大，VT_1 的基极电压则逐渐下降。当 VT_1 基极电压降至其导通电压以下时，VT_1 截止。VT_1 截止后，VT_2 通过 R_3 得到正向偏压而饱和导通，VT_3 也随之饱和导通，转向灯变亮。

　　VT_1 截止后，C 经 R_1、R_2 放电，使 VT_1 的截止状态保持一段时间，转向灯也保持亮的状态。随着 C 放电电流的逐渐减小，VT_1 基极电压又开始升高，并最终又使 VT_1 导通，VT_2、VT_3 又截止，转向灯又变暗。如此循环，使转向灯闪烁。

 三　其他信号装置

（1）危险信号装置

　　危险信号装置由危险警告开关、闪光器及转向灯组成，如图7-9所示。

当驾驶人按下危险警告开关时，两边的转向灯电路同时接通，在闪光器的控制下，两侧的转向灯同时闪烁，发出危险警告信号。

危险警告开关是一个动合式手动单向定位开关，开关内除了两个连接转向灯电路的触点外，还有一个触点用于将闪光器直接与蓄电池连接，以使危险警告信号在点火开关关闭（停车）时也可使用。

（2）制动信号装置

制动信号由汽车尾部的制动信号灯亮起表示，制动信号灯由制动灯开关控制。制动灯开关有液压式、气压式及机械式等不同的形式。

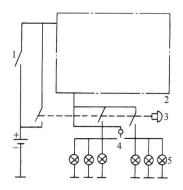

图7-9 危险警告开关控制电路

1—点火开关 2—闪光器
3—危险警告开关 4—转向灯开关
5—转向灯及转向指示灯

1）液压式制动灯开关。采用液压制动系统的汽车上使用的液压式制动灯开关示例如图7-10所示。这种膜片式液压开关通过管接头与制动液压系统相通，开关的两接线柱分别连接电源和制动信号灯。当驾驶人踩下制动踏板时，制动系统中的液压上升，推动膜片向上拱，使接触桥将两接线柱下端的触点接通，制动信号灯通电亮起。松开制动踏板时，制动系统液压降低，接触桥在回位弹簧的作用下复位，制动信号灯断电熄灭。

2）气压式制动灯开关。气压制动的汽车上使用的气压式制动灯开关示例如图7-11所示。制动灯开关安装在气压制动系统输气管路上。在制动时，制动系统输气管路的压缩空气推动膜片上拱而使触点闭合，将制动信号灯电路接通。松开制动踏板时，制动系统输气管路气压降低，膜片在回位弹簧的作用下复位，触点断开，制动信号灯断电熄灭。

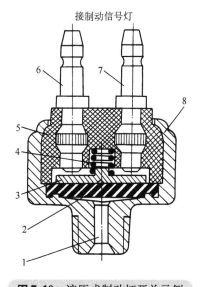

图7-10 液压式制动灯开关示例

1—通制动液压管路 2—膜片 3—接触桥
4—回位弹簧 5—胶木座 6、7—接线柱 8—壳体

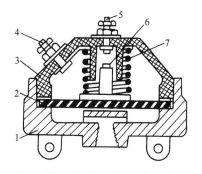

图7-11 气压式制动灯开关示例

1—壳体 2—膜片 3—胶木盖
4、5—接线柱 6—触点 7—回位弹簧

3）机械式制动灯开关。机械式制动灯开关安装在制动踏板处，制动时，直接由制动踏

板推动制动灯开关的推杆而使开关触点闭合，接通制动信号灯电路。松开制动踏板时，推杆在回位弹簧的作用下复位，触点断开，制动信号灯断电熄灭。

（3）倒车信号装置

倒车灯除了在夜间倒车时作车后场地照明外，在白天倒车时，倒车灯亮则起倒车警告信号的作用。有些汽车在其后部还同时装有倒车蜂鸣器，倒车灯和倒车蜂鸣器均由倒车灯开关控制。

1）倒车灯开关。倒车灯开关安装在变速器壳体上，其结构如图7-12所示。钢球平时被顶起，使触点处于断开状态。当变速器挂入倒档时，钢球被放松，在弹簧的作用下，触点闭合，接通倒车灯电路。

2）倒车蜂鸣器。倒车蜂鸣器通过间歇发声，向行人和其他车辆的驾驶人发出倒车警示。倒车蜂鸣器由蜂鸣器和间歇发声控制电路组成，间歇发声控制电路有继电器控制式和电子式两类，图7-13所示为在解放CA1091汽车上使用的电子式倒车蜂鸣器电路（多谐振荡式倒车蜂鸣器电路）。由 VT_1、VT_2 及相应的电容和电阻组成的多谐振荡电路控制 VT_3 按某一频率导通和截止，使蜂鸣器间歇发声。

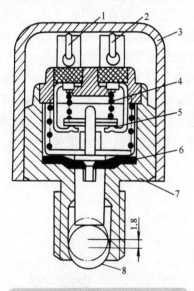

图7-12 倒车灯开关结构

1、2—导线 3—外壳 4—弹簧
5—触点 6—膜片 7—底座 8—钢球

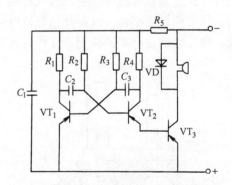

图7-13 多谐振荡式倒车蜂鸣器电路

在一些汽车上使用了音乐和语音倒车警告信号装置，集成电路语音片输出的语音信号经功放电路放大后，推动扬声器发出"嘟、嘟，请注意倒车！"之类的警告声。音乐和语音倒车警告声音悦耳，更易引起人的注意。

（4）示廓灯

示廓灯用于汽车夜间行车时标志汽车的宽度和高度，因此也相应地被称为"示宽灯"和"示高灯"。示廓灯采用单丝的小型灯泡，但有的示廓灯则与转向灯和制动灯共用一个灯泡。

汽车在行驶时，示廓灯由车灯开关控制，在车灯开关的1档和2档时，汽车前后，左右的示廓灯均点亮，用以标示汽车的轮廓。

在一些汽车上，示廓灯还可用停车灯开关控制。当点火开关处在关断位置时，停车灯开关与电源接通，此时可用停车开关接通一侧（左前、左后或右前、右后）的示廓灯，这时的示廓灯被当作停车灯使用。

第二节　典型信号系统电路的特点分析

一　典型载货汽车信号系统电路

典型载货汽车信号系统电路示例（解放 CA1091 型汽车信号系统电路）如图 7-14 所示。

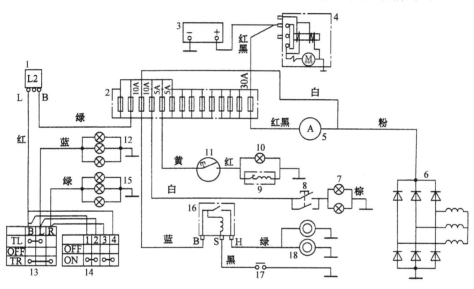

图 7-14　解放 CA1091 型汽车信号系统电路

1—闪光器　2—熔断器盒　3—蓄电池　4—起动机　5—电流表　6—发电机　7—制动灯　8—制动灯开关
9—倒车蜂鸣器　10—倒车灯　11—倒车灯开关　12—左转向灯及转向指示灯　13—转向灯开关　14—危险警告开关
15—右转向灯及转向指示灯　16—喇叭继电器　17—喇叭按钮　18—电喇叭

1. 电路特点

1）喇叭继电器电路。喇叭按钮串联在喇叭继电器电路中，喇叭继电器触点串联在电喇叭电路中，因此喇叭按钮控制喇叭继电器线圈的通断，通过喇叭继电器触点间接控制电喇叭电路的通断。

2）闪光器电路。转向信号和危险警告信号均由闪光器通过控制转向灯的闪光发出，转向灯开关选择左（TL）和右（TR）两档，可接通左边或右边的转向灯及转向指示灯，危险警告开关只有开（ON）和关（OFF），在 ON 时，可同时接通两边的转向灯及转向指示灯。

3）倒车信号电路。倒车信号电路配有倒车蜂鸣器，与倒车灯并联。倒车灯和倒车蜂鸣器由变速器操纵机构处的倒车灯开关控制，当驾驶人挂入倒档时，倒车灯开关闭合，接通倒车信号电路，倒车灯亮起，与倒车灯并联的倒车蜂鸣器同时发出"嘟、嘟、嘟"的声响。

专家解读 ☞

该车有高、低音两个电喇叭，电喇叭工作电流较大，因此电喇叭信号电路配有喇叭继电器，用喇叭继电器的触点通断电喇叭电流，以保护喇叭按钮触点。

4）制动信号电路。制动信号由液压式制动灯开关控制，当驾驶人踩下制动踏板时，制动灯开关闭合，接通制动信号电路，制动灯亮起。

2. 电路原理

（1）电喇叭电路原理

驾驶人按下喇叭按钮，喇叭继电器线圈通电，电路通路为：蓄电池＋→起动机电源接线柱→30A熔断器→电流表→10A熔断器→喇叭继电器线圈→喇叭按钮→搭铁。

喇叭继电器线圈通电产生电磁力，使其触点闭合，接通电喇叭电路，高、低音电喇叭同时发出声响。电喇叭电路通路为：蓄电池＋→起动机电源接线柱→30A熔断器→电流表→10A熔断器→喇叭继电器触点→高、低音电喇叭→搭铁。

（2）倒车信号电路原理

当驾驶人挂入倒档时，倒车灯开关闭合，接通倒车信号电路（蓄电池＋→起动机电源接线柱→30A熔断器→电流表→5A熔断器→倒车灯开关→倒车灯、倒车蜂鸣器→搭铁），倒车灯亮起，倒车蜂鸣器发出"嘟、嘟、嘟"声响。

（3）转向灯电路原理

当驾驶人将转向开关拨向一侧时，该侧的转向灯电路通电，电路通路为：蓄电池＋→起动机电源接线柱→30A熔断器→电流表→10A熔断器→闪光器→转向灯开关→一侧转向灯→搭铁。

在闪光器的控制下，左侧或右侧的转向灯及转向指示灯闪烁，发出汽车转向信号。

（4）危险警告信号电路原理

当驾驶人按下危险警告开关时，两侧转向信电路均通电，电路通路为：蓄电池＋→起动机电源接线柱→30A熔断器→电流表→10A熔断器→闪光器→危险警告开关→两侧转向灯→搭铁。左右两侧的转向灯及转向指示灯同时闪烁。

3. 电路故障及诊断方法

（1）电喇叭不响

发动机能起动（电源正常），但按喇叭按钮时喇叭不响，可能的故障原因如下：

1）电喇叭电路中的熔断器熔丝（10A）烧断，线路连接处有断脱。

2）喇叭按钮触点接触不良或搭铁不良。

3）喇叭继电器触点接触不良、线圈烧坏。

4）电喇叭内部触点接触不良、触点间短路、线圈烧坏或电喇叭搭铁不良。

故障诊断方法如下：

1）检查熔断器盒中连接电喇叭电路的熔断器（10A）熔丝是否烧断。如果熔丝已烧断，更换新的熔断器，并检查电喇叭电路有无搭铁故障；如果熔断器正常，则进行下一步故障诊断。

2）将喇叭继电器的B接线柱与连接电喇叭的H接线柱搭接，听电喇叭是否响。如果电喇叭不响，需检查继电器与熔断器盒、电喇叭之间的连接线路，若线路良好，则需拆修或更换电喇叭；如果喇叭响，则进行下一步诊断。

3）将喇叭继电器连接喇叭按钮的 S 接线柱直接搭铁，听电喇叭是否响。如果电喇叭不响，则需检修或更换喇叭继电器；如果电喇叭响，需检查继电器与喇叭按钮之间的连接线路，若线路良好，则需检修喇叭按钮。

（2）电喇叭声音低哑

汽车电源正常，但电喇叭发出的声音低哑，可能的故障原因如下：

1）电喇叭触点接触不良、线圈有局部短路、喇叭膜片有破裂等。

2）喇叭继电器触点接触不良（烧蚀、接触压力过低）。

3）电喇叭线路连接有松动、接触不良之处。

4）电喇叭安装松动而使其搭铁不良。

故障诊断方法如下：

将喇叭继电器的 B 接线柱与电喇叭的 H 接线柱直接短接，听电喇叭响声是否正常。如果仍不正常，需检查电喇叭线路连接及电喇叭的安装，若均正常，先将电喇叭触点的接触压力适当调大，响声仍不能正常则需拆修或更换电喇叭；如果电喇叭响声正常，则需检修或更换喇叭继电器。

（3）转向灯不亮

接通转向灯开关（左或右）时，所有转向灯均不亮，可能的故障原因如下：

1）转向灯电路的 10A 熔断器的熔丝烧断。

2）转向灯开关、闪光器、熔断器盒处线路连接不良或之间的线路有断路或搭铁。

3）闪光器有故障。

4）转向开关内部接触不良。

5）所有转向灯均烧坏。

故障诊断方法如下。

1）检查熔断器盒中连接转向灯电路的熔断器（10A）的熔丝是否烧断。如果熔丝已烧断，更换新的熔断器，并检查转向灯电路有无搭铁故障；如果熔断器正常，则进行下一步故障诊断。

2）检测闪光器 B 接线柱对地电压。如果无电压，则需检修闪光器至熔断器之间、熔断器之前的电源线路；如果为蓄电池电压，则进行下一步诊断。

3）将闪光器 B、L 接线柱直接相连，并接通转向开关，看转向灯是否亮。如果转向灯亮，则说明闪光器有断路故障，需拆修或更换闪光器；如果转向灯不亮，则进行下一步诊断。

4）将转向灯开关的 B 接线端子 B 分别与左、右转向灯的 L、R 接线端子直接连接，看转向灯是否闪亮。如果闪亮，则说明转向开关有故障，需拆修或更换；如果不闪亮，则需检修转向开关至转向灯、闪光器之间的线路及转向灯。

（4）转向灯不闪亮

接通转向灯开关后，转向灯常亮但不闪烁，可能的故障原因如下：

1）闪光器故障。

2）转向灯开关前的连接线路有短路。

故障诊断方法如下：

断开闪光器的连接导线，测量 L 接线柱对地电压，正常应为零。如果为蓄电池电压，则需检修线路；如果不为蓄电池电压，则需更换闪光器。

（5）闪光频率不当

接通某侧转向灯开关时，转向灯的闪光频率明显过高或过低，可能的故障原因如下：

1）闪光器不良。

2）转向灯电路连接导线或转向灯接触不良。

3）两侧的转向灯功率不一致或有灯泡烧坏。

故障诊断方法如下：

检查灯泡有无烧坏、两侧转向灯灯泡的功率是否相同。如果有灯泡烧坏、灯泡的功率不符或两侧灯泡功率不相同，则需更换灯泡；如果灯泡检查无问题，则需检查转向灯电路的线路连接，看是否有接触不良之处，若线路连接良好，则需更换闪光器。

二 典型轿车信号系统电路

典型轿车信号系统电路示例（桑塔纳轿车信号系统电路）如图 7-15 所示。

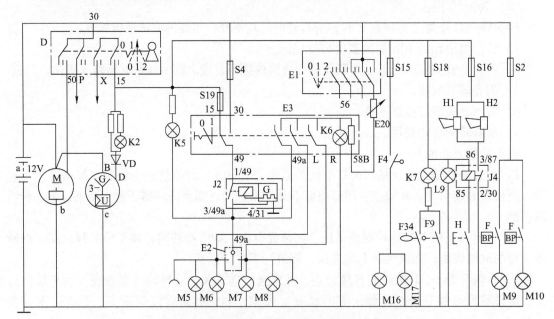

图 7-15　桑塔纳轿车信号系统电路

E1—车灯开关　E2—转向灯开关　E3—危险警告开关　E20—调光电阻　F—制动灯开关　F4—倒车灯开关
F9—驻车制动开关　F34—制动液面警告开关　H—喇叭按钮　H1、H2—电喇叭　J2—闪光器　J4—喇叭继电器
K5—转向指示灯　K6—危险警告信号指示灯　K7—双回路和驻车制动灯　M5、M6、M7、M8—转向灯　M9、M10—制动灯
M16、M17—倒车灯

1. 电路特点

1）喇叭继电器电路。该轿车配用了两个电喇叭，电喇叭的工作电流较大，因此也配置

了喇叭继电器。但喇叭继电器触点串联在电喇叭的搭铁电路中，通过喇叭继电器触点（闭合时）将电喇叭的搭铁电路接通。

2）闪光器电路。闪光器至电源的电路中串联了危险警告开关、点火开关，在危险警告开关0位、点火开关1档时闪光器连通蓄电池。因此，在点火开关关闭（发动机熄火）时，即使接通转向灯开关，转向灯也不会工作。

3）危险警告开关电路。危险警告开关中有一个与点火开关并联的触点，危险警告开关在1位时，将闪光器直接接通蓄电池，使危险警告信号装置在停车时也可使用。

4）转向灯电路。转向指示灯与闪光器并联，与转向灯串联。因此，该指示灯的闪亮时间与转向灯相反，即转向灯亮（闪光器通路）时转向指示灯不亮，转向灯熄灭（闪光器断路）时转向指示灯亮。

2. 电路原理

（1）转向灯电路原理

在危险警告开关 E3 未按下时，闪光器 J2 电源接线柱通过危险警告开关连接 15 号电源线。点火开关接通时，15 号电源线通电，此时，驾驶人将转向开关拨向一侧时，该侧的转向灯通电闪烁，电路通路为：蓄电池＋→点火开关→熔断器 S19→危险警告开关 E3→闪光器J2→转向灯开关 E2→左侧转向灯 M5 、M6（或右侧转向灯 M7、M8）→搭铁。

（2）危险警告信号电路原理

当驾驶人按下危险警告开关 E3 时，闪光器 J2 电源接线柱与 30 号电源线连接，并使两侧转向灯均与闪光器连接，两侧转向灯同时闪烁，发出危险警告信号。其电路通路为：蓄电池＋→熔断器 S4→危险警告开关 E3→闪光器 J2→危险警告开关 E3→转向灯开关 E2 接线柱→左右两侧转向灯 M5 、M6、M7 和 M8→搭铁。

（3）危险警告信号指示灯电路原理

在危险警告开关 E3 未按下时，危险警告信号指示灯可由车灯开关控制，接通车灯开关（1 档或 2 档）时，危险警告信号指示灯通电亮起，电路通路为：蓄电池＋→车灯开关E1→仪表灯调光电阻 E20→限流电阻（在危险警告开关内）→危险警告信号指示灯→搭铁。此时危险警告信号指示灯因电流较小而不很亮，在夜间用于显示危险警告开关的位置。

当按下危险警告开关 E3 时，危险警告信号指示灯与转向灯并联，此时，危险警告信号指示灯与转向灯一起闪烁，指示转向灯处于危险警告信号工作状态。

3. 电路故障及诊断方法

（1）电喇叭不响

电源正常，但按喇叭按钮时喇叭不响，可能的故障原因如下：

1）电喇叭电路中的熔断器 S16、S18 烧断，线路连接处有断脱。

2）喇叭按钮触点接触不良或搭铁不良。

3）喇叭继电器触点接触不良、线圈烧坏。

4）电喇叭内部触点接触不良、触点间短路、线圈烧坏。

故障诊断方法如下：

1）检查中央接线板中的 S16、S18 熔断器，看其是否烧断。如果有熔断器的熔丝已烧断，更换新的熔断器，并检查与之连接的电路有无搭铁故障；如果熔断器正常，则进行下一步诊断。

2）将喇叭继电器的3/87接线柱直接搭接，听电喇叭是否响。如果电喇叭不响，需检查继电器与电喇叭、电喇叭与熔断器盒之间的连接线路，若线路连接良好，则需拆修或更换电喇叭；如果电喇叭响，则进行下一步诊断。

3）将喇叭继电器的85接线柱直接搭铁，听电喇叭是否响。如果电喇叭响，需检查继电器与喇叭按钮之间的连接线路，若线路连接良好，则需检修喇叭按钮；如果电喇叭不响，则需检修或更换喇叭继电器、喇叭继电器与熔断器盒之间的连接线路。

（3）转向灯不亮

接通转向灯开关（左或右）时，所有转向灯均不亮，可能的故障原因如下：

1）转向灯电路的熔断器S19熔丝烧断。

2）转向灯开关、闪光器、熔断器盒处线路连接不良或之间的线路有断路或搭铁。

3）闪光器有故障。

4）转向开关内部接触不良。

5）所有转向灯均烧坏。

故障诊断方法如下：

1）按下危险警告开关，看转向是否闪烁。如果此时转向灯能闪烁，检查中央接线板中的S19熔断器，若熔断器已烧断，更换熔断器，并检查相关电路有无短路，若熔断器正常，则需检修转向灯开关；如果转向灯不闪烁，则进行下一步诊断。

2）接通点火开关，检测闪光器电源接线端子1/49的对地电压。如果无电压，则需检查闪光器至危险警告开关、危险警告开关至熔断器之间的线路，若线路正常，则检修或更换危险警告开关；如果为蓄电池电压，则进行下一步诊断。

3）将闪光器的接线端子1/49与3/49a直接相连，再接通点火开关和转向灯开关，看转向灯是否亮。如果转向灯亮，则说明闪光器有断路故障，需拆修或更换；如果转向灯不亮，则需检修闪光器至转向灯开关、转向灯开关至转向灯之间的线路及转向灯。

第三节　信号系统部件（电喇叭）的检修

1. 电喇叭的常见故障

触点式电喇叭的常见故障有触点烧蚀或脏污而接触不良、触点短路、电磁线圈断路或短路、消弧电容（或电阻）短路或断路等，造成电喇叭不响或声音低哑。

2. 电喇叭的检修方法

（1）检查电喇叭有无断路

用万用表的电阻档检测触点式电喇叭两接线端子之间的电阻，电喇叭的电阻值为0.1～2Ω（不同功率、不同型号的电喇叭其电阻值不同），看电阻值是否正常。

如果电阻值过大或无穷大，均说明电喇叭内部有断路或触点接触不良等故障，需拆解电喇叭检修触点、电磁线圈等。

触点轻微烧蚀或脏污，可经打磨和清洁后继续使用，否则需更换电喇叭。

（2）检查电喇叭有无搭铁

用万用表的电阻档检测触点式电喇叭某接线端子与壳体之间的电阻，电阻值应为无穷大。如果电阻值为零或较小，则说明电喇叭内部有搭铁故障，需更换电喇叭。

（3）电喇叭试验

将电喇叭两接线端子连接蓄电池，听其声响是否正常。电喇叭不响或声音低哑，说明电喇叭有故障，需拆检或更换电喇叭。

3. 电喇叭的调整

（1）音量调整

触点式电喇叭可通过调整触点的接触压力来调整电喇叭的音量，以盆形触点式电喇叭为例（图7-16），将音量调整螺钉适当旋入，喇叭音量可调小；将音量调整螺钉旋出，则可调大喇叭音量。

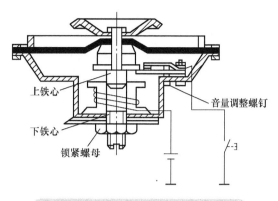

图7-16 盆形触点式电喇叭的调整

专家提醒 ✐

　　调整电喇叭音量时，音量调整螺钉一次旋入或旋出量不能过大（不超过1/4圈），否则容易导致电喇叭不发声。

（2）音调调整

触点式电喇叭可通过调整衔铁与铁心之间的间隙来改变电喇叭的音调，盆形触点式电喇叭是通过改变上铁心和下铁心的间隙来调整音调的：松开锁紧螺母后，适当旋入下铁心，音调调高；反之则音调调低。

第八章

> Chapter 8

汽车仪表及指示灯系统电路的构成与特点分析

第一节　汽车仪表及指示灯系统电路部件的结构原理

一　汽车仪表及指示灯系统概述

阅读提示 ✔

　　汽车仪表及指示灯系统由各种指示表、指示灯及相应的传感器组成，其作用是向驾驶人指示发动机运转及汽车行驶情况，以便驾驶人正确地使用车辆，及时发现和排除故障，确保行车安全。不同级别、不同使用要求的汽车，其仪表及指示灯系统的配置会有所不同。

1. 对汽车仪表的要求

　　仪表系统是驾驶人了解汽车工作状况的"眼睛"，对确保汽车行车安全、及时排除故障和避免发动机出现严重故障等均起着重要的作用。因此，要求汽车上各个仪表的结构简单、工作可靠、显示数据清晰准确、指示值受电源的电压波动和环境温度影响小，除此之外，仪表的抗振、耐冲击性能也要好。传统的仪表系统由电流表、机油压力表、冷却液温度表、燃油表及车速里程表等组成，在一些采用气压制动的汽车上，还装有气压表。一些汽车上无电流表，而是装用电压表，现代汽车大都装有发动机转速表。

2. 对指示灯的要求

　　指示灯主要用于指示汽车某些参数的极限情况和某些非正常情况的报警。汽车指示灯系统通常设有冷却液温度过高警告灯、机油压力过低警告灯、制动气压过低警告灯、充电指示灯、燃油液面过低指示灯、制动液位面过低警告灯、驻车制动器未松警告灯等。在一些汽车上还装有制动蹄片磨损警告灯、空气滤清器堵塞警告灯等。使用电子控制装置的汽车上还装有各种电控装置工作指示灯或故障警告灯。

　　由于指示灯系统用来指示汽车某系统或部件的极限情况或异常情况报警，所以要求指示灯/警告灯的灯光必须醒目,以便更容易引起驾驶人的注意。指示灯系统的灯光一般为红色,少数指示灯则采用黄色。为提高警示作用,有的指示灯还同时配有蜂鸣器协助工作。

3. 汽车仪表的结构类型

(1)按仪表的结构形式分类

汽车仪表按其结构形式的不同,可分为独立式和组合式两种。

1)独立式仪表。汽车上所用的各种仪表都有各自的壳体,单独安装在仪表板上。

2)组合式仪表。是指将各仪表封装在一个壳体内。由于组合式仪表具有结构紧凑、美观、便于观察等特点,所以已被现代汽车广泛采用。

阅读提示 ✔

独立式仪表布置分散,不便于驾驶人观察,也不美观,因此 20 世纪 70 年代开始,其逐渐被组合式仪表所取代。

(2)按仪表的组成形式及工作原理分类

如果按仪表的组成形式及工作原理分类,可将汽车仪表大致分为机械式、电热式、电磁式、电子式等几种类型。

1)机械式仪表。机械式仪表是指仪表不采用传感器,而是通过机械的方式将被测参量传递给指示表,再由指示表显示相应的参数。比如,通过一根软轴将变速器输出轴的旋转运动传递给车速和里程指示表的车速里程表就属于机械式仪表。

2)电热式仪表。电热式(也称双金属片式)仪表,其指示表指针的偏摆是由双金属片受热弯曲带动的,而双金属片的弯曲程度取决于绕制在双金属片上的加热线圈电流的大小。这一类仪表通过传感器将被测参量转换为双金属片上加热线圈相应的电流,使双金属片有相应的弯曲,指针有相应的偏摆,以指示相应的值。

3)电磁式仪表。此类仪表指针的偏摆是通过指示表内部的磁场力带动的,仪表的被测参量通过传感器使指示表内部两个线圈电流发生变化,引起磁场方向发生偏转,并动指针偏摆。

4)电子式仪表。电子式仪表通过传感器将该仪表的被测参量转换为相应的电信号,再通过电子电路的信号处理,推动指针偏摆来显示相应的数值,或直接通过显示器显示相应的数值。

汽车电子仪表系统实际上是一个以微处理器为核心的电子控制系统,由传感器、控制器及显示器组成。各传感器及相应的开关信号输入电子控制器,电子控制器将这些信号进行处理后,输出控制信号,通过驱动电路使显示器显示相应的参数。

阅读提示 ✔

汽车电子仪表系统具有存储和运算功能,因此电子仪表系统不仅可显示发动机温度、车速里程、发动机转速、燃油量等这样一些直接参数,还可显示当前的瞬时油耗率、一段时间的平均油耗率、当前油量及油耗率下的续驶里程等间接参数。汽车电子仪表系统在汽车上的应用将会越来越多。

二 电热式汽车仪表

1. 电热式指示表的构成与工作原理

（1）电热式指示表的构成

电热式指示表的结构如图 8-1 所示。指示表内双金属片上绕有加热线圈，该线圈一端通过点火开关连接电源正极，另一端连接传感器。当双金属片上的加热线圈通电发热时，双金属片受热弯曲，就会带动指针做相应的摆动，指示相应的刻度。

（2）电热式指示表的工作原理

双金属片弯曲的程度由加热线圈的电流所决定。电热式指示表所匹配的传感器将被测物理量转换为加热线圈相应的电流值，产生相应的热量，使双金属片有相应的弯曲，带动指针做相应的摆动以指向相应的示值。

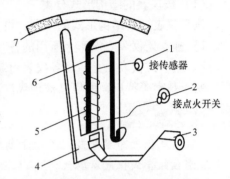

图 8-1　电热式指示表的结构

1、2—接线柱　3—支架　4—指针
5—加热线圈　6—双金属片　7—刻度盘

专家解读 ☞

　　双金属片由两片热胀系数不同的金属重叠而成，当温度变化时，双金属片就会弯曲。温度变化越大，双金属片的弯曲程度也越大。

电热式指示表匹配不同的传感器组合，可形成不同的汽车仪表。

2. 电热式机油压力表

电热式指示表匹配一个可将机油压力转换为加热线圈电流的油压传感器，就成了机油压力表。机油压力传感器有双金属片式、压敏电阻式和电位计式等不同的类型，采用双金属片式机油压力传感器的电热式机油压力表如图 8-2 所示。

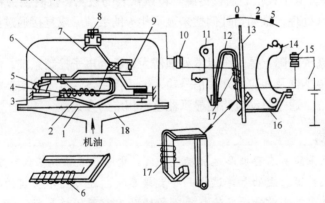

图 8-2　电热式机油压力表

1—膜片　2—带触点弹簧片　3—触点　4、12—双金属片　5、11、14—调节齿轮　6、17—加热线圈
7—接触片　8、10、15—接线柱　9—校正电阻　13—指针　16—弹簧片　18—机油压力腔

（1）电热式机油压力表的结构特点

采用双金属片式传感器的电热式机油压力表的结构特点如下：

1）机油压力指示表中的双金属片绕有加热线圈，该加热线圈与传感器双金属片上的加热线圈串联。

2）双金属片式机油压力传感器中双金属片上的加热线圈经触点与搭铁相连。

3）传感器内的加热线圈通电时，产生的热量使双金属片温度升高而向上弯曲，并使触点断开。

4）双金属片式机油压力传感器内部膜片的下腔与发动机主油道相通，机油压力经膜片和弹簧作用到触点上，机油压力大，作用在触点上的压力就大，双金属片需要上升较高的温度（较大的弯曲程度）才能使触点断开。

（2）电热式机油压力表的工作原理

1）仪表的工作方式。接通点火开关时，机油压力表电路接通，其电路通路为：蓄电池＋→点火开关（电源）→指示表接线柱15→指示表加热线圈→指示表接线柱10→连接导线→传感器接线柱8→接触片→传感器加热线圈→触点→弹簧片→搭铁。传感器加热线圈通电时产生的热量使传感器双金属片受热

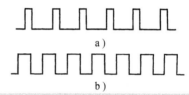

图8-3 电热式机油压力表工作电流波形

a）机油压力低时的电流波形

b）机油压力高时的电流波形

弯曲而使触点断开，使传感器加热线圈断流，双金属片冷却伸直使触点重新闭合，传感器加热线圈又通电发热，如此循环，使机油压力表电路形成一个脉动的电流（图8-3）。

2）机油压力低时。机油压力低时，触点的压力小，双金属片稍有受热弯曲就可使触点断开，触点闭合时间相对较短，使得电路中的电流脉宽较小（图8-3a）。该电流通过指示表加热线圈，使指示表内的双金属片受热弯曲变形小，指针的偏摆角度小，指针指示的油压指示值低。

机油压力高时，触点的压力大，传感器加热线圈必须经过较长时间通电，使双金属片受热得到较大的弯曲后才能使触点断开，触点断开后只需较短的时间又可闭合，使得电路中的电流脉宽增大（图8-3b）。此脉冲电流通过油压指示表电热线圈，使油压指示表内的双金属片受热弯曲变形大，带动指针偏摆的角度也大，指针指示的油压指示值高。

3. 电热式发动机冷却液温度表

电热式指示表如果匹配一个可将发动机冷却液的温度变化转换为加热线圈电流变化的温度传感器，就可用作发动机冷却液温度表。汽车发动机冷却液温度表所用的发动机冷却液温度传感器有热敏电阻式和双金属片式。双金属片式发动机冷却液温度传感器现在已很少采用，普遍采用的是热敏电阻式温度传感器。电热式发动机冷却液温度表结构如图8-4所示。

（1）电热式发动机冷却液温度表的结构特点

采用热敏电阻式温度传感器的电热式发动机冷却液温度表的结构特点是：指示表中的加热线圈与传感器的热敏电阻串联；热敏电阻的温度系数为负，即随着温度的升高，热敏电阻的阻值下降。

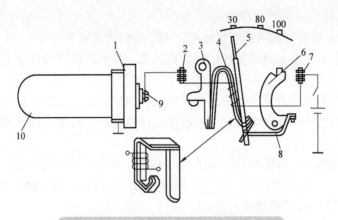

图8-4 电热式发动机冷却液温度表结构

1—热敏电阻式温度传感器 2、7、9—接线柱 3、6—调节齿轮
4—双金属片 5—指针 8—弹簧片 10—传热套筒

（2）电热式发动机冷却液温度表的工作原理

1）发动机冷却液温度低时，传感器热敏电阻的阻值较大，指示表加热线圈的电流较小，双金属片受热弯曲程度较小，指针偏摆小，指示低温示值。

2）当发动机冷却液温度升高时，传感器热敏电阻的阻值随之减小，指示表加热线圈的电流增大，双金属片受热弯曲的程度增大，带动指针摆向高温示值。

4. 电热式燃油表

电热式指示表如果连接一个可将燃油箱油面的高低转换为电阻值变化的液面高度传感器，就是一个油量表（燃油表）。液面高度传感器有电位计式、电容式和电热式等，汽车燃油表通常用电位计式液面高度传感器。采用电位计式液面高度传感器的电热式燃油表结构如图8-5所示。

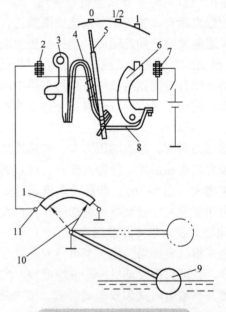

（1）电热式燃油表的结构特点

电位计式液面高度传感器串联在指示表加热线圈的电路中，随着燃油箱油量的减少（油面下降），传感器浮子下沉，电位计的电阻值随之增大。

（2）电热式燃油表的工作原理

1）在燃油箱满油时，传感器的浮子在最高的位置，通过浮子杆和转轴，使电位计滑片在最左的位置，电位计的电阻值最小，指示表加热线圈的电流最大，使双金属片受热弯曲程度最大，带动指针指示满油刻度。

图8-5 电热式燃油表结构

1—电位计滑片电阻 2、7、11—接线柱 3、6—调节齿轮
4—双金属片 5—指针 8—弹簧片 9—浮子 10—电位计滑片

2）随着燃油箱油面的下降，传感器浮子下沉，带动电位计滑片向右移动，电位计的电阻值随之增大，指示表加热线圈的电流减小，双金属片受热弯曲程度减小，带动指针摆向油量减小的刻度。

 三 电磁式汽车仪表

1. 电磁式指示表的构成与工作原理

（1）电磁式指示表的构成

电磁式指示表结构如图 8-6 所示。电磁式指示表两线圈分别与传感器串联和并联，衔铁（也称其为转子）上固定有指针，衔铁转动时，带动指针摆动。衔铁依靠两线圈通电后产生的合成磁场的电磁力使其转动，并带动指针摆动。

（2）电磁式指示表的工作原理

电磁式指示表指针的摆动取决于左右两线圈产生的合成磁场的方向。当与指示表内部左右两个线圈分别串联和并联的传感器电阻变化时，左、右两个线圈的电流就相应改变，其合成磁场的方向随之偏转，吸引衔铁带动指针指向相应的示值。

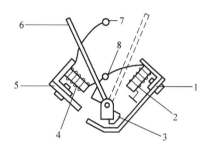

图 8-6　电磁式指示表结构

1—右线圈导磁片　2—右线圈（并联）　3—衔铁
4—左线圈（串联）　5—左线圈导磁片　6—指针
7—接线柱（接点火开关）　8—接线柱（接传感器）

电磁式指示表如果匹配将机油压力、发动机冷却液温度、燃油液面等物理参量转换为相应电阻值的传感器，就构成了机油压力表、发动机冷却液温度表及燃油表等不同的汽车仪表。

2. 电磁式发动机冷却液温度表

电磁式指示表匹配热敏电阻式温度传感器，就构成了电磁式发动机冷却液温度表，其结构构成及等效电路如图 8-7 所示。

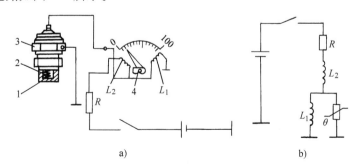

a)　　　　　　　　　　b)

图 8-7　电磁式发动机冷却液温度表

a）结构组成　b）等效电路

1—热敏电阻　2—弹簧　3—传感器壳体　4—衔铁

（1）电磁式发动机冷却液温度表的结构特点

1）电磁式指示表内的两个电磁铁互成一定角度，其中 L_2 匝数较少，与传感器串联，L_1 匝数较多，与传感器并联，两个铁心的下端设置带指针的衔铁。两电磁线圈通电产生一个合成磁场，衔铁在该磁场力的作用下偏转至某个角度，并带动指针偏摆至相应的位置。

2）温度传感器内热敏电阻的温度系数为负，当温度上升时，传感器的电阻值减小，与之并联的线圈 L_1 电流减小，与之串联的线圈 L_2 电流则稍有增大。串联电阻 R 用以限制流经线圈 L_2 的电流。

（2）电磁式发动机冷却液温度表的工作原理

1）当发动机冷却液温度低时，传感器的热敏电阻阻值较大，流经 L_1 和 L_2 线圈的电流相差不多，但由于 L_1 匝数多，产生磁场强，两线圈的合成磁场吸引衔铁摆动使指针指示低温。

2）当发动机冷却液温度升高时，传感器的热敏电阻阻值减小，其分流作用增强，使流经 L_1 的电流减小，其电磁力减弱，这时两线圈的合成磁场方向变化，使衔铁转动某个角度，带动指针向高温方向偏摆。

3. 电磁式燃油表

电磁式指示表匹配燃油液面传感器，就构成了电磁式燃油表，如图 8-8 所示。

（1）电磁式燃油表的结构特点

1）电磁式燃油表的指示表结构和工作原理与电磁式发动机冷却液温度表相似，也是通过其内部左线圈（L_2）和右线圈（L_1）所产生的电磁力吸引衔铁转动，带动指针摆动。

2）传感器是一个滑片式电位计，当浮子随燃油箱油面上下移动时，带动滑片滑动，使其串入燃油表电路中的电阻值随之改变。

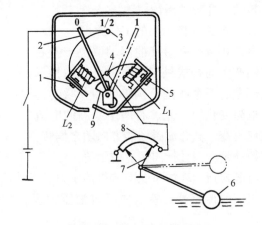

图 8-8　电磁式燃油表

1—左导磁片　2—指针　3、4—指示表接线柱
5—右导磁片　6—浮子　7—电位计滑片
8—电位计滑片电阻　9—衔铁

（2）电磁式燃油表的工作原理

1）当油箱中无油时，浮子就会下沉至最低位置，滑片电阻被电位计滑片短路。此时接通电路后，与滑片电阻并联的右线圈 L_1 被短路，无电流通过，与滑片电阻串联的左线圈 L_2 电流达到最大，L_2 产生的电磁力吸动衔铁使指针指示在"0"位。

2）当油箱装满燃油时，浮子在最高位置，滑片电阻串入电路的电阻值最大。此时接通电路，L_1、L_2 两线圈的电流相差不多，两线圈所产生的合成磁场吸引衔铁转动的位置使指针指向"1"位。

3）当油箱油面下降时，随油面下移的浮子带动电位计滑片滑动，使串入电路的滑片电阻阻值减小，右线圈 L_1 电流减小，左线圈 L_2 的电流则稍增大，两线圈产生的合成磁场吸引衔铁转动的角度使指针向"0"位一侧靠近。

滑片与滑片电阻如果出现接触不良就会产生电火花，容易造成火灾事故。将滑片电阻的左端接地是为了避免滑片滑动时可能产生的电火花，以提高使用的安全性。

四 电子式汽车仪表

电子式汽车仪表由传感器、电子电路和指示表/显示器组成，如图8-9所示。

图8-9 电子式汽车仪表的组成

电子式汽车仪表各组成部分的作用是：传感器用于将仪表所要显示的被测参量转换为相应的电信号；电子电路对传感器的信号进行处理，然后输出驱动指示表/显示器工作的电信号；指示表/显示器在电子电路输出的驱动信号作用下工作，通过指针的摆动指示相应的示值，或通过显示器直接显示相应的数字。

1. 电子式车速里程表

电子式车速里程表通过安装在变速器处的传感器获得反映变速器输出轴转速的脉冲信号，再通过电子电路的信号处理驱动指示表，其基本组成如图8-10所示。

图8-10 电子式车速里程表的基本组成

（1）电子式车速里程表的结构类型

电子式车速里程表的传感器、电子电路及指示表均有不同的结构类型。

1）传感器的类型。传感器用于产生一个能反映变速器输出轴转速的电压脉冲信号，有光电式、霍尔式、磁阻式及舌簧开关式等多种类型。

2）电子电路的类型。电子电路用于对传感器的电压脉冲信号进行处理，以驱动车速指示表和里程指示表工作。根据传感器和指示表结构类型的不同，电子电路的具体结构形式与功能也各不相同。根据其输出信号的结构形式不同，可分为产生驱动指针式仪表动作及驱动步进电动机转动的模拟信号处理电路和具有累计计数功能的数字信号处理电路（计数器）两种类型。

3）指示表的类型。电子式车速里程表的指示表主要有指针式、数字式两种形式。

（2）电子式车速里程表示例

电子式车速里程表电路示例如图8-11所示。该示例采用舌簧开关式传感器、指针式车速指示表（车速表）和数字轮式里程指示表（里程表）。

1）基本组成。该电子电路主要包括稳压电路、单稳态触发电路、恒流源驱动电路、64分频电路和功率放大电路等。其作用是将反映车速的脉冲信号进行整形、分频及放大等处理后，驱动车速表和里程表。

2）车速表工作原理。本例车速指示表实际上是一只电磁式电流表。传感器的脉冲信号经单稳态触发电路和恒流源驱动电路的处理后，输出一个等幅等宽的脉冲电压，使输入车速指示表（电流表）的平均电流与车速成正比，指示表的指针做相应的偏摆，以指示相应的车速。

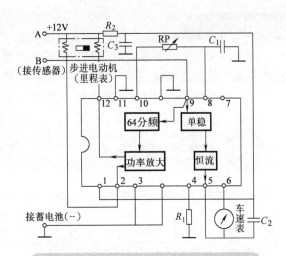

图8-11 电子式车速里程表电路示例

3）里程表工作原理。本例里程表由数字轮和步进电动机组成，数字轮是一个十进位的齿轮计数器，步进电动机是一种由脉动电流驱动、按步转动且转动步长恒定不变的特殊电动机。传感器的脉冲信号经64分频电路分频处理，再经功率放大电路进行功率放大后，驱动步进电动机转动，带动数字轮转动，记录汽车累计的行驶里程。

2. 电子式发动机转速表

某电子式发动机转速表电路如图8-12所示。本例转速信号取自点火线圈"−"低压接线柱，电子电路采用单稳态多谐振荡器的发动机转速表电路原理。

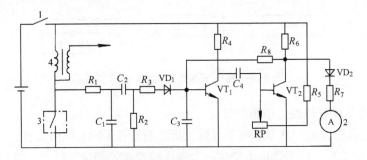

图8-12 某电子式发动机转速表电路

1—点火开关　2—转速表　3—电子点火器　4—点火线圈

（1）电子式发动机转速表的构成

R_1、R_3、C_1、C_2组成滤波电路，用于滤除输入脉冲信号的高频谐波；VT_1、VT_2及相应的电阻和电容组成单稳态多谐振荡电路，用于产生脉宽和幅值恒定的电压脉冲，振荡电路由点火线圈"−"接线柱输入的脉冲电压信号触发工作。

（2）电子式发动机转速表的工作原理。

发动机未转动时，接通点火开关，VT_2通过RP处于正向偏置而导通，VT_2饱和导通后VT_1和VD_2则不能导通，因此转速表读数为零。

发动机转动后，从点火线圈"−"接线柱输出的第一个信号脉冲经滤波电路滤波后到

达 VT_1 的基极，使 VT_1 导通，C_4 便开始放电，使 VT_2 的基极电位下降而截止（非稳态），VT_2 的集电极电位迅速升高，通过 R_8 反馈到 VT_1 的基极，使 VT_1 迅速饱和导通。在 VT_2 截止的这段时间内，VD_2 导通，转速表 2 有电流通过。VT_2 的截止时间取决于 C_4 的放电时间，随着 C_4 放电电流的逐渐减小，VT_2 基极电位升高，当达到其导通电压时，VT_2 导通，其集电极电位下降，又通过 R_9 反馈使 VT_1 迅速截止、VT_2 饱和导通（稳态）。当第二个信号脉冲经滤波电路到达 VT_1 的基极时，VT_1 才第二次导通。

单稳态多谐振荡电路输出的脉冲幅值和脉冲宽度固定不变，使得通过转速表的平均电流只与发动机转速成正比。发动机的转速上升，单稳态多谐振荡电路输出脉冲的频率增加，通过转速表的平均电流增大，转速表的示值也相应增大。

五　电子仪表系统

电子仪表系统以微处理器为核心，其基本组成如图 8-13 所示。电子仪表系统满足了现代汽车对仪表更高性能的要求，因此在汽车上的应用逐渐增多。

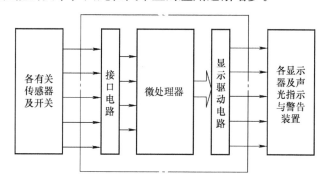

图 8-13　电子仪表系统的基本组成

1. 电子显示装置

电子仪表的显示装置主要有发光二极管（LED）显示装置、荧光屏显示器（VFD）及液晶显示器（LCD）等，目前汽车上广泛采用液晶显示器。

（1）液晶显示器的构成

专家解读 ☞

液晶是"液态晶体"的简称，它是一种有机化合物，在一定的温度范围内具有液体的流动性，同时又具有晶体的某些特性。液晶显示与发光二极管和真空荧光屏显示不同，它并不是自身发光，只是在其他光源的激发下，在阻止和允许光线通过这两种状态之间进行转换。

液晶显示利用偏振光的特性成像，液晶显示器的基本结构如图 8-14 所示。液晶被封装在两块有透明电极膜的玻璃板之间，两玻璃板的外侧是两块偏光轴互相垂直的偏振滤波片（偏光板）。

（2）液晶显示器的工作原理

经特殊研磨处理的玻璃板表面可使液晶分子被强制性同方向配置，前后玻璃板中做90°配置，液晶分子的方向则以90°螺旋状排列（图8-15a）。

当光源的光线从一侧射入时，通过偏光板的光成为平行光进入液晶层，经液晶分子螺旋状90°的偏转后到达另一侧的玻璃板，偏光板使与其偏光轴垂直的光线不能通过而变暗。当两玻璃板之间加上一个电压时，在电场力的作用下，液晶分子的长轴方向转成与玻璃板表面互相垂直（图8-15b），此时，

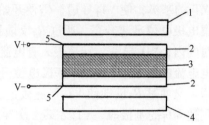

图8-14　液晶显示器的基本结构
1、4—偏光板　2—玻璃板　3—液晶
5—玻璃板表面的透明导体

从一侧偏光板进入的光线就不会再引起旋转，光线通过另一侧的偏光板而呈明亮状态。这样，通过控制玻璃板上透明笔画电极的通断电，就可显示数字、字母或图形。

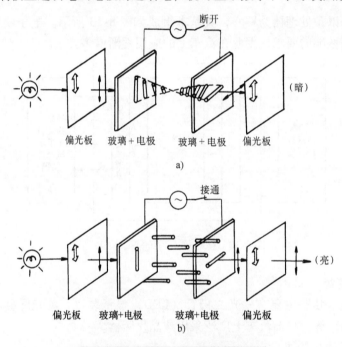

图8-15　液晶显示器的工作原理
a）玻璃板间不加电压　b）玻璃板间加电压

液晶显示器显示面积大、能耗低、显示清晰且不受阳光直射的影响，通过滤光镜还可显示不同的颜色，因此其应用极为广泛。

2. 电子仪表板

（1）仪表板信息的传输

电子仪表板通常采用多路传输技术，以减少传输线路、节约空间、降低成本。以3位数字显示器（图8-16）为例，说明电子仪表板的信息传输方式。

这种7画数字式显示器每个数字由7只发光二极管组成，普通传输方式则需要有21个电路接头和21根传输线。而多路传输方案只需10个电路接头和10根传输线（不含搭铁

线），而仪表板控制微处理器通过 A、B、C 端子控制数位，用 1~7 传输线输送数字信息。微处理器的数字信息以串行方式逐位输出，虽然每次只显示 1 个数字，但由于工作频率较高和人眼视觉暂留作用，驾驶人所见的是连续发亮的 3 位数字。

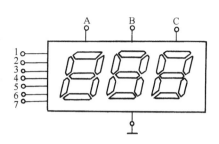

图 8-16 3 位数字显示多路传输

（2）仪表板信息的选送

汽车在运行中，各个仪表传感器将有关的信号同时传输给微处理器，微处理器在对这些信号进行处理时是逐个进行的，因此需采用多路信号转换开关选择信号源；信号经处理后则需要将该信息及时传送给相应的显示装置，因此也需要一个信息选送开关。图 8-17 所示为电子仪表板多路信号选送开关的示意图。

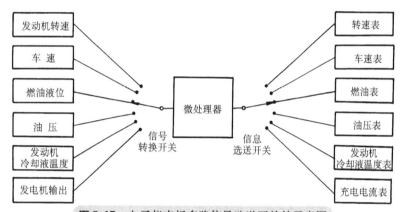

图 8-17 电子仪表板多路信号选送开关的示意图

（3）电子仪表系统显示面板

电子仪表板通过数字、字母、数字 + 字母、曲线图或柱形图等多种显示方式向驾驶人发出汽车各种工况、状态等信息和各种警告信号。不同车型的电子仪表板其显示器的结构与布置形式等各不相同，电子仪表显示面板示例如图 8-18 所示。

图 8-18 电子仪表显示面板示例

汽车指示灯系统

安装在汽车仪表板上的各种指示灯用于指示发动机冷却液温度、制动液位面、机油压力等的极限情况和非正常情况的报警，各指示灯电路由相应的灯具和传感器或开关组成。

现代汽车通常装备的指示灯有：冷却液温度过高警告灯、机油压力过低警告灯、制动气压过低警告灯（装备气压制动系统的汽车）、充电指示灯、燃油液面过低指示灯、制动液位面过低指示灯、驻车制动器未松警告灯等。有的汽车上还装有制动蹄片磨损警告灯、制动灯断丝警告灯、空气滤清器堵塞警告灯等。随着电子控制装置在汽车上的使用，汽车指示灯系统所装用的指示灯和警告灯也更多了。

1. 机油压力过低警告灯

（1）结构类型

机油压力过低警告灯用于润滑系统压力过低报警，其电路由仪表板上的红色警告灯和安装在发动机润滑主油道上的压力开关组成。压力开关有薄膜式、弹簧管式等不同的形式，采用薄膜式压力开关的机油压力过低警告灯电路如图8-19所示。

（2）工作原理

薄膜式机油压力警告灯电路工作原理如下：

压力开关内的弹簧片使触点保持在闭合状态，当接通点火开关时，仪表板上的机油压力过低警告灯就会亮起。

发动机起动后，发动机润滑主油道油压达正常值时，机油压力推动薄膜向上移动，通过推杆将触点顶开，警告灯熄灭；发动机工作时若出现机油压力过低的情况，触点就会在弹簧力的作用闭合，使机油压力过低警告灯亮起，以示警告。

2. 制动气压不足警告灯

（1）结构形式

采用气压制动的汽车装有制动气压不足警告灯，用于气压制动系统压力过低时的报警。制动气压不足警告灯电路由安装在制动系储气筒或制动阀压缩空气输入管路中的气压开关和安装在仪表板上的警告灯组成，采用膜片式气压开关的制动气压不足警告灯电路如图8-20所示。

（2）工作原理

膜片式气压不足警告灯电路原理如下：

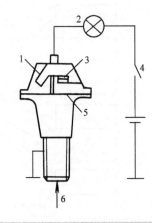

图8-19 机油压力过低警告灯电路
1—弹簧片 2—警告灯 3—触点
4—点火开关 5—薄膜 6—润滑主油道油压

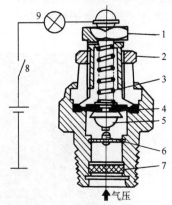

图8-20 制动气压不足警告灯电路
1—调整螺栓 2—锁紧螺母 3—回位弹簧
4—膜片 5—动触点 6—静触点 7—滤清器
8—点火开关（电源） 9—警告灯

气压开关内的触点由弹簧使其保持闭合状态，在制动气压正常的情况下，气压推动膜片上移而使触点断开，制动气压过低警告灯不亮。

当制动系储气筒内的气压不足（降低到 0.34～0.37MPa）时，膜片便在回位弹簧的作用下向下移动，使触点闭合，这时如果点火开关处于接通状态，制动气压不足警告灯电路就通路，警告灯亮起以示警告。

3. 燃油液面过低指示灯

（1）结构类型

燃油液面过低指示灯用于指示燃油箱内燃油已要耗尽，以提醒驾驶人及时加油。燃油液面过低指示灯电路由仪表板上的指示灯和安装在燃油箱内的液面传感器组成。液面传感器有电容式、热敏电阻式等不同的形式，采用热敏电阻式液面传感器的燃油液面过低指示灯电路如图 8-21 所示。

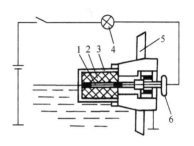

图 8-21 燃油液面过低指示灯电路
1—热敏电阻　2—防爆金属网　3—外壳
4—指示灯　5—油箱外壳　6—接线柱

（2）工作原理

热敏电阻式燃油液面过低指示灯电路工作原理如下：

当燃油箱油面高于设定的低限时，负温度系数的热敏电阻还浸没在燃油中，热敏电阻通过燃油散热较快而温度较低，其电阻值大，所以电路中电流很小，指示灯不亮。

当燃油箱油面降到设定的最低限时，热敏电阻露出油面，通过空气散热较慢，因而热敏电阻的温度升高，其电阻值减小，使电路中电流增大，指示灯亮起，指示燃油箱油量已不足。

4. 制动液位面过低警告灯

（1）结构形式

采用液压制动的汽车装有制动液位面过低警告灯，用于制动液位面低于设定值时的报警。制动液位面过低警告灯电路由仪表板上的警告灯和安装在制动液储液罐中的传感器组成。制动液传感器也有多种结构形式，采用舌簧开关式传感器的制动液位面过低警告灯电路如图 8-22 所示。

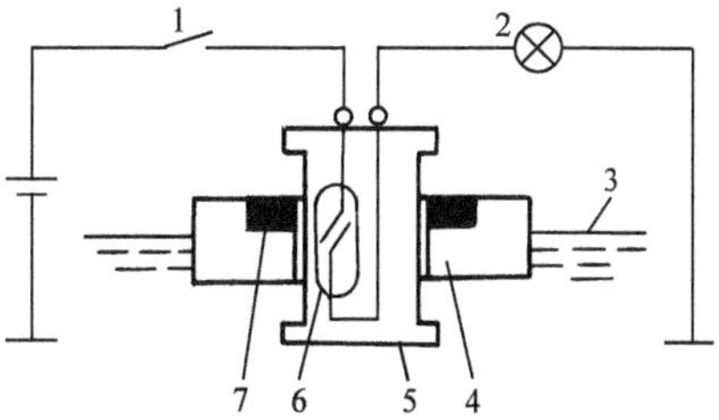

（2）工作原理

舌簧开关式制动液位面过低警告灯电路工作原理如下：

舌簧开关式传感器的主要部件是带永久磁铁的浮子和舌簧开关。在制动液位面正常时，固定在浮子上的永久磁铁离传感器壳体内的舌簧开关距离较远而不能吸合舌簧开关，制动液位面过低警告灯电路不通，警告灯不亮。

当浮子随着制动液位面下降到设定的低限时，浮子上的永久磁铁离舌簧开关的距离较近而将舌簧开关吸合。这时若点火开关处于接通状态，制动液位面过低警告灯就会亮起，以示警告。

图 8-22 制动液位面过低警告灯电路
1—点火开关　2—警告灯　3—制动液位面　4—浮子
5—传感器外壳　6—舌簧开关　7—永久磁铁

5. 冷却液温度过高警告灯

（1）结构形式

冷却液温度过高警告灯用于发动机过热报警，冷却液温度过高警告灯电路由仪表板上的警告灯和安装于发动机缸体冷却水道处的温度开关组成。温度开关有热敏电阻式、双金属片式等不同的形式，采用双金属片式温度开关的冷却液温度过高警告灯电路如图 8-23 所示。

（2）工作原理

双金属片式冷却液温度过高警告灯电路工作原理如下：

温度低或正常时，温度开关内的双金属片不弯曲或弯曲较小，触点处于断开状态，警告灯不亮。

当发动机温度达到或超过设定的高限时，温度开关内双金属片受热弯曲量使触点闭合，接通冷却液温度过高警告灯电路，警告灯亮起，以示警告。

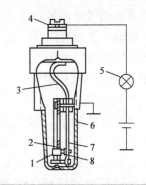

图 8-23 冷却液温度过高警告灯电路
1—调节螺钉 2—支架 3—导电片 4—接线柱
5—警告灯 6—传热套管 7—双金属片 8—触点

6. 汽车警告灯与指示灯的符号及作用

除了上述报警灯外，汽车上还装有其他的警告灯和指示灯，各种警告灯及指示灯的灯泡功率一般为 1~4W，其符号、所采用的颜色、作用及其灯电路是否有断路故障的检查等如表 8-1 所示。

表 8-1 汽车警告灯、指示灯的符号含义

序号	名称	图形	颜色	作用	灯电路是否断路检查
1	蓄电池液面过低警告灯		红色	蓄电池液面比规定值低时灯亮	发动机不工作，接通点火开关时灯应亮
2	机油压力过低警告灯		红色	发动机的机油压力低于 0.03MPa 时灯亮	发动机不工作，接通点火开关时灯应亮
3	充电指示灯		红色	发电机不发电时灯亮	发动机不工作，接通点火开关时灯应亮
4	预热指示灯		黄色	点火开关接通时灯亮，预热结束时灯灭	发动机不工作，接通点火开关时灯应亮
5	燃油滤清器积水警告灯		红色	燃油滤清器积水时灯亮	发动机不工作，接通点火开关时灯应亮

（续）

序号	名称	图形	颜色	作用	灯电路是否断路检查
6	远光指示灯		蓝色	使用前照灯远光时灯亮	接通远光灯时灯应亮
7	散热器液量不足警告灯		黄色	散热器中的冷却液量少于低限值时灯亮	发动机不工作，接通点火开关时灯应亮
8	转向指示灯		绿色	开转向灯时灯亮	打开转向灯开关时，灯应亮
9	驻车制动器未松警告灯		红色	接通点火开关，驻车制动器起作用时灯亮	驻车制动器未松开，接通点火开关时灯应亮
10	车轮制动器失效警告灯		红色	制动器失效时灯亮	发动机不工作，接通点火开关时灯应亮
11	燃油液面过低警告灯		黄色	燃油量在低限值以下时灯亮	发动机不工作，接通点火开关时灯应亮
12	安全带扣未扣警告灯		红色	安全带扣未扣时灯亮	发动机不工作，接通点火开关时灯应亮
13	车门未关警告灯		红色	车门未关好时灯亮	发动机不工作，打开任意一扇车门时灯应亮
14	制动灯或后示廓灯失效警告灯	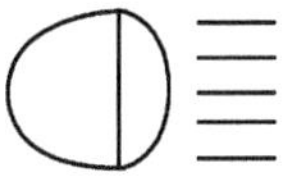	黄色	制动灯或后示廓灯电路断路时灯亮	发动机不工作，接通点火开关时灯应亮
15	洗涤剂液面过低警告灯		黄色	洗涤剂液面过低时灯亮	发动机不工作，接通点火开关时灯应亮
16	安全气囊失效警告灯		黄色	安全气囊失效时灯亮	接通点火开关时灯应亮 6s 后熄灭

213

（续）

序号	名称	图形	颜色	作用	灯电路是否断路检查
17	制动防抱死失效警告灯	(ABS)	黄色	ABS电控系统有故障时灯亮	接通点火开关时灯应亮3s后熄灭
18	发动机故障警告灯		黄色	发动机电控系统有故障时灯亮	发动机不工作，接通点火开关时灯应亮

第二节　典型汽车仪表及指示灯系统电路的特点分析

典型载货汽车仪表及指示灯系统电路

现以解放 CA1091 汽车的仪表及指示灯系统电路为例（图 8-24），说明汽车仪表及指示灯系统电路的组成、电路特点及电路工作原理。

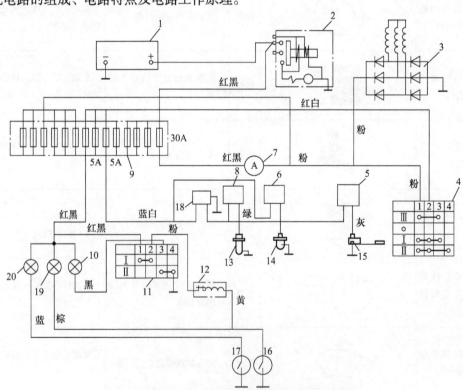

图 8-24　解放 CA1091 汽车仪表及指示灯系统电路

1—蓄电池　2—起动机　3—发电机　4—点火开关　5—燃油指示表　6—机油压力指示表　7—电流表
8—发动机冷却液温度指示表　9—熔断器盒　10—驻车制动器未松警告灯　11—驻车制动开关
12—制动气压过低警告蜂鸣器　13—发动机冷却液温度传感器　14—机油压力传感器　15—燃油液面传感器
16—制动气压开关　17—机油压力开关　18—稳压器　19—气压警告灯　20—机油压力过低警告灯

1. 电路特点

1）采用电热式仪表。机油压力指示表、发动机冷却液温度指示表、燃油指示表均为电热式；机油压力传感器为双金属式，发动机冷却液温度传感器的敏感元件是温度系数为负的热敏电阻，燃油液面传感器为滑片电阻式液面传感器。

2）点火开关控制仪表电路。仪表电路和指示灯电路均通过点火开关与蓄电池或发电机正极连接，因此在接通点火开关后，仪表电路和指示灯电路接通电源，各仪表和指示灯即进入工作状态。

3）用稳压器稳定仪表电源电压。燃油表和发动机冷却液温度表与点火开关之间都串联了稳压器，其作用是避免燃油表和发动机冷却液温度表的示值受电源电压波动的影响。

4）复合式驻车制动开关。驻车制动开关有两档，拉紧驻车制动时，驻车制动开关在Ⅱ档位，接通驻车制动器警告灯的搭铁电路；放松驻车制动器时，驻车制动开关在Ⅰ档位，接通气压警告蜂鸣器电源电路。

2. 电路工作原理

接通点火开关后，机油压力表、燃油表、发动机冷却液温度表各自独立工作。

（1）燃油表的工作原理

接通点火开关，燃油表电路接通，电路通路为：蓄电池＋→30A熔断器→电流表→点火开关→5A熔断器→稳压器→燃油指示表→燃油液面传感器→搭铁。燃油液面传感器将燃油液面高度变化转变为电路中相应的电流值，使燃油指示表有相应的指示。

（2）机油压力表的工作原理

接通点火开关后，机油压力表电路接通，电路通路为：蓄电池＋→30A熔断器→电流表→点火开关→5A熔断器→机油压力指示表→机油压力传感器→搭铁。发动机工作时，机油压力传感器将机油的压力转换为电路中相应的电流值，使机油压力指示表有相应的指示。

（3）发动机冷却液温度表的工作原理

接通点火开关，发动机冷却液温度表电路接通，电路通路为：蓄电池＋→30A熔断器→电流表→点火开关→5A熔断器→稳压器→发动机冷却液温度指示表→发动机冷却液温度传感器→搭铁。发动机工作时，发动机冷却液温度传感器将发动机冷却液的温度转变为电路中相应的电流值，使发动机冷却液温度指示表有相应的示值。

（4）机油压力过低警告灯电路原理

发动机运转（点火开关处于接通状态），如果机油压力无或未达到正常值，机油压力开关闭合，机油压力过低警告灯通电亮起。其电路通路为：蓄电池＋→30A熔断器→电流表→点火开关→5A熔断器→机油压力过低警告灯→机油压力开关→搭铁。

（5）制动气压过低警告灯电路原理

发动机运转（点火开关处于接通状态），如果制动系统气压低于正常值，气压警告开关在闭合状态，制动气压过低警告灯通电亮起。其电路通路为：蓄电池＋→30A熔断器→电流表→点火开关→5A熔断器→制动气压过低警告灯→制动气压开关→搭铁。

（6）驻车制动器未松警告灯电路原理

通点火开关时，如果驻车制动器未松开，驻车制动开关在Ⅱ档位，驻车制动器未松警告灯通电亮起。其电路通路为：蓄电池＋→30A熔断器→电流表→点火开关→5A熔断器→驻车制动器未松警告灯→驻车制动开关（3-4）→搭铁。

（7）制动气压过低警告蜂鸣器电路原理

接通点火开关时，制动系统的气压低于正常值，如果此时松开驻车制动器，驻车制动开关在Ⅰ档位，过低警告蜂鸣器便会发出声响，向驾驶人发出更加明确的警告。其电路通路为：蓄电池＋→30A熔断器→电流表→点火开关→5A熔断器→驻车制动开关（1－2）→过低警告蜂鸣器→搭铁。

3. 电路故障及诊断方法

（1）机油压力表指示低压不动

接通点火开关后机油压力表指针不动，发动机起动后指针仍然不动。说明有断路故障，可能的故障原因如下：

1）机油压力传感器触点接触不良、加热线圈烧断或内部电路断路。

2）机油压力指示表加热线圈烧断或内部电路断路。

3）机油压力表线路断路或熔断器的熔丝已烧断。

故障诊断方法如下：

1）接通点火开关时，注意观察燃油表和发动机冷却液温度表是否正常。如果燃油表及发动机冷却液温度表指针均不动作，则检查仪表电路熔断器及相关线路连接；如果燃油表及发动机冷却液温度表工作正常，则进行下一步诊断。

2）接通点火开关，并将机油压力传感器接线柱导线拆下后直接搭铁，看机油压力表是否摆动。如果摆动，则机油压力传感器存在故障，更换机油压力传感器；如果仍不摆动，则需检修机油压力表电路和机油压力指示表。

（2）机油压力表指示高压不动

接通点火开关后，机油压力表指针随即摆向高压侧，这说明电路有短路故障，可能的故障原因如下：

1）机油压力传感器内部短路。

2）机油压力指示表内部短路。

3）机油压力表线路有搭铁故障。

故障诊断方法如下：

将机油压力传感器接线柱上的连接导线拆下，接通点火开关时看机油压力表指针是否摆动。如果表针仍然摆动至高压侧，则需检修机油压力表线路和机油压力指示表；如果表针不摆动，则为机油压力传感器故障，需更换机油压力传感器。

（3）发动机冷却液温度表指示低温不动

接通点火开关后发动机冷却液温度表指针不动，起动发动机后，待发动机冷却液温度升高时，指针仍然不动。这说明发动机冷却液温度表电路有断路故障，可能的故障原因如下：

1）发动机冷却液温度传感器内部有断路。

2）发动机冷却液温度指示表加热线圈烧断或内部电路断路。

3）发动机冷却液温度表线路断路或熔断器的熔丝已烧断。

4）稳压器内部断路。

故障诊断方法如下：

1）接通点火开关时，注意观察燃油表是否摆动。如果燃油表也不动作，则检查仪表电路熔断器及相关线路连接，若熔断器和线路均正常，检查或更换稳压器；如果燃油表工作正常，则进行下一步诊断。

2）接通点火开关，并将发动机冷却液温度传感器接线柱导线拆下后直接搭铁，看发动机温度表是否摆向高温侧。如果摆动，则发动机冷却液温度传感器存在故障，更换传感器；如果仍不摆动，则需检修发动机冷却液温度表电路和发动机冷却液温度指示表。

（4）发动机冷却液温度表指示高温不动

接通点火开关后发动机冷却液温度表指针随即摆向高温侧，发动机冷却液温度变化时指针仍然不动。这说明发动机冷却液温度表电路有短路故障，可能的故障原因如下：

1）发动机冷却液温度传感器内部短路。

2）发动机冷却液温度指示表内部短路。

3）发动机冷却液温度表线路有搭铁故障。

4）稳压器有搭铁故障

故障诊断方法如下：

将发动机冷却液温度传感器接线柱上的连接导线拆下，接通点火开关时看发动机冷却液温度表指针是否摆动。如果表针仍然摆动，则需检修发动机冷却液温度表线路、稳压器、发动机冷却液温度指示表等；如果表针不摆动，则更换发动机冷却液温度传感器。

（5）燃油表指针不动

接通点火开关后，燃油表指针不摆动。这说明燃油表电路有断路故障，可能的故障原因如下：

1）燃油液面传感器滑片电阻接触不良或内部线路断路。

2）燃油指示表内部电路断路。

3）燃油表线路断路或熔断器熔丝已烧断。

4）稳压器内部断路。

故障诊断方法如下：

1）接通点火开关时，注意观察发动机冷却液温度表有无摆动。如果发动机冷却液温度表也不动作，则检查仪表电路熔断器及相关线路连接，若熔断器和线路均正常，检查或更换稳压器；如果发动机冷却液温度表有摆动，则进行下一步诊断。

2）接通点火开关，并将燃油液面传感器接线柱导线拆下后将线端直接搭铁，看燃油表指针是否摆动。如果摆动，则燃油液面传感器存在故障，更换传感器；如果仍不摆动，则需检修燃油表电路和燃油指示表。

（6）燃油表指示满油不动

接通点火开关后燃油表指针随即摆向满油侧，即使燃油箱油面下降指针也不动。这说明燃油表电路有短路故障，可能的故障原因如下：

1）燃油液面传感器内部有搭铁故障。

2）燃油指示表内部短路。

3）燃油表线路有搭铁故障。

4）稳压器内部有搭铁故障

故障诊断方法如下：

将燃油液面传感器接线柱上的连接导线拆下，接通点火开关时看燃油表指针是否仍然摆动。如果表针仍然向满油侧摆动，则需检修燃油表线路、稳压器和燃油指示表等；如果表针不摆动，则为燃油液面传感器故障，需予以更换。

二 典型轿车仪表及指示灯系统电路

典型轿车仪表及指示灯系统电路示例（桑塔纳轿车仪表与指示灯系统电路）如图 8-25 所示。

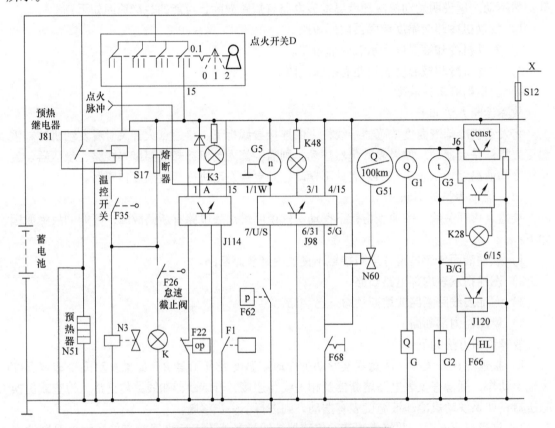

图 8-25 桑塔纳轿车仪表与指示灯系统电路

F1—高压油压开关　G—燃油液面传感器　G1—燃油表　G2—发动机冷却液温度传感器　G3—发动机冷却液温度表
G5—转速表　G51— 油耗表　K—阻风门指示灯　K3—机油压力过低警告灯　K28—发动机冷却液温度过高警告灯
K48—换档指示灯　F22—低压油压开关　F62—换档指示器真空开关　F66—冷却液不足开关
F68—换档油耗指示器转换开关　J98—换档指示控制装置　J6—稳压器　J114—油压检查控制器
J120—冷却液不足指示控制器　N60—油耗表电磁阀

1. 电路特点

1）燃油表和发动机冷却液温度表与点火开关之间都串联了稳压器 J6，其作用是避免燃油表和发动机冷却液温度表的示值受电源电压波动的影响。

2）设置了发动机冷却液温度过高警告灯 K28，但该警告灯并没有匹配相应的温度开关，而是由温度传感器及电子电路控制。

3）设置了冷却液不足报警电路，由冷却液不足开关 F66 和冷却液不足指示控制器 J120

通过控制冷却液温度过高警告灯亮起来实现冷却液不足报警。

4）发动机转速表由换档指示控制装置 J98 根据点火脉冲信号来驱动。

5）设置了机油压力过低警告灯 K3，由机油压力开关 F1、F22（30kPa）和油压检查控制器控制。

2. 电路工作原理

发动机工作时，各仪表及指示灯电路进入工作状态，各电路通路情况如下：

（1）发动机转速表电路

蓄电池＋或发电机电枢接线柱→点火开关 D（第 4 挡闭合的触点）→发动机转速表 G5→换档指示控制装置 J98→搭铁。

发动机转速表根据点火脉冲信号的频率，显示相应的发动机转速值。

（2）发动机机油压力控制电路

蓄电池＋或发电机电枢接线柱→点火开关 D（第 4 挡闭合的触点）→机油压力过低警告灯限流电阻→机油压力过低警告灯 K3→油压检查控制器 J114→机油压力开关 F1→搭铁。

　　　　　　　　　　　　　　　　　　　　　　　　　→低压油压开关F22

当低压油压开关 F22 检测到油压低于 30kPa（0.3059kgf/cm²）时，低压油压开关 F22 闭合，将油压检查控制器 F114 搭铁，发动机正常工作时的高压油压达不到 180kPa（1.835kgf/cm²）时，高压油压开关 F1 仍断开，机油压力过低警告灯 K3 点亮，表示发动机润滑系统有故障。若加大节气门使发动机转速≥2000r/min 的情况下油压仍不正常，油压检查控制器 F114 会发出蜂鸣报警声，此时应立刻停车检查。

（3）燃油表电路

蓄电池＋或发电机电枢接线柱→点火开关 D（第 4 挡闭合的触点）→稳压器 J6→燃油表 G1→液油液面传感器 G→搭铁。

燃油表 G1 显示燃油箱相应的油量。

（4）发动机冷却液温度表通路

蓄电池＋或发电机电枢接线柱→点火开关 D（第 4 挡闭合的触点）→稳压器 J6→发动机冷却液温度表 G3→发动机冷却液温度传感器 G2→搭铁。

发动机冷却液温度表显示发动机冷却液的温度。

（5）发动机冷却液温度过高及冷却液不足报警通路

当发动机冷却液温度超过 124℃ 时，发动机冷却液温度过高警告灯 K28 亮，电路通路为：

蓄电池＋或发电机电枢接线柱→点火开关 D（第 4 挡闭合的触点）→稳压器 J6→发动机冷却液温度过高警告灯 K28→发动机冷却液温度传感器 G2→搭铁。

当冷却液的液位低于低限值时，发动机冷却液温度过高警告灯 K28 亮，电路通路为：

蓄电池＋或发电机电枢接线柱→点火开关 D（第 4 挡闭合的触点）→稳压器 J6→发动机冷却液温度过高警告灯 K28→液位不足指示控制器 J120→冷却液不足开关 F66→搭铁。

当冷却液温度超过 124℃，或冷却液液位低于限定值时，发动机冷却液温度过高警告灯 K28 点亮报警。

（6）油耗表电路

F68 为换档油耗指示器转换开关，当 F68 通路时，其电路通路为：

蓄电池＋或发电机电枢接线柱→点火开关 D（第 4 掷闭合的触点）→油耗表电磁阀 N60 →换档油耗指示器转换开关 F68→搭铁。

这时，油耗表电磁阀 N60 线圈通电工作，控制油耗表 G51 指示耗油量。

第三节　汽车仪表及指示灯系统电路部件的检修

 电热式机油压力表的检修

1. 电热式机油压力表的常见故障

电热式机油压力表的指示表其常见故障是加热线圈烧断或短路、内部附加电阻断路或短路、线路连接不良等；传感器可能出现的故障有加热线圈烧断或短路、内部线路连接不良或搭铁、传感器触点接触不良等。

2. 电热式机油压力表的检修方法

（1）电热式机油压力表的检测

1）机油压力指示表有无短路、断路的检查。检测机油压力指示表两接线端子之间的电阻，其电阻约 35Ω。如果电阻过小（指示表内部加热线圈或附加电阻短路）或电阻无穷大（加热线圈或附加电阻断路），均需更换机油压力指示表。

2）机油压力指示表是否搭铁的检查。检测机油压力指示表接线端子与壳体之间的电阻，应为不通。如果通路，说明指示表有搭铁故障，需更换机油压力指示表。

3）机油压力传感器的检查。检测传感器接线端子与壳体之间的电阻，其电阻为 8 ~ 12Ω。如果电阻过小（传感器加热线圈短路）或电阻过大（传感器加热线圈断路、触点接触不良），均需更换机油压力传感器。

（2）电热式机油压力表的校验

电热式机油压力表的校验包括指示表和传感器的校验，方法如下：

1）机油压力指示表校验。如图 8-26 所示，调整变阻器，使电流表的示值分别为 65mA、175mA、240mA，看指示表是否分别指示 0、2、5 的位置。如果有较大误差，可拆开表壳通过左右两个调节齿轮进行校正，或直接更换机油压力指示表。

2）机油压力传感器校验。用一个标准机油压力指示表和压力可调的小型液压装置，校验方法如图 8-27 所示。如果标准机油压力指示表与机油压力指示表的读数基本一致，则说明传感器良好，否则，需通过传感器内部的调节齿轮进行校正，或直接更换机油压力传感器。

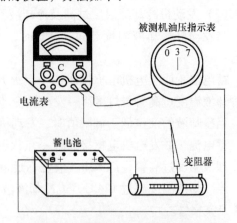

图 8-26　机油压力指示表校验方法

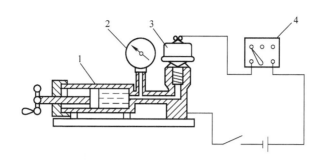

图 8-27 机油压力传感器校验方法

1—手摇式油压装置　2—标准机油压力表

3—被测机油压力传感器　4—机油压力指示表

 电热式发动机冷却液温度表的检修

1. 电热式发动机冷却液温度表的常见故障

电热式发动机冷却液温度表的指示表常见故障是加热线圈烧断或短路、内部附加电阻断路或短路、线路连接不良等，传感器可能出现的故障有加热线圈烧断或短路、内部线路连接不良或搭铁、传感器触点接触不良等。

2. 电热式发动机冷却液温度表的检修方法

（1）电热式发动机冷却液温度表的检测

电热式发动机冷却液温度表的检测方法参见电热式机油压力表的检测；发动机冷却液温度传感器的电阻为 7~8.5Ω。

（2）电热式发动机冷却液温度表的校验

电热式发动机冷却液温度表的校验方法如下：

1）校验发动机冷却液温度指示表。校验方法如图 8-28 所示，调整变阻器，使电流表的示值分别为 80mA、160mA、240mA，看指示表是否分别指示 100℃、80℃、40℃ 的位置。如果有较大的误差，可拆开表壳通过左右两个调节齿轮进行校正，或直接更换发动机冷却液温度指示表。

2）校验发动机冷却液温度传感器。需用一个标准的发动机冷却液温度指示表和可加热的容器，校验方法如图 8-29 所示。将容器中的水温分别加热到 40℃、80℃、100℃，并保持 3min，看温度计与发动机冷却液温度指示表的读数是否一致。如果误差较大，需通过传感器内部固定触点调节螺钉轮进行校正，或直接更换发动机温度传感器。

 电磁式发动机冷却液温度表的检修

1. 电磁式发动机冷却液温度表的常见故障

电磁式发动机冷却液温度指示表的常见故障有内部电磁线圈短路或断路、串联电阻短路或断路等，热敏电阻式发动机冷却液温度传感器的常见故障是热敏电阻老化、内部连接线路

221

断路等。

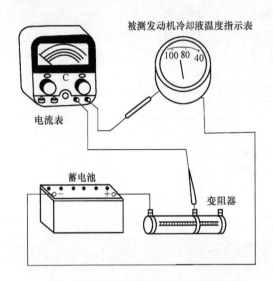

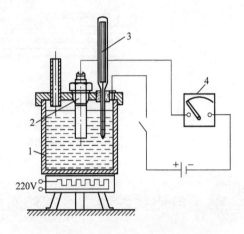

图 8-28 发动机冷却液温度指示表校验方法

图 8-29 发动机冷却液温度传感器校验方法

1—可加热容器　2—被测发动机温度传感器

3—温度计　4—发动机冷却液温度指示表

2. 电磁式发动机冷却液温度表的检修方法

1）发动机冷却液温度指示表的检测。方法如图 8-30 所示。用变阻器（80~100Ω）替代传感器，接通电路后，看发动机冷却液温度指示表的示值，应该在 60~80℃ 之间。如果指示表示值误差较大，更换发动机冷却液温度指示表。

2）发动机冷却液温度传感器的检测。测量传感器接线端子与壳体之间的电阻，室温下其电阻值应大于 100Ω。如果电阻值过小或为无穷大，则需更换发动机冷却液温度传感器。

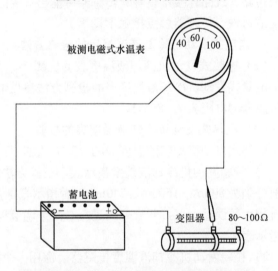

图 8-30 发动机冷却液温度指示表检测方法

 　四　**电磁式燃油表的检修**

1. 电磁式燃油表的常见故障

电磁式燃油指示表的常见故障有内部电磁线圈短路或断路、内部连接线路搭铁或断路等，滑片电阻式燃油液面传感器的常见故障是电阻短路或断路、滑片与电阻接触不良、内部连接线路断路等。

2. 电磁式燃油表的检修方法

（1）电磁式燃油表的检测

1）燃油指示表的检测。测量燃油指示表两接线端子之间（串联线圈）、接传感器端子与壳体之间（并联线圈）的电阻，看是否有短路或断路故障。如果指示表线圈断路或短路，则更换燃油指示表。

2）燃油液面传感器的检测。测量传感器接线端子与壳体之间的电阻，在慢慢摆动浮子杆时，电阻值应连续增大或减小。如果电阻一直为无穷大，或电阻忽大忽小摆动，均需更换燃油液面传感器。

（2）电磁式燃油表的校验

1）燃油指示表的校验。将被测燃油指示表与标准传感器按图8-31所示电路连接，摆动传感器浮子杆，当浮子杆与垂直面成31°时，看指示表是否指示"0"位置（图8-31a）；当浮子杆与垂直面成89°角时，看指示表是否指示"1"位置（图8-31b），其误差应在10%以内。如果误差过大，可通过调整左右线圈的位置或弯曲导磁片来校正。

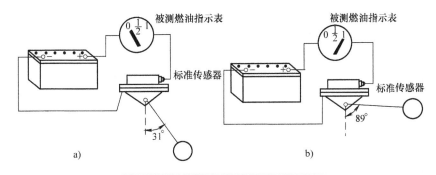

图8-31 燃油指示表校验方法

2）燃油液面传感器的校验。将被测传感器与标准燃油指示表按图8-32所示电路连接，摆动传感器浮子杆，当指示表指示"0"位置时，看浮子杆与垂直面是否成31°角（图8-32a）；当指示表指示"1"位置时，看浮子杆与垂直面是否成89°角（图8-32b）。如果误差过大，可通过改变滑片与电阻的相对位置来校正。

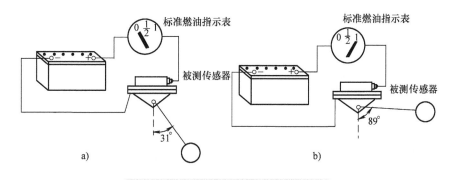

图8-32 燃油液面传感器校验方法

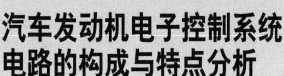

第九章
Chapter 9

汽车发动机电子控制系统电路的构成与特点分析

 发动机电子控制系统概述

1. 发动机电子控制系统的基本组成

发动机电子控制系统由各传感器、电子控制器和相应的执行器所组成，电子控制系统的基本组成及工作流程如图9-1所示。

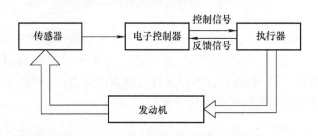

图9-1　发动机电子控制系统的基本组成及工作流程

传感器：在电子控制系统中，传感器用来"感知"发动机的工况与状态，即把反映发动机工况与状态的相关物理参量（转速、进气量、温度、节气门开度等）转变为电信号，输送给电子控制器，使电子控制器能准确判断发动机当前的工况与状态。

电子控制器：在电子控制系统中，电子控制器的作用是对传感器的输入电信号及部分执行器的反馈信号进行分析与综合处理，并输出控制信号，控制执行器工作，将发动机控制在设定的状态下运转。电子控制器由相应的硬件和软件构成，它是电子控制系统的核心部件。

执行器：在电子控制系统中，执行器的作用是根据控制器输出的控制信号迅速做出响应，将被控对象的控制量迅速调整到设定值，使发动机工作在设定的状态。

224

形象比喻

　　人通过感觉器官感知周围的环境和事件，经大脑分析思考后，通过手、脚、嘴等完成相应的行为动作。如果将汽车电子控制系统比喻为一个具有行为思维能力的人，那么传感器的作用就好比是人的"眼睛""耳朵""鼻子""皮肤"等；而电子控制器就如同人的"大脑"，执行器则是人的"手""脚""嘴"等。

2. 发动机电子控制系统的控制功能

　　现代汽车用电喷发动机的电子控制系统普遍具有燃油喷射控制、点火控制、怠速控制、燃油蒸发排放控制和三元催化排气等功能，一些汽车发动机为了能进一步提高动力和降低排气污染，还设置了排气再循环控制、配气相位可变控制、进气谐波增压控制等功能。汽车发动机所有的控制功能均通过相应的传感器、电子控制器和执行器组成的控制系统来实现。

二　传感器

1. 发动机转速与曲轴位置传感器

　　发动机转速与曲轴位置传感器用于产生发动机转速电信号和曲轴位置电信号，常见的有磁感应式、光电式、霍尔式三种类型，其基本原理与同类型的点火信号发生器相同（参阅第五章相关内容）。

专家解读

　　发动机转速与曲轴位置传感器用于反映发动机转速和曲轴位置两个参数，将其合并介绍是因为传感器产生反映发动机转速和曲轴位置两个参数的电信号有两个电压脉冲和一个电压脉冲两种方式，传感器的结构形式也有一体式和分装式两种形式。

　　（1）磁感应式发动机转速与曲轴位置传感器

　　磁感应式发动机转速与曲轴位置传感器的结构与安装形式有多种：

　　1）导磁转子触发式。有分电器的发动机电子控制系统，其发动机转速与曲轴位置传感器通常安装于分电器内，传感器的导磁转子由分电器轴驱动。导磁转子触发的磁感应式发动机转速与曲轴位置传感器示例如图 9-2 所示。

　　本例中，用于触发产生转速信号的导磁转子 Ne 和触发产生曲轴位置信号的导磁转子 G 上下布置，均由分电器轴驱动，分别触发 Ne 、G1 及 G2 感应线圈产生交变的感应电压信号。导磁转子 G 有 1 个突齿，分电器轴转一圈，触发 G1 和 G2 感应线圈各产生 1 个电压脉冲；Ne 导磁转子有 24 个齿，分电器轴转 1 圈，使 Ne 感应线圈产生 24 个电压脉冲。电子控制器根据 G1 和 G2 电压脉冲信号确定发动机曲轴位置，根据 Ne 电压脉冲信号确定发动机的转速，并产生点火和喷油控制脉冲。

　　现代汽车上已很少采用分电器，对于无分电器的发动机电子控制系统，通常设有专门的发动机转速与曲轴位置传感器装置，由凸轮轴或曲轴通过传感器轴来驱动 Ne 和 G 导磁转子。

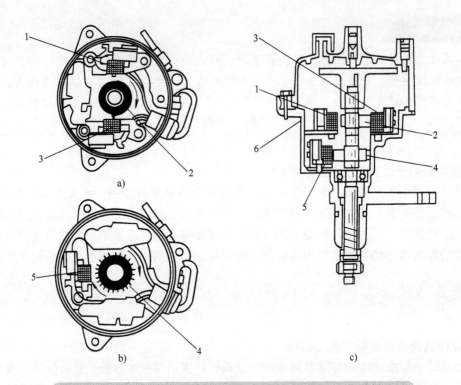

图 9-2 导磁转子触发的磁感应式发动机转速与曲轴位置传感器示例

a）G 传感器 b）Ne 传感器 c）传感器轴向布置

1—G1 感应线圈 2—G 转子 3—G2 感应线圈 4—Ne 转子 5—Ne 感应线圈 6—分电器壳

2）齿圈触发式。安装于飞轮壳体上的磁感应式发动机转速与曲轴位置传感器利用飞轮的齿圈和飞轮上的正时记号触发产生感应电压。这种形式的磁感应式传感器结构如图 9-3 所示。

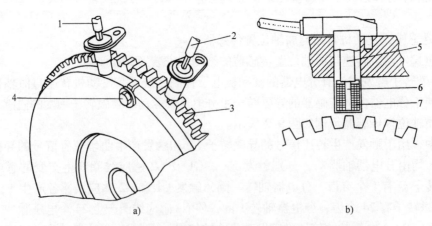

图 9-3 齿圈触发的磁感应式发动机转速与曲轴位置传感器结构

1—曲轴位置传感器 2—转速传感器 3—飞轮齿圈 4—曲轴位置标记 5—永久磁铁 6—铁心 7—感应线圈

当发动机转动而使飞轮的轮齿和飞轮上的正时记号通过传感器铁心时，传感器内部磁路的磁阻发生变化，穿过感应线圈的磁通量也发生变化，从而使传感器的两个感应线圈各自产生相应的电压脉冲信号。这两个脉冲信号的频率及相位与发动机的转速与曲轴的位置相对应。

　　齿圈触发的磁感应式发动机转速与曲轴位置传感器的另一种形式如图9-4所示，这种传感器只有一个感应线圈，用专用的信号触发齿圈触发。信号触发齿圈在某个位置缺齿，缺齿位置与曲轴位置有确定的对应关系。比如，富康系列轿车上使用的发动机转速与曲轴位置传感器信号触发齿圈有60-2个齿，安装后，缺齿位置与第1、4缸上止点后114°相对应。飞轮转动时传感器产生的信号电压波形如图9-4b所示，电子控制器根据此信号计算出发动机转速，并确定曲轴位置。

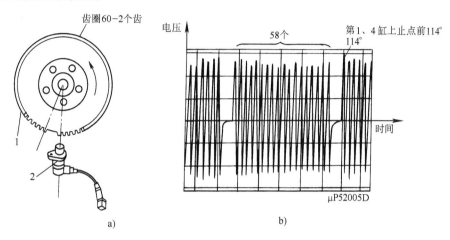

图9-4 专用齿圈触发的磁感应式发动机转速与曲轴位置传感器
a）结构原理　b）信号电压波形
1—齿圈（60-2个齿）　2—传感器

（2）光电式发动机转速与曲轴位置传感器

　　光电式发动机转速与曲轴位置传感器的主要部件是发光元件（发光管）、光电元件（光电管）及遮光转子，安装在分电器内的光电式发动机转速与曲轴位置传感器如图9-5所示。

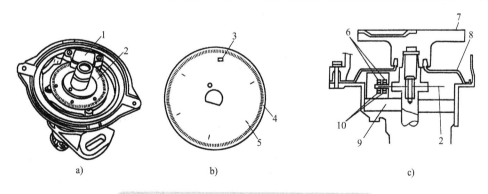

图9-5 光电式发动机转速与曲轴位置传感器
a）分电器内的光电式传感器　b）遮光盘　c）结构简图
1—光电组件　2—遮光盘　3—第1缸120°信号缺口　4—1°信号缝隙　5—120°信号缺口
6—发光元件　7—分火头　8—密封盖　9—整形电路　10—光电元件

传感器遮光转子有两组缺口，其外圈均布有 360 道缝隙，内圈有与发动机缸数相同的缺口，分别与两组发光管和光电管（光电耦合器）对应。发动机工作时，一组发光管与光电管通过转子外圈缝隙的透光，每转一圈产生 360 个脉冲信号；另一组发光管与光电管则通过内圈缺口的透光，每转一圈产生与气缸数相同的脉冲信号。两光电管产生的脉冲信号经整形电路整形后输入电子控制器，用以确定发动机的转速与曲轴的位置。

（3）霍尔式发动机转速与曲轴位置传感器

霍尔式发动机转速与曲轴位置传感器的基本组成如图 9-6 所示，与磁感应式传感器一样，也有不同的结构与安装形式：

1）导磁转子触发式。安装在分电器内的霍尔式发动机转速与曲轴位置传感器的结构形式与霍尔式点火信号发生器相同，但分电器轴驱动两个上下布置的导磁转子，两个导磁转子的叶片数不同，分别对应一个信号触发开关。

无分电器的发动机电子控制系统，其霍尔式发动机转速与曲轴位置传感器的结构形式大致分为三种：一种是传感器轴上两个导磁转子上下布置；另有一种则是将两个导磁转子内外布置，在内外导磁转子的侧面各设置一个信号触发开关（图 9-7）；还有一种是两个导磁转子和相应的触发开关分别安装于两个传感器中，由各自的传感器轴通过曲轴和凸轮轴驱动导磁转子。

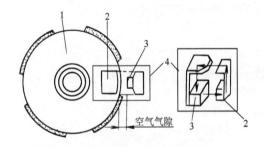

图 9-6 霍尔式发动机转速与曲轴
位置传感器的基本组成
1—导磁转子 2—带导磁板的永久磁铁
3—霍尔元件及集成电路 4—信号触发开关

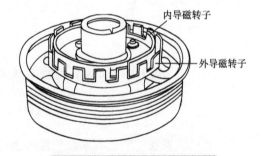

图 9-7 导磁转子内外布置的霍尔式发动机转速与曲轴位置传感器

2）专用齿槽触发式。这种霍尔式发动机转速与曲轴位置传感器安装在飞轮壳处，在飞轮齿圈与驱动盘的边缘有对称的 2 组（6 缸发动机为 3 组）槽，每组槽均布有 4 个槽，如图 9-8 所示。当槽对准信号触发开关时，传感器输出高电平（5V），而当无槽面对准信号触发开关时，传感器输出低电平（0.3V）。发动机转动时，传感器产生如图 9-8b 所示的电压波形，电子控制器根据此脉冲信号即可判别曲轴的位置，并计算出发动机的转速。

2. 空气流量传感器

空气流量传感器将发动机的进气流量转变为相应的电信号，是电子控制器计算基本喷油量、确定最佳点火提前角的重要参数之一。空气流量传感器有量板式、热丝（膜）式、卡门涡旋式等不同的形式。

（1）量板式空气流量传感器

1）测量原理。量板式空气流量传感器的测量原理如图 9-9 所示。在进气流推力作用

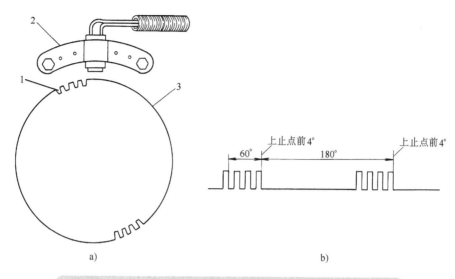

图9-8 专用齿槽触发的霍尔式发动机转速与曲轴位置传感器

a) 结构原理　b) 信号电压波形

1—齿槽　2—信号触发开关　3—飞轮

下,量板克服回位弹簧的弹簧力绕轴心转动,带动固定在同一轴上的电位计滑片随之转动。进气流量大,流量计量板转动的角度也大,与量板联动的电位计滑片同步转动,将流量计量板的转动角度转变为电位计内部电阻的变化,然后通过测量电路输出与进气流量相对应的电压信号。

2) 结构特点。量板式空气流量传感器实际上由流量计和电位计组成,其结构如图9-10所示。流量计放置在进气通道中,量板与电位计滑片均与转轴固定,可随进气流量的大小转动相应的角度。

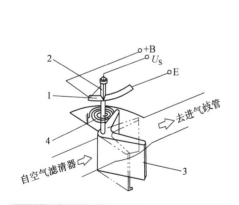

图9-9 量板式空气流量传感器的测量原理

1—电位计　2—电位计滑片

3—流量计量板　4—回位弹簧

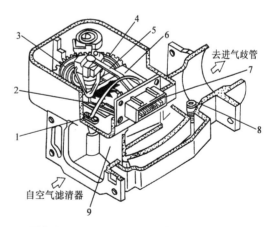

图9-10 量板式空气流量传感器的结构

1—进气温度传感器　2—燃油泵触点　3—回位弹簧

4—调节齿轮　5—电位计滑片　6—印制电路板

7—插接器　8—怠速CO调整螺钉　9—流量计量板

3) 测量电路。量板式空气流量传感器采用相对电压检测方式,即用 U_S/U_B 表示进气量信号,用以解决电源电压波动对信号测量精度的影响。其内部测量电路如图9-11所示。

在电源电压波动时，电位计的输出绝对电压 U_S 会随之变化而影响测量精度。用相对电压 U_S/U_B 表示空气流量，在电源电压波动时，U_S、U_B 同时成比例地变化，其比值仍然保持不变，从而减小了电源电压波动对传感器测量精度的影响。

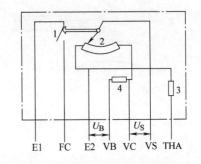

图 9-11 量板式空气流量传感器内部测量电路

1—燃油泵开关　2—电位计

3—进气温度传感器　4—串联电阻

4）进气温度传感器的作用。由于量板式空气流量传感器测得的是体积流量，当进气温度变化时，空气的密度也会随之变化，这会导致传感器信号产生误差。在空气流量传感器中设置进气温度传感器，其作用是向电子控制器提供进气温度电信号，使电子控制器能对进气流量信号进行温度修正。

5）燃油泵开关的作用。空气流量传感器中的燃油泵开关串联在燃油泵电路中，用于在无进气（发动机不工作）时，断开燃油泵电路，使燃油泵在发动机停机时，即使点火开关未关，也会立刻停止工作。

阅读提示 ✔

　　带燃油泵开关的量板式空气流量传感器的汽车现已不多见，无燃油泵开关的量板式空气流量传感器、涡旋式空气流量传感器及热式空气流量传感器等，均由电子控制器内部的燃油泵驱动电路来实现燃油泵开关的控制功能。

（2）涡旋式空气流量传感器

1）测量原理。在进气通道中设置一锥形物体（称其为涡旋发生器），当空气通过时，在物体的后面便会产生两列并排的旋涡（图 9-12）。合理地设计进气通道截面面积和涡旋发生器的尺寸，可以使进气通道的气流速度与涡旋发生器后产生涡旋的频率成正比。这样，只要测出涡旋的频率，就可以知道空气的流速，再乘以空气通道的截面面积便可计算得到进气通道的体积流量。

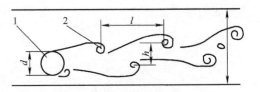

图 9-12 卡门涡旋的产生

1—涡旋发生器　2—卡门涡旋

2）结构形式。涡旋式空气流量传感器是利用涡旋发生器来检测进气管的空气流量。根据检测涡旋频率的方式不同，涡旋式空气流量传感器可分为反光镜检测式和超声波检测式两种结构形式。

① 反光镜检测式：反光镜检测式涡旋空气流量传感器的结构如图 9-13 所示。这种检测方式利用涡旋发生器产生涡旋时，其两侧压力会发生变化的这一特点，用导压孔将涡旋发生器的压力振动引向用薄金属制成的反光镜，使反光镜产生振动。反光镜将发光管投射的光反射给光电管，当涡旋产生时，反光镜的振动会使反射光也振动，光电管便产生与反光镜振动相对应的电压脉冲，该电压脉冲的频率与空气涡旋频率相对应。

② 超声波检测式：超声波检测式涡旋空气流量传感器的结构如图 9-14 所示。此检测方

式利用涡旋会引起空气疏密变化的特点，用超声波发生器发出超声波，并通过信号发生器向涡旋的垂直方向发射超声波。另一侧的超声波接收器接收到随空气的疏密变化而变化的超声波，此波经超声波接收电路信号处理后，便成了与涡旋频率相对应的矩形脉冲信号。

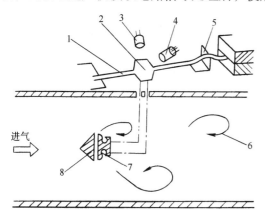

图9-13 反光镜检测式涡旋空气流量传感器的结构

1—支撑片　2—镜片　3—发光管
4—光电管　5—板簧　6—卡门涡旋
7—导压孔　8—涡旋发生器

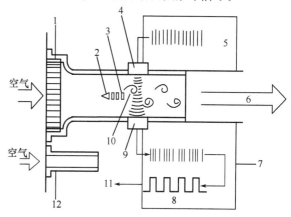

图9-14 超声波检测式涡旋空气流量传感器的结构

1—整流器　2—涡旋发生器　3—涡流稳定板
4—信号发生器　5—超声波发生器　6—送往进气管的空气
7—超声波接收电路　8—整形后矩形波　9—超声波接收器
10—卡门涡旋　11—接电子控制器　12—空气旁通管路

（3）热式空气流量传感器

1）测量原理。在进气通道中放置一电热体（图9-15），当空气通过时，空气将会带走热量而使电热体的温度下降，电热体的电阻值下降，流过电热体的电流就会增加。通过电热体的空气流量越大，带走的热量就越多，流经电热体的电流也就越大。这个与空气流量对应的电流通过测量电路，转换为相应的电压信号。热式空气流量传感器正是利用了进气通道中空气流量与电热体电流之间这样一种对应关系来获得反映空气流量的电信号。

2）结构类型。热式空气流量传感器有多种结构形式，根据电热体放置的位置不同，热式空气流量传感器有主流式和旁通式两种形式。根据电热体的结构形式不同，又有热丝式和热膜式之分。

① 热丝主流式：该传感器的结构如图9-16所示。电热体由铂丝制成，热丝的工作温度

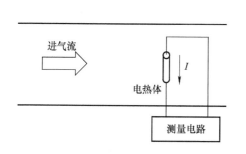

图9-15 热空气流量传感器测量原理

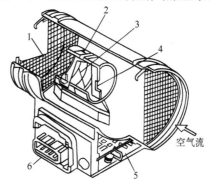

图9-16 热丝主流式空气流量传感器的结构

1—金属网　2—取样管　3—电热体（热丝）
4—温度传感器　5—控制电路　6—接线端子

一般为 100～120℃。为防止进气气流冲击和发动机回火对热丝造成损坏，在其两端都用金属网加以保护。

　　② 热丝旁通式：热丝旁通式空气流量传感器结构如图 9-17 所示。冷丝（用作空气温度补偿电阻）和热丝均绕在螺线管上，安装在空气旁通道中，热丝的工作温度一般在 200℃左右。这种旁通的结构形式可以进一步减小主空气通道的进气阻力。

　　③ 热膜式：热膜式空气流量传感器的电热体由铂片固定在树脂薄膜上构成（图 9-18）。这种结构形式可使铂片免受空气气流的直接冲击，提高了传感器的工作可靠性和使用寿命。

　　3）测量电路。热式空气流量传感器的电路原理如图 9-19 所示。

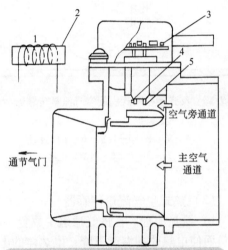

图 9-17　热丝旁通式空气流量传感器结构

1—冷丝或热丝　2—陶瓷螺线管
3—控制回路　4—冷丝（温度补偿）　5—热丝

　　置于进气通道中的电热体电阻 R_H 和空气温度补偿电阻 R_K 与测量电路中的常值电阻 R_A、R_B 组成惠斯通电桥。接通电源后，控制电路使电热体通电，电桥处于平衡状态。发动机工作时，随着进气管空气流量的增大，电热体的冷却作用加剧而使其电阻减小，通过 R_H 的电流 I_H 增大，使电阻 R_A 上输出反映空气流量增大的电压信号。

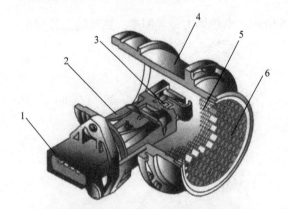

图 9-18　热膜式空气流量传感器结构

1—插头　2—混合电路盒　3—金属热膜元件
4—壳体　5—滤网　6—导流格栅

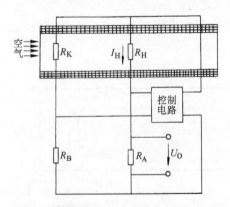

图 9-19　热式空气流量传感器的电路原理

R_K—温度补偿电阻　R_H—电热体电阻
R_A、R_B—常值高精度电阻　U_0—输出信号进气温度变化时，会使电热体电阻 R_H 的阻值随之而变，使信号电压也随之发生变化，这会产生测量误差。设置空气温度补偿电阻 R_K，并将其连接在相邻的电桥臂上，在进气度变化时，R_K 会有与 R_H 相同的电阻变化，而这对信号电压的影响则正好相反，抵消了 R_H 随进气温度变化对信号电压的影响，起到了温度补偿的作用。

3. 进气压力传感器

进气压力传感器是将发动机进气管的压力转变为相应的电信号，其作用如同空气流量传感器。因此，在发动机电子控制系统中，如果使用进气压力传感器，就不需要空气流量传感器了。进气压力传感器根据其信号产生的原理不同可分为压电式、半导体压敏电阻式、电容式、差动变压器式（真空膜盒传动）及表面弹性波式等，其中半导体压敏电阻式应用广泛，电容式也有应用。

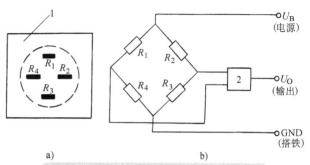

a)　　　　　　　　　　　b)

图 9-20　半导体压敏电阻式进气压力传感器

a）半导体应变片贴片位置　b）传感器测量电路

1—硅膜片　2—集成运放电路

R_1、R_2、R_3、R_4—半导体应变片

（1）半导体压敏电阻式进气压力传感器

1）测量原理。半导体压敏电阻式进气压力传感器是利用半导体的压阻效应将压力转换为相应的电压信号，如图 9-20 所示。

专家解读 ☞

半导体的压阻效应是指半导体晶体材料受拉或受压时，其晶体点阵的排列规律发生变化，从而使电子和空穴（称载流子）数量发生变化及迁移，导致其电阻率变化的物理效应。利用半导体的这一特性，将其做成受力变形后其电阻会随之有相应改变的应变片。

半导体应变片受拉或受压时，其电阻值会随受力的大小有相应的改变。将应变片按一定的布置方式贴在硅膜片上，并把它们连接成惠斯通电桥。当硅膜片受力变形时，各应变片受拉或受压而其电阻值发生相应的变化，通过电桥转换为相应的电压信号。

由于电桥输出的电压很低，通常需要经集成运放电路进行电压放大后再输出。

2）结构特点。半导体压敏电阻式进气管压力传感器结构如图 9-21 所示。

传感器的压力转换元件中有贴有半导体应变片的硅膜片，硅膜片的一面是真空，另一面导入进气管压力，当进气管压力变化时，硅膜片的变形量就会随之改变，硅膜片上应变片的电阻值就会有相应的变化，电桥会产生相应的电压信号。进气管压力越大，硅膜片的变形量也越大，传感器的输出电压

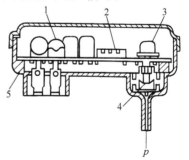

图 9-21　半导体压敏电阻式进气管压力传感器结构

1—滤波器　2—混合集成运放电路　3—压力转换元件

4—滤清器　5—外壳　p—进气管压力

也就越高。

（2）电容式进气压力传感器

1）测量原理。电容式进气压力传感器利用膜片构成一个电容值可变的压力敏感元件，当膜片受到压力的作用而变形时，其电容值会相应改变。然后再通过相应的测量电路将电容的变化转换为相应的电信号。电容式压力传感器测量原理如图9-22所示。

① 在频率检测式测量电路（图9-22a）中，振荡电路的振荡频率随压力敏感元件电容值的变化而改变，经整流、放大后输出频率与压力相对应的脉冲信号。

② 电压检测式测量电路（图9-22b）中，将压力敏感元件电容值的变化转变为电路中微弱电压的变化，经载波与交流放大电路的调制、检波电路的解调、滤波电路的滤波后，输出与压力变化相对应的电压信号。

2）结构特点。电容式进气压力传感器结构如图9-23所示，氧化铝膜片与中空的绝缘介质构成一个内部为真空的电容式压力敏感元件，并与混合集成电路（传感器测量电路）连接。传感器通过真空管导入进气管的压力后，氧化铝膜片在进气压力的作用下产生变形，使其电容值发生改变，经混合集成电路处理后，输出与进气压力变化相对应的电信号。

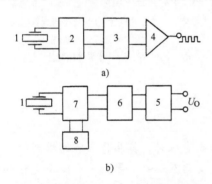

图 9-22　电容式进压力传感器测量原理

a）频率检测式　b）电压检测式
1—电容式压力敏感元件　2—振荡电路
3—整流电路　4—放大器　5—滤波电路
6—检波电路　7—载波与交流放大电路　8—振荡器

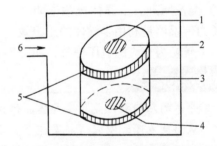

图 9-23　电容式进气压力传感器结构

1、4—电极引线　2—厚膜电极　3—绝缘介质
5—氧化铝膜片　6—进气管压力

阅读提示 ✔

　　相比于起相同作用的空气流量传感器，进气压力传感器在进气通道中无任何部件，因而对进气无干扰，且安装位置灵活，可利用真空管的引导，将进气压力传感器安装在远离发动机进气歧管的地方。由于进气压力传感器在进气通道中无任何部件，对进气无阻碍作用，所以现代汽车电子控制系统使用进气压力传感器的日渐增多。

4. 温度传感器

温度传感器的作用是将被测对象温度的变化转换为相应的电信号，使电子控制器能进行温度修正或进行与温度相关的自动控制。

温度传感器按其结构与工作原理可分为热敏电阻式、双金属片式、热电偶式、热敏磁性式等多种形式。汽车发动机电子控制系统中使用的温度传感器大都是热敏电阻式温度传感器。

（1）热敏电阻式温度传感器的测量原理

热敏电阻式温度传感器通过其敏感元件的电阻值随温度而变的这一特性，将被测对象温度的变化转换为电阻值的变化，再通过相应的测量电路将电阻值的变化转换为相应的电压或电流信号。热敏电阻式温度传感器的测量电路主要有串联式和串并联式两种形式，如图9-24所示。

当热敏电阻式温度传感器的电阻值随被测温度的变化而改变时，热敏电阻上的电压降就会随之改变，从A点输出一个与温度相对应的电压信号。

（2）热敏电阻式温度传感器的结构类型

1）结构特点与工作原理。汽车上使用的热敏电阻式温度传感器，其敏感元件大都采用半导体，其结构如图9-25所示。工作时，通过热交换（经传热套筒传热），使传感器热敏电阻与被测对象的温度趋于一致，热敏电阻的阻值与温度相对应，并通过测量电路产生相应的电压，信号电压通过内部引线和接线端子输入电子控制器。

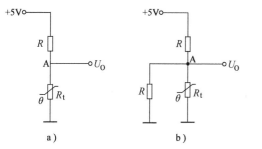

图9-24　热敏电阻式温度传感器的测量电路

a）串联式测量电路　b）串并联测量电路

R—常值电阻　R_t—传感器热敏电阻

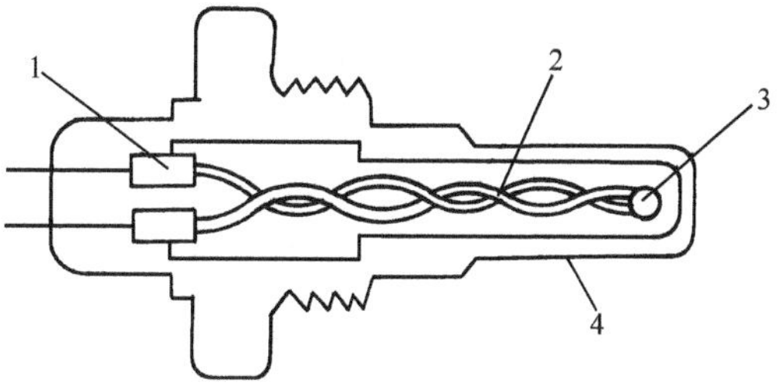

图9-25　半导体热敏电阻式温度传感器结构

1—接线端子　2—引线　3—热敏电阻　4—传热套筒

2）类型。按半导体热敏电阻的温度特性可分为三种类型，温度特性如图9-26所示。

① 正温度系数（PTC）热敏电阻式：此类温度传感器其半导体敏感元件的电阻值随温度上升而增大，PTC热敏电阻在汽车上的应用并不多见，其通常被用作温度补偿或恒温式加热元件。

② 负温度系数（NTC）热敏电阻式：半导体的电阻值随温度的上升而减小，此类半导体热敏电阻式温度传感器在汽车上应用最为广泛。

③ 临界温度（CTC）热敏电阻式：半导体的电阻值只是在某临界温度下才会有跃变，此类半导体通常用作热敏开关。

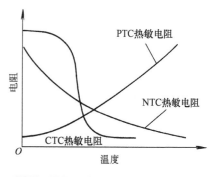

图9-26　半导体热敏电阻的温度特性

发动机电子控制系统中各温度传感器的工作温度是不同的，发动机冷却液温度传感器的工作温度为-20~130℃，而排气温度传感器的工作温度则高达600~1000℃。通过选择不同的氧化物、控制掺入氧化物的比例和烧结温度等，就可制成适用于不同工作温度的半导体热敏电阻，以适应不同的温度测量。

3）性能特点。半导体热敏电阻式温度传感器具有灵敏度高、响应特性好、电阻值和温度测量范围大等优点，在汽车电子控制系统中被广泛使用。

5. 节气门位置传感器

节气门位置传感器将节气门的开度转变为电信号，输送给电子控制器，电子控制器进而获得节气门开度与开启速度、怠速状态等信息，用以进行各种相关的电子控制。节气门位置传感器有线性式和开关式两种类型，汽车发动机电子控制系统中普遍采用线性节气门位置传感器。

（1）线性节气门位置传感器的结构

线性式节气门位置传感器相当于一个加设了怠速触点的滑片式电位器，其结构与内部电路如图9-27所示。

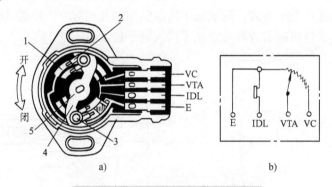

图9-27　线性节气门位置传感器

a）结构　b）内部电路

1—滑片电阻　2—节气门位置滑片　3—节气门全关滑片　4—滑片摆臂　5—传感器轴　VC—电源
VTA—节气门位置信号　IDL—怠速信号　E—接地

（2）线性节气门位置传感器的工作原理

节气门位置滑片和节气门全关（怠速）滑片通过传感器轴、滑片摆臂与节气门联动。节气门开度变化时，节气门位置滑片在电阻体上做相应的滑动，电位器输出相应的节气门位置信号VTA。在节气门关闭时，节气门关闭滑片使怠速触点处于接通状态，从IDL端子输出怠速信号。

6. 氧传感器

氧传感器的作用是检测发动机排气中氧的含量，据此向电子控制器提供可燃混合气空燃比（可燃混合气过浓或过稀）反馈信号，使电子控制器及时修正喷油量，将可燃混合气浓度控制在理论空燃比附近，以使排气管中三元催化反应器对排气中HC、CO、NOx的净化达到最佳效果。目前在发动机电子控制系统中使用的氧传感器有氧化锆式和氧化钛式两种。

（1）氧化锆型氧传感器

1）测量原理。氧化锆型氧传感器中用于检测排气中氧含量的敏感元件是二氧化锆（ZrO_2），二氧化锆具有这样的特性：在400℃左右的高温下，其两侧气体中的氧含量有较大差异时，氧离子会从氧含量高的一侧向氧含量低的一侧扩散，使两侧电极间产生电位差（电动势）。

氧化锆型氧传感器就是利用了氧化锆的这一特性，将试管状二氧化锆置于排气管中，在管中通入大气（氧含量高且基本不变），管表面通过发动机排气（氧含量低且随空燃比而变）。这样，氧化锆两侧电极就产生了大小随排气中氧含量变化而变化的电动势，电子控制器根据此电动势来调节发动机可燃混合气的空燃比。

2）结构特点。氧化锆型氧传感器的结构如图 9-28 所示。

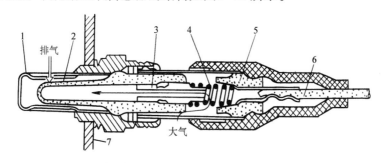

图 9-28 氧化锆型氧传感器的结构

1—导入排气孔罩 2—锆管 3—电极 4—弹簧 5—绝缘支架 6—接线端子 7—排气管壁

氧化锆的内外表面都涂有铂，铂的外表面有一层陶瓷，作用是保护铂电极。氧化锆表面涂铂的作用是催化排气中的 O_2 与 CO 反应，使可燃混合气偏浓时排气中的氧含量几乎为零，而对可燃混合气偏稀时因排气中的氧气较多而对氧含量影响不大，这样就显著提高了氧传感器的灵敏度（图 9-29）。

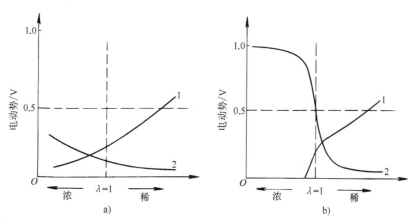

图 9-29 氧化锆型氧传感器的输出特性

a）无铂催化作用 b）有铂催化作用

1—氧传感器输出的电动势 2—通过氧传感器排气中 O_2 的浓度 λ—过量空气系数

3）氧传感器加热器的作用。氧化锆型氧传感器中一般设有加热器。在发动机冷机起动后，当排气管温度尚未达到氧传感器正常工作温度（400℃以上）时，电子控制器控制加热器通电发热，以加热氧传感器，使氧传感器能迅速达到正常工作温度。

（2）氧化钛型氧传感器

1）测量原理。二氧化钛（TiO_2）在室温下具有高电阻性，但当其周围气体氧含量少时，TiO_2 中的氧分子将逃逸而使其晶格出现缺陷，电阻值随之下降。

氧化钛型氧传感器就是利用二氧化钛的这一电阻特性，将二氧化钛敏感元件置于排气管中，当可燃混合气偏稀时，排气中氧含量较高，传感器的电阻值较大；当可燃混合气偏浓时，排气中氧的含量很低，传感器的电阻值相应减小。这一电阻值的变化通过测量电路转变成相应的电压信号。电子控制器根据此电压信号来调节发动机的空燃比。

2）结构特点。氧化钛型氧传感器的结构及电路连接如图 9-30 所示。

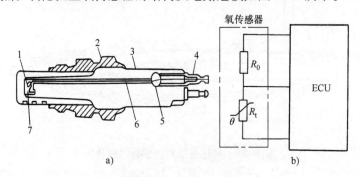

图 9-30　氧化钛型氧传感器

a）结构　b）电路连接

1—二氧化钛元件（R_0）　2—金属壳　3—瓷体　4—接线端子　5—陶瓷黏结　6—引线　7—热敏元件（R_t）

氧化钛型氧传感器为电阻型传感器，温度变化时，二氧化钛的电阻值也会改变。为此，传感器中除了有一个具有多孔性的二氧化钛敏感元件（用来检测排气氧含量）外，还有一个温度系数与之相同的实心二氧化钛元件（用作温度补偿），并将其连接成图 9-30b 所示的电路，以消除温度变化对测量精度的影响。

7. 爆燃传感器

爆燃传感器用于监测发动机是否爆燃，当发动机出现爆燃时，传感器便产生相应的电信号，并输送给电子控制器，电子控制器通过推迟点火的方式使发动机爆燃迅速消失。根据发动机爆燃传感器结构与工作原理不同分，有压电式和磁电式两种类型。压电式爆燃传感器具有测试频率高、灵敏度高等特点，应用较为广泛。

（1）压电式爆燃传感器的测量原理

发动机爆燃是指气缸内的可燃混合气多处同时燃烧，称之为爆炸式燃烧。爆燃会使气缸内的压力陡然上升，而缸体会产生高频振荡，伴随着缸体的振动，活塞与缸壁之间会发生碰撞而产生尖锐的金属敲击声。压电式爆燃传感器是利用压电元件所具有的压电效应，将缸体的振动转变为相应的电压脉冲，向电控制器提供发动机爆燃信号。

阅读提示 ✔

由石英晶体等晶片制成的压电元件在受力变形时，其内部产会生极化现象，在两个表面分别产生正、负电荷，当力消失时，元件变形恢复，电荷也立即消失，这种物理效应称为压电效应。从集聚正、负电荷的两个表面可引出电压信号，电压的大小与所受力成正比。

在压电式传感器内设置一个振子，当传感器随被测物体振动时，就会使振子随之振动，给压电元件施加一个振动的力，从而使压电元件产生与被测物体振动相对应的电压脉冲。被测物体振动越大，传感器振子的振动也越大，压电元件的受力也越大，产生的信号电压幅值也就越大。

（2）压电式爆燃传感器的结构与类型

压电式爆燃传感器有共振型和非共振型两种，其结构如图 9-31 所示。

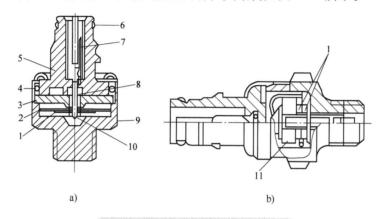

a)　　　　　　　　　　　　　　　　b)

图 9-31　压电式爆燃传感器的结构

a）共振型　b）非共振型

1—压电元件　2—振荡片　3—基座　4、6—O 形环　5—连接器
7—接线端子　8—密封剂　9—外壳　10—引线　11—配重

1）共振型爆燃传感器。传感器内振荡片的自振频率在发动机爆燃的特征频带内，因此，当发动机产生爆燃时，传感器内的振荡片会产生共振，使紧贴的压电元件变形加剧，产生的电压信号比非爆燃时要大许多倍，从而提高了信噪比，检测电路对爆燃信号的识别和处理也就比较容易。

2）非共振型爆燃传感器。传感器也是由振子随发动机的振动而对压电元件施加压力，使压电元件产生振荡电压脉冲。但是，非共振型传感器在发动机爆燃时振子不会产生共振，因而其产生的信号电压并无明显增大。这种类型的爆燃传感器需要有专门的滤波器来鉴别爆燃信号。

 三　电子控制器

电子控制器（Electronic Control Unit，ECU）的作用是对各传感器及开关的输入信号进行预处理、分析和判断，并按信号处理的结果输出控制信号，控制执行器工作，使发动机在目标状态下工作。ECU 的基本组成如图 9-32 所示。

1. 输入电路

ECU 内部输入电路的作用是将各传感器及开关信号进行预处理，转换为微处理器可接受的数字信号。不同形式的信号，其处理方式也不同。ECU 的输入电路包括了数字信号预处理电路、模拟信号预处理电路及传感器电源电路。

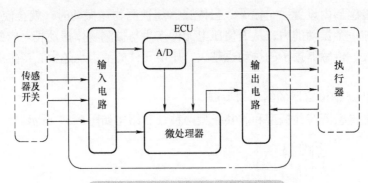

图 9-32 电子控制器的基本组成

（1）数字信号预处理电路

数字信号预处理电路用于对发动机转速与曲轴位置传感器等脉冲式电信号和开关信号进行滤波、整形、电压匹配等预处理，并最终转换为微处理器能接受的数字信号。

（2）模拟信号预处理电路

模拟信号预处理电路对节气门位置传感器、温度传感器、量板式或热式空气流量传感器等模拟信号进行模/数（A/D）转换后，成为微处理器能够接受的数字信号。

专家解读 ☞

　　输入 ECU 的信号无论是模拟信号、脉冲式的数字信号或开关信号，都必须转换为微处理器能够接受的数字信号，即以高电平代表1、低电平代表0的8位或16位二进制数。

（3）传感器电源电路

ECU 通过输入电路向光电式、霍尔式等需要有电源的传感器提供一个稳定的电压；对于热敏电阻式传感器、电位计式传感器，由 ECU 输入电路所提供的电源电压还是信号的基准电压，如图9-33所示。

2. 微处理器

微处理器是 ECU 的核心，它接收输入电路送来的各传感器及开关电信号，再根据存储器中的控制程序和标准数据进行运算、分析与判断，输出控制指令，

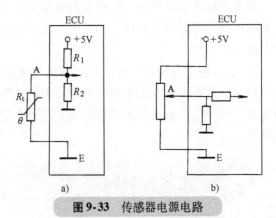

图 9-33 传感器电源电路

a）热敏电阻式传感器 b）电位计式传感

通过输出电路控制执行器工作。微处理器主要由中央微处理器（CPU）、存储器、输入/输出接口（I/O）等组成，各组成部件用总线连接，如图9-34 所示。

（1）中央微处理器

中央微处理器（Central Processing Unit，CPU）包含运算器、控制器、寄存器等部件，这些部件也通过总线连接，如图9-35 所示。

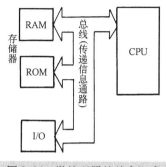

图9-34 微处理器的基本组成

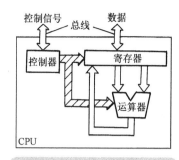

图9-35 CPU的基本组成

运算器：用于对数据的算术运算和逻辑运算。

控制器：按事先编排的程序发出控制脉冲，控制计算机系统各部件自动协调地工作。

寄存器：用于暂时存储运算器的中间运算数据。

CPU 在 ECU 控制脉冲的控制下，按 ECU 时钟脉冲的频率（节拍）自动协调地进行数据的运算、寄存和传送等操作。

（2）存储器

存储器包含只读存储器（ROM）和随机存储器（RAM），用于储存数据和程序。

1）只读存储器。只读存储器（Read Only Memory，ROM）用于存储计算机的控制程序、实施各项控制所需的标准参数等一些固定信息，在制造芯片时写入。这些信息不能更改，工作时只供读取，电源切断时其储存的信息也不会消失。

近年来，ECU 中使用了 PROM、EPROM、EEPROM 等新型只读存储器。

PROM：可编程只读存储器（Programmable ROM），这种只读存储器可由用户根据需要自行编程，一次写入。PROM 类似于空白的光盘，给用户提供了方便。

EPROM：可擦除可编程只读存储器（Erasable Programmable ROM），与 PROM 不同之处是存储的信息可通过芯片顶部窗口用紫外线照射的方法全部清除，然后再通过编程器写入新的信息。EPROM 是可反复擦写使用的只读存储器。

EEPROM：电可擦可编程只读存储器（Electrically Erasable Programmable ROM），可在通电的情况下改写部分信息，使微处理器的使用更为方便灵活。现代汽车电子控制系统中广泛使用 EEPROM，可通过专用的诊断仪器对 EEPROM 中的程序和数据进行修改，以实现汽车电子控制系统的技术升级。

阅读提示 ✔

　　汽车电子控制系统的故障信息（代码）和自适应学习修正参数均用 RAM 储存，这些信息需要在发动机熄火后仍然保留，为此，ECU 需要有一个不经点火开关控制的常接电源，以确保 RAM 中的有用信息不丢失。

2）随机存储器。随机存储器（Random Access Memory，RAM）在计算机工作时随时可存入或读取信息，电源切断后，RAM 中的信息随即消失。

（3）输入/输出接口

输入/输出接口（Input/Output，I/O）是 CPU 与外部设备进行数据传送的通道。从输入电路送来的传感器信号、开关信号及某些执行器的反馈信号经输入接口送入 CPU；CPU 的控制指令则是通过输出接口传送到输出电路。I/O 在 CPU 与外围设备之间起着数据的缓冲、电平和时序的匹配等多种作用。

3. 输出电路

ECU 输出电路的作用是按照微处理器输出的控制信号进行工作，控制执行器按照微处理器的指令动作。

（1）输出电路的组成

微处理器经输出接口输出的控制信号是以 8 位或 16 位二进制数表示的控制代码，不能直接控制执行器，需由信号处理电路将微处理器的控制指令转换为相应的控制脉冲，再经驱动电路控制执行器工作。输出电路由信号处理电路和驱动电路组成，如图 9-36 所示。

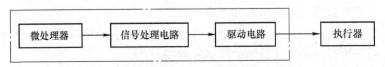

图 9-36 输出电路的组成

（2）驱动电路的类型

输出电路驱动执行器的方式大致有两种（图 9-37）：一种是执行器直接连接车载电源，由 ECU 驱动电路提供接地通路而使执行器通电工作，应用于工作电压较高的执行器（如喷油器、点火线圈、急速控制电磁阀等）通常采用这种驱动方式；另一种是执行器本身连接搭铁，由 ECU 内部电源向执行器提供电流，这种驱动方式应用于工作电压较低的执行器。

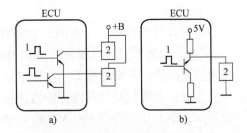

图 9-37 输出电路驱动执行器的方式
a）向执行器提供接地通路 b）向执行器提供电压脉冲
1—控制脉冲 2—执行器

四 执行器

1. 电动机类执行器

电动机类执行器有普通直流电动机和步进电动机两种（图 9-38），其作用是按 ECU 输出的控制信号迅速、准确动作，将控制参量迅速调整到目标范围之内。

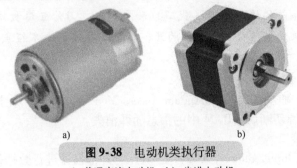

图 9-38 电动机类执行器
a）普通直流电动机 b）步进电动机

（1）普通直流电动机

普通直流电动机通电后产生持续的旋转运动，通过机械传动装置带动执行机构工作。在发动机电子控制系统中，采用这种电动装置的执行器有燃油泵、节气门直动式怠速调节装置等。

普通直流电动机的组成及工作原理与起动机的直流电动机相同，但其电枢绕组与励磁绕组通常采用并联方式或采用永磁式磁极。ECU通过通电和断电控制直流电动机的转动，通过控制通电的励磁绕组（双励磁绕组的直流电动机）或电枢电流的方向（永磁式直流电动机）实现电动机转动方向的控制。

（2）步进电动机

步进电动机按"步"转动，可控制其转动的角度和转向，通过机械传动实现控制参量的调节和定位控制。一些汽车发动机的怠速控制阀即采用步进电动机驱动。

阅读提示 ✔

　　与普通直流电动机相比，步进电动机的结构与工作原理均与之有较大的差别。

　　普通直流电动机：其磁极产生磁场，通电的电枢绕组在磁场中受到安培力的作用而产生电磁转矩，电枢在电磁转矩的作用下转动起来。

　　步进电动机：其磁极是N、S极相间排列的永久磁铁，两个定子各有一个绕组通电时，也产生N、S极相间排列的磁极，但数量比转子多一倍。通过改变其中一个定子绕组的通断电，使N、S极整体向一个方向移动一格，对转子的N、S极产生电磁力作用而使其转动一步。

1）步进电动机的组成与结构特点。步进电动机主要由永久磁铁的转子和绕有两个绕组的定子组成，其组成部件及内部电路如图9-39所示。

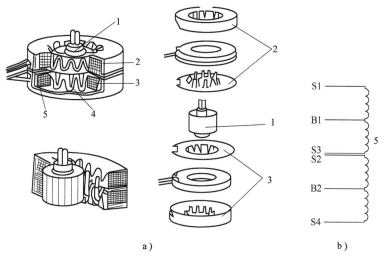

a）　　　　　　　　　　　　　b）

图9-39　步进电动机的组成及内部电路

a）转子与定子　b）内部电路

1—转子　2—定子A　3—定子B　4—爪极　5—定子绕组

步进电动机的转子为永久磁铁，有 8 对磁极，其 N 极和 S 极相间排列。定子有 A、B 两个，每个定子的铁心有 8 对爪极；每个定子其绕组也有两个，两个绕组的绕向相同，但工作时电流方向相反。当 A、B 两个定子各有一个绕组通电时，两定子的铁心被磁化，形成 16 对（32 个）磁极（图 9-40）。当定子 A 或定子 B 中的两个绕组交换通断电时，由于电流方向相反的绕组通电，定子的铁心磁化极性反向，使定子 32 个磁极的排列发生变化，就像是定子磁极整体向一个方向移动了一步（1/32 圈）。比如，定子 A 交换通电的绕组，铁心磁化极性反向，上面的爪极为 N 极，下面的爪极为 S 极，定子 32 个磁极整体向右移动了 1/32 圈（图 9-40 中的 4）

2）步进电动机的工作原理。当定子绕组按 S1、S2、S3、S4 输入转动控制脉冲（图 9-41）时，每个转动位置 A、B 两定子均有一个绕组通电，两定子形成 32 个磁极。设转子转动一步前 S1 与 S4 两绕组通电，定子磁极的排列与转子的位置如图 9-42a 所示；当 S2 通电脉冲输入时，S1 与 S2 两绕组通电，定子 32 个磁极的极性排列发生改变（图 9-42b），形成了与转子磁极同性相拆、异性相吸的电磁力作用，使转子转动至其 N、S 极又与定子的异性磁极相对应的位置（图 9-42c），电动机完成一步转动。

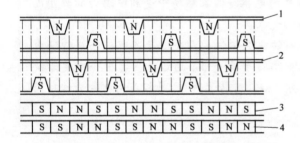

图 9-40 步进电动机定子磁极的形成

1—定子 A　2—定子 B　3—S1、S2 通电定子磁极排列
4—S2、S3 通电定子磁极排列

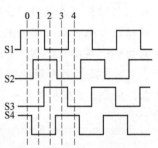

图 9-41 步进电动机转动控制脉冲

0—转动前　1—转动 1 步　2—转动 2 步
3—转动 3 步　4—转动 4 步

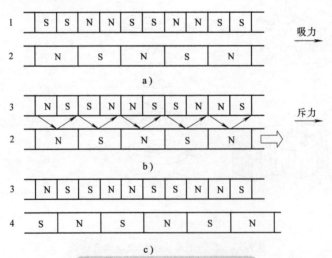

图 9-42 步进电动机的工作原理

a）转动 1 步前　b）开始转动　c）转动 1 步后

1—转动前定子磁极排列　2—转动前转子磁极位置　3—转动 1 步后定子磁极排列　4—转动后转子磁极位置

定子的 4 个绕组按 S1、S2、S3、S4 的顺序输入通电脉冲，就可使步进电动机逐步（1/32 圈）转动。如果要使电动机反方向转动，只需按 S4、S3、S2、S1 的顺序输入通电脉冲即可。

2. 电磁阀类执行器

在发动机电子控制系统中，电磁阀类执行器应用较多。根据电磁阀动作方式的不同，可将电磁阀分为直动式电磁阀和旋转式电磁阀两大类。

（1）直动式电磁阀

直动式电磁阀其线圈通电后，其阀体产生直线运动。喷油器、直动式怠速控制阀、排气再循环电磁阀、炭罐通气电磁阀等均为此类电磁阀。

直动式电磁阀主要由线圈、铁心和弹簧等组成，如图 9-43 所示。当线圈通电时，线圈产生电磁力，铁心就会在电磁力的作用下克服弹簧力而轴向移动，通过与铁心连接的阀杆带动阀芯或滑阀做出相应的控制动作。

直动式电磁阀的控制方式有开关控制方式和占空比控制方式两种，控制脉冲如图 9-44 所示。

1）开关控制方式。发动机 ECU 通过输出通断电脉冲（图 9-44a）控制电磁阀的开与关。开关式发动机怠速控制阀、喷油器均属于此类控制方式。

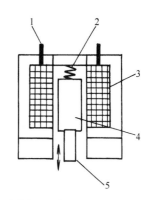

图 9-43　直动电磁阀的基本组成
1—接线端子　2—弹簧　3—线圈
4—铁心　5—阀杆

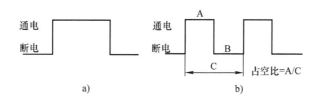

图 9-44　直动式电磁阀不同控制方式的控制脉冲
a）开关控制方式　b）占空比控制方式

2）占空比控制方式。ECU 输出的是占空比脉冲信号（图 9-44b），通过占空比的变化来控制电磁阀开与关的比率。此种控制方式的电磁阀有排气再循环电磁阀、炭罐通气电磁阀等。

专家解读 🖙

占空比信号脉冲是一种脉冲频率固定、脉冲宽度可变的控制信号，占空比就是信号脉宽与周期的比值。ECU 通过输出占空比信号来控制电磁阀开与关的比率，实现对执行器的相关控制。

（2）旋转式电磁阀

旋转式电磁阀通电工作时，其阀体做相应的转动。一些发动机怠速控制阀采用旋转式电磁阀。

1）旋转式电磁阀的组成与结构特点。旋转式电磁阀的主要部件是带动阀转动的转子和定子，其电路原理如图 9-45 所示。

图 9-45 所示的旋转式电磁阀其转子为永久磁铁，定子是绕有两个匝数相同且对称布置的电磁线圈，通电后两电磁线圈所产生的电磁力对转子的作用力方向相反。

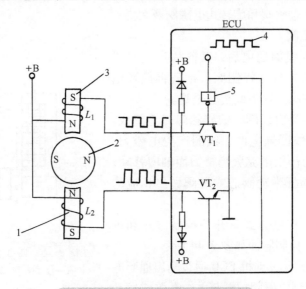

图 9-45 旋转式电磁阀电路原理

1、3—定子 2—转子（永久磁铁）
4—控制信号（占空比信号） 5—反相器

2）旋转式电磁阀的工作原理。ECU 输出占空比脉冲信号，此控制信号通过 VT_1、VT_2 组成的驱动电路控制电磁线圈 L_1、L_2 的通断电。由于控制信号到 VT_1 基极经反相器反相，所以从 VT_1、VT_2 集电极输出的是相位相反的控制脉冲。

当控制信号占空比为 50% 时，一个脉冲周期内 VT_1、VT_2 的导通相位相反，但导通时间相同。L_1、L_2 的通电时间各占一半，两线圈的平均电流相同，产生大小相同的电磁力，对转子的作用力互相抵消，所以这时转子在原来的位置保持不动。

当控制信号占空比大于 50% 时，L_2 通电时间长于 L_1，通过 L_2 的平均电流大于 L_1，两线圈产生的电磁合力使转子转动一个角度。

当控制信号占空比小于 50% 时，L_1 的通电时间长于 L_2，通过 L_1 的平均电流大于 L_2，两线圈产生的电磁合力则使转子按相反的方向转动一个角度。

占空比与 50% 的差距越大，转子转动（正转或反转）的角度也越大。控制器就是通过输出占空比不同的脉冲信号，实现旋转式电磁阀的旋转角度及转动方向的控制。

图 9-46 所示为旋转式电磁阀的另一种结构形式，这种形式的电磁阀其定子是永久磁铁，转子绕有两个匝数相同且对称布置的电磁线圈，线圈电流通过电刷和滑片引入。这种旋转式电磁阀的工作原理与转子是永久磁铁、定子有电磁线圈的旋转式电磁阀完全相同。

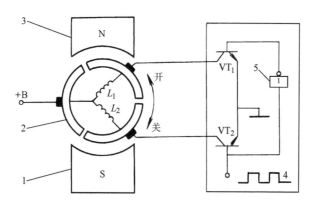

图9-46 定子为永久磁铁的旋转式电磁阀电路原理

1、3—定子（永久磁铁） 2—转子 4—控制信号（占空比信号） 5—反相器

第二节 发动机电子控制系统电路的特点分析

一 燃油喷射控制系统电路

1. 燃油喷射控制系统的基本组成与控制原理

电喷发动机通过喷油器将一定压力的燃油喷射到进气管或气缸内，与空气混合形成可燃混合气，而最佳空燃比（可燃混合气的浓度）是由 ECU 通过控制喷油器的喷油时间实现的。燃油喷射控制系统的基本组成与控制原理如图9-47 所示。

 专家解读

　　燃油喷射系统通过一个相对压力调节器来调节燃油压力，使喷油器喷嘴内外的压差保持稳定，而喷油器喷嘴的截面面积是一定的，因此ECU通过控制喷油器的间歇喷油时间，即可准确控制喷油量。

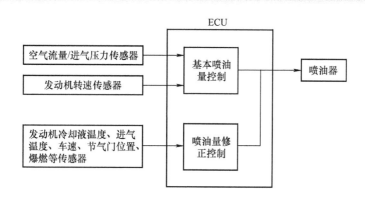

图9-47 燃油喷射控制系统的基本组成与控制原理

（1）基本喷油量控制

发动机在正常工作温度下运转时，ECU根据空气流量（或进气压力）传感器和发动机转速传感器的信号进行基本喷油量的控制，通过控制喷油器的喷油时间，使发动机各工况均处于最佳空燃比的工作状态。

（2）喷油量修正控制

在发动机起动、急速、低温等各种状态下，ECU根据相关传感器的信号做出喷油时间的修正控制，以确保发动机在各种状态下均有最适宜的空燃比。

专家解读 👉

　　燃油喷射系统ECU根据相关传感器信号及设定的控制程序进行基本喷油量控制和喷油量修正控制，使发动机在任何工况下的可燃混合气均为最佳的空燃比。

2. ECU 电源电路

ECU电源电路如图9-48所示。

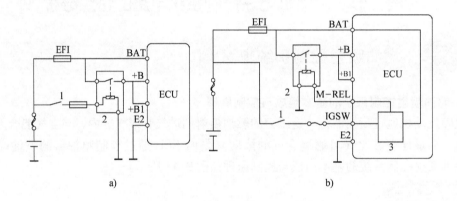

a)　　　　　　　　　　　　　　　b)

图 9-48　ECU 电源电路

a）点火开关直接控制　b）点火开关与ECU内控制电路协同控制

1—点火开关　2—主继电器　3—主继电器控制电路

（1）电路特点

ECU电源电路的特点如下：

1）ECU有一个"BAT"端子，通过导线直接连接蓄电池的正极桩，其作用是在点火开关关断时，使储存故障码及其他信息的RAM不断电，确保RAM中的信息在点火开关关断时不会丢失。

2）ECU的主电源端子" +B"由触点常开的主继电器控制，在点火开关接通、主继电器触点闭合时与蓄电池连接，提供ECU正常工作所需的电源。

3）主继电器线圈电路有点火开关直接控制（图9-48a）和点火开关与ECU内控制电路协同控制（图9-48b）两种形式，后者具有延时关断功能。

（2）电路原理

1）点火开关直接控制方式。接通点火开关时，主继电器线圈通电，主继电器触点闭合，使 ECU 的主电源电路接通。断开点火开关，主继电器线圈断电，继电器触点立刻断开，ECU 主电源端子立刻断电。

2）点火开关与 ECU 控制方式。接通点火开关时，ECU 的 IGSW 端子通电，ECU 内部的主继电器控制电路通电，控制 ECU 的 M - REL 端子输出高电位，使主继电器线圈通电，继电器触点闭合，接通 ECU 主电源电路。断开点火开关瞬间，ECU 内主继电器控制电路控制 M - REL 端子的高电位继续保持 2s 左右，主继电器线圈继续通电，从而使 ECU 的主电源在点火开关断约 2s 后才关断。

电子控制器主电源延时约 2s 关断的目的是在关断点火开关（发动机熄火）时，ECU 仍能进行某项必须完成的操作。

专家解读 ☞

使用热丝式空气流量传感器，在关断点火开关时，ECU 需要输出自洁信号来完成热丝的清洁；对于步进电动机式怠速控制阀，在关断点火开关时，ECU 需要输出控制脉冲，控制步进电动机转动，将空气阀转至阀全开位置。因此，这些 ECU 电源电路需要设置延时断电功能。

（3）电路故障检测

1）点火开关直接控制的 ECU 电源电路。其检测要点如下：

① 发动机 ECU 的 BAT 端子：该端子失去电压将导致 ECU 不能储存故障信息及学习修正信息等。可用直流电压表检测 BAT 端子与搭铁之间的电压，应为蓄电池电压；如果无电压，需检查线路连接和熔断器 FU。

② 发动机 ECU 的 +B 端子：该端子失去电压将使 ECU 不工作，发动机无法起动。接通点火开关（ON），测量 +B 端子与搭铁之间的电压，应为蓄电池电压；如果无电压，需检查熔断器、主继电器及其连接线路。

2）具有延时功能的 ECU 电源电路。其检测要点如下：

① 发动机 ECU 的 BAT 端子：该端子失去电压将导致 ECU 不能储存故障信息及学习修正信息等。可用直流电压表检测 BAT 端子与搭铁之间的电压，应为蓄电池电压；如果无电压，需检查线路连接和熔断器 FU。

② 发动机 ECU 的 +B 端子：接通点火开关（ON）后，检测 +B 端子与搭铁之间的电压，应为蓄电池电压。如果电压为零，则再检测 MREL 端子、IGSW 端子与搭铁之间的电压，有如下几种情况：

a. IGSW 端子无电压，则需检查点火开关及连接线路、熔断器等。

b. IGSW 端子电压正常、M - REL 端子无电压，则检查 ECU 的 E2 端子与搭铁之间的电压，若正常，则 ECU 内部有故障；若无电压，则说明 ECU 搭铁不良。

c. IGSW 端子、M - REL 端子电压均正常，则需要检查主继电器及其连接线路。

3. 燃油泵控制电路

燃油泵控制电路的基本控制功能如下：

1）燃油泵工作控制。在起动发动机和发动机运转时，燃油泵工作。

2）燃油泵自动停机控制。发动机一旦异常熄火，立即使燃油泵停止工作，以避免在汽车发生意外交通事故时，燃油不断地从破裂的供油管路溢出而造成更大的安全事故。

3）燃油泵转速控制。根据发动机转速高低控制燃油泵的转速，使燃油泵的转速与发动机的转速相匹配。

阅读提示 ✔

> 不是所有的燃油泵控制电路都有燃油泵转速控制功能，许多电喷发动机的燃油泵控制电路只有前两项控制功能。

具有燃油泵转速控制功能的燃油泵控制电路示例如图 9-49 所示。

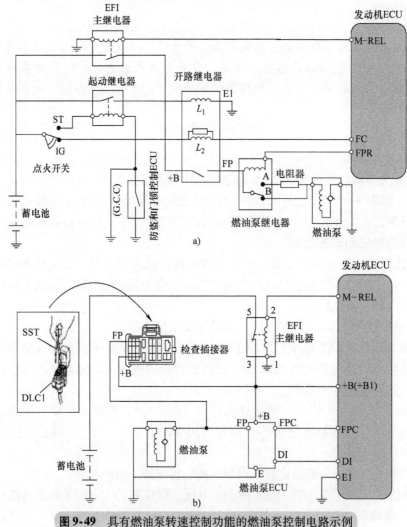

图 9-49 具有燃油泵转速控制功能的燃油泵控制电路示例
a）燃油泵继电器控制　b）燃油泵 ECU 控制

（1）电路特点

1）主继电器控制 ECU 主电源电路，同时也连接开路继电器的电源接线柱 +B（图 9-49a）和燃油泵 ECU 的电源端子 +B（图 9-49b）。也就是说，主继电器也控制着燃油泵的电源电路。

2）开路继电器为常开触点（图 9-49a），控制燃油泵的通断电；开路继电器有两个线圈，其中 L_1 是在点火开关拨至起动档、起动继电器触点闭合时通电，L_2 由 ECU 内部的燃油泵控制电路（FC 端子）控制其通断电。当 L_1、L_2 中有一个线圈通电时，就可使开路继电器触点闭合，使燃油泵通电。

3）燃油泵继电器常闭触点 B 连接燃油泵，常开触点 A 通过电阻器连接燃油泵（图 9-49a）。

4）燃油泵 ECU 通过其 FP 端子直接控制燃油泵（图 9-49b）。

（2）工作原理

1）燃油泵继电器控制的燃油泵控制电路原理。在主继电器接通电源后，燃油泵控制电路开始工作，具体工作过程如下：

① 起动时，点火开关拨至起动档，起动继电器线圈通电，其触点闭合，开路继电器触点因线圈 L_1 通电而闭合，通过燃油泵继电器的常闭接通了燃油泵，电路通路为：蓄电池 +→主继电器触点→开路继电器的触点→燃油泵继电器的常闭触点→燃油泵→搭铁，燃油泵通电工作。

② 起动后，起动开关断开，L_1 断电，但发动机已正常运转，ECU 接收到发动机转速传感器的电信号，ECU 内部的燃油控制电路通过 ECU 的 FC 端子使线圈 L_2 通电，开路继电器触点保持闭合，燃油泵正常通电工作。

③ 当发动机熄火时，发动机转速传感器无转速脉冲信号产生，ECU 接收不到发动机转速信号，内部控制电路通过 ECU 的 FC 端子使 L_1 迅速断电，开路继电器的 L_1 和 L_2 均不通电，其触点断开，燃油泵立刻停止工作。

④ 当发动机处于怠速工况时，发动机 ECU 通过 FPR 端子控制燃油泵继电器线圈通电，使燃油泵继电器的常闭触点断开、常开触点闭合。这时，燃油泵的电路通路为：蓄电池 +→主继电器触点→开路继电器触点→燃油泵继电器常开触点→电阻器→燃油泵→搭铁，燃油泵电路因串联了电阻器，其电流减小而低速运转。

专家解读 ☞

图 9-49 中，起动继电器线圈经防盗和门锁控制 ECU 到搭铁，是电子防盗电路的设置，当车辆遇盗时，防盗和门锁控制 ECU 使起动继电器线圈搭铁电路断开，起动机和燃油泵均不能通电工作，发动机不能起动，起到了电子防盗的作用。

2）燃油泵 ECU 控制的燃油泵控制电路原理。在主继电器接通电源后，燃油泵控制电路开始工作，具体工作过程如下：

① 发动机 ECU 通过其 FPC 端子输出控制信号，控制燃油泵 ECU 工作，由燃油泵 ECU 的 FP 端子控制燃油泵在起动和发动机运转时通电工作；在发动机熄火时，无论点火开关是打开或关闭，燃油泵均不工作。

② 在发动机处于起动、高转速或大负荷工况时，发动机 ECU 通过 FPC 端子向燃油泵 ECU 的 FPC 端子输出一个高电位信号，使燃油泵 ECU 的 FP 端子输出一个较高的电压（约为蓄电池电压），使燃油泵高速运转。

③ 当发动机处于怠速工况时，发动机 ECU 通过 FPC 端子向燃油泵 ECU 的 FPC 端子输

出一个低电位信号，使燃油泵 ECU 的 FP 端子输出一个较低的电压（约 9V），使燃油泵低速运转。

（3）电路故障检测

1）燃油泵继电器控制的燃油泵控制电路。ECU 电源电路正常，燃油泵不工作的检测要点如下：

接通点火开关（ON），将开路继电器的 +B 端子与燃油泵的 FC 端子直接连接，看燃油泵是否运转。如果燃油泵不转，则为燃油泵故障；如果燃油泵正常运转，则需检查燃油泵继电器和开路继电器。

2）燃油泵 ECU 控制的燃油泵控制电路。ECU 电源电路正常，燃油泵不工作的检测要点如下：

将燃油泵检查插接器上的 +B 和 FC 端子短接，再接通点火开关（ON），看燃油泵是否运转。如果燃油泵不转，则说明燃油泵故障；如果燃油泵正常运转，则需检查燃油泵 ECU 及其连接线路。

4. 喷油器控制电路

喷油器控制电路的作用是按 ECU 的喷油控制脉冲，使喷油器准确、及时地通断电，以使其从喷嘴中喷出适量的燃油。喷油器实际上是一个直动式开关电磁阀，其驱动方式有电压驱动和电流驱动两种，如图 9-50、图 9-51 所示。

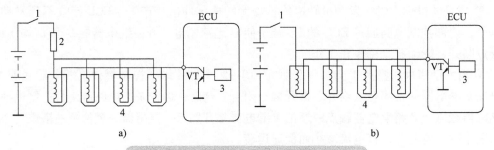

a)   b)

图 9-50 电压驱动式喷油器控制电路

a）低电阻型喷油器 b）高电阻型喷油器

1—点火开关 2—附加电阻 3—喷油器驱动电路 4—喷油器

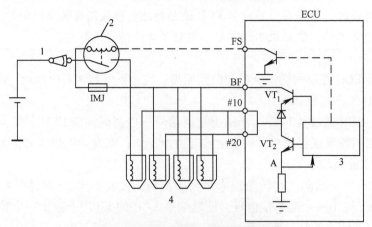

图 9-51 电流驱动式喷油器控制电路

1—点火开关 2—安全主继电器 3—喷油器驱动电路 4—喷油器

（1）电路特点

1）喷油器的电源端子通过点火开关与蓄电池连接，由 ECU 的喷油器驱动电路控制其搭铁通路。

2）采用电压驱动方式的喷油器有低电阻型和高电阻型两种，低电阻型喷油器在其控制电路中需串联一个电阻，用于减小喷油器电磁线圈的工作电流，以避免其过热烧坏。

3）相比电压驱动方式，采用电流驱方式的喷油器其控制电路与电压驱动方式的区别只是在 ECU 内部，电流驱动方式的驱动电路结构和控制方式较为复杂。

专家解读 ☞

电压驱动方式是指在喷油脉冲期间，喷油器控制电路持续给喷油器施加一个稳定的电压；电流驱动方式是指在喷油脉冲期间，ECU 先给喷油器施加一个高电压脉冲，使喷油器的电流迅速上升，喷油器阀迅速打开，接着 ECU 输出低电压脉冲，使喷油器的电流减小，喷油器线圈产生的电磁力使喷油器阀保持开启状态，直到喷油脉冲结束。

（2）电路原理

电压驱动方式与电流驱动方式的控制电路的工作方式有较大的区别。

1）电压驱动方式。当微处理器输出喷油指令时，控制电路中的晶体管 VT 导通，喷油器线圈通电。在喷油器喷油期间，加在喷油器线圈上的电压保持不变。这种驱动方式由于喷油器线圈自感电动势的阻碍作用，使喷油器阀的打开速率较低，喷油器阀完全开启的滞后时间较长。

阅读提示 ✔

采用低电阻型的喷油器，其电磁线圈的匝数相对较少，线圈的电感较小，可提高线圈电流的上升速率，使喷油器阀的打开速率提高。但是，线圈匝数减少后，线圈的直流电阻也减小了，这会使喷油器线圈的工作电流过大而容易过热损坏。因此，若采用低电阻型喷油器，需要在其驱动电路中串联附加电阻，用以降低喷油器工作电流。

2）电流驱动方式。当微处理器输出喷油指令时，控制电路中的晶体管 VT_2 迅速饱和导通，使喷油器电磁线圈的电流迅速上升至 8A 左右，喷油器阀可迅速全开。此后，控制电路输出一个电压较低的脉冲电压，使喷油器电磁线圈电流减小至仅能维持喷油器阀处在打开状态，以防止电磁线圈过热。

电流驱动方式虽然其控制电路较为复杂，但采用低电阻型喷油器，喷油器开启时的电流上升快且较大，故而喷油器阀开启的速率高，因此应用比较广泛。

（3）电路故障检测

电路的检测要点是检测喷油器电源端子。拔出喷油器插接器的插头，接通点火开关（ON）后，检测插头电源端子对搭铁的电压，应为蓄电池电压。如果电压正常，需要检查喷油器及其与 ECU 之间的连接线路；如果电压为零，则检查喷油器的电源连接线路。

二 电子点火控制系统电路

1. 电子点火控制系统的基本组成与控制原理

电子点火控制系统主要用于实现最佳的点火时间控制，其基本组成与控制原理如图9-52所示。

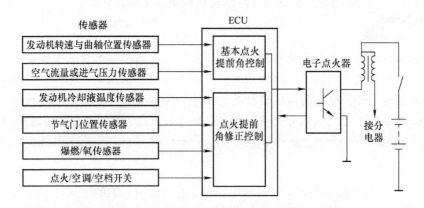

图 9-52 电子点火控制系统的基本组成与控制原理

（1）基本点火提前角控制

发动机在正常工作温度下运转时，ECU 根据空气流量（或进气压力）传感器和发动机转速与曲轴位置传感器的信号进行基本点火提前控制，通过输出点火定时控制脉冲使电子点火器（或称点火控制模块）工作，控制点火线圈初级绕组适时地通断电，使次级产生高压，以确保发动机在各种工况下均处于最佳的点火工作状态。

（2）点火提前角修正控制

在发动机起动、怠速、低温等各种状态下，ECU 根据相关传感器的信号做出点火提前角修正控制，以确保发动机在各种工况下均有最适宜的点火时间。

> **阅读提示** ✔
>
> 一些汽车发动机ECU内部设有电子点火器的功能电路（电子点火器的功能电路就是ECU内部的驱动电路），点火线圈成了直接的执行器。因此，这些发动机的电子点火控制系统无电子点火器。

2. 带分电器的电子点火控制系统电路

带分电器的电子点火控制系统电路示例（丰田汽车 2JZ – GE 发动机电子点火控制系统电路）如图9-53所示。

（1）电路的组成及特点

1）分电器内有发动机转速与曲轴位置传感器，在发动机工作时，产生发动机转速信号 Ne 和曲轴位置信号 G1、G2。

2）ECU 根据相关传感器的信号向电子点火器输出点火定时信号 IGt，触发电子点火器

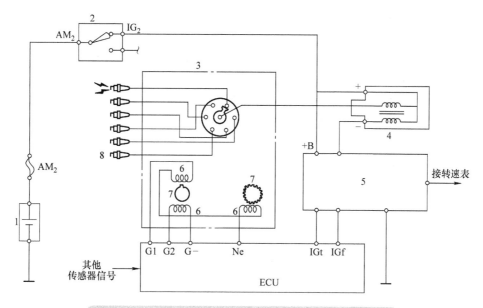

图9-53 丰田汽车2JZ–GE发动机电子点火控制系统电路

1—蓄电池 2—点火开关 3—分电器 4—点火线圈 5—电子点火器
6—发动机转速与曲轴位置传感器线圈 7—发动机转速与曲轴位置传感器转子 8—火花塞

工作，通断点火线圈初级绕组，使点火线圈次级产生高压，并通过配电器将高压送至各缸火花塞。

3）电子点火器根据点火线圈初级绕组的工作情况，产生一个矩形波脉冲信号IGf，并输出送给ECU，用以反馈点火线圈工作状态。电子点火器向转速表也输出一个脉冲宽度恒定、脉冲频率与点火频率同步的脉冲信号，用以驱动发动机转速表工作。

阅读提示 ✔

　　带分电器的电子点火控制系统，其发动机转速与曲轴位置传感器均在分电器内，但用于反映曲轴位置的G信号有不同的形式。本例有两个G线圈，发动机曲轴转2圈，G1线圈和G2线圈分别产生1个电压脉冲信号。除此之外，还有用一个G线圈的结构形式，发动机曲轴转两圈，G线圈产生2个或4个电压脉冲信号。

（2）点火控制原理

该电子点火控制系统电路的工作原理如下：

发动机工作时，分电器内的发动机转速与曲轴位置传感器产生G1、G2和Ne信号，并输入ECU，ECU根据G1、G2和Ne信号判断曲轴的位置和发动机的转速，并根据进气压力传感器（有的发动机电子点火控制系统用空气流量传感器）及发动机冷却液温度传感器、节气门位置传感器等其他传感器信号确定点火时间，输出点火定时信号IGt。电子点火器在ECU点火定时信号IGt的触发下适时地通断点火线圈初级绕组电流，使点火线圈次级产生高压，并通过配电器将高压电按点火次序分配至各缸火花塞。

（3）电路故障检测

发动机不能起动的电路故障检测要点如下：

1）点火线圈+接线柱电压。接通点火开关（ON），检测点火线圈+接线柱与搭铁之间的电压，应为蓄电池电压。如果电压不正常，需检查点火开关及其连接线路。

2）电子点火器的+B端子电压。接通点火开关（ON），检测电子点火器的+B端子与搭铁之间的电压，应为蓄电池电压。如果电压不正常，需检查点火开关及其连接线路。

3）分电器的G1、G2、Ne端子电压波形。用起动机带动发动机运转，分别测分电器的G1、G2、Ne端子与G-端子之间的电压波形，应有电压脉冲。如果无电压脉冲，需检修或更换分电器。

4）ECU的IGt端子电压波形。用起动机带动发动机运转，检测ECU上的IGt端子与G-端子之间的电压波形，应有电压脉冲。如果无电压脉冲，更换ECU。

5）电子点火器IGf端子电压波形。用起动机带动发动机运转，检测电子点火器上的IGf端子与G-端子之间的电压波形，应有电压脉冲。如果无电压脉冲，更换电子点火器。

3. 无分电器电子点火控制系统电路

采用电子高压配电方式的电子点火控制系统无分电器，典型的无分电器电子点火控制系统示例（丰田汽车1G-GZEU发动机电子点火控制系统组成及电路原理）如图9-54所示。

阅读提示 ✔

> 现代汽车发动机电子点火控制系统广泛采用电子高压配电方式，并取消了带有配电器的分电器。电子高压配电方式有二极管分配式同时点火方式、点火线圈分配同时点火方式和单独点火方式等不同的形式，其中点火线圈分配同时点火方式应用最广。
>
> 同时点火方式每一次有两缸同时点火，但只有一缸是有效点火，同时点火的另一气缸为排气行程，是无效点火。

（1）电路组成与特点

本例中，高压配电为分组同时点火的点火线圈分配方式，采用了磁感应式发动机转速与曲轴位置传感器，其信号波形如图9-55所示。其中，曲轴位置传感器的G1、G2信号分别用于确定第6缸、第1缸的上止点，Ne信号用来计算发动机转速，同时用于确定初始点火定时。

（2）点火控制原理

该电子点火控制系统电路的工作原理如下：

1）点火定时信号IGt的产生。ECU以G1和G2信号后的第1个Ne信号为第6缸或第1缸点火信号，然后每4个Ne信号脉冲产生1个点火信号，并产生点火定时脉冲IGt，如图9-56所示。

根据Ne所确定的点火时间为初始点火时间。工作时，ECU根据发动机的工况、状态的动态变化对点火提前角进行调整。

2）气缸识别信号的产生。ECU根据传感器的G1、G2信号产生图9-56所示气缸识别信号IG_{dA}、IG_{dB}。IG_{dA}、IG_{dB}及IGt信号输入电子点火器的气缸识别电路，用于产生能按点火顺序控制各点火线圈工作的触发信号。

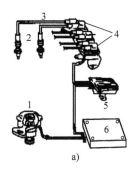

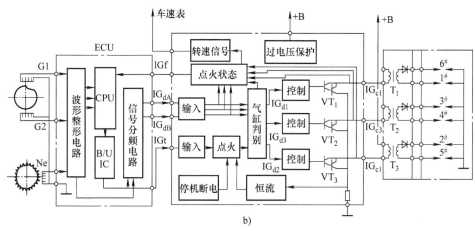

图9-54 丰田汽车1G – GZEU 发动机电子点火控制系统组成及电路原理

a）电子点火控制系统组成 b）电子点火控制系统电路原理

1—发动机转速与曲轴位置传感器 2—火花塞 3—高压导线 4—点火线圈 5—电子点火器 6—ECU

3）顺序点火触发信号的产生。电子点火器内的气缸识别电路具有表9-1所示的逻辑功能，在每一个点火定时波形 IG_t 下降沿时，气缸识别电路根据 IG_{dA} 和 IG_{dB} 的高、低电平情况，触发相应的晶体管截止，使相应的点火线圈初级绕组断电、次级产生高压，使成对的两缸火花塞点火。

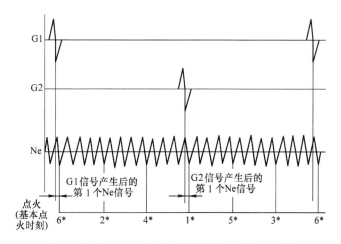

图9-55 发动机转速与曲轴位置传感器信号波形

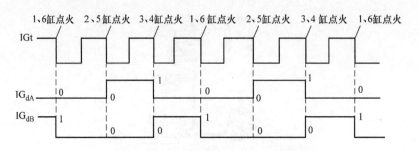

图9-56 ECU产生的点火控制信号波形

表9-1 气缸识别电路逻辑功能

气缸识别信号	点火的气缸		
	1、6	2、5	3、4
IG_{dA}	0	0	1
IG_{dB}	1	0	0

单独点火方式的顺序点火触发信号产生方式与同时点火方式相似，但其点火线圈驱动电路要多一倍，气缸识别电路也要复杂一些。

（3）电路故障检测

发动机不能起动的电路故障检测要点如下：

1）点火线圈+接线柱电压。接通点火开关（ON），检测点火线圈+接线柱与搭铁之间的电压，应为蓄电池电压。如果电压不正常，需检查点火开关及其连接线路。

2）电子点火器的+B端子电压。接通点火开关（ON），检测电子点火器+B端子与搭铁之间的电压，应为蓄电池电压。如果电压不正常，需检查点火开关及其连接线路。

3）发动机转速与曲轴位置传感器的G1、G2、Ne端子电压波形。用起动机带动发动机运转，分别测分电器的G1、G2、Ne端子与G−端子之间的电压波形，应有电压脉冲。如果无电压脉冲，需检修或更换发动机转速与曲轴位置传感器。

4）ECU的IGt端子电压波形。用起动机带动发动机运转，检测ECU上的IGt端子与G−端子之间的电压波形，应有电压脉冲。如果无电压脉冲，更换ECU。

5）电子点火器IGf端子电压波形。用起动机带动发动机运转，检测电子点火器上的IGf端子与G−端子之间的电压波形，应有电压脉冲。如果无电压脉冲，更换电子点火器。

发动机怠速控制系统电路

1. 发动机怠速控制系统的基本组成与控制原理

发动机怠速控制系统的基本组成与控制原理如图9-57所示。ECU根据各传感器与开关的信号进行发动机目标转速的选定、发动机怠速判断、发动机转速比较与计算，然后输出控制信号，控制怠速控制执行机构动作，将发动机怠速控制在目标范围之内。发动机怠速控制系统可实现发动机的怠速稳定控制和高怠速运行控制。

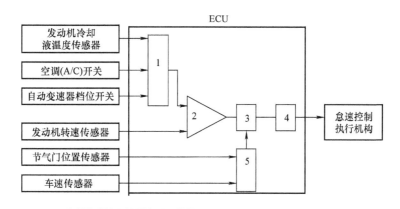

图9-57 发动机怠速控制系统的基本组成与控制原理

1—目标转速 2—比较电路 3—控制量计算 4—驱动电路 5—怠速状态判断

（1）发动机怠速稳定控制

当发动机处于怠速工况时，ECU根据节气门位置传感器信号判断发动机已处于怠速工况，并进入怠速控制程序。ECU根据发动机冷却液温度传感器的电信号选定当前的目标转速，并与当前的发动机转速进行比较。如果发动机当前转速偏离了目标转速，ECU便输出控制脉冲使怠速控制执行机构动作，及时调整发动机转速，使发动机怠速稳定于目标转速。

这种怠速稳定控制方式还可实现发动机的快速暖机。由于在发动机温度较低时，怠速的目标转速较高，所以，当发动机冷机起动后，虽然发动机的温度还很低，但ECU就可以控制发动机在较高的怠速下稳定运转，使发动机迅速达到正常的工作温度。

（2）高怠速运行控制

高怠速运行控制可分为发动机负荷高怠速控制和转速变化预见性高怠速控制两种情况。

1）发动机负荷高怠速控制。当发动机处于怠速工况，又需要带动一定的负荷时，发动机ECU就会进入发动机负荷高怠速控制状态。在节气门处于关闭状态时，ECU就会根据空调开关的开闭、蓄电池电压的高低等信号，判定是否需要进入发动机负荷高怠速控制程序。

2）转速变化预见性高怠速控制。发动机处于怠速工况时，为避免发动机因所驱动的附加装置阻力矩突然增大而导致转速下降甚至熄火，ECU会根据相关传感器和开关的电信号自动进入转速变化预见性高怠速控制。在节气门处于关闭状态时，ECU根据自动变速器档位开关、动力转向开关、灯光继电器等信号判断是否需要进入转速变化预见性高怠速控制程序。

2. 怠速控制系统的类型

（1）按进气量的调节方式分类

1）节气门直动式。ECU通过控制执行机构直接操纵节气门，通过改变节气门的开度实现怠速的控制（图9-58a）。这种控制方式工作可靠性高，控制位置的稳定性也较好；缺点是动态响应性较差（反应较慢），执行机构较为复杂，且体积较大，因而应用较少。

2）旁通空气式。ECU通过控制怠速控制阀来改变怠速辅助空气通道的空气流量，以实现怠速控制（图9-58b）。这种控制方式动态响应好、结构简单，且尺寸较小，应用较为广泛。

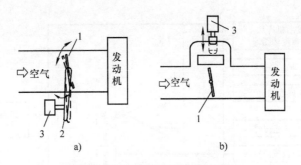

图9-58 怠速进气量调节方式

a）节气门直动式 b）旁通空气式

1—节气门 2—节气门操纵臂 3—怠速控制执行器

（2）按怠速控制阀的结构与工作方式分类

1）步进电动机式。怠速控制阀以步进电动动机为动力，ECU 通过控制步进电动机的转动来驱动空气阀的开启、关闭及开启的程度。

2）开度电磁阀式。怠速控制阀以电磁线圈通电产生的电磁力使空气阀动作，ECU 通过控制电磁阀线圈的通断电及电流来控制空气阀的开启、关闭及开启的程度。开度电磁阀式怠速控制阀按其运动方式不同分，又有直动式和转动式两种。

3）开关电磁阀式。怠速控制阀以电磁线圈通电产生的电磁为动力，但只有开和关两种状态。开关电磁阀式怠速控制阀有两种控制方式：一种是 ECU 通过开关信号控制电磁阀的开和关，这种控制方式只有高怠速和正常怠速两种控制状态；另一种是 ECU 通过输出占空比脉冲来控制电磁阀开与关的程度，以调节怠速辅助空气通道的空气流量，实现各种目标转速的控制。

3. 步进电动机式怠速控制系统电路

步进电动机式怠速控制系统电路示例如图9-59所示。

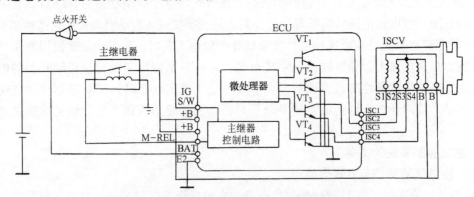

图9-59 步进电动机式怠速控制系统电路示例

（1）电路特点

1）步进电动机式怠速控制阀主要由步进电动机、丝杆机构和空气阀等组成。步进电动机的转子与丝杆组成丝杆机构，将步进电动机转子的转动转变为丝杆的直线移动，并通过阀杆带动空气阀动作。

2）步进电动机式怠速控制阀有 4 个控制端子，ECU 用 4 个驱动电路，通过 ISC1、ISC2、ISC3、ISC4 这 4 个控制端子控制步进电动机转动。

3）ECU 内设有主继电器控制电路，当点火开关关断时，使 ECU 继续通电 2s 左右，以使 ECU 能完成怠速控制阀起动初始位置的设定，控制步进电动机转动至空气阀开启最大位置，为下次起动做好准备。

（2）电路原理

ECU 根据节气门位置传感器、发动机转速传感器、发动机冷却液温度传感器、空调开关、自动变速器档位开关等提供的电信号进行怠速控制。当需要调整怠速时，ECU 输出控制信号，通过其内部的步进电动机驱动电路产生步进电动机转动控制脉冲，使步进电动机转动相应的角度，将空气阀调整至适当的开度。

（3）电路故障检测

步进电动机式怠速控制阀不工作的电路故障检测要点如下：

1）ECU 的 BAT、+B 端子电压检测。参见前文"具有延时功能的 ECU 电源电路的故障检测"。

2）怠速控制阀电源端子 B 的电压。拔下怠速控制阀上插接器，在接通点火开关（ON）时，测量插头 B 端子与搭铁之间的电压，应为蓄电池电压。如果电压为零，需检查连接线路和主继电器。

3）怠速控制阀的控制端子 S1、S2、S3、S4 与 B 端子之间的电阻。拔下怠速控制阀插接器插头后，分别测量插座 S1、S2、S3、S4 端子与 B 端子之间的电阻，阻值应相同。如果电阻值不同或电阻值为无穷大，则需要更换怠速控制阀。

4. 旋转电磁阀式怠速控制系统电路

旋转电磁阀式怠速控制系统电路如图 9-60 所示。

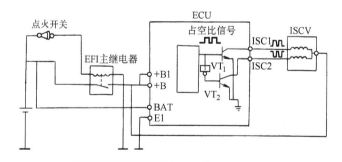

图 9-60 旋转电磁阀式怠速控制系统电路

（1）电路特点

1）旋转电磁阀式怠速控制阀由旋转电磁阀和旋转式空气阀组成，旋转电磁阀有两个控制端子，分别受控于 ECU 的两个怠速控制端 ISC1、ISC2；ECU 从 ISC1、ISC2 端子输出频率相同但相位相反的脉冲电压，控制旋转电磁阀的转动。

2）无论电磁线圈在定子上还是在转子上，两种旋转电磁阀的控制电路相同。电源端子连接主继电器，在主继电器触点闭合时电磁阀电源被接通。

（2）电路原理

当 ECU 根据相关传感器及开关电信号确定需要调整怠速时，便输出相应的占空比控制信号，并经驱动电路（反相器及 VT_1、VT_2）输出同频反相的电磁阀控制脉冲 ISC1、ISC2，控制两个电磁线圈的通电时间，使电磁阀转子做相应的转动，以控制空气阀的开与关及开启程度。

（3）电路故障检测

1）ECU 的 BAT、+B 端子电压检测。参见前面"点火开关直接控制的 ECU 电源电路的故障检测"。

2）怠速控制阀的 B 端子的电压检测。拔下怠速控制阀上插接器，在接通点火开关（ON）时，测量插头 B 端子与搭铁之间的电压，应为蓄电池电压。如果电压为零，需检查连接线路和主继电器。

3）怠速控制阀的控制端子 S1、S2 与 B 端子之间的电阻。拔下怠速控制阀插接器插头后，分别测量插座 S1、S2 端子与 B 端子之间的电阻，应为一致。如果电阻不一致或电阻为无穷大，则需要更换怠速控制阀。

5. 开关电磁阀式怠速控制系统电路

开关电磁阀式怠速控制系统电路如图 9-61 所示。

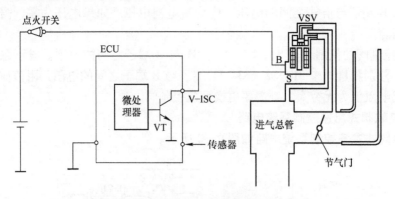

图 9-61　开关电磁阀式怠速控制系统电路

（1）电路特点

1）开关电磁式怠速控制阀只有开和关两种状态，电磁线圈通电时阀开启，电磁线圈断电时阀关闭。

2）开关电磁式怠速控制阀只有一个控制端子，由 ECU 的 V – ISC 端子控制，但控制的方式有占空比控制方式和开关控制方式两种。

（2）控制原理

开关电磁阀式怠速控制系统电路工作原理如下：

1）占空比控制方式。ECU 输出频率固定但占空比变化的怠速控制信号，通过控制电磁阀的开闭比率来调节怠速辅助空气通道的空气流量，实现发动机怠速控制。

2）开关控制方式。ECU 输出的控制信号只有高电平和低电平两种状态，控制电磁阀的通断电。因此，开关控制方式的开关电磁阀式怠速控制阀只有打开（高怠速）和关闭（正常怠速）两种工作状态。

（3）电路故障检测

1）怠速控制阀的 B 端子的电压检测。拔下怠速控制阀的插接器，在接通点火开关（ON）时，测量插头 B 端子与搭铁之间的电压，应为蓄电池电压。如果电压为零，需检查连接线路和主继电器。

2）怠速控制阀的控制端子 S 与 B 端子之间的电阻。拔下怠速控制阀插接器插头后，测量插座 S1、S2 端子与 B 端子之间的电阻，应与规定值相符。如果电阻为无穷大、过大或过小，则需要更换怠速控制阀。

四　排气再循环控制系统电路

1. 排气再循环控制系统的基本组成与控制原理

专家解读 ☞

> 排气再循环（Exhaust Gas Recirculation，EGR）是将发动机排出的部分排气引入进气管，与新鲜可燃混合气一起进入气缸，利用排气中所含有大量的二氧化碳（CO_2）不参与燃烧却能吸收热量的特点，降低燃烧温度，以减少 NOx 的排放。

排气再循环控制就是根据发动机的工况与状态来控制排气再循环量，以实现在确保发动机正常工作的前提下，最大限度地抑制 NOx 的排放量。排气再循环控制系统的基本组成与控制原理如图 9-62 所示。

排气再循环 ECU 根据相关传感器的信号来判断发动机的工况与状态，以确定是否需要排气再循环或再循环流量的大小，并输出控制信号，通过电磁阀来控制排气再循环阀的开度，以实现最佳排气循环流量的控制。

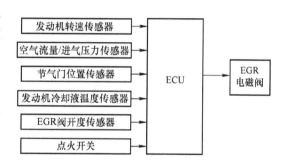

图 9-62 EGR 控制系统的基本组成与控制原理

2. 排气再循环控制系统的构成与控制过程

典型排气再循环控制系统如图 9-63 所示。

（1）结构特点

排气再循环控制系统 ECU 通过控制 EGR 电磁阀的通断电比率来调节 EGR 阀的开度，实现排气再循环流量的控制。

1）EGR 阀。EGR 阀为膜片式空气阀（图 9-63 中 3），膜片一侧通大气，装有弹簧的这一侧为真空室，其真空度由 EGR 电磁阀控制。当 EGR 阀真空室的真空度增大时，真空吸力使膜片克服弹簧力移动量增大，阀的开度增大，排气环流量增加；当 EGR 阀真空室失去真空度时，膜片在弹簧力的作用下回位而使阀关闭，阻断排气再循环。

2）EGR 电磁阀。EGR 电磁阀为二位三通开关式电磁阀，其结构如图 9-64 所示。EGR 电磁阀不通电时，阀在弹簧力的作用下将通大气口关闭，使 EGR 阀真空室与进气管相通，

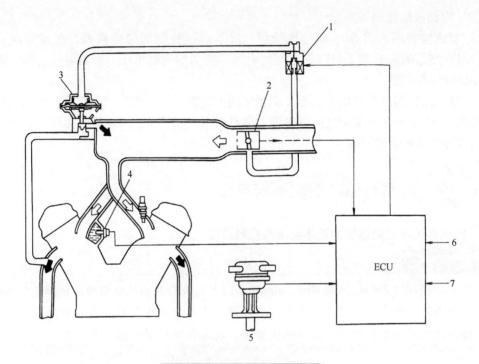

图 9-63 典型 EGR 系统

1—EGR 电磁阀 2—节气门位置传感器 3—EGR 阀 4—发动机冷却液温度传感器
5—发动机转速与曲轴位置传感器 6—起动信号 7—发动机负荷信号

真空室真空度增大；EGR 电磁阀线圈通电时，阀在电磁力作用下移动，将通进气管口关闭，使 EGR 阀的真空室与大气相通，其真空度下降。

（2）控制过程

ECU 根据相关传感器的信号判断发动机的工况与状态，并确定是否需要排气再循环或再循环流量的大小，然后输出占空比脉冲信号，通过控制 EGR 电磁阀的动作来调节 EGR 阀的开度，以实现最佳的排气再循环控制。

1）增大排气循环流量。当需要增大排气再循环流量时，ECU 输出的脉冲信号占空比减小，EGR 电磁阀相对通电时间减小，EGR 阀真空室通进气管的相对时间增大，其真空度增大而使 EGR 阀开度增大，排气再循环流量相应增加。

2）最大排气循环流量。当 ECU 输出占空比为 0 的信号（持续低电平）时，EGR 电磁阀断电，这时，EGR 阀真空室与进气管持续相通，其真空度（直接取决于进气管的真空度）达到最大，

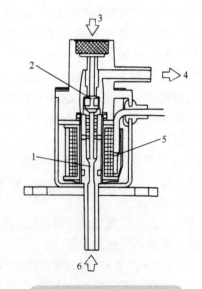

图 9-64 EGR 电磁阀结构

1—空气通道 2—阀体 3—通进气缓冲室
4—接膜片式 EGR 阀 5—电磁阀线圈
6—通进气管（节气门处）

EGR 阀的开度最大，排气再循环流量也达到最大。

3）停止排气循环。当不需要排气再循环时，ECU 输出占空比为 100% 的信号（持续高电平），使 EGR 电磁阀常通电，EGR 阀真空室与大气常通，EGR 阀关闭，阻断了排气再循环。

如下情况 ECU 将停止排气再循环：

① 发动机转速低于 900r/min 或高于 3200r/min（高、低限值因车型而不同）。

② 发动机未达到正常工作温度。

③ 发动机处于怠速工况。

④ 起动发动机时。

五 燃油蒸发排放控制系统电路

1. 燃油蒸发排放控制系统的基本组成与控制原理

专家解读 👉

　活性炭罐的作用是利用活性炭来吸附燃油箱中的燃油蒸气，并在发动机工作时，通过流经活性炭罐的空气将活性炭吸附的燃油蒸气送入进气管，并进入气缸中烧掉，以避免燃油箱中的燃油蒸气直接排放到大气中而造成空气污染。

（1）炭罐通气量控制系统的组成

炭罐通气的目的是驱走炭罐中活性炭吸附的燃油蒸气，以使炭罐能持续地起吸附燃油蒸气的作用。炭罐通气量控制的作用是使流经炭罐的通气量适应发动机的工况与状态的变化，以及时地将炭罐中的燃油蒸气送入进气管，确保炭罐能持续地起吸附燃油蒸气的作用，同时不影响发动机的正常工作。典型的燃油蒸发排放控制系统的基本组成与控制原理如图 9-65 所示。

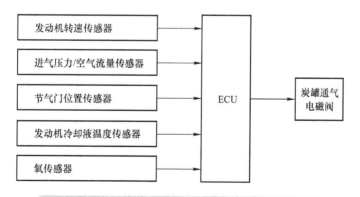

图 9-65 炭罐通气电子控制系统的基本组成与控制原理

（2）炭罐通气量控制系统的控制原理

ECU 根据有关传感器的信号判断发动机的工况与状态，并输出相应的控制脉冲，通过控制炭罐通气电磁阀的开关占空比来调节炭罐通气阀的开度，使流经炭罐进入进气管的空气流量适应发动机工况、状态变化的需要。

2. 燃油蒸发排放控制系统的构成与控制过程

典型燃油蒸发排放控制系统（电子控制式）如图9-66所示。

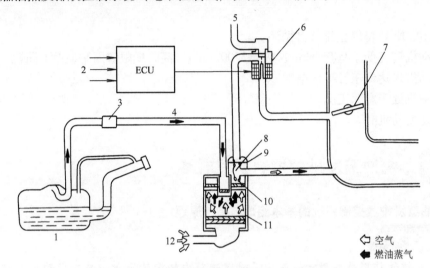

图9-66 典型燃油蒸发排放控制系统（电子控制式）

1—燃油箱 2—传感器信号 3—单向阀 4—通气管路 5—接进气缓冲器 6—炭罐通气电磁阀
7—节气门 8—主通气口 9—炭罐通气阀膜片 10—定量通气小孔 11—炭罐

（1）结构特点

燃油蒸发排放控制（电子控制式）与排气再循环控制相似，ECU也是通过一个二位三通电磁阀来调节膜片式炭罐通气阀的开度，实现炭罐通气量的控制。

1）炭罐。炭罐中装有活性炭，活性炭可吸附燃油箱中的燃油蒸气，但这种吸附力不强，当有空气经过时，活性炭吸附的燃油蒸气分子会脱离，随空气一起进入进气管。

2）炭罐通气阀。炭罐通气阀膜片的上部为真空室，其真空度由炭罐通气电磁阀控制。当炭罐通气阀真空室的真空度增大时，炭罐通气阀膜片向上拱，主通气口通气量增加。

阅读提示 ✔

有的汽车上使用二通气口的炭罐通气电磁阀来控制炭罐通气量，二通气口炭罐通气电磁阀一通气口连接进气管，另一通气口与炭罐相通，其结构与工作原理与开关电磁阀式怠速控制阀相似。使用这种炭罐通气电磁阀的燃油蒸发排放控制系统无炭罐通气阀，直接通过占空比控制脉冲控制炭罐通气电磁阀的开关比率来控制通气量。

3）炭罐通气电磁阀。炭罐通气电磁阀的结构与排气再循环电磁阀（图9-64）相同，也有三个通气口。电磁阀不通电时，电磁阀使炭罐通气阀真空室与进气管（节气门处）相通，其真空度增大。电磁阀通电时，炭罐通气阀真空室与接近大气压的进气缓冲室相通，其真空度减小。ECU通过输出占空比脉冲来控制炭罐通气电磁阀的通断电比率，以控制炭罐通气阀真空室的真空度，使通气阀的开度改变。

（2）控制过程

1）发动机转速变化时的炭罐通气量控制。ECU 根据发动机转速传感器获得发动机转速信号。当发动机在高转速时，ECU 输出控制脉冲使炭罐通气阀开度加大，以增加炭罐通气量，使炭罐中的燃油蒸气能及时净化掉。当发动机不工作（无转速信号）时，ECU 使炭罐通气阀关闭，炭罐无空气流通。

2）发动机负荷变化时的炭罐通气量控制。ECU 根据进气管压力（或空气流量）传感器获得发动机负荷信号。当发动机负荷大时，ECU 输出控制脉冲使炭罐通气阀开度加大，用较大的通气量将炭罐中的燃油蒸气及时净化掉。当发动机处于怠速工况（节气门位置传感器提供发动机怠速信号）时，ECU 输出的控制脉冲使炭罐通气量减少，以免造成可燃混合气过稀而使发动机怠速不稳。

3）发动机冷却液温度低时的炭罐通气量控制。ECU 根据发动机冷却液温度传感器获得发动机温度信号。当发动机温度低于 60℃时，炭罐通气阀完全关闭，使炭罐无空气流通，以免影响发动机的工作。

4）空燃比反馈炭罐通气量控制。ECU 根据氧传感器信号判断可燃混合气空燃比状态。当氧传感器输出可燃混合气过浓或过稀的电信号时，ECU 输出控制脉冲，及时调整炭罐通气阀的开度，以避免可燃混合气过浓或过稀。

六　典型发动机电子控制系统电路

阅读提示 ✔

　　现代汽车发动机电子控制系统基本上都具有燃油喷射、点火、怠速等控制功能，并且都实现了集中控制。为能及时发现发动机电子控制系统的故障、方便故障排除，发动机电子控制系统都设有故障自诊断功能。

通过对一个较为典型的发动机电子控制系统的结构特点与电路原理分析，以更好地了解汽车发动机电子控制系统的构成与电路原理，并掌握发动机电子控制系统故障的检修方法。发动机电子控制系统示例（丰田汽车 2JZ‑GE 发动机电子控制系统）如图 9-67 所示。

1. 系统特点

丰田汽车 2JZ‑GE 发动机电子控制系统的特点分析如下：

1）发动机集中控制的基本控制功能。包括发动机的燃油喷射控制、点火时间控制、怠速控制等，这些控制功能在现代汽车发动机电子控制系统中已普及。

2）发动机 ECU 与自动变速器合二为一。发动机电子控制系统 ECU 和自动变速器控制系统 ECU 合二为一，并与汽车巡航控制 ECU 进行信息交流，可使各相关控制更加协调。

3）设有进气谐波增压控制。通过谐波增压控制，以提高充气效率。

4）采用燃油泵 ECU 控制燃油泵的工作状态。

5）机械式的燃油蒸发排放控制。燃油箱汽油蒸发排放控制采用机械方式，直接利用节气门处的真空度来控制膜片式通气阀的开度，以使活性炭罐的通气量满足发动机工况变化的

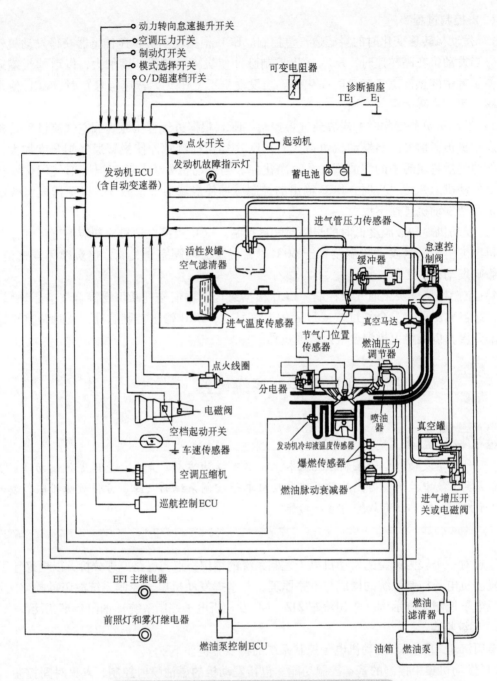

动力转向急速提升开关
空调压力开关
制动灯开关
模式选择开关
O/D超速档开关

可变电阻器

诊断插座
TE₁ E₁

发动机ECU
(含自动变速器)

点火开关
起动机
发动机故障指示灯
蓄电池

进气管压力传感器
急速控制阀

活性炭罐
空气滤清器
缓冲器

进气温度传感器
节气门位置传感器
燃油压力调节器
真空马达

点火线圈
分电器
喷油器
真空罐

电磁阀
空档起动开关
车速传感器
发动机冷却液温度传感器
爆燃传感器
燃油脉动衰减器
进气增压开关或电磁阀

空调压缩机

巡航控制ECU

EFI 主继电器

前照灯和雾灯继电器

燃油泵控制ECU

燃油滤清器

油箱 燃油泵

图 9-67 丰田汽车 2JZ – GE 发动机电子控制系统

需要。这种机械式的燃油蒸发排放控制系统在现代汽车电喷发动机上已很少使用。

6）设有节气门关闭缓冲器。节气门关闭缓冲器的作用是减缓驾驶人突然松开加速踏板时节气门关闭的速度，以避免节气门突然关闭而使发动机转速突然下降，导致汽车冲击和发动机熄火，同时也避免因进气突然减少而使发动机气缸内燃烧条件恶化，导致减速时排气污染增大。

2. 电路特点分析

丰田汽车 2JZ – GE 发动机电子控制系统电路原理如图 9-68 所示。

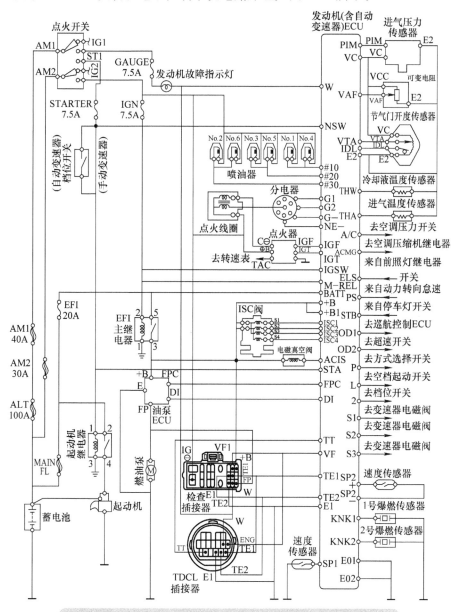

图 9-68 丰田汽车 2JZ – GE 发动机电子控制系统电路原理

（1）发动机电子控制器（ECU）

ECU 是发动机电子控制系统的核心，它还包含自动变速器控制功能，ECU 各端子的功能及连接说明见表 9-2。

（2）发动机 ECU 电源电路

发动机 ECU 有一常接电源（BATT），用于向 ECU 内的有关元器件（如储存故障码的 RAM 存储器）提供不间断电源。ECU 的主电源（＋B1、＋B）由 EFI 主继电器触点来通断，该主电源控制电路具有延时关断功能，其电路如图 9-69 所示。

表 9-2　发动机 ECU 各端子的功能及连接说明

端子代号	连接部件	功能说明	端子代号	连接部件	功能说明
E01	电源接地	—	PIM	进气压力传感器	信号输入
E02	电源接地	—	VTA	节气门位置传感器	信号输入
#10	喷油器	控制端子	VC	节气门位置传感器	传感器电源
#30	喷油器	控制端子	E2	传感器接地	—
#20	喷油器	控制端子	EC	ECU 盒接地	—
E1	ECU 搭铁	—	NE	分电器 Ne 信号	信号输入
*S1	自动变速器电磁阀	控制端子	G−	分电器 G 信号接地	信号输入
IGT	电子点火器	控制端子	G1	分电器 G1 信号	信号输入
*S2	自动变速器电磁阀	控制端子	G2	分电器 G2 信号	信号输入
*S3	自动变速器电磁阀	控制端子	ACIS	谐波增压进气控制阀	控制端子
ISC1	急速控制阀	控制端子	STA	起动开关	信号输入
ISC2	急速控制阀	控制端子	NSW	空档起动开关	信号输入
ISC3	急速控制阀	控制端子	DI	燃油泵 ECU	控制端子
ISC4	急速控制阀	控制端子	FPC	燃油泵 ECU	控制端子
IGF	电子点火器	信号反馈	*OD2	超速档开关	控制端子
*L	档位开关	信号输入	*P	选档开关	控制端子
*2	档位开关	信号输入	SP1	1 号速度传感器	信号输入
VF	检查插接器接头	检测端子	PS	动力转向液压开关	信号输入
*TT	TDCL 插接器接头	检测端子	A/C	空调放大器	控制端子
SP2＋	2 号速度传感器正极	信号输入	*OD1	巡航控制 ECU	控制端子
TE1	检查插接器接头	检测端子	ACMG	空调压缩机继电器	控制端子
TE2	故障指示灯接头	检测端子	ELS	尾灯和雾灯继电器	信号输入
KNK1	1 号爆燃传感器	信号输入	W	发动机故障指示灯	控制端子
KNK2	2 号爆燃传感器	信号输入	M−REL	EFI 主继电器	控制端子
SP2−	2 号速度传感器负极	信号输入	BK	制动灯开关	信号输入
THW	发动机冷却液温度传感器	信号输入	BATT	蓄电池	电源端子
VAF	可变电阻	信号输入	IGSW	点火开关	信号输入
THA	进气温度传感器	信号输入	＋B1	EFI 主继电器	电源端子
IDL	节气门位置传感器	信号输入	＋B	EFI 主继电器	电源端子

注：*表示自动变速器用。

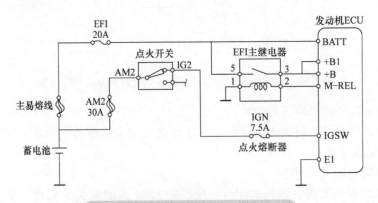

图 9-69　发动机 ECU 电源电路

（3）燃油泵工作状态控制电路

2JZ‑GE 发动机燃油泵工作状态控制电路采用燃油泵控制 ECU，可根据发动机的工况对燃油泵的转速进行控制，使燃油泵的泵油量与发动机的转速及负荷相适应。燃油泵工作状态控制电路如图 9‑70 所示。

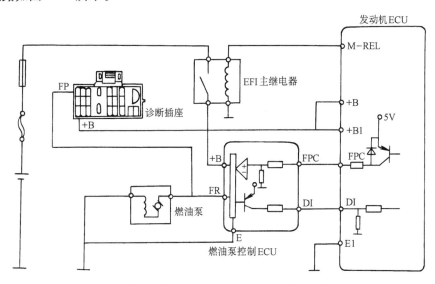

图 9‑70 2JZ‑GE 发动机燃油泵工作状态控制电路

当发动机在起动、高转速或大负荷工况时，发动机 ECU 便会向燃油泵控制 ECU 的 FPC 端子输出一个高电位信号。燃油泵控制 ECU 得到此控制信号后，从 FR 端子输出一个较高的电压（约为蓄电池电压），使燃油泵高速运转。

当发动机处于怠速工况时，发动机 ECU 向燃油泵控制 ECU 的 FPC 端子输出一个低电位信号。这时，燃油泵控制 ECU 的 FR 端子输出一个较低的电压（约 9V），燃油泵就会以较低的转速工作。

（4）谐波进气增压控制

谐波进气增压控制的作用是使发动机在中低速和高速时都有进气增压效果，即无论发动机是高速还是低速，在各缸进气门打开时，进气压力波均在波峰，以提高进气行程的充气效率。

1）谐波进气增压的组成与功能。2JZ‑GE 发动机谐波增压控制系统如图 9‑71 所示。

在进气管的中部设置了一个容量较大的空气室，空气室与进气管的通断由进气增压控制阀的开闭控制。进气增压控制阀关闭时，进气流压力波的传递长度为空气滤清器至进气门，压力波的波长较长，发动机在中、低速时有增压效果；进气增压控制阀打开时，进气流压力波只在空气室口至进气门之间传递，压力波的波长较短，使发动机在高速时也有增压作用。

当发动机的转速较低时，ECU 使开关式电磁阀不通电，真空电动机不与真空罐相通，进气增压控制阀关闭，进气压力波较长，使得发动机在中、低速下有进气压力波增压效果。

当发动机转速高时，发动机 ECU 输出控制信号，使开关式电磁阀通电，真空电动机在真空罐真空度的作用下动作，将进气增压控制阀打开，进气管就与一个容量较大的空气室相通，缩短了进气压力波的波长，使得发动机在高转速时仍有进气压力波增压效果。

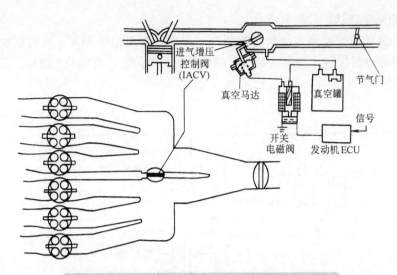

图 9-71 2JZ–GE 发动机谐波进气增压控制系统

2）谐波进气增压控制电路原理。谐波进气增压控制电路如图 9-72 所示。

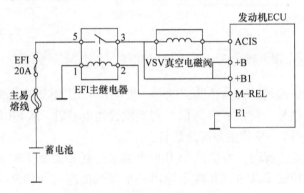

图 9-72 谐波进气增压控制电路

EFI 主继电器触点闭合时，谐波进气增压控制装置的真空电磁阀接通电源，由 ECU 的 ACIS 端子控制开关式真空电磁阀线圈的通断电。

（5）点火控制电路

该点火系统有分电器，点火控制电路如图 9-73 所示。

当点火开关在点火档时，电子点火器接通电源。工作时，分电器内的发动机转速与曲轴位置传感器所产生的 Ne、G1、G2 信号输入发动机 ECU，ECU 根据 Ne、G1、G2 信号及其他相关传感器输入的信号产生点火定时控制信号 IGt，并输送给电子点火器。电子点火器在 IGt 控制信号的触发下工作，适时地通断点火线圈初级电流，使点火线圈次级产生高压，并通过配电器将高压分配至各缸火花塞。

电子点火器根据点火线圈初级绕组的工作电压振荡波产生脉冲信号 IGf，并反馈给发动机 ECU，ECU 根据 IGf 信号判断点火系统工作正常与否。

（6）喷油器控制电路

2JZ–GE 发动机汽油喷射系统采用高电阻型喷油器、电压驱动分组同时喷射方式，喷油

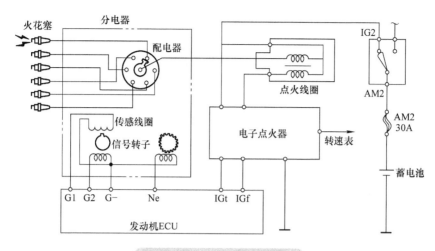

图9-73 点火控制电路

器控制电路如图9-74所示。

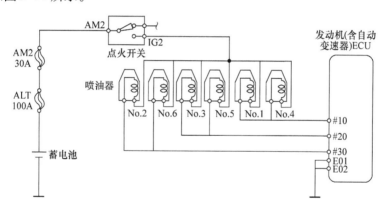

图9-74 喷油器控制电路

6个缸的喷油器分为3组，分别由ECU的#10、#20、#30端子控制。接通点火开关（点火档）后，喷油器连通蓄电池，ECU通过#10、#20、#30端子控制各喷油器电磁线圈的通断电，实现喷油量的控制。

（7）发动机怠速控制电路

2JZ－GE发动机采用步进电动机式怠速控制阀，发动机怠速控制电路如图9-75所示。

EFI主继电器触点闭合时，怠速控制阀的电源端子B1和B2与电源连接。发动机ECU的ISC1、ISC2、ISC3及ISC4分别控制怠速控制阀4个线圈的通断电。当需要怠速控制阀动作时，ECU向4个怠速控制端子输出控制脉冲，使怠速控制阀的四个线圈按顺序通断电，就可使怠速控制阀打开或关闭。ECU通过输出控制脉冲数来控制怠速控制阀的开启程度。

点火开关关断时，EFI主继电器延时关断是为了让ECU有一个使怠速控制阀开启到最大的控制时间，以利于下次发动机的起动。

（8）怠速混合气浓度调节电路

怠速混合气浓度调节电路实际上是一个可变电阻器，如图9-76所示。

273

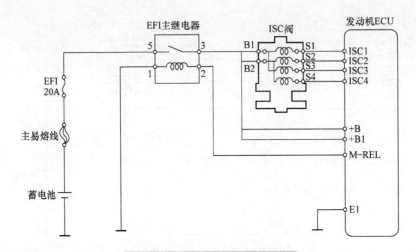

图9-75 发动机怠速控制电路

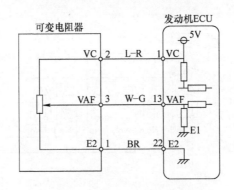

图9-76 怠速混合气浓度调节电路

旋动怠速混合气浓度调节螺钉，可改变ECU的VAF端子电压，ECU根据此电压变化改变发动机怠速时的混合气浓度，用以控制发动机怠速时的CO排放量。

3. 故障诊断

（1）故障自诊断

1）电子控制器自检。2JZ – GE发动机通过仪表板上的"发动机故障检查（CHECK）"指示灯来反映自诊断系统对电子控制系统的自检情况。

专家解读 ☞

　　发动机电子控制系统设有故障自诊断功能，故障自诊断的原理是：ECU运行故障自诊断子程序，将传感器输入的信号及执行器的反馈信号与储存于ROM储存器中的标准参数进行比较，如果信号不在正常范围之内或信号丢失，就判断为提供该信号的电路或器件有故障，并通过发动机故障警告灯发出报警，同时将相应的故障信息以代码的形式储存于RAM存储器中。在故障检修时，检修人员可取得这些故障信息，使电子控制系统的故障检修变得准确而又快捷。

接通点火开关时，"CHECK"灯应亮起，如果不亮，则说明"CHECK"灯电路或发动机 ECU 有故障。

发动机起动后，"CHECK"灯应熄灭，如果灯持续亮，或汽车运行中"CHECK"灯亮起后不熄灭，说明发动机电子控制系统有故障，需进行故障自诊断操作，找出故障码。在 RAM 存储器中储存的故障信息可以用故障检测仪来获取，也可以用人工的方法来获取。

2）故障码的读取。专用故障诊断仪读取故障信息方法可参见故障诊断设备的使用说明，JZ – GE 发动机电子控制系统人工读取故障码的方法如下：

① 接通点火开关（ON），将故障检查插接器或 TDCL 的 TE1、E1 端子短接（图9-77）。

② 观察仪表板上的"CHECK"灯闪烁读取故障码。故障码为两位数，闪示方式如图9-78所示。第一次连续闪烁的次数代表故障码的十位数，相隔后的第二次连续闪烁次数为个位数。如果有两个及以上的故障码，则按数字从小到大的顺序逐个闪示。

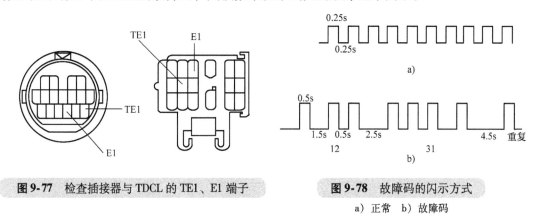

图9-77 检查插接器与 TDCL 的 TE1、E1 端子

图9-78 故障码的闪示方式

a）正常 b）故障码

丰田汽车 2JZ – GE 发动机电子控制系统故障码说明见表9-3。

3）故障码的消除。当排除了故障码所示的故障后，应清除 RAM 中储存的故障信息，方法如下：

① 关闭点火开关，从 2 号接线盒（J/B）上拔下 EFI 熔断器 10s 以上，故障码即可清除。

② 断蓄电池负极电缆也可消除故障码，但 RAM 存储器中其他有用信息也将同时被消除。

表9-3 丰田汽车 2JZ – GE 发动机电子控制系统故障码说明

故障码	信号系统	CHECK 指示灯	存储故障码的原因	故障部位
12	转速信号	亮	起动机接通2s以上仍无发动机转速与曲轴位置信号输入 ECU	① 发动机转速与曲轴位置传感器 ② 分电器 ③ 起动机控制线路 ④ 发动机 ECU
13	转速信号	亮	发动机转速达1000r/min或更高时仍无发动机转速信号输入 ECU	① 发动机转速与曲轴位置传感器 ② 分电器 ③ 发动机 ECU
14	点火信号	亮	电子点火器连续6次无信号输入 ECU	① 分电器与 ECU 间的 IGf 信号线路 ② 分电器 ③ 发动机 ECU

（续）

故障码	信号系统	CHECK 指示灯	存储故障码的原因	故障部位
16	ECT 控制信号	亮	ECU 正常信号没有输出	发动机 ECU
22	发动机冷却液温度传感器信号	亮	发动机冷却液温度传感器线路断路或短路 0.5s 以上	① 发动机冷却液温度传感器线路 ② 发动机冷却液温度传感器 ③ 发动机 ECU
24	进气温度传感器信号	不亮	进气温度传感器线路断路或短路 0.5s 以上	① 进气温度传感器线路 ② 进气温度传感器 ③ 发动机 ECU
31	进气管压力传感器信号	亮	进气管压力传感器线路断路或短路 0.5s 以上	① 进气管压力传感器线路 ② 进气管压力传感器 ③ 发动机 ECU
41	节气门位置传感器信号	不亮	节气门位置传感器线路断路或短路 0.5s 以上	① 节气门位置传感器线路 ② 节气门位置传感器 ③ 发动机 ECU
42	车速传感器信号	不亮	在发动机转速 2800r/min 以上时，车速信号未输入 ECU 达 8s 以上	① 车速传感器线路 ② 车速传感器 ③ 发动机 ECU
43	起步信号	不亮	发动机转速达 800r/min 后，无起步信号输入 ECU，汽车无法起步	① 起步信号线路 ② 点火开关或主继电器线路 ③ 发动机 ECU
52	第一爆燃传感器信号	亮	发动机转速 1600～5200r/min 范围内，爆燃传感器有 6 个信号未输入 ECU	① 爆燃传感器线路 ② 爆燃传感器 ③ 发动机 ECU
53	爆燃控制信号	亮	发动机转速 650～5200r/min 范围内，检测到 ECU（爆燃控制）故障	发动机 ECU
55	第二爆燃传感器信号	亮	发动机转速 1600～5200r/min 范围内，爆燃传感器有 6 个信号未输入 ECU	① 爆燃传感器线路 ② 爆燃传感器 ③ 发动机 ECU

专家解读 👉

　　ECU 自诊断系统针对影响行车安全、造成发动机及其他系统与部件损坏，或引发其他问题等较为严重的故障时才会启动"CHECK"指示灯亮起以示报警，并同时储存故障信息，而对于一般的故障则只是储存故障信息。

　　（2）ECU 有关端子的检测

　　通过发动机 ECU 插接器有关端子电压的检测，可确定相关电路及部件故障与否。在插接器连接状态下，从插接器线束侧插入电压表表针（图 9-79）。2JZ－GE 发动机 ECU 插接器各端子排列如图 9-80 所示，各端子的电压检测及检测异常可能的故障部位见表 9-4。

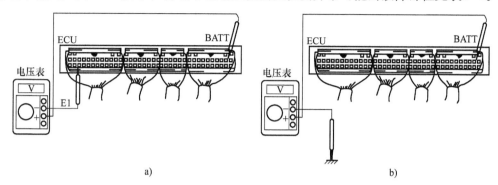

图 9-79　ECU 插接器有关端子电压检测方法

a）测端子之间电压　b）测端子与搭铁之间电压

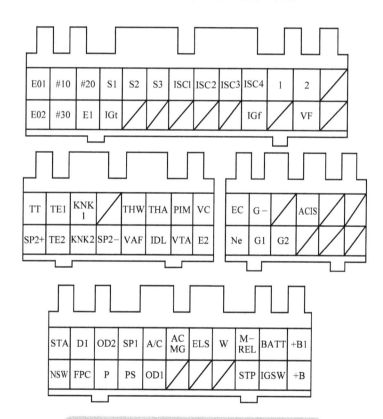

图 9-80　2JZ – GE 发动机 ECU 插接器各端子排列

表 9-4　发动机 ECU 各端子的电压检测及检测异常可能的故障部位

检测端子	检测状态	正常电压	电压异常可能的故障部位
BATT—E1	—	蓄电池电压	① 相关的易熔线和熔断器 ② BATT 端子至蓄电池的线路 ③ ECU 接地或 ECU

（续）

检测端子	检测状态	正常电压	电压异常可能的故障部位
IGSW—E1	点火开关在 ON 位	蓄电池电压	① 相关的易熔线和熔断器 ② IGSW 端子至蓄电池的线路 ③ 点火开关 ④ ECU 接地或 ECU
M – REL—E1	点火开关在 ON 位	蓄电池电压	① M – REL 端子至 EFI 主继电器线路 ② EFI 主继电器 ③ ECU 接地或 ECU
+ B—E1 + B1—E1	点火开关在 ON 位	蓄电池电压	① 相关的易熔线和熔断器 ② EFI 主继电器或其连接线路 ③ ECU 接地或 ECU
VC—E2	点火开关在 ON 位	4.0 ~ 5.5V	① +B 端子电压 ② 节气门位置传感器或其连接线路 ③ ECU 接地或 ECU
IDL—E2	点开关在 ON 位，节气门打开	蓄电池电压	① + B 端子电压 ② 节气门位置传感器或其连接线路 ③ ECU 接地或 ECU
VTA—E2	点火开关在 ON 位，节气门关闭	0.3 ~ 0.8V	① VC 端子电压 ② 节气门位置传感器或其连接线路 ③ ECU 接地或 ECU
	点火开关在 ON 位，节气门全开	3.2 ~ 4.9V	
PIM—E2	点火开关在 ON 位	3.3 ~ 3.9V	① VC 端子电压 ② 进气压力传感器或其连接线路 ③ ECU 接地或 ECU
#10—E01 #20—E01	点火开关在 ON 位	蓄电池电压	① 相关的易熔线和熔断器 ② 喷油器或其连接线路
#30—E01			① 点火开关 ② ECU 接地或 ECU
THA—E2	点火开关在 ON 位，进气温度 20℃	0.5 ~ 3.4V	① + B 端子电压 ② 进气温度传感器或其连接线路 ③ ECU 接地或 ECU
THW—E2	点火开关在 ON 位，发动机 冷却液温度 80℃	0.2 ~ 1.0V	① + B 端子电压 ② 冷却液温度传感器或其连接线路； ③ ECU 接地或 ECU
STA—E2	点火开关在 ON 位，起动机不工作	蓄电池电压	① 相关的易熔线和熔断器 ② STA 端子至蓄电池线路 ③ 空档起动开关或点火开关 ④ 起动机或起动继电器
	点火开关在 ON 位，起动机正常工作		① STA 端子至点火开关线路 ② ECU 接地或 ECU

（续）

检测端子	检测状态	正常电压	电压异常可能的故障部位
IGT—E2	发动机起动或急速运转	脉冲电压	① 相关的易熔线和熔断器 ② 点火开关 ③ 点火线圈或电子点火器 ④ ECU 与蓄电池之间的线路 ⑤ ECU 接地或 ECU
ISC1—E1 ISC2—E1 ISC3—E1 ISC4—E1	点火开关在 ON 位	蓄电池电压	① +B 端子电压 ② 急速控制阀 ③ ECU 与急速控制阀之间的线路 ④ ECU 接地或 ECU
W—E1	发动机急速运转，故障指示灯不亮	蓄电池电压	① 相关熔断器或指示灯 ② W 端子至点火开关线路 ③ ECU 接地或 ECU

第三节　发动机电子控制系统电路部件的检修

一　传感器的检修

1. 量板式空气流量传感器的检修

（1）量板式空气流量传感器的常见故障

量板式空气流量传感器由流量计和电位计组成，其常见的故障如下：

1）电位计滑片与碳膜电阻接触不良。

2）传感器内电阻值不当。

3）测量板回弹簧失效。

4）传感器轴卡滞。

上述这些故障会使传感器无信号或信号不准确，对燃油喷射和点火控制均会造成影响，导致发动机不能正常工作。

（2）量板式空气流量传感器的检修方法

1）首先进行直观检查，查看传感器壳体有无开裂，测量板及轴有无卡滞、松旷等，如果有，则需更换传感器。

2）拔开传感器插接器，测量传感器各端子的电阻值（图9-81），应与标准值相符。不同车型所使用的量板式空气流量传感器的内部电路、电阻参数及端子排列不尽相同，现以丰田汽车使用的量板式空气流量传感器（图9-82）为例，其检测方法如下：

检测 VS—E2 之间的电阻值：分别检测量板关闭、全开及开闭过程中的电阻值。如果量板关闭和全开时的电阻值超出正常值，或量板开闭过程中的电阻值不是平滑连续变化的，则均需更换传感器。

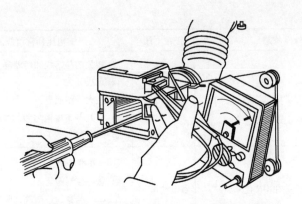

图9-81 量板式空气流量传感器电阻检测方法

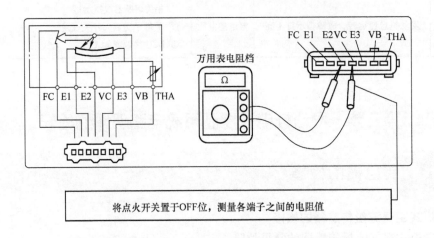

图9-82 丰田汽车用量板式空气流量传感器

　　检测 VC—E2 之间的电阻值：如果其电阻值不正常，则说明传感器内部电位计电阻异常或电路连接不良，需更换传感器。

　　检测 VB—E2 之间的电阻值：如果其电阻值不正常，则说明电位计中的定值电阻异常或电路连接不良，需更换传感器。

　　检测 THA—E2 之间的电阻值：其电阻值随温度而变，如果在各种温度下其电阻值与正常值有较大的偏差，则说明空气流量传感器中的进气温度传感器不良，需予以更换。

　　检测 FC—E2 之间的电阻值：在测量板完全关闭时，电阻值应为∞，测量板稍有开启，电阻值则应为零；否则，说明燃油泵开关不良，需更换传感器。（说明：无燃油泵开关的量板式空气流量传感器无此测量）

专家提醒 ✎

　　在汽车上进行电路电阻检测时，一定要关闭点火开关，否则不但不能进行正常的测量，还容易烧坏仪表。

2. 涡旋式空气流量传感器的检修

（1）反光镜涡旋式空气流量传感器的常见故障

1）发光元件与光电元件损坏而无信号电压输出。

2）反光镜及板簧等有脏污或机械损伤而不产生电信号。

3）内部集成电路损坏而无信号电压输出。

（2）反光镜涡旋式空气流量传感器的检修方法

不同型号的反光镜涡旋式空气流量传感器内部电路结构与检测参数也不同，但检测方法相似。现以丰田汽车1UZ-FE发动机使用的空气流量传感器为例（内部电路与端子排列见图9-83），说明卡门涡旋式空气流量传感器的故障检修方法。

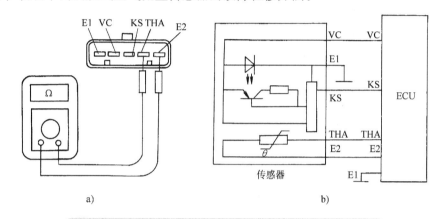

图 9-83 卡门涡旋式空气流量传感器内部电路与端子排列

a）端子排列 b）内部电路

1）外观检查。首先检查传感器进气入口端蜂窝状空气整流栅有无变形或损坏，如果有，则需更换传感器。

2）检测进气温度传感器电阻。拔下传感器插接器后，用电阻表检测 THA—E2 端子之间的电阻值，其正常值见表9-5。如果电阻值不正常，则需更换空气流量传感器。

表9-5 1UZ-FE发动机用卡门涡旋式空气流量传感器电阻参数

检测端子	检测温度/℃	正常电阻值/Ω
THA—E2 （进气温度传感器）	-20	10～20
	0	4～7
	20	2～3
	40	0.9～1.3
	60	0.4～0.7

3）检测电源与信号端子电压。连接传感器，用直流电压表检测各端子的电压，其检测条件与正常值见表9-6。如果电压不正常，则断开传感器插接器，在接通点火开关时，检测插接器（线束侧）相应端子的对地电压，正常情况下 KS、VC、THA 端子的对地电压应为4.5～5.5V，若电压低或无，需检修该端子连接线路和ECU；若电压正常，则说明传感器有故障，需予以更换。

表9-6 1UZ-FE发动机用卡门涡旋式空气流量传感器电压参数

检测端子	检测条件	正常电压/V
KS—E1	点火开关接通	4.5~5.5
	怠速运转	2~4（脉冲电压）
THA—E2	怠速运转，进气温度20℃	0.5~3.4
VC—E1	点火开关接通	4.5~5.5

3. 热丝式空气流量传感器的检修

（1）热丝式空气流量传感器的常见故障

1）热丝脏污或断路而使信号不准确或无信号产生。

2）热敏电阻失效而使信号不准确。

3）线路或电子电路不良而无信号输出。

（2）热丝式空气流量传感器的检修方法

以日产汽车ECCS所用的空气流量传感器为例，说明热丝式空气流量传感器的故障检修方法。该传感器的接线端子与线路连接如图9-84所示。

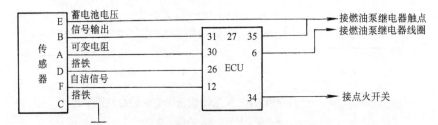

图9-84 日产汽车ECCS用热丝式空气流量传感器的接线端子及线路连接

1）就车检查。将空气流量传感器插接器橡胶罩拨开后，用直流电压表检测发动机不同工况下传感器的输出信号电压，其值见表9-7。如果信号电压均正常，可确认传感器良好；如果信号电压不正常，则需拆下传感器做进一步检查。

表9-7 日产汽车ECCS用热丝式空气流量传感器电压参数

检测端子	检测条件	正常电压/V
B—D	点火开关接通	<0.5
	怠速运转（热机状态）	1.0~1.3
	3000r/min（热机状态）	1.8~2.0

2）拆下检查。将传感器电源端子输入蓄电池电压，然后检测传感器信号电压（图9-85）。在不吹风时，应在1.5V左右，向空气流量传感器吹风时，信号电压应随风量的增大而上升（2~4V），且变化灵敏。如果电压低或无、风量变化时电压不变或变化很小、电压变化明显滞后风量变化，均需更换传感器。

3）自洁功能检查。拆下热丝式空气流量传感器的防尘网后，起动发动机，然后再使发动机熄火，在关闭点火开关5s左右时，看热丝是否被烧红约1s。如果热丝不红，则需检查传感器F端子的自洁信号是否正常，若无自洁控制信号，需检查线路是否良好、ECU是否

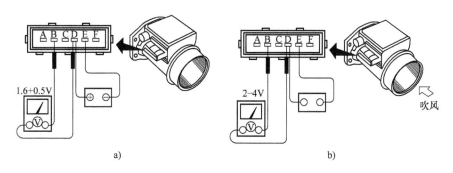

图9-85 日产汽车 ECCS 用热丝式空气流量传感器检查

a）不吹风时测信号电压 b）吹风时测信号电压

有正常的自洁信号输出；若自洁信号正常，但传感器信号无或不准确，则需更换传感器。

4. 进气压力传感器的检修

（1）进气压力传感器的常见故障

目前普遍采用的压阻效应式进气压力传感器的常见故障如下：

1）内部硅片损坏而无信号电压输出。

2）内部集成电路烧坏而无信号电压输出。

3）真空导入管接头处或内部有漏气而不能产生正常的电压信号。

（2）进气压力传感器的检测方法

1）外观检查。检查传感器所连接的真空管有无破裂和松动、线路插接器有无松动等。

2）检查电源电压。拔开传感器插接器后，再接通点火开关，检测插接器电源端子的电压（图 9-86）。正常电压一般为 4.5~5.5V，如果电压低或无，则应检查连接线路和 ECU。

3）检查信号电压。将传感器接入电源，用一真空泵连接传感器的真空管，在对传感器施以不同压力时，测量传感器的信号端子电压。传感器的信号电压应随真空度的增大而减小，丰田汽车 2JZ – GE 发动机用进气压力传感器电压参数见表9-8。如果电压不随压力而变或测得的电压与正常值不符，均需更换进气压力传感器。

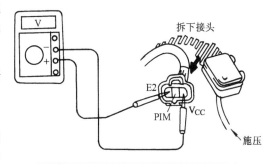

图9-86 进气压力传感器电源的检测

表9-8 丰田汽车 2JZ – GE 发动机用进气压力传感器电压参数

输入的压力/kPa	13.3	26.7	40.0	53.5	66.7	标准大气压
PIM—E2 端子间电压/V	0.3~0.5	0.7~0.9	1.1~1.3	1.5~1.7	1.9~2.1	3.3~3.9

5. 发动机冷却液温度传感器的检修

（1）发动机冷却液温度传感器的常见故障

发动机冷却液温度传感器的常见故障是传感器内部线路接触不良或断脱、热敏元件老化等导致无信号输出或信号不准确。

（2）发动机冷却液温度传感器的检测方法

发动机冷却液温度传感器的检测方法如图9-87所示。通过检测发动机冷却液温度传感器不同温度下的电阻值来检验其性能好坏。

6. 节气门位置传感器的检修

（1）节气门位置传感器的常见故障

线性节气门位置传感器的常见故障如下：

1）传感器中电位计滑片与电阻接触不良，导致无信号或信号不良。

2）怠速触点接触不良，导致无怠速信号。

（2）线性节气门位置传感器的检测方法

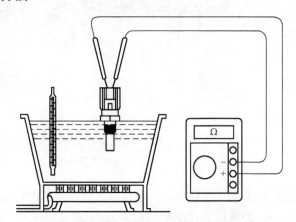

图9-87 发动机冷却液温度传感器的检测方法

拔开节气门位置传感器插接器后，检测传感器各端子之间的电阻值（图9-88）。

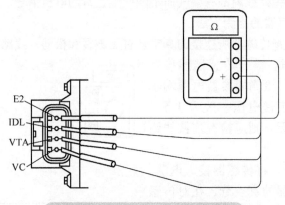

图9-88 节气门位置传感器的检测

1）检测 VC—E2 之间的电阻值。电阻值过大或过小均需更换节气门位置传感器。

2）检测 VTA—E2 之间的电阻值。在节气门关闭和全开时，若测得的电阻值与正常值不符，或在节气门逐渐开启时，电阻值不连续变化，则均需更换节气门位置传感器。

3）检测 IDL—E2 之间的电阻值。节气门关闭时电阻值应为零，节气门刚一开启时电阻值应为∞，否则，需更换节气门位置传感器。

7. 氧传感器的检修

（1）氧化锆型氧传感器的常见的故障

氧化锆型氧传感器的常见的故障有传感器陶瓷元件表面积炭或积铅（铅中毒）、内部线路接触不良、陶瓷体破损、加热器损坏等，导致无信号或信号不准确。

（2）氧化锆型氧传感器的检修方法

1）检查氧传感器信号电压。在发动机达正常工作温度时，拔开氧传感器的插接器，检测传感器信号输出端子的对地电压。如果电压指示为 0.5V 或以上，设法使可燃混合气变稀（例如拔开某缸喷油器插接器，使其不喷油），电压应迅速下降，否则，需更换氧传感器；如果电压指示为 0.5V 以下，则设法使可燃混气变浓（例如使某缸喷持续通电喷油），电压应迅速上升，否则，也应更换氧传感器；如果始终无电压指示，也说明氧传感器已损坏，需予以更换。

2）检查加热器电阻。检测氧传感器的加热器的电阻（热丝式加热器电阻值为 5~7Ω），如果测得的电阻值过大，则需更换氧传感器。

8. 爆燃传感器的检修

（1）压电式爆燃传感器的常见故障

压电式爆燃传感器的常见故障有内部元件损坏、内部线路接触不良或搭铁等，导致无信号电压产生。

（2）压电式爆燃传感器的检修方法

1）检查传感器有无搭铁。拔开爆燃传感器插接器，检测信号端子与搭铁之间的电阻值。如果电阻值很小或为零，则需更换爆燃传感器。

2）检查传感器的信号输出。起动发动机并使其怠速运转，用示波器检测爆燃传感器信号端子的电压波形。正常情况下应有电压波形显示，用金属物敲击爆燃传感器附近的缸体时，电压波形应有明显的增大，否则，需更换爆燃传感器。

 执行器的检修

1. 喷油器的检修

（1）喷油器的常见故障

1）喷油器阀胶结，导致喷油量减少或不喷油。

2）喷油器电磁线圈断路或短路，使喷油器不喷油。

3）线路插接器或内部连接线路接触不良而导致喷油器不喷油。

4）喷油器阀密封不严而造成滴油。

5）喷油器阀口积污而导致喷油量减少或喷射角度过小等。

（2）喷油器的检修方法

1）检查喷油器的电阻。用电阻表检测喷油器的电阻（图9-89），低电阻型喷油器的电阻值一般为 1.5~3.5Ω，高电阻型喷油器的电阻值一般为12~15Ω。如果测得的电阻值过大或过小，则说明喷油器电磁线圈或内部线路连接有故障，需予以更换。

2）检查喷油器的喷油量。喷油器喷油量的检验可通过专用的喷油器检测仪进行，无喷油器检测仪时，可利用发动机上的燃油泵来检验喷油器的喷油量，方法如下：

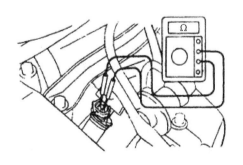

图 9-89 测量喷油器的电阻

① 将需检验的喷油器拆下，并用软管将其与发动机输油管相连。

② 将蓄电池电压直接接入燃油泵（可用跨接线将蓄电池正极与燃油泵继电器的燃油泵接线端子"FP"连接），使其持续工作。

③ 将蓄电池电压接入喷油器（低电阻型的喷油器需用专用的接线器或串联一个 10Ω 左右的电阻），然后记录在规定时间内喷入量杯的燃油量。如果喷油量小于规定值或各喷油器之间的喷油量差值超过 5ml，则需清洗或更换喷油器。

3）检查喷油器的密封性。利用发动机上燃油泵检验喷油器密封性时，只需在检查喷油量的条件下将喷油器的电源断开，使喷油器停止喷油即可。密封良好的喷油器在 1min 内滴油应少于一滴，否则就需更换喷油器。

2. 燃油泵的检修

（1）燃油泵的常见故障

1）电动机烧坏、内部电路接触不良而使燃油泵不工作。

2）油泵磨损严重、安全阀泄漏或弹簧失效而导致供油量不足。

3）单向阀泄漏而使发动机熄火后输油管路中不能保持一定的油压而导致发动机起动困难。

（2）燃油泵的检修方法

1）就车检查燃油泵工作情况。用跨接线将蓄电池正极与燃油泵继电器的燃油泵接线端子"FP"短接，听燃油泵是否工作（内装式燃油泵需靠近燃油箱仔细听）。如果燃油泵不工作，则需拆检燃油泵。

2）检查燃油泵直流电动机的电阻。燃油泵电动机的电阻值一般在 $0.5 \sim 3\Omega$（不同燃油泵其电阻值不同），如果电阻值过大或为无穷大，则需更换燃油泵。

3）就车检查燃油泵的泵油压力与流量。在输油管路中接入压力表和流量表，然后起动发动机并使其稳定运转，测得的燃油压力和流量应与规定值相符。如果燃油压力不正常，需检查燃油压力调节器，若燃油压力调节器正常，则需更换燃油泵；如果燃油流量过小，也需更换燃油泵。

3. 电子点火器的检修

（1）电子点火器的常见故障

电子点火器的常见故障有线路插接器松动、锈蚀、电子点火器内部元器件烧坏等而接触不良，导致点火电路不工作。

（2）电子点火器的检修方法

1）直观检查。检查插接器有无松动、插接器各端子有无锈蚀和弯曲等。

2）检查电子点火器搭铁。拔开电子点火器插接器后，用电阻表检测插接器（线束侧）搭铁端子电阻是否为零。如果检查有异常，应修理搭铁线路。

3）检查输入与输出电压波形。用示波器检测电子点火器各输入控制信号的电压波形和输出电压波形。如果输入电压波形正常而输出波形不正常，则应更换电子点火器。

4）替换法检查。在无示波器的情况下，用一新的或已确认良好的电子点火器替代原电子点火器，看电子点火系统能否正常工作。如果能，则说明原电子点火器有故障，需予以更换。

4. 步进电动机式怠速控制阀的检修

（1）步进电动机式怠速控制阀的常见故障

步进电动机式怠速控制阀的常见的故障是线路插接器松动、锈蚀，电动机内部断路、短路或接触不良，从而导致电磁阀不工作或工作不正常。

（2）步进电动机式怠速控制阀的检修方法

1）检查怠速控制阀是否工作。发动机在暖机后关闭点火开关时，仔细听怠速控制阀是否有打开的"咔嗒"声。如果没有，则应检查怠速控制阀插接器以及与 ECU 之间的线路连接、ECU 及拆检怠速控制阀。

2）检查怠速控制阀的电阻。拔开怠速控制阀插接器后，通过测量 B1 或 B2 与 S1、S2、S3、S4 之间的电阻值（图 9-90），看步进电动机各绕组电阻值是否一致。如果不一致，则需更换怠速控制阀。

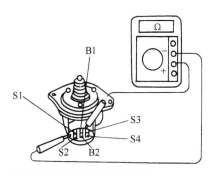

3）检查怠速控制阀的动作。将蓄电池的正极连接插接器的 B1 或 B2 端子，蓄电池的负极则按 S1、S2、S3、S4 的次序逐个连接，阀应能逐步升出（图 9-91a）；当蓄电池的负极再按 S4、S3、S2、S1 相反的次序逐个连接时，阀则应逐步收回（图 9-91b）。如果阀不能正常动作，则需予以更换。

图 9-90 检测步进电动机绕组的电阻值

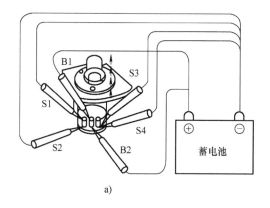
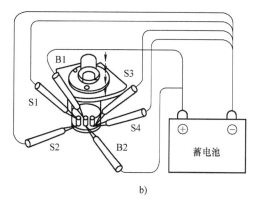

a)　　　　　　　　　　　　　　　　b)

图 9-91 检查步进电动机式怠速控制阀的动作

a）怠速控制阀逐步打开情况　b）怠速控制阀逐步关闭情况

5. 旋转电磁阀式怠速控制阀的检修

（1）旋转电磁阀式怠速控制阀的常见故障

旋转电磁阀式怠速控制阀的常见故障是线路插接器松动、锈蚀，电磁阀线圈及内部线路断路、短路或接触不良，从而导致电磁阀不工作或工作不正常。

（2）旋转电磁阀式怠速控制阀的检修方法

1）检查电磁阀线圈的电阻。拔开插接器，用电阻表分别测量电源端子（一般在中间）与另两端子之间的电阻，应一致并与规定值相符。如果测得的电阻值过大、过小或两线圈电阻差值较大，则需更换怠速控制阀。

2）检查怠速控制阀的动作。蓄电池正极连接怠速控制阀插接器的电源端子，蓄电池的负极分别短暂地连接另两个端子，正常情况应能感觉到阀的动作和通道开启与关闭的变化。

如果急速控制阀不能正常开关，则需予以更换。

6. EGR 电磁阀的检修

（1）EGR 电磁阀的常见故障

EGR 电磁阀的常见故障是真空连接软管松动或破损，线路插接器松动、锈蚀，电磁阀线圈及内部断路、短路或接触不良，从而导致电磁阀不工作或工作不正常。

（2）EGR 电磁阀的检修方法

1）直观检查。检查与 EGR 电磁阀连接的真空管接头有无松动或破损，电磁阀插接器连接有无问题。如果有异常，予以修理或更换。

2）检查电磁阀线圈电阻。拔开电磁阀插接器，用电阻表测量电磁阀线圈电阻（图 9-92），一般为 20～50Ω。如果测得的电阻值过大或过小，则需更换 EGR 电磁阀。

3）检查 EGR 电磁阀的动作。用蓄电池给 EGR 电磁阀通电，EGR 电磁阀两空气软管接口（图 9-93 的 E 与 G）之间应不通气，而不通电时，E 与 G 之间应通气。如果检查结果不正常，则需更换 EGR 电磁阀。

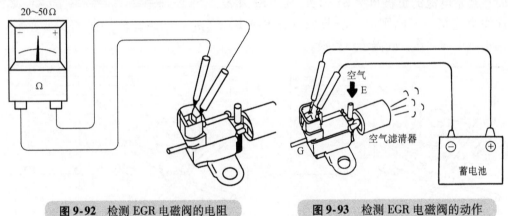

图 9-92 检测 EGR 电磁阀的电阻　　　　图 9-93 检测 EGR 电磁阀的动作

 三　电子控制器的检修

1. 发动机 ECU 的常见故障

ECU 故障的概率相对较低，可能出现的故障如下：

1）ECU 内部电源电路出现短路或断路、元器件烧坏等故障，使 ECU 不能工作或使有关的传感器不能产生信号或信号异常。

2）微处理器系统芯片或电路烧坏而使控制系统不能工作或工作不正常。

3）内部执行器的驱动电路出现断路、短路或元器件烧坏，而使相应的执行器不能工作。

2. 发动机 ECU 的检修方法

当故障码指示为 ECU 故障，或通过故障分析和相关的检测步骤最后怀疑 ECU 故障时，一般通过如下方法予以确认：

1）测量 ECU 各端子直流电压。测量 ECU 各电源端子（B、BATT）的电压，应为蓄电池电压，如果电压低或无，则检查电源线路。如果电压正常，则再测量各有关传感器电源端子的电压，一般为5V左右，若电压异常或无，则说明ECU内部电路故障，需更换ECU。

在ECU信号输入端子各信号电压正常的情况下，还可通过测量控制端子的脉冲电压或模拟电压，根据这些输出端子的检测结果正常与否来判断ECU是否有故障。

专家提醒 📝

> ECU是发动机电子控制系统的核心部件，发动机电子控制系统许多故障的可能性均涉及ECU。但是，相比于电子控制系统其他的元器件和线路，ECU的故障率较低，而其故障检测的难度却相对较大。因此，在对发动机电子控制系统进行检修时，不要轻易拔下ECU插接器，或断开蓄电池的负极电缆线，因为这样的操作会导致ECU内部RAM存储器储存的自诊断故障信息丢失，不能利用控制系统的故障自诊断功能，给故障检修增加了难度。

2）排除法。通过对ECU插接器各端子电压（图9-94）和（或）电阻的测量以及有关部件的检测，排除了这些被检测线路和部件的故障可能性后，如果故障现象依旧，则需更换ECU。

3）替代法。用一个新的或已确认性能良好的ECU替代，如果故障现象消失，则说明原来的ECU已损坏，需予以更换。

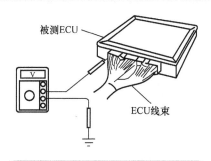

图9-94　检测ECU相关端子电压

第十章
> Chapter 10

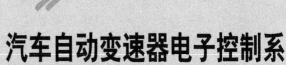

汽车自动变速器电子控制系统电路的构成与特点分析

第一节　自动变速器概述

 自动变速器的类型

汽车自动变速器有许多种，按其结构形式和工作原理不同，主要有液力传动式自动变速器（AT）、机械传动式自动变速器（CVT）和机械传动自动变速器（AMT）三种类型。

1. 液力传动式自动变速器

液力传动式自动变速器示例如图 10-1 所示。AT 由液力变矩器承担动力传递和无级变速，辅以齿轮变速器以扩大变速范围，并通过自动控制系统实现齿轮变速器的自动换档。这种液力传动式自动变速器是目前汽车上使用最广泛的自动变速器。

液力传动式自动变速器按其换档的控制方式可分为液压控制式和电子控制式两种，早期的液力传动式自动变速器采用调速器和节气门阀来实现自动换档，这种纯液压控制方式已被电子控制式所取代。

图 10-1　液力传动式自动变速器示例

液力传动式自动变速器按其前进档位自动换档数不同，有 2 档、3 档、4 档、5 档和 6 档等。早期的自动变速器通常为 2 前进档或 3 前进档，这些自动变速器的最高档就是直接档。现代汽车上使用的电子控制自动变速器设有 4～6 个前进档，并将最高档设为超速档。

液力传动式自动变速器按齿轮变速器部分的结构类型不同，分为普通齿轮（平行轴）式和行星齿轮式两种。由于行星齿轮变速器结构紧凑，又能获得较大的传动比，所以目前的 AT 大都采用行星齿轮结构。

2. 机械传动式自动变速器（CVT）

机械传动式自动变速器示例如图 10-2 所示。CVT 由机械传动装置承担动力传递和无级变速，较为常见的结构形式是在 V 形带传动机构中设置离心式自动离合器和 V 形带轮作用半径调整机构。ECU 根据车速、节气门开度等情况控制调整机构动作，通过改变带轮工作半径实现无级变速。CVT 结构较为复杂，价格较高，目前在汽车上的使用还不是太多。

3. 机械传动式自动变速器（AMT）

机械传动式自动变速器示例如图 10-3 所示。AMT 是在普通固定轴式齿轮变速器的基础上，将选档、换挡及离合器等相应的操纵改为以微处理器为控制核心，以电动、液压或气动执行机构来完成起步和换档的自动操纵变速器。AMT 既具有 AT 自动变速的优点，又有机械式变速器传动效率高、价格低、结构简单的优点，有很好的发展前景。

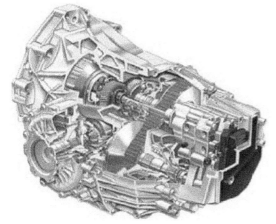

| **图 10-2**　机械传动自动变速器示例 | **图 10-3**　机械传动自动变速器示例 |

 电控液力传动式自动变速器的基本组成及工作原理

1. 电控液力传动式自动变速器的基本组成

电控液力传动式自动变速器可分成液力传动装置、机械辅助变速装置、液压控制系统和电子控制系统四部分，其基本组成如图 10-4 所示。

（1）液力传动装置

液力变矩器通过液力传递动力，将发动机飞轮输出的功率输送给齿轮变速器。液力变矩器可在一定的范围内无级变速，实现增矩减速，在必要时还可通过其锁止离合器锁止来提高其传动效率。

（2）机械辅助变速装置

机械辅助变速装置包括齿轮变速机构和换档执行机构两部分，其作用是进一步增矩减速，通过变换档位实现不同的传动比，以提高汽车的适应能力。目前汽车上多采用 4~5 个前进档，1 个倒档。

（3）液压控制系统

液压控制系统（阀体）包括换档控制装置、主油路油压稳定及油压调节装置、变矩器

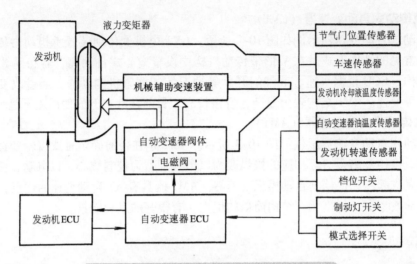

图 10-4 电控液力传动式自动变速器的基本组成

锁止控制装置等液压装置，由安装在自动变速器阀体内的换档电磁阀、油压调节电磁阀及变矩器锁止控制电磁阀控制其工作，实现对换档执行机构、油压调节装置及液力变矩器锁止装置等的自动控制。

（4）电子控制系统

电子控制系统包括各传感器及开关、自动变速器 ECU 及各个电磁阀。ECU 根据各传感器及相关开关的输入信号产生相应的控制信号，控制各电磁阀的动作，进而控制液压系统工作，以实现自动变速器的自动换档控制、主油路油压控制及变矩器的锁止控制。

2. 液力传动式自动变速器电子控制系统的组成及控制原理

电子控制系统的基本组成及控制功能如图 10-5 所示。

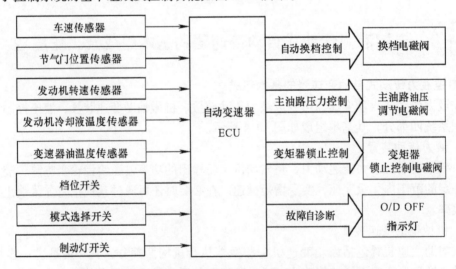

图 10-5 自动变速器电子控制系统的基本组成及控制功能

汽车在运行时，自动变速器电子控制系统各相关传感器及开关信号输入自动变速器 ECU，ECU 根据这些信号判断汽车行驶的速度、节气门的位置、发动机的转速及冷却液温度、变速器操纵手柄的位置等，按照设定的控制程序进行分析处理，然后输出控制信号，通过驱动电路控制各电磁阀动作，从而实现自动变速器的自动换档控制、主油路油压控制及变矩器的锁止控制。

第二节　自动变速器电子控制系统电路部件的结构原理

一　传感器与开关

不同型号的自动变速器，其电子控制系统所配置的传感器与开关也会有所不同。自动变速器电子控制系统中所用的车速传感器、节气门位置传感器、发动机转速传感器等，通常与其他电子控制系统共用。

1. 自动变速器传感器

（1）车速传感器

车速传感器提供汽车行驶速度信号，它是自动变速器换挡控制的主要参数之一。车速传感器通常安装于自动变速器输出轴处，自动变速器 ECU 根据车速传感器所检测到的变速器输出轴转速计算得到汽车行驶速度参数。车速传感器最常见的有磁感应式（图 10-6）、光电式、霍尔式等，其结构原理与发动机转速与曲轴位置传感器相同。

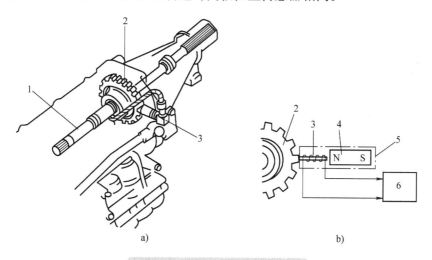

a)　　　　　　　　　　　　　　　b)

图 10-6　磁感应式车速传感器

a）安装位置　b）工作原理

1—输出轴　2—停车锁止齿轮　3—感应线圈　4—永久磁铁　5—车速传感器　6—ECU

（2）节气门位置传感器

节气门位置传感器将节气门的位置参数转变为电信号，节气门位置是自动变速器 ECU 控制自动换挡的另一主要参数。

自动变速器采用线性节气门位置传感器，节气门位置传感器信号同时输入自动变速器 ECU 和发动机 ECU。有一些汽车电子控制系统的节气门位置传感器信号只输入发动机 ECU，再由发动机 ECU 向自动变速器 ECU 提供节气门位置参数。

（3）变速器输入轴转速传感器

一些汽车自动变速器电子控制系统匹配齿轮变速器输入轴转速传感器，用于检测齿轮变速器输入轴的转速，作为自动变速器 ECU 控制换档的参考信号之一，它可使 ECU 的换档控制更为精确。

ECU 根据变速器输入轴转速信号和发动机转速信号准确计算出变矩器的传动比，实现对液压油路的压力调节过程和变矩器锁止控制过程的优化控制，以进一步提高汽车的行驶性能并改善换档感觉。变速器输入轴转速传感器通常采用与车速传感器相同类型的传感器。

（4）变速器油温度传感器

变速器油温度传感器用于检测自动变速器液压油的温度，是 ECU 进行换档控制、油压调节和变矩器锁止控制的参考信号。有的自动变速器 ECU 根据变速器油温度传感器的信号进行变速器油冷却循环流量控制，以避免变速器油的温度超出正常范围。变速器油温度传感器的核心元件是负温度系数的热敏电阻。

2. 自动变速器控制开关

阅读提示 ✔

　　电控自动变速器专用的开关有超速档开关、模式选择开关、保持开关、档位开关、降档开关等，但并不是所有的电控液力传动式自动变速器都设置了这些开关。

（1）超速档开关（O/D）

在有的 AT 上，设有 O/D，此开关用于通断自动变速器超速档控制电路。当接通此开关时，自动变速器超速档控制电路接通，4 前进档的自动变速器，在 D 位下变速器最高可升入 Ⅳ 档（超速档）；而在此开关断开时，超速档控制电路断路，在 D 位下变速器最高只能升至 Ⅲ 档，限制自动变速器进入超速档。

（2）模式选择开关

模式选择开关用于选择自动变速器自动换档的控制模式，以满足不同的使用要求。模式选择开关由驾驶人手动控制，通过此开关选择不同的换档模式。自动变速器通常设有经济模式（Econmy）、标准模式（Normal）、动力模式（Power）等。

一些自动变速器无模式选择开关，由 ECU 根据汽车的行驶速度和节气门的开度自动选择动力模式或经济模式。

（3）保持开关

有的电子控制自动变速器设有保持开关，其作用是锁定自动变速器的自动换档控制，因此也被称为档位锁定开关。当接通此开关时，自动变速器失去自动换档功能，由驾驶人通过操纵手柄手动操作进行换档。一般是 D、S（或 2）、L（或 1）档位对应变速器的 Ⅲ 档、Ⅱ 档、Ⅰ 档。

（4）档位开关

所有 AT 都有档位开关，它用于检测变速器操纵手柄的档位。档位开关安装在自动变速器手动阀的摇臂轴上，内部有与被测档位数相对应的触点，当变速器操纵手柄在空档位 N 和停车档位 P 以外的某一档位时，相应的触点被接通，向 ECU 提供变速器操纵手柄档位的信号，使 ECU 按照该档位下的控制程序自动控制变速器的工作。

档位开关中有空档起动开关，串联在起动开关电路中。当变速器操纵手柄在 N 或 P 档位时，空档起动开关接通，这时，起动开关才能接通起动电路，发动机得以起动。变速器操纵手柄在 N 或 P 以外的档位时，空档起动开关处于断开状态，发动机不能起动，以保证自动变速器的使用安全。

（5）降档开关

一些汽车的自动变速器设有降档开关。降档开关也被称为自动跳合开关或强制降档开关，用于检测加速踏板是否超过节气门全开的位置。当检测到加速踏板的位置超过节气门全开的位置时，降档开关接通，向 ECU 提供发动机大负荷信息和超车信息，ECU 便按照这种情况下的设定程序控制换档，并使变速器自动下降一档，以提高汽车的加速性。

 ## 自动变速器 ECU

自动变速器 ECU 的基本组成与发动机 ECU 相同，主要也由微处理器、输入电路及输出电路等组成。自动变速器 ECU 根据各个传感器及控制开关的信号和其内部设定的控制程序，通过运算和分析，向换档电磁阀、主油路油压调节电磁阀及变矩器锁止控制电磁阀输出控制信号，以实现对自动变速器的自动换档、主油路油压调节、变矩器锁止控制。

自动变速器 ECU 通常需要与发动机电子控制控制系统、巡航控制系统等的 ECU 互相传递相关的信号，以实现各个控制系统的互相协调控制。一些汽车其自动变速器电子控制系统与发动机电子控制系统共用一个 ECU 进行控制，使得自动变速器和发动机的控制相互匹配得更好。

 ## 自动变速器执行器

自动变速器电子控制系统的执行器包括换档电磁阀、油压调节电磁阀及变矩器锁止控制电磁阀等，这些电磁阀的作用是将 ECU 输出的电控信号转变为相应的液压控制信号，使相关的液压执行元件动作，从而完成 AT 的自动换档、主油路的油压调节及变矩器的锁止控制。

1. 换档电磁阀

（1）换档电磁阀的作用与原理

换档电磁阀是一个开关式电磁阀，如图 10-7 所示。当线圈通电时阀开启，主油路的液压油进入控制油道，控制换档阀动作。

换档阀是一个二位液压换向阀，与换档电磁阀组成自动变速器的自动换档装置。换档电磁阀接收自动变速器 ECU 的换档控制指令，通过向换档阀输入控制油压，使换档阀动作，改变相应的控制油路，以完成自动换档动作。

（2）换档电磁阀的组成形式

换档电磁阀的组成形式有三种：

1）1 个换档电磁阀控制 1 个换档阀的动作（图 10-8）。4 个前进档的自动变速器，有 3

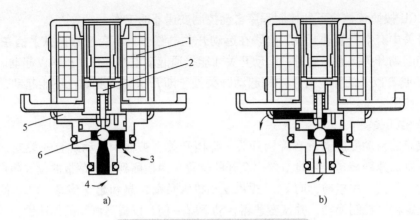

图 10-7 换档电磁阀的结构原理

a) 通电 b) 不通电

1—电磁线圈 2—衔铁 3—控制油道 4—主油道 5—球阀 6—泄油孔

个换档阀, 用 3 个换档电磁阀与之匹配, 分别实现 Ⅰ – Ⅱ 档、Ⅲ – Ⅳ 档、Ⅲ – Ⅳ 档之间的自动换档控制。

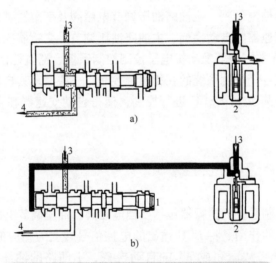

图 10-8 1 个换档电磁阀控制 1 个换档阀的动作

a) 电磁阀不通电, 换档阀在左位 b) 电磁阀通电, 换档阀在右位

1—换档阀 2—换档电磁阀 3—接主油路 4—接换档执行元件

2) 2 个换档电磁阀控制 1 个换档阀的动作。4 个前进档的自动变速器的 3 个换档阀, 需要用 6 个换档电磁阀来实现 4 个前进档之间的自动换档控制。

3) 2 个换档电磁阀控制 3 个换档阀的动作 (图 10-9)。通过这 2 个电磁阀的不同状态组合, 分别实现 Ⅰ – Ⅱ 档、Ⅱ – Ⅲ 档、Ⅲ – Ⅳ 档之间的自动换档控制。换档电磁阀通电情况与变速器档位关系见表 10-1。

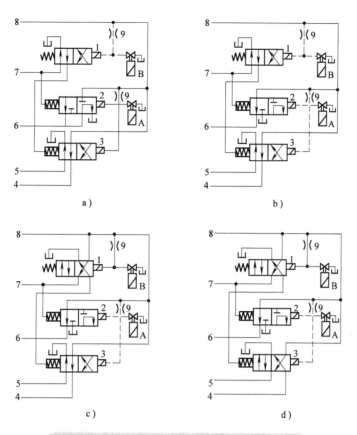

图10-9 4 前进档、2 电磁阀换档控制原理

a）Ⅰ档控制油路 b）Ⅱ档控制油路 c）Ⅲ档控制油路 d）Ⅳ档控制油路

1—Ⅱ-Ⅲ换档阀 2—Ⅰ-Ⅱ换档阀 3—Ⅲ-Ⅳ换档阀 4—直接离合器油路 5—超速档制动器油路
6—Ⅱ档油路 7—Ⅲ档油路 8—来自手动阀油路 9—节流阀 A、B—换档电磁阀

表 10-1 换档电磁阀通电情况与变速器档位关系

换档电磁阀	通电状态			
	Ⅰ档	Ⅱ档	Ⅲ档	Ⅳ档
A	×	○	○	×
B	○	○	×	×

注：○表示通电；×表示不通电。

2. 油压调节电磁阀

油压调节电磁阀和主油路液压调节阀组成自动变速器的液压调节装置，其作用是在发动机转速变化时使主油路的油压保持稳定，并能根据需要将主油路的油压适当地调高或调低。

自动变速器主油路油压通过油压调节电磁阀来稳定，当需要改变主油路压力时，油压调节电磁阀就会根据自动变速器 ECU 的控制信号动作，并向液压调节阀输出相应的控制液压，使液压调节阀做出相应的动作，将主油路的油压调节至新的目标值。

自动变速器油压调节电磁阀为开关式电磁阀（图10-10），由 ECU 输出占空比可变的脉冲信号控制，ECU 输出占空比不同的油压调节控制脉冲，油压调节电磁阀的开关比就随之而变，并输出相应的控制油压。

3. 变矩器锁止控制电磁阀

自动变速器的锁止离合器控制装置由液压控制阀和电磁阀组成，电磁阀执行 ECU 的变矩器锁止指令，产生控制油压，使液压控制阀动作，实现对变矩器锁止离合器的锁止控制，以提高自动变速器的传动效率。典型的变矩器锁止装置如图 10-11 所示。

变矩器锁止控制电磁阀也是开关式电磁阀，分为开关控制方式和占空比脉冲控制方式两种。

（1）开关式电磁阀控制方式

ECU 对电磁阀输出的是一个开关式控制信号。当无需变矩器锁止时，电磁阀不通电而关闭，锁止离合器控制阀的右端无控制液压油，滑阀在弹簧力的作用下处在右位，锁止离合器活塞的两端都作用着来自变矩器阀的液压油，锁止离合器处于分离的状态。

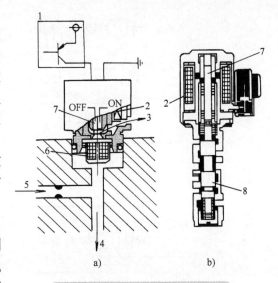

图 10-10　油压调节电磁阀

a）普通开关式电磁阀　b）带滑阀的开关式电磁阀
1—自动变速器 ECU　2—电磁线圈　3—泄油孔
4—调节油压　5—主油道　6—滤网　7—衔铁及阀芯
8—滑阀

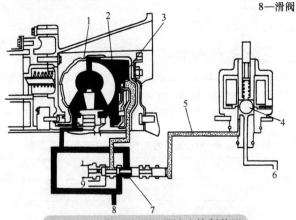

图 10-11　典型的变矩器锁止控制装置

1—变矩器　2—变矩器液压油　3—锁止离合器　4—电磁阀　5—控制液压油
6—主油路液压油　7—锁止离合器控制阀　8—来自变矩器阀　9—泄油孔

当变矩器需要锁止时，电磁阀通电开启，使锁止离合器控制阀右端控制油压上升，使控制滑阀克服弹簧力左移，将锁止离合器活塞的右腔与泄油孔接通。于是，活塞在左边变矩器油压的作用下右移，使锁止离合器接合，实现了变矩器的锁止控制。

（2）脉冲式电磁阀控制方式

ECU 向电磁阀输出的控制信号是占空比脉冲信号，控制电磁阀的开启比率，以控制锁止离合器控制阀右端的控制油压的大小，使锁止离合器控制滑阀向左移动所打开的泄油孔开度可控，也就是控制了锁止离合器活塞右腔的油压，使锁止离合器接合力可控。

专家解读

　　占空比脉冲控制方式可以让锁止离合器的接合力渐渐增大，使接合过程更加柔和。此外，在汽车行驶工况接近变矩器锁止条件时，脉冲式电磁阀控制方式可实现滑动锁止控制（半接合状态），以提高变矩器的传动效率。因此，这种变矩器锁止控制方式已在AT上广泛应用。

第三节　典型自动变速器控制系统电路的特点分析

　　本节以丰田雷克萨斯LS400轿车上的341E、342E型自动变速器为典型实例，分析液力传动自动变速器电子控制系统的组成、电路特点及故障检修方法。

一　丰田汽车341E、342E型自动变速器电子控制系统电路分析

　　丰田汽车341E、342E型自动变速器电子控制系统电路如图10-12所示。

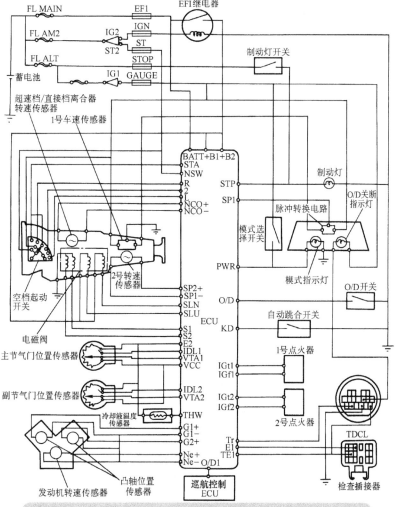

图10-12　丰田汽车341E、342E型自动变速器电子控制系统电路

1. 结构特点

丰田汽车 341E、342E 型自动变速器控制系统与发动机电子控制系统共用一个 ECU，并称发动机与变速器（ECT）ECU。

丰田汽车 341E、342E 型自动变速器控制系统执行器有 4 个电磁阀，其中 1 号、2 号两个电磁阀用于控制换档，ECU 通过 1 号、2 号两个换档电磁阀实现 4 前进档的自动换档控制。二换档电磁阀工作状态与变速器档位关系见表 10-2。

表 10-2　二换档电磁阀通电状态与变速器档位关系

变速器操纵手柄位置	变速器档位	电磁阀工作情况	
		1 号电磁阀	2 号电磁阀
P	停车档	接通	关断
R	倒档	接通	关断
N	空档	接通	关断
D	Ⅰ档	接通	关断
	Ⅱ档	接通	接通
	Ⅲ档	关断	接通
	Ⅳ档	关断	关断
2	Ⅰ档	接通	关断
	Ⅱ档	接通	接通
	Ⅲ档	关断	接通
L	Ⅰ档	接通	关断
	Ⅱ档	接通	接通

3 号电磁阀为变矩器锁止控制电磁阀，ECU 通过输出占空比脉冲信号控制该电磁阀的工作，可使变矩器的锁止控制比较平滑，并可实现滑动锁止控制（半接合状态），提高了变矩器的传动效率。

4 号电磁阀为主油路油压调节电磁阀，变速器通过油压调节器、蓄压器来稳定变速器油压，ECU 输出占空比脉冲信号控制 4 号电磁阀的工作，4 号电磁阀输出的控制油压用来改变蓄压器的背压，以此种方式来调节变速器主油路的油压。

当驾驶人改变档位（从 N、P 档位挂入行车档位，或从行车档位挂入 N、P 档位）时，ECU 通过短时间的点火提前角控制，适当地增大或减小发动机的转矩，以使发动机的转速保持稳定。

2. 电路分析

丰田汽车 341E、342E 型自动变速器电子控制系统所用的发动机与变速器 ECU 有 4 个代号为 E7、E8、E9、E10 的插接器，其端子排列如图 10-13 所示，端子（部分）连接说明见表 10-3。

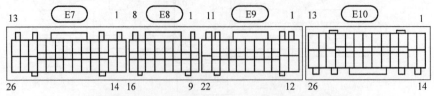

图 10-13　发动机与变速器 ECU 插接器端子排列

表 10-3 发动机与变速器 ECU 插接器端子（部分）连接说明

端子号		端子代号	连接部件	功能说明
E7	3	NCO +	O/D 直接档离合器转速传感器	信号输入（+）
	9	S2	2 号换档电磁阀	换档控制端子
	10	S1	1 号换档电磁阀	换档控制端子
	13	E01	电源接地	
	14	SLU	3 号锁止控制电磁阀	变矩器锁止离合器控制端子
	15	SLN	4 号油压控制电磁阀	变速器油压控制端子
	16	NCO −	O/D 直接档离合器转速传感器	信号输入（−）
	26	E02	电源接地	
E8	1	IDL1	主节气门位置传感器	信号输入
	2	IGF1	1 号电子点火器	点火反馈信号
	5	IGT1	1 号电子点火器	点火定时信号
	6	G2 +	2 号曲轴位置传感器	信号输入
	7	G1 +	1 号曲轴位置传感器	信号输入
	8	NE +	发动机转速传感器	信号输入（+）
	9	IDL2	副节气门位置传感器	信号输入
	10	IGF2	2 号电子点火器	点火反馈信号
	13	IGT2	2 号电子点火器	点火定时信号
	15	G	曲轴位置传感器	信号输入（−）
	16	NE −	发动机转速传感器	信号输入（−）
E9	1	IGSW	点火开关	信号输入
	2	STA	起动继电器	信号输入
	4	VTA1	主节气门位置传感器	信号输入
	5	THW	冷却液温度传感器	信号输入
	9	TE1	检查插接器	检查与诊断
	10	SP2 +	2 号车速传感器（+）	信号输入（+）
	11	VCC	节气门位置传感器电源（+）	电源输出
	12	B	EFI 主继电器	电源输入
	13	B1	EFI 主继电器	电源输入
	14	NSW	空档起动开关	信号输入
	15	VTA2	副节气门位置传感器	信号输入
	18	E2	传感器接地	
	19	SP1	1 号车速传感器	信号输入
	21	SP2 −	2 号车速传感器（−）	信号输入（−）
	22	E1	ECU 接地	
E10	2	O/D1	巡航控制 ECU	信号交流
	3	O/D2	O/D 开关	信号输入

（续）

端子号		端子代号	连接部件	功能说明
E10	15	2	档位开关	信号输入
	16	L	档位开关	信号输入
	17	PWR	模式选择开关	信号输入
	19	STP	制动灯开关	信号输入
	20	KD	强制降档开关	信号输入
	26	BATT	蓄电池	电源输入

（1）换档控制电路

丰田汽车 341E、342E 型自动变速器换档电磁阀控制电路如图 10-14 所示。

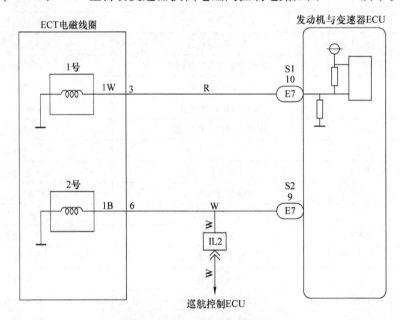

图 10-14　换档电磁阀控制电路

ECU 通过对阀板中 1 号、2 号两个电磁阀的组合控制，实现自动变速器前进档位的自动换档控制。ECU 通过 S1（E7 插接器 10 号脚）、S2（E7 插接器 9 号脚）端子向换档电磁阀输出电压的方式使电磁阀通电。

（2）变矩器锁止控制电路

丰田汽车 341E、342E 型自动变速器变矩器锁止离合器电磁阀控制电路如图 10-15 所示。

ECU 通过对 3 号电磁阀进行占空比脉冲控制，实现对变矩器锁止离合器的快速接合、逐渐接合、半接合控制。3 号电磁阀通过 EFI 主继电器与电源相连，由 ECU 的 SLU（E7 插接器 14 号）端子提供接地通路的方式，控制 3 号电磁阀的通电。

（3）变速器油压控制电路

丰田汽车 341E、342E 型自动变速器油压调节电磁阀控制电路如图 10-16 所示。

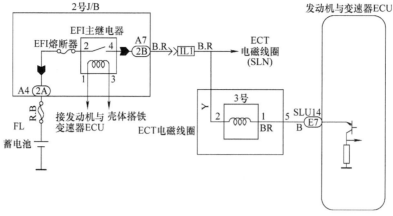

图 10-15 变矩器锁止离合器电磁阀控制电路

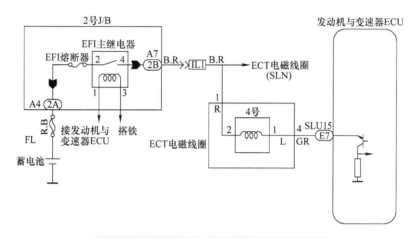

图 10-16 变速器油压调节电磁阀控制电路

ECU 通过对 4 号电磁阀进行占空比脉冲控制，控制变速器蓄压器的背压，从而实现变速器主油路油压的控制。4 号电磁阀也通过 EFI 主继电器与电源相连，由 ECU 的 SLN（E7 插接器 15 号）端子提供接地通路的方式，控制 4 号电磁阀的通电。

（4）档位开关电路

丰田汽车 341E、342E 型自动变速器档位开关电路如图 10-17 所示。

档位开关中有 L、2、R 三个档位开关，当变速器操纵手柄置于 L、2 或 R 档位时，档位开关中相应的开关接通，使 ECU 的 L、2 或 R 端子接通电源电压，ECU 获得相应的档位信号。档位开关中的空档起动开关在变速器操纵手柄置于 N 或 P 档位时接通，并通过 NSW 端子使 ECU 获得 N 或 P 档位信号。

空档起动开关串联在起动继电器线圈电路中，因此，只有在变速器操纵手柄置于 P 或 N 档（空档起动开关接通）时，起动继电器线圈电路才能被点火开关的起动档接通，故发动机只能在 P 或 N 档位时才能够起动。

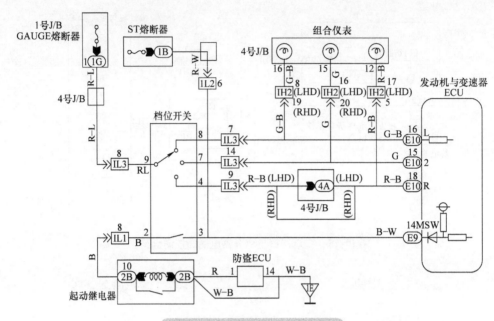

图 10-17 变速器档位开关电路

二　丰田汽车 341E、342E 型自动变速器电子控制系统电路的故障诊断

1. 故障自诊断

自动变速器电子控制系统利用仪表板处的 O/D OFF 指示灯进行故障报警和故障码闪示。

接通点火开关时，O/D OFF 指示灯亮起，将变速器操纵手柄上 O/D OFF 开关按下（ON）时，O/D OFF 指示灯应熄灭。

如果点火开关接通时，O/D OFF 指示灯不亮，或按下 O/D OFF 开关后 O/D OFF 指示灯不熄灭，均说明 O/D OFF 指示灯电路故障；如果在 O/D OFF 开关按下（ON）的情况下，O/D OFF 指示灯闪烁，则说明自动变速器控制系统故障，应进行故障自诊断操作，读取故障码。

（1）故障码的读取

可以用故障检测仪来读取故障信息，人工读取故障码的方法如下：

1）接通点火开关，并将变速器操纵手柄上 O/D OFF 开关按下（ON）。

2）用导线将 TDCL 或检查插接器的 TE1 和 E1 端子短接（图 10-18）。

3）通过 O/D OFF 指示灯的闪烁读取故障码。故障码的闪示方式与该车发动机电子控制系统的相同，故障码信息见表 10-4。

（2）故障码的消除

当故障排除后，应消除 RAM 存储器中储存的故障码，方法如下：

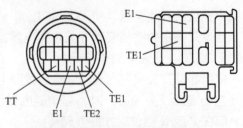

图 10-18 TDCL 与检查插接器

1）在点火开关关断的情况下，拔下 EFI 熔断器（15A）10s 以上，具体的时间取决于环境温度，温度越低，取下熔断器的时间也要越长。

2）拆下蓄电池的负极电缆线也可清除故障码，但同时也会将 RAM 存储器中的其他信息都清除。

3）将发动机与变速器 ECU 插接器拔开，故障码也可被清除。

4）进行消除故障码操作后，应进行路试，检查 O/D OFF 指示灯是否闪示无故障码（以每秒两次的频率闪烁）。

表 10-4　丰田汽车 341E、342E 型自动变速器故障码信息

故障码	故障诊断	故障部位
42	1 号车速传感器线路断路或短路	1 号车速传感器或传感器线路 发动机与变速器 ECU
46	4 号电磁阀电路断路或短路	4 号电磁阀或电磁阀线路 发动机与变速器 ECU
61	2 号车速传感器线路断路或短路	2 号车速传感器或传感器线路 发动机与变速器 ECU
62	1 号电磁阀电路断路或短路	1 号电磁阀或电磁阀线路 发动机与变速器 ECU
63	2 号电磁阀电路断路或短路	2 号电磁阀或电磁阀线路 发动机与变速器 ECU
64	3 号电磁阀电路断路或短路	3 号电磁阀或电磁阀线路 发动机与变速器 ECU
67	O/D 直接档转速传感器信号不良	O/D 直接档离合器转速传感器 O/D 直接档离合器转速传感器线路 发动机与变速器 ECU
68	降档开关短路	降档开关或开关线路 发动机与变速器 ECU

说明：

① 当出现故障码 64、68 所示的故障时，O/D OFF 指示灯不闪亮报警，但 RAM 会储存其故障码。

② 当出现偶然性故障时，O/D OFF 指示灯闪亮报警后又恢复正常，此时 O/D OFF 指示灯会停止闪烁，但故障码仍被保存，只有进行故障码清除操作后才会消失。

③ 如果 O/D OFF 指示灯没有闪烁报警，但自诊断系统输出故障码，则说明有线路接触不良故障，应检修故障码所示故障电路中的各个线束插接器。

④ 如果 1 号和 2 号车速传感器同时发生故障，将无故障码输出，且故障保险系统不起保险作用。因此，在 D 位行驶时，无论车速的高低，变速器都不会从 I 档升档。

（3）降档开关信号的检查

该检查项目是在试验状态下检测降档开关信号（KD）是否正常输入行车电脑。方法如下：

1）在点火开关关闭（OFF）的状态下将 TDCL（或检查插接器）的 TE2 和 E1 短接。

2）将 O/D OFF 开关置于 ON 位，点火开关也置于 ON 位，如果"CHECK ENGINE"警告灯不闪亮，则表明系统已进入试验状态（注意：在输出故障码以前，点火开关不要关闭）。

3）连接 TDCL 或检查插接器的 TE1 和 E1，检查 O/D OFF 指示灯是否闪示故障码 68。

4）将降档开关置于 ON 位置，完全踩下加速踏板，检查 O/D OFF 指示灯是否闪示正常码。

如果在步 3）检查时不显示故障码 68，或步 4）检查时不显示正常码，则都说明降档开关及电路有故障。

2. 通过检查插接器 TT 端子诊断故障

节气门位置传感器信号、制动开关信号是否正常，O/D OFF 指示灯不能显示，但可以通过检测 TDCL 或检查插接器的 TT - E1 端子来检测这些信号电压。

（1）节气门位置传感器的故障诊断

1）接通点火开关后，在检查插接器（或 TDCL）的 TT - E1 端子之间接直流电压表（图 10-19）。

2）慢慢踩下加速踏板，看电压表的示值是否随节气门的开度增大按图 10-20 所示的规律上升。

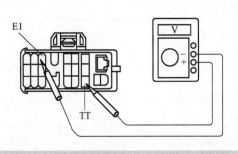

图10-19 检测检查插接器 TT - E1 端子之间的电压

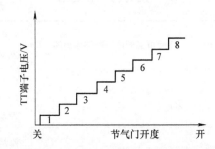

图10-20 节气门位置传感器信号电压的上升规律

如果电压值不随节气门开度的增大而成比例增加，则说明节气门位置传感器或其线路有故障。

（2）制动灯开关的故障诊断

1）踩下加速踏板，直到 TT 端子的电压上升到 8V。

2）踩下制动踏板，再检测 TT - E1 之间的电压。

正常情况应为：踩下制动踏板时，TT - E1 之间的电压为 0V；放松制动踏板时，TT - E1 之间的电压为 8V。如果不符合上述要求，则说明制动灯开关或其线路有故障。

3. 发动机与变速器 ECU 各端子的检测

通过发动机和变速器 ECU 插接器有关端子对地电压的检测，可判断相关电路及部件故障与否。

　　首先检测 ECU 电源端子、搭铁端子的电压，电源端子应为蓄电池电压，搭铁端子电压应小于 0.3V。如果不正常，需检查其连接线路。

　　在 ECU 电源和搭铁均为良好的情况下，再检测其他端子的电压。检测方法及电压异常可能的故障部位见表 10-5。

表 10-5　发动机与变速器 ECU 各端子对地电压检测

检测端子（端子号）	检测状态		正常电压	电压异常可能的故障部位
S1（E7 -10）	点火开关在 ON 位，P 档位		蓄电池电压	① 换档（1 号）电磁阀 ② 换档电磁阀与 ECU 的线路 ③ 发动机与变速器 ECU
	汽车运行在 Ⅰ、Ⅱ档			
	汽车运行在 Ⅲ、Ⅳ档		0V	
S2（E7 -9）	点火开关在 ON 位，P 档位		0V	① 换档（2 号）电磁阀 ② 换档电磁阀与 ECU 的线路 ③ 发动机与变速器 ECU
	汽车运行在 Ⅰ、Ⅳ档			
	汽车运行在 Ⅱ、Ⅲ档		蓄电池电压	
SLU（E7 -14）	点火开关在 ON 位		蓄电池电压	① 锁止（3 号）电磁阀至 ECU 的线路 ② EFI 主继电器至锁止电磁阀的线路 ③ 锁止电磁阀 ④ 发动机与变速器 ECU
SLN（E7 -15）	点火开关在 ON 位		蓄电池电压	① 油压调节（4 号）电磁阀至 ECU 的线路 ② EFI 主继电器至油压调节电磁阀的线路 ③ 油压调节电磁阀 ④ 发动机与变速器 ECU
IDL1（E8 -1）	点火开关在 ON 位，节气门开		4 ~ 6V	① 节气门位置传感器（急速触点） ② 节气门位置传感器与 ECU 之间线路 ③ 发动机与变速器 ECU
VTA1（E9 -4）	点火开关在 ON 位	节气门关	0.1 ~ 1.0V	① 节气门位置传感器 ② 节气门位置传感器与 ECU 之间线路 ③ 发动机与变速器 ECU
		节气门全开	3 ~ 5V	
SP2 +（E9 -10）	转动驱动车轮		脉冲电压	① 2 号车速传感器 ② 2 号车速传感器至 ECU 之间线路 ③ 发动机与变速器 ECU
VCC（E9 -11）	点火开关在 ON 位		4 ~ 6V	① 节气门位置传感器 ② 节气门位置传感器与 ECU 之间线路 ③ 发动机与变速器 ECU
NSW（E9 -14）	点火开关在 ON 位	P 或 N 档位	0V	① 空档起动开关 ② 档位开关与 ECU 之间线路 ③ 发动机与变速器 ECU
		其他档位	5V	

（续）

检测端子 （端子号）	检测状态		正常电压	电压异常可能的故障部位
SP1 （E9-19）	转动驱动车轮		脉冲电压	① 1号车速传感器或组合仪表 ② 1号车速传感器至ECU之间线路 ③ 发动机与变速器ECU
O/D1 （E10-2）	点火开关在ON位		蓄电池电压	① ECU与巡航控制ECU之间的线路 ② 发动机与变速器ECU
O/D2 （E10-3）	点火开关在 ON位	O/D开关ON	蓄电池电压	① O/D开关或组合仪表 ② O/D开关与ECU之间线路 ③ 发动机与变速器ECU
		O/D开关OFF	0V	
2 （E10-15）	点火开关在 ON位	2档位	蓄电池电压	① 档位开关 ② 档位开关与ECU之间线路 ③ 发动机与变速器ECU
		其他档位	0V	
L （E10-16）		L档位	蓄电池电压	
		其他档位	0V	
R （E10-18）		R档位	蓄电池电压	
		其他档位	0V	
PWR （E10-17）	点火开关在 ON位	模式开关置于 PWR位	蓄电池电压	① 模式选择开关 ② 模式选择开关与ECU、蓄电池之间的线路 ③ 发动机与变速器ECU
		模式开关置于 NORM位	0V	
STP （E10-19）	踩下制动踏板		蓄电池电压	① 制动灯开关 ② 制动灯开关与ECU之间的线路 ③ 发动机与变速器ECU
	放松制动踏板		0V	
KD （E10-20）	点火开关在 ON位	加速踏板未动作	蓄电池电压	① 降档开关 ② 降档开关与ECU、搭铁之间的线路 ③ 发动机与变速器ECU
		加速踏板踩到底	0V	

第四节　自动变速器电子控制系统电路部件的检修

 自动变速器故障检修的一般程序与注意事项

1. 自动变速器检修的一般程序

电控液力传动式自动变速器的故障检修较为复杂，许多故障现象的故障可能性都包含机械系统、液压系统和电子控制系统三个方面。为能准确、迅速地排除故障，应该按照正确的程序对自动变速器进行故障检修。不同型号的自动变速器具体的故障检修操作方法可能会有所不同，但均可按如下程序进行故障检修。

1）首先应根据驾驶人所描述的故障现象进行故障确认操作，使维修人员对自动变速器的故障现象有比较准确的了解。

2）进行故障自诊断操作，读取故障码。如果有故障码，按故障码所示检查故障部位；如果无故障码，则进行下一步检查。

3）根据故障现象分析大致故障原因，并对自动变速器进行直观检查和基础检验，如果有问题，进行修理或调整。

4）根据故障现象和故障分析，有选择地进行自动变速器试验操作，确定故障的性质和范围。

5）根据试验结果，检修自动变速器故障部件。

6）自动变速器检修结束后，进行自动变速器道路试验操作，以检验其是否恢复正常。

2. 自动变速器故障检修的注意事项

为能准确地找到故障原因并迅速排除故障，电控自动变速器故障检修应注意如下几点。

（1）首先应考虑常见的故障部位

自动变速器的一些故障现象虽然都有机、电、液各个系统故障的可能，但自动变速器液压系统中的各个液压阀、变矩器等出现故障的概率很小，而较为常见的是变速器油位不当或油质变差、节气门拉杆或换档杆等联动装置松动或调节不当、发动机怠速不当、液压系统出现漏油而使油压不足、电子控制系统线路插接器松动而使电路接触不良等。这些较为常见的故障用直观检查即可，若先对其进行检查，往往可简单而又迅速地排除自动变速器的故障。

（2）要取得自诊断故障信息

当自动变速器电子控制系统出现故障时，其自诊系统会记录下故障码，因此在检修前应先进行故障自诊断操作，以便准确、迅速地排除自动变速器电子控制系统的故障。

（3）仔细全面地分析故障

要对自动变速器故障现象仔细辨别，必要时通过有关的试验来确认故障特征，以便对可能的故障原因有准确全面的了解，这样就可避免盲目地检查与故障现象无关的部位，又不会漏检有关的部件而导致故障不能排除。

（4）不要盲目拆卸

因为在未拆卸以前，可通过有关的试验来区分故障的性质和大致的范围。在未确定故障的大致范围之前，盲目解体自动变速器，将导致不必要的拆卸，对故障的查寻也很不利。

 自动变速器的基础检验与试验

1. 自动变速器的基础检验

基础检验是检查自动变速器是否存在影响其正常工作的因素，主要有如下检验项目：

（1）发动机怠速检验

将自动变速器操纵杆置于 N 档或 P 档位置，关闭空调，看发动机的怠速。发动机的正常怠速因车型的不同而有所不同，一般为 750r/min 左右。发动机怠速过低，在换档时容易引起车身振动或使发动机熄火；发动机怠速过高，换档时容易产生冲击和振动，且在 D 位或 R 档位下的蠕动（汽车自行移动）较为严重。

如果发动机怠速不在正常范围之内，应对其进行调整。

（2）变速器油位与品质检验

1）油位检验。在发动机怠速工况下，将自动变速器操纵手柄置于 P、R、N、D、S、L 各档位下均停留几秒种，以使各档油路充分排气充油，然后再回到 P 档，拔出油尺查看液位，应在正常的液位范围内。液位过低，变速器中的离合器、制动器容易打滑，加速性变差，齿轮变速器润滑不良；液位过高，容易引起控制阀体上的排油孔阻塞，影响离合器与制动器的平顺分离，造成换档不稳。

阅读提示 ✔

> 有的 AT 没有 S 和 L 档位，只有 D 档位，进行液位检验时，在发动机怠速工况下，将自动变速器操纵手柄置于 P、R、N、D 各档位下均停留几秒钟即可。

如果检查油位过低，应予以补充；油位过高，应排出过多的变速器油。

2）变速器油品质检验。变速器油品质变差将会使自动变速器不能正常工作，甚至导致变速器损坏。检查方法是：拉出油尺，用眼睛仔细观察油的颜色、从油尺上嗅一嗅油液的气味、用手指捻一下油液。正常油液应清洁且呈红色，无异味。如果变速器油已变质、有烧焦味，应分析变速器油品质下降的原因，并更换变速器油。

（3）节气门全开检验

将加速踏板踩到底，节气门应全开。若节气门不能全开，会使发动机在高速和大负荷时功率输出不足，汽车达不到最高车速，加速性能变差，并会导致自动变速器强制低档时机不当。

如果节气门全开检验不合要求，应对其进行调整。

（4）操纵手柄位置检验

将操纵手柄从 N 档位换至其他档位时，检查其档位是否正确、档位开关指示灯显示是否正确。如果档位开关的信号无或不正确，会直接影响自动变速器 ECU 的正常控制作用。操纵手柄位置不正确时，应通过档位开关传动机构对其进行调整。

（5）空档起动开关检验

将操纵手柄置于 N 档、P 档以及其他档位时，将点火开关扭至起动档，检查发动机能否起动。正常情况应是：操纵手柄在 N、P 档位时，接通起动开关起动机能够起动，而在其他档位时，起动机应不能起动。

2. 自动变速器的试验

进行各项试验的目的是确认自动变速器故障的性质和故障的范围，试验项目如下。

（1）手动换档试验

接通档位锁定开关或拔开自动变速器换档电磁阀线束插接器，使自动变速器 ECU 失去自动控制换档作用，用操纵手柄换入各个档位，检查变速器是否能正常工作，用以判断自动变速器故障的原因是电子控制系统还是其他系统。

（2）失速试验

在行车制动器和驻车制动器性能良好、自动变速器油位正常、发动机和变速器温度正常的情况下，通过挂档（D 或 R）和制动使变矩器涡轮不转，然后在发动机全负荷运转时测量泵轮（发动机）转速。失速试验主要检验发动机输出功率是否正常、变矩器导轮单向离合器是否良好、变速器中的离合器和制动器是否打滑等。

（3）时滞试验

时滞试验是通过测量从挂档到换档执行元件完成动作的时间差来分析变速器中前后离合器、制动器是否过度磨损或控制油路油压是否正常。

（4）油压试验

测量液压控制系统管路中的油压，用以判断油泵和各阀的工作性能好坏、油路及换档执行元件有无泄漏等。

（5）道路试验

通过路试，检查换档点（升档和降档转速）和换档时有无冲击、振动、噪声、打滑等，以进一步分析自动变速器的故障原因。对修复的自动变速器，则检验其是否恢复了正常工作能力。

三　自动变速器部件的检修

自动变速器电子控制系统的一些传感器、电子控制器的故障检测方法可参见发动机电子控制系统和 ABS（防抱死制动系统）等相同或相似部件的检测方法。

1. 档位开关的检修

（1）档位开关可能的故障

档位开关可能的故障有档位安装位置不当而使档位开关信号不正确、档位开关内部触点接触不良。

（2）档位开关的检修方法

可按如下方法检测：

1）用举升机举起汽车。

2）拔开档位开关线束插接器。

3）用万用表电阻档检测各档位下各插脚之间的通断情况。

图 10-21 所示为丰田雷克萨斯 LS400 汽车自动变速器档位开关的端子排列和内部连接情况，将操纵手柄置于各档位时，各端子的通断情况应与图 10-21 相符。

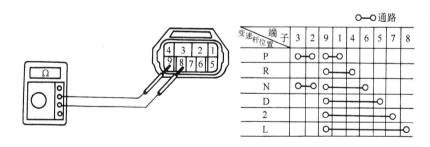

图 10-21　丰田雷克萨斯 LS400 汽车自动变速器档位开关的端子排列和内部连接情况

如果有多个档位触点通断情况不对，检查并调整操纵机构和档位开关的安装后再进行检测，若不能恢复正常，则更换档位开关；如果是个别档位触点不能通路，也需要更换档位开关。

2. 开关式电磁阀的检修

（1）开关式电磁阀的常见故障

开关式换档电磁阀、锁止电磁阀可能的故障有电磁阀线圈短路、断路，电磁阀阀芯卡滞或漏气等。

（2）开关式电磁阀的检修方法

开关式电磁阀通过检测其线圈电阻、阀的动作及开闭情况来判断其故障与否。

1）检测电磁阀电阻。拔开电磁阀线束插接器后，用电阻表测量自动变速器开关式电磁阀的线圈电阻（图10-22a）。开关控制方式的电磁阀线圈电阻一般为 $10 \sim 30\Omega$，占空比脉冲控制方式的电磁阀线圈电阻一般为 $3 \sim 5\Omega$。如果测量的电阻值过大或过小，说明电磁阀线圈断路或短路，需更换电磁阀。

2）检测电磁阀的动作。将电磁阀线圈接通电源（图10-22b），仔细听是否有电磁阀动作的响声。开关控制方式的电磁阀线圈施加12V电压，占空比脉冲控制方式的电磁阀线圈一般加4V电压。如果电磁阀线圈接电源后无动作，则说明电磁阀阀芯有卡滞，应更换电磁阀。

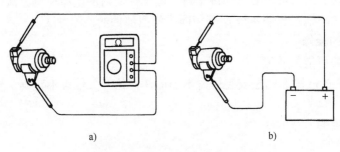

a)   b)

图10-22 开关式电磁阀的检测

a）检测电磁阀线圈的电阻   b）检查电磁阀的动作

3）检查电磁阀的开闭情况。拆下电磁阀，将压缩空气吹入电磁阀进油口，电磁阀线圈在通电和不通电时检验其开闭情况。如果电磁阀不通电时不通气，则通电时就应通气，如果不是这样，则说明电磁阀已损坏，需予以更换。

（3）脉冲工作方式电磁阀的检修方法

在占空比脉冲控制下工作的开关式电磁阀的检测如图10-23所示。

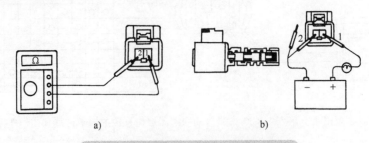

a)   b)

图10-23 脉冲工作方式电磁阀的检测

a）检查电磁阀的电阻   b）检查电磁阀的动作

1）检测电磁阀的电阻

拔开电磁阀线束插接器后，用电阻表测量电磁阀插脚与搭铁之间的电阻。自动变速器线性脉冲式电磁阀的线圈电阻一般为 $3 \sim 5\Omega$。如果测得的电阻值过大或过小，则说明电磁阀线圈断路或短路，需更换电磁阀。

2）检测电磁阀的动作

拆下电磁阀，将电磁阀线圈通以 4V 左右的电压时，应能听到电磁阀动作的响声；对于滑阀式电磁阀，应能看到电磁阀阀芯向外移动，断开电源时，电磁阀阀应会退回。否则说明电磁阀阀芯有卡滞，应更换电磁阀。

第十一章
> Chapter 11 ⟶ ≫

汽车防抱死制动系统电路的构成与特点分析

第一节 防抱死制动系统电路部件的结构原理

 防抱死制动系统的基本组成与控制原理

1. 防抱死制动系统的基本组成

防抱死制动系统（Anti–lock Braking System，ABS）是在普通制动系统的基础上，配置了防止车轮抱死的电子控制系统，其基本组成如图 11-1 所示。

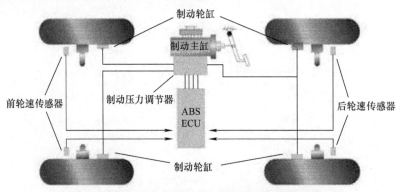

制动轮缸
制动主缸
前轮速传感器
制动压力调节器
ABS ECU
后轮速传感器
制动轮缸

图 11-1 防抱死制动系统（ABS）的基本组成

阅读提示 ✔

　　虽然 ABS 包括普通制动系统和防轮车抱死电子控制系统。但是人们习惯于将用于防止车轮抱死的电子控制系统称为 ABS。

　　ABS 由传感器、ABS ECU 和执行机构组成。传感器主要有车轮转速传感器及减速度传感器等；主要的执行器是制动压力调节器。在紧急制动或在松滑路面行驶中制动而车轮抱死时，ABS ECU 立刻开始工作，根据相关传感器的信号进行分析判断后，自动控制各个车轮制动器制动力的大小，防止车轮抱死，处于边滚边滑（滑移率 $S \approx 20$）的状态，确保地面纵向附着系数保持在较大的范围内，横向附着系数也不至过小，从而提高了汽车制动安全。ABS 具体的作用概括如下：

1）可充分发挥制动器的效能，缩短了制动时间与距离。

2）可有效地防止紧急制动时的车辆侧滑与甩尾，提高了汽车制动时的行车稳定性。

3）可使汽车在紧急制动时仍然具有良好的转向操纵性，进一步提高了汽车制动安全。

4）避免了轮胎与地面之间的剧烈摩擦，减少了轮胎的磨损。

2. 防抱死制动控制系统的控制原理

ABS 的控制原理如图 11-2 所示。

在紧急制动时，车轮转速传感器、汽车减速度传感器等相关传感器的信号输入 ABS ECU，ABS ECU 根据这些传感器的电信号对制动车轮的滑移及路面情况进行分析与判断后，输

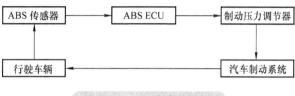

图 11-2　ABS 的控制原理

出制动器制动压力控制信号，通过其执行机构（制动压力调节器）控制车轮制动器的制动压力，以使车轮不被抱死，处于边滚边滑的状态。

 二　ABS 传感器

1. 车轮转速传感器

（1）结构类型

车轮转速传感器将车轮的转速转变为电信号，并输送给 ABS ECU，ABS ECU 根据车轮转速传感器提供的电信号计算车轮滑移率、角加速度及汽车参考速度等。车轮转速传感器有磁感应式、光电式和霍尔式等，使用最多的是磁感应式车轮转速传感器，其结构如图 11-3 所示。

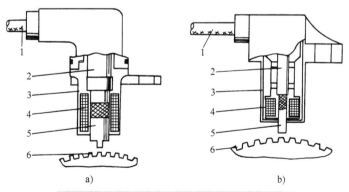

a)　　　　　　　　　　　　　b)

图 11-3　磁感应式车轮转速传感器的结构

a）凿式铁心　b）柱式铁心

1—导线　2—永久磁铁　3—传感器外壳　4—感应线圈　5—铁心　6—齿圈

（2）安装形式

磁感应式车轮转速传感器的具体结构形式与安装位置多种多样，安装在车轮处的车轮转速传感器如图 11-4 所示，传感器的齿圈随车轮一起转动。

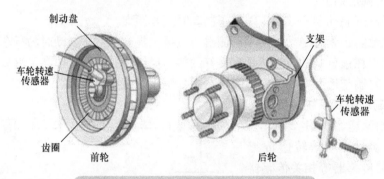

图 11-4 安装在车轮处的车轮转速传感器

2. 减速度传感器

减速度传感器也被称为 G 传感器，它是将汽车制动时的减速度转换为相应的电信号。ABS ECU 根据 G 传感器所提供的电信号来分析判断路面附着力情况，以便进行与路面附着力相适应的制动力控制。汽车 ABS 中所用的减速度传感器常见的有水银式、差动变压器式。

（1）水银式减速度传感器

水银式减速度传感器的基本结构与工作原理如图 11-5 所示。

1）结构特点。水银式减速度传感器为开关式传感器，其主要部件是带常开触点的玻璃管和可在玻璃管内移动的水银。玻璃管倾斜放置，水银在重力的作用下处于玻璃管的低端，而触点在玻璃管的顶端。因此，在不工作和汽车减速度小时，触点处于断开状态。

2）工作原理。汽车在低附着系数路面上紧急制动时，由于汽车的减速度较小，玻璃管内水银受到的惯性力较小，其虽移动但够不到触点处，触点仍处于断开状态（图 11-5a）；当在高附着系数路面紧急制动时，汽车的减速度较大，玻璃管内的水银在较大惯性力的作用下移动至触点处，使触点处于接通状态（图 11-5b）。ABS ECU 根据减速度传感器输入的通断信号就可判断路面情况。

（2）差动变压器式减速度传感器

差动变压器式减速度传感器的结构与工作原理如图 11-6 所示。

1）结构特点。差动变压器式减速度传感器主要由铁心可移动的变压器和信号处理电路组成，平时变压器铁心由两端弹簧将其保持在中间位置，两个二次绕组匝数相同、绕向相反，产生的感应电动势相位相反。变压器输出端电压 u_o 是两次二次绕组的电动势之差（$u_1 - u_2$）。

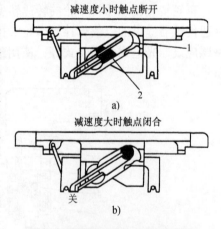

减速度小时触点断开

a)

减速度大时触点闭合

关

b)

图 11-5 水银式减速度传感器的基本结构与工作原理

a）减速度较小时 b）减速度较大时
1—玻璃管 2—水银

2）工作原理。传感器接通电源后，振荡电路使变压器一次绕组输入电压 u_p，二次绕组产生大小相同、相位相反的电压 u_1 和 u_2，变压器输出 u_o 为零。当汽车制动时，在惯性力的作用下，差动变压器铁心移动，使变压器二次绕组产生的 u_1 和 u_2 一个增大、另一个减小，变压器就会有电压 u_o 输出。u_o 经信号处理电路处理后向 ABS ECU 输出一个与铁心位移量（汽车减速度）相对应的电压信号。

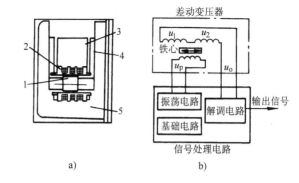

图 11-6 差动变压器式减速度传感器的基本结构与工作原理

a）基本结构 b）工作原理

1—铁心 2—变压器绕组 3—信号处理电路 4—弹簧 5—变速器油

三 ABS ECU

ABS ECU 接收各传感器和开关的电信号，通过计算与分析，判断车轮的滑移状况，并向制动压力调节器输出控制信号，及时调节制动力的大小。此外，ABS ECU 还具有故障监控报警和故障自诊断等功能。一种控制四个车轮制动器制动力的 ABS ECU 的基本组成如图 11-7 所示。

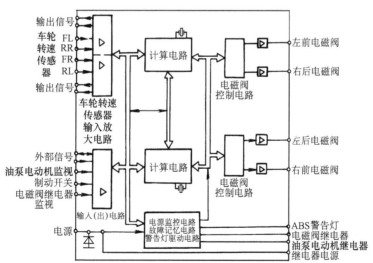

图 11-7 ABS ECU 的基本组成

1. 输入电路

输入电路由低通滤波、整形、放大、A/D 转换等电路组成，用于对车轮转速传感器输入信号进行预处理，并将其转换为数字信号后送入运算电路（微处理器）。输入电路同时传送 ABS ECU 对各车轮转速传感器的监测信号，并将反馈信号送回微处理器。输入电路还接收点火开关、制动开关、液位开关等开关信号和电磁阀继电器、油泵继电器等执行机构电路的反馈信号，经处理后送入微处理器。

2. 运算电路

运算电路主要由微处理器构成，其作用是根据传感器等输入的信号，按照设定的程序进行计算、分析和处理，产生相应的控制指令。运算电路通常由两个微处理器组成，以确保系统工作的可靠性。两个微处理器同时接收输入信号进行运算和处理，并进行交互式通信来比较，如果处理结果不一致，微处理器就立即使 ABS 停止工作，以防止系统因发生故障而导致错误的控制。运算电路在监测到传感器、执行器等外部电路有故障时，也会向安全保护电路输出停止 ABS 工作的指令，使 ABS 立刻停止工作。

3. 输出电路

输出电路由电磁阀控制电路、油泵电动机控制电路等组成，其作用是将运算电路的控制指令（如制动压力的增压、保持、减压及油泵的工作、停止等）转换为模拟控制信号，并通过驱动电路控制执行器动作。

4. 安全保护电路

安全保护电路由电源监控、故障记忆、继电器控制、警告灯驱动等电路组成，其主要功能有三个：一是对汽车电源电压进行监控，并向 ECU 提供工作所需的 5V 标准电压；二是当 ABS 出现故障时，能根据 CPU 的指令，迅速使 ABS 停止工作，以确保普通制动功能，同时使 ABS 警告灯亮起；三是将 ABS 出现的故障以代码的形式储存于故障记忆电路（RAM）中。

四 ABS 执行器

1. 制动压力调节器

（1）制动压力调节器的作用类型

制动压力调节器由电磁阀和液压元件组成，其作用是按照 ABS ECU 输出的控制信号迅速动作，以准确地调节制动器制动压力的大小，防止车轮抱死。

制动压力调节器的种类较多，根据制动系统制动压力传递介质的不同，制动压力调节器可分为气压式和液压式两种，分别应用于气压制动和液压制动的汽车上。使用最为广泛的液压式制动压力调节器按其调压的方式不同，可分为循环流动式和变容积式两种类型。

（2）循环流动式制动压力调节器

阅读提示 ✔

> 循环流动式制动压力调节器在工作时，制动液从制动主缸到制动轮缸（增压），又从制动轮缸到储液器（降压），再从储液器回到制动主缸（回油泵工作），制动液循环流动，实现制动器制动液压的增压、保压和降压的控制。

循环流动式制动压力调节器串联在普通制动管路中，其组成部件主要有电磁阀、储液器、液压泵和电动机等，如图 11-8 所示。

1）结构形式。电磁阀是制动压力调节器的核心部件，常用的电磁阀有三位三通、二位二通两种，用于控制制动主缸、制动轮缸及储液器三条连接管路的通断，以实现制动轮缸压力的控制；储液器用于暂时储存制动轮缸压力减小过程中流出的制动液；液压泵（也称回油泵）则是将储液器的制动液泵回制动主缸。

2）三位三通电磁阀的调压原理。采用三位三通电磁阀的循环流动式制动压力调节器工作原理如图11-9所示。三位三通电磁阀有三个工作位置，通过三种通电状态（不通电、半通电和全通电）控制；有三个液压通道，分别连接制动主缸、制动轮缸和储液器。

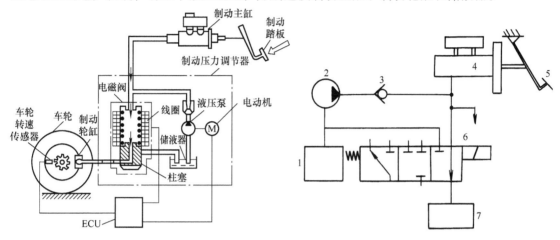

图11-8　循环流动式制动压力调节器的组成

图11-9　循环流动式制动压力调节器
工作原理（三位三通电磁阀）

1—储液器　2—回油泵　3—单向阀　4—制动主缸
5—制动踏板　6—三位三通电磁阀　7—制动轮缸

三位三通电磁阀制动压力调节过程如下：

普通制动：在通常的减速制动或停车慢速制动时，由于车轮不会被抱死，ABS不介入工作，此时，制动压力调节器电磁阀不通电，电磁阀处于右位，制动主缸与制动轮缸直通，制动轮缸的压力直接由制动踏板的踩踏力控制。

减压过程：当需要减小制动压力时，ECU输出减压信号，通过驱动电路使电磁阀流过较大电流，电磁阀处于左位，将连接制动主缸的通道封闭，而将制动轮缸与储液器接通，制动轮缸的制动液通过电磁阀流入储液器，制动压力降低。此时，电动回油泵工作，将制动轮缸流入储液器的制动液泵回制动主缸。

保压过程：当需要保持制动压力时，ECU输出保压信号，通过驱动电路向电磁阀提供较小的电流，电磁阀处于中位，电磁阀的三个通道都被封闭，制动轮缸形成封闭的容腔，其压力将保持不变。

增压过程：当需要增大制动压力时，ECU输出增压信号，使电磁阀断电，电磁阀回到右位，制动主缸与制动轮缸相通，制动主缸的高压制动液进入制动轮缸，使其压力增大。

ABS ECU通过控制电磁阀全通电（降低制动压力）、半通电（保持制动压力）和断电（增大制动压力）来调节制动轮缸压力的大小，使车轮处于边滚边滑的状态。

当ABS失效时，ECU使电磁阀处于断电状态，这时，制动主缸与制动轮缸直通，可保证普通制动器能正常制动。

3）二位二通电磁阀的调压原理。采用两个二位二通电磁阀的循环流动式制动压力调节器的工作原理如图 11-10 所示。两个电磁阀均只有两个工作位置和两个液压通道，其中常开电磁阀连接制动主缸与制动轮缸，常闭电磁阀连接制动轮缸与储油器。采用二位二通电磁阀的循环流动式制动压力调节器的工作过程如下：

普通制动：在通常的减速制动或停车慢速制动时，ABS 不工作，因此两电磁阀均不通电。此时，制动主缸通过常开电磁阀与制动轮缸相通，常闭电磁阀则将通储液器通道关闭，制动轮缸的压力由制动踏板的踩踏力直接控制。

减压过程：当需要减小制动压力时，ABS ECU 输出减压控制信号，使两电磁阀均通电。常开电磁阀通电后关闭，使制动轮缸与制动主缸断开；常闭电磁阀通电后打开，使制动轮缸与储液器相通；于是，制动轮缸的制动压力降低。此时，电动回油泵工作，将制动轮缸流入储液器的制动液泵回制动主缸。

保压过程：当需要保持制动压力时，ABS ECU 输出保压信号，只使常开电磁阀通电。常开电磁阀通电后关闭，常闭电磁阀不通电也处于关闭状态，此时，制动轮缸与制动主缸和储液器的通道均被封闭，使制动轮缸的压力保持不变。

增压过程：当需要增大制动压力时，ABS ECU 输出增压信号，使两电磁阀均处于断电状态。这时，制动轮缸只与制动主缸相通，制动主缸的高压制动液进入制动轮缸，使其压力上升。

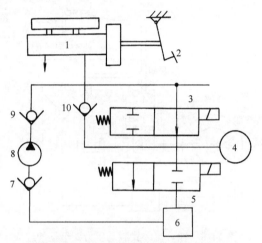

图 11-10 循环流动式制动压力
调节器工作原理（二位二通电磁阀）

1—制动主缸　2—制动踏板　3—常开电磁阀
4—制动轮缸　5—常闭电磁阀　6—储液器
7、9、10—单向阀　8—回油泵

汽车制动时，ABS ECU 通过控制两电磁阀均不通电（压力上升）、只常开电磁阀通电（压力保持）和两个电磁阀均通电（压力下降），实现制动压力大小的自动调节，使车轮与地面的滑移率保持在 20% 左右，将车轮与地面的附着力保持在较高的范围。当 ABS 失效时，ECU 使两电磁阀均处于断电状态，制动主缸与制动轮缸直通，可保证普通制动器正常起作用。

（3）变容积式制动压力调节器

阅读提示 ✔

　　相比循环流动式制动压力调节器，变容积式制动压力调节器增设了动力活塞和储能器，通过与循环流动式制动压力调节器一样的调节方法来调节动力活塞以控制油腔的液压，使动力活塞移动，以改变制动轮缸容腔的容积，实现制动压力的调节。

变容积式制动压力调节器通过调节制动轮缸的有效容积来调节制动压力，其基本组成如图 11-11 所示。

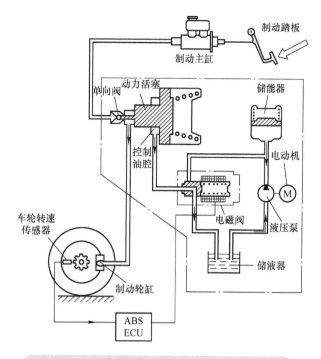

图 11-11　变容积式制动压力调节器的基本组成

1）结构特点。变容积式制动压力调节器的结构特点如下：

① 当单向阀处于关闭位置时，隔断了制动主缸与制动轮缸之间的液压通道，动力活塞左腔容积成为制动轮缸的有效容积。

② 当动力活塞移动时，就会改变制动轮缸的有效容积，使制动轮缸的制动压力有相应的变化。

③ 动力活塞的移动是由动力活塞控制油腔油压的高低来控制的，调节控制油腔的油压，也即实现制动压力的调节。

2）结构形式。根据所采用的电磁阀不同，变容积式制动压力调节器也有三位三通式和二位二通式等不同的结构形式。变容积式制动压力调节器控制油腔的高端液压源通常由蓄能器及电动油泵所组成的液压装置产生，有的汽车采用动力转向液压泵作为动力活塞控制油腔高端液压源。

3）调压原理。采用三位三通电磁阀的变容积式制动压力调节器工作原理如下：

普通制动：电磁阀不通电，电磁阀柱塞保持在左位，使动力活塞控制油腔与储液器相通（低压），动力活塞在其弹簧力的作用下保持在最左的位置，活塞左端的顶杆顶开单向阀，使制动主缸与制动轮缸直接连通（参见图 11-11）。此时，制动压力直接由驾驶人的制动踏板踩踏力控制。

减压过程：ABS ECU 输出减压控制信号时，向电磁阀提供较大电流，电磁阀柱塞处于右位（图 11-12）。动力活塞控制油腔与蓄能器相通而压力增大，使动力活塞向右移动，单向阀关闭，使制动主缸与制动轮缸断开。单向阀关闭后，动力活塞的继续右移使其左腔容积增大，制动轮缸的制动压力降低。

保压过程：当 ABS ECU 输出保压信号时，向电磁阀提供较小的电流，电磁阀柱塞处于中位（图11-13）。电磁阀的三个通道都被封闭，动力活塞控制油腔的液压保持不变，动力活塞因两端受力保持平衡而静止不动，使制动轮缸的压力保持不变。

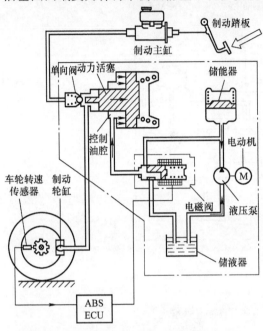

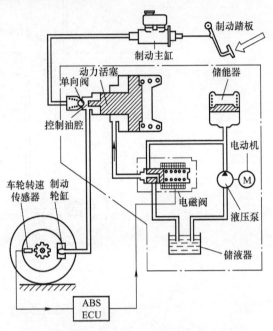

图11-12 变容积式制动压力调节器减压过程

图11-13 变容积式制动压力调节器保压过程

增压过程： 当 ABS ECU 输出增压信号时，电磁阀断电，电磁阀柱塞回到左位（图11-14），动力活塞控制油腔又与储液器相通，控制油腔油压下降，动力活塞在其弹簧力的作用下向左移动，使动力活塞左腔容积减小，制动轮缸压力增大。当动力活塞移动到最左位时，活塞左端的顶杆顶开单向阀，制动主缸又与制动轮缸相通，使制动轮缸的压力进一步增大。

ABS ECU 通过控制电磁阀全通电（降低制动压力）、半通电（保持制动压力）和断电（增大制动压力）来调节制动力的大小，使车轮处于边滚边滑的状态。

当 ABS 失效时，使电磁阀处于断电状态，这时控制油腔与储液器相通，控制油压最低，动力活塞在弹簧力的作用

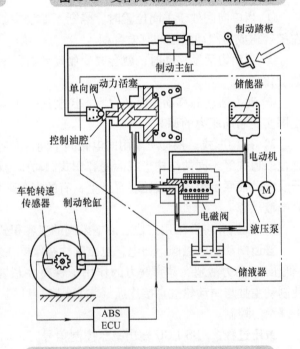

图11-14 变容积式制动压力调节器增压过程

下移至最左位，单向阀被顶开，制动主缸与制动轮缸直通，可保证普通制动器正常起作用。

采用二位二通电磁阀的变容积式制动压力调节器通过两个二位二通电磁阀来调节控制油压，实现变容积式制动压力调节。调节动力活塞控制油腔油压的工作方式与循环流动式制动压力调节器用二位二通电磁阀调节制动轮缸压力完全一样。

2. 液压与液位开关

ABS 液压系统设有液压和液位开关，用于液压控制和警告、液位指示与报警等。

（1）压力控制开关（PCS）

此开关设在蓄压器与电动液压泵组件中，在蓄压器下腔的液压作用下动作。当蓄压器的制动液压下降到一定值时，PCS 触点闭合，将电动液压泵继电器线圈电路接通，使电动液压泵工作，以提高蓄压器制动液压。

（2）压力警告开关（PWS）

此开关也是在蓄压器下腔液压的作用下动作。压力警告开关用于监视蓄压器的制动液压，当制动液压降到设定值以下时，其触点闭合，接通红色制动警告灯，随后黄色 ABS 警告灯也会亮起，ABS ECU 将中止 ABS 起作用。

（3）液位指示开关（FLI）

此开关用于监视储液器内的制动液液面，通常有两个触点，当制动液液面下降到最低限时，其常开触点闭合，接通红色制动警告灯电路，使红色制动警告灯亮起，以警告驾驶人须停车检查制动系统；常闭触点打开，断开 ABS ECU 的电源电路，使黄色 ABS 警告灯亮起，同时使 ABS 停止起作用。

第二节　典型防抱死制动系统电路的特点分析

 丰田雷克萨斯 LS400 轿车 ABS 电路分析

1. 丰田雷克萨斯 LS400 轿车 ABS 的结构特点

丰田雷克萨斯轿车在不同车型上所配置的 ABS，其组成部件和控制电路的结构形式会有所不同。有的车型还装备了防滑转电子控制系统（ASR）、制动压力分配控制系统（EBD）、电子控制辅助制动系统（EBA）等，这些电子控制装置通常与 ABS 共用一个 ECU。典型的 ABS 的基本组成如图 11-15 所示，其液压系统如图 11-16 所示。

（1）结构类型

丰田雷克萨斯 LS400 轿车分为带 TRC（牵引力控制系统）和不带 TRC 两种车型，均采用德国博世（BOSCH）ABS，图 11-15 所示车型为不带 TRC 的 ABS。

（2）液压系统

丰田雷克萨斯 LS400 轿车的液压系统采用循环流动式制动压力调节器，有三个独立的制动压力控制通道，分别用于控制左前轮、右前轮和两个后轮的制动压力。每个制动压力控制通道均采用了三位三通电磁阀来实现制动压力的减压、保压和增压控制。

（3）电子控制系统

ABS ECU 通过对三个三位三通电磁阀不通电、半通电和全通电的控制，实现四个车轮的制动压力自动控制。

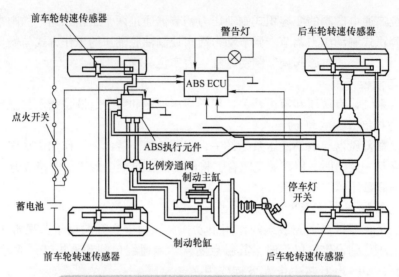

图 11-15 丰田雷克萨斯 LS400 轿车 ABS 的基本组成

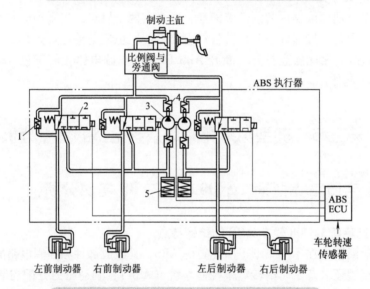

图 11-16 丰田雷克萨斯 LS400 轿车 ABS 液压系统

　　ABS 电子控制系统有四个车轮转速传感器，ECU 根据两个前轮转速传感器的转速信号分别判断左前轮、右前轮的抱死情况，并通过两个三位三通电磁阀分别控制左前轮和右前轮制动器的制动压力；ECU 根据两个后轮转速传感器的转速信息，判断两个后轮的抱死情况，并通过一个三位三通电磁阀控制后轮制动器的制动压力。

　　2. 丰田雷克萨斯 LS400 轿车 ABS 电路分析

　　丰田雷克萨斯 LS400 轿车 ABS 电路如图 11-17 所示。

　　（1）ABS ECU

　　ABS ECU 有两个插接器，代号为 A16、A17。插接器的端子排列如图 11-18 所示，端子连接说明见表 11-1。

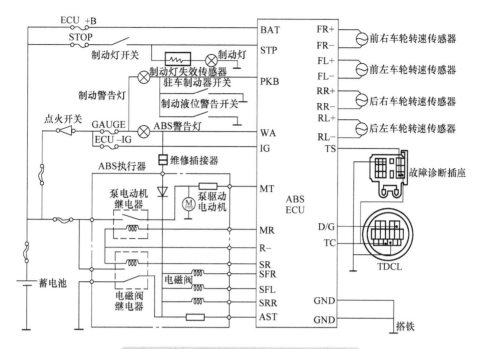

图 11-17 丰田雷克萨斯 LS400 轿车 ABS 电路

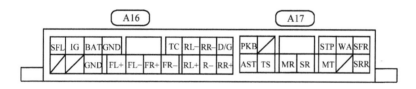

图 11-18 ABS ECU 插接器端子排列

表 11-1 丰田雷克萨斯 LS400 轿车 ABS ECU 端子连接说明

端子代号	连接部件	功能说明	端子代号	连接部件	功能说明
D/G	TDCL 和检查插接器	检测与诊断	FL −	前左车轮转速传感器	信号输入（−）
RR −	后右车轮转速传感器	信号输入（−）	FL +	前左车轮转速传感器	信号输入（+）
RL −	后左车轮转速传感器	信号输入（−）	GND	搭铁	ECU 搭铁
TC	TDCL 和检查插接器	检测与诊断	SFR	前右电磁阀线圈	控制端子
GND	搭铁	ECU 搭铁	WA	ABS 警告灯	控制端子
BAT	蓄电池	ECU 直接电源	STP	停车灯开关	信号输入
IG	点火开关	开关控制电源	PKB	手制动开关	信号输入
SFL	前左电磁阀线圈	控制端子	SRR	后电磁阀线圈	控制端子
RR +	后右车轮转速传感器	信号输入（+）	MT	制动压力调节器电动机	电动机监控
R −	继电器线圈接地	继电器控制	SR	电磁阀继电器	电磁阀电源控制端子
RL +	后左车轮转速传感器	信号输入（+）	MR	电动机继电器	电动机控制端子
FR −	前右车轮转速传感器	信号输入（−）	TS	检查插接器	检测与诊断
FR +	前右车轮转速传感器	信号输入（+）	AST	电磁阀继电器	电磁阀继电器监控

（2）ABS 制动压力调节器电磁阀继电器控制电路

ABS 制动压力调节器电磁阀继电器控制电路如图 11-19 所示。

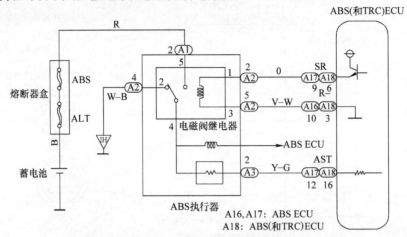

图 11-19 ABS 制动压力调节器电磁阀继电器控制电路

ABS 制动压力调节器电磁阀继电器为复合式触点，常闭触点使 ABS 各电磁阀接地，常开触点闭合时接通各电磁阀线圈电源，并通过 AST 端子向 ECU 提供 ABS 制动压力调节器电磁阀继电器工作反馈信息。

ECU 通过 SR 端子输出电压，控制 ABS 电磁阀工作。

（3）ABS 油泵电动机控制电路

ABS 回油泵电动机控制电路如图 11-20 所示。

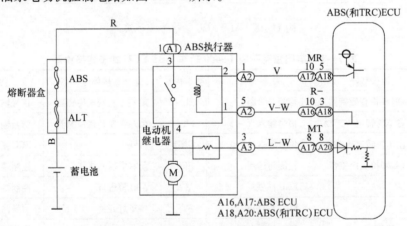

图 11-20 ABS 回油泵电动机控制电路

回油泵电动机通过常开触点继电器接通电源，ECU 通过 MR 端子控制常开触点继电器工作。继电器触点闭合时，通过 MT 端子向 ECU 提供回油泵继电器工作反馈信号。

（4）ABS 制动压力调节器电磁阀控制电路

ABS 制动压力调节器电磁阀控制电路如图 11-21 所示。

当电磁阀继电器线圈通电，其常开触点闭合时，ECU 通过 SFR、SFL、SR 端子控制相应的电磁阀线圈全通电、半通电和断电。

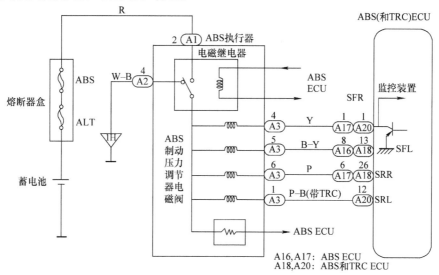

图 11-21 ABS 制动压力调节器电磁阀控制电路

二 丰田雷克萨斯 LS400 轿车 ABS 电路的故障诊断

1. 电路诊断要点

通过对 ABS ECU 有关端子对地（搭铁）电压和通断情况的检测，可判断 ECU 及相关电路与部件正常与否。丰田雷克萨斯 LS400 轿车（不带 TRC）ABS 电路的检测要点见表 11-2。

表 11-2　ABS ECU 有关端子对地电压和通断情况的检测

检测端子 （端子号）	检测状态	正常情况	检测异常时可能的故障部位
BAT （A16－6）	测电压	蓄电池电压	ABS ECU 与蓄电池之间的电源线路与相关的熔断器
STP （A17－3）	踩下制动踏板	蓄电池电压	制动灯开关及电路
	不踩制动踏板	电阻较小	制动灯或制动灯失效传感器
PKB （A17－5）	点火开关为 ON 位，拉紧驻车制动	约 0V	手制动器开关 制动液面开关 制动警示灯及连接线路
	点火开关为 ON 位，放松驻车制动	蓄电池电压	
WA （A17－2）	点火开关为 ON 位，ABS 警告灯亮	约 0V	ABS 警告灯及连接线路
	点火开关为 ON 位，ABS 警告灯熄灭	蓄电池电压	ABS ECU
IG （A16－7）	点火开关为 ON 位	蓄电池电压	ECU－IG 熔断器
	点火开关为 OFF 位	约 0V	点火开关及相关线路
MT （A17－8）	点火开关为 OFF 位	通路	制动压力调节器

（续）

检测端子 （端子号）	检测状态	正常情况	检测异常时可能的故障部位
MR （A17-10）	变速器在行驶档位，驻车制动、制动踏板均放松，点火开关为ON位，ABS警告灯不亮	蓄电池电压	制动压力调节器 制动压力调节器与ECU之间的线路 ABS ECU
R- （A16-10）	点火开关为OFF位	通路	ABS ECU
SR （A17-9）	点火开关为ON位，ABS警告灯亮	约0V	制动压力调节器
	点火开关为ON位，ABS警告灯熄灭	蓄电池电压	ABS ECU
SFR （A17-1）	点火开关为ON位，ABS警告灯亮	约0V	
	点火开关为ON位，ABS警告灯熄灭	蓄电池电压	
SFL （A16-8）	点火开关为ON位，ABS警告灯亮	约0V	制动压力调节器
	点火开关为ON位，ABS警告灯熄灭	蓄电池电压	ABS ECU
SRR （A17-6）	点火开关为ON位，ABS警告灯亮	约0V	
	点火开关为ON位，ABS警告灯熄灭	蓄电池电压	
AST （A17-12）	点火开关为ON位，ABS警告灯亮	约0V	
	点火开关为ON位，ABS警告灯熄灭	蓄电池电压	
TS （A17-11）	检查插接器TS-E1不连接	不通	检查插接器
	检查插接器TS-E1连接	通路	检查插接器与ECU之间的线路
TC （A16-4）	检查插接器TC-E1不连接	不通	检查插接器
	检查插接器TC-E1连接	通路	检查插接器与ECU之间的线路
GND （A16-5、16）	点火开关为OFF位	通路	ECU搭铁线路

注：检查各端子与搭铁之间的通断情况用高阻抗的电阻表，并在点火开关关断时测量。

2. 故障自诊断

丰田雷克萨斯 LS400 轿车 ABS 电子控制系统有故障时，通过专用的故障诊断仪读取故障信息，可准确迅速地排除故障。也可人工读取故障码，方法如下：

（1）故障码的读取

1）接通点火开关（ON）。

2）找到发动机舱左侧的检查插接器，并打开盖子，拔出短路销（图11-22）。

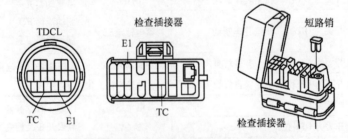

图11-22 丰田汽车故障检查插座

3）将检查插接器上的插孔 TC 与 E1 短接（或将 TDCL 上的插孔 TC 与 E1 短接）。

4）通过仪表板上的 ABS 警告灯的闪烁读取故障码。故障码的闪示方式丰田汽车发动机电子控制系统的相同，其故障码说明见表11-3。

（2）故障码的消除

1）接通点火开关（ON）后，将检查插接器的 TC 与 E1 短接。

2）在 3s 内连踩制动踏板 8 次，以清除故障码。

3）检查 ABS 警告灯是否已显示正常码（亮灭时间间隔为 2.5s 的均匀闪烁）。

4）拆掉检查插接器上 TC 与 E1 的短路连接线后，检查 ABS 警告灯是否熄灭。

注意：拆除蓄电池的负极电缆线也可清除故障码，但同时也会将 RAM 中的其他信息都清除。

表11-3　丰田雷克萨斯 LS400 轿车 ABS 故障码说明

故障码	故障原因	故障部位
11	ABS 制动压力调节器电磁阀继电器电路开路	① 制动压力调节器内部电路 ② 控制（电磁阀）继电器 ③ 控制继电器线束与插接器
12	ABS 制动压力调节器电磁阀继电器电路短路	
13	ABS 油泵电动机继电器电路开路	① 制动压力调节器内部电路 ② 控制（油泵电动机）继电器 ③ 控制继电器线束与插接器
14	ABS 油泵电动机继电器电路短路	
21	前右轮三位电磁线圈电路断路或短路	① 制动压力调节器电磁线圈 ② 制动压力调节器线束与插接器 ＊ 对于有 TRC 的汽车，则为后轮电磁线圈电路开路或短路
22	前左轮三位电磁线圈电路断路或短路	
23	后右轮三位电磁线圈电路断路或短路＊	
24	后左轮三位电磁线圈电路断路或短路	
31	前右轮转速传感器信号失常	① 车轮转速传感器 ② 车轮转速传感器转子（齿圈） ③ 车轮转速传感器线束与插接器
32	前左轮转速传感器信号失常	
33	后右轮转速传感器信号失常	
34	后左轮转速传感器信号失常	
35	前左或后右轮转速传感器电路断路	
36	前右或后左轮转速传感器电路断路	
37	后车轮转速传感器故障	① 后车轮转速传感器转子（齿圈）
41	蓄电池电压过高或过低	① 蓄电池 ② 电压调节器
43	TRC 控制系统失灵（有 TRC 的车型中才有）	
51	制动压力调节器油泵卡死或其电动机电路断路	① 油泵电动机、继电器、蓄电池 ② 油泵电动机电路线束、插接器、搭铁螺钉
71	前右轮转速信号电压过低	前右轮转速传感器或其安装
72	前左轮转速信号电压过低	前左轮转速传感器或其安装
73	后右轮转速信号电压过低	后右轮转速传感器或其安装

（续）

故障码	故障原因	故障部位
74	后左轮转速信号电压过低	后左轮转速传感器或其安装
75	前右轮转速信号变动异常	前右轮转速传感器的转子（齿圈）
76	前左轮转速信号变动异常	前左轮转速传感器的转子（齿圈）
77	后右轮转速信号变动异常	后右轮转速传感器的转子（齿圈）
78	后左轮转速信号变动异常	后左轮转速传感器的转子（齿圈）
常亮	ABS ECU 有故障	ABS ECU

第三节　防抱死制动系统部件的检修

 ABS 正常工作状态与故障的判断

ABS 在工作中有些现象较容易误认为有故障，因此在汽车使用中、汽车维修前的故障验证试车和汽车维修后的性能检验试车中，应注意辨别 ABS 正常反应与故障的不同。下面列出了 ABS 在工作状态下容易被误认为是故障的一些现象。

1. 制动踏板有升降

一些汽车在发动机发动时，踩下的制动踏板会弹起，而在发动机熄火时，制动踏板则会下沉。对于 ABS 执行器为变容积式制动压力调节器，其控制液压取自动力转向器液压系统的汽车（如日本丰田皇冠汽车），这属正常现象。

2. 制动时转向盘振动

在制动时转动方向，会感到转向盘有轻微的振动。这也是由变容积式制动压力调节器控制油压的高压源来自动力转向器的液压泵所引起的正常反应。

3. 制动时制动踏板下沉

在制动中有时会感到制动踏板有轻微下沉。这是由道路的路面附着系数变化所引起的 ABS 正常适应性反应，并非故障现象。

4. 制动时制动踏板振动

在制动时，感到制动踏板有轻微振动。这是 ABS 起作用的正常现象。性能差的 ABS 的振动会更加厉害，相比之下，采用循环流动式制动压力调节器的 ABS 通常要比采用变容积式制动压力调节器的 ABS，制动踏板的振动要大些。

5. ABS 警告灯偶尔亮起

汽车在行驶中出现 ABS 警告灯亮起，但过后又很快熄灭的现象。这是汽车在高速行驶中遇急转弯或冰滑路面出现了车轮打滑现象，ABS 产生保护动作所引起的，并非 ABS 故障。

6. 车轮有完全抱死现象

在紧急制动时，出现了车轮被抱死留下的拖印。如果是制动后期短而浅浅的拖滑印痕，属于正常情况。因为在车速小于 7 ~ 10km/h 时，ABS 将不起作用，由于制动轮缸的压力完全由制动踏板力控制，所以使车轮被抱死了。

二 ABS 检修时应注意的问题

通常情况下，ABS 电子控制系统和液压系统故障率比较低，如果出现了车轮被抱死、制动效果不良、ABS 警告灯亮等与 ABS 有关的故障现象，应仔细分析故障原因，并注意如下事项。

1. 易检和故障率高的先行检查

当 ABS 出现不正常现象时，应先检查导线的接头和插接器有无松脱、制动油路与制动压力调节器等有无漏损、蓄电池是否亏电等。这些容易出现且检查方法又很简单的影响 ABS 正常工作的因素先行检查，有利于迅速排除故障。

2. 区别故障的范围

如果汽车出现制动不良故障，应先区分故障是出自普通制动系统还是 ABS。辨别的方法是：拆下 ABS 继电器线束插接器或 ABS 制动压力调节器电磁阀线束插接器，使 ABS 制动压力调节器电磁阀不能通电工作，让汽车以普通制动器工作方式制动，如果制动不良故障消失，则说明是 ABS 有故障；否则，为普通制动系统有故障。

3. 小心拆检传感器

在拆卸和检测车轮转速传感器时，不要碰撞或敲击传感器头，也不要以传感器齿轮当撬面，以免损坏传感器的部件或破坏传感器正确的安装。

4. 注意避免液压油喷出伤人

采用变容积式制动压力调节器的 ABS，有的装有蓄能器，在需要拆检 ABS 液压控制器件时，应先进行泄压，以避免高压油喷出伤人。卸压的方法是：关掉点火开关，然后反复踩制动踏板 20 次以上，直到感觉踩制动踏板力明显增加（无液压助力）时为止。通常在拆检制动压力调节器部件、制动轮缸、蓄能器及电动液压泵、后轮分配比例阀、制动液管路、压力警告和控制开关时，需要先进行泄压。

三 ABS 主要部件的检修

1. 车轮转速传感器的检修

（1）车轮转速传感器的常见故障

汽车 ABS 所用的车轮转速传感器大都采用磁感应式车轮转速传感器，其常见故障如下：

1）车轮转速传感器感应线圈短路、断路或接触不良等。

2）车轮转速传感器齿圈齿缺损或脏污。

3）车轮转速传感器信号探头部分安装不牢（松动）或磁极与齿圈之间有脏物。

（2）车轮转速传感器的检修方法

1）直观检查。检查传感器安装有无松动、导线及线束插接器有无松脱。

2）检测传感器电阻。用电阻表检测传感器两信号端子之间（感应线圈）的电阻，如果电阻值过大或过小，均说明传感器不良，应更换传感器。

3）检测传感器信号。将汽车举升使车轮悬空，在车轮转动时，用交流电压表测量传感器的输出信号电压，电压表应该有电压指示，其电压值应随车轮转速的增加而升高；也可用示波器检测传感器的输出信号电压波形，正常的信号电压波形应是均匀稳定的正弦电压波形。如果信号电压低或无、信号电压波形无或有缺损，均说明传感器故障，需拆检或更换传感器。

2. ABS 控制继电器的检修

（1）ABS 控制继电器的常见故障

ABS 的油泵电动机和电磁阀通常都用继电器来控制其通断电，油泵电动机和电磁阀继电器的常见故障有触点接触不良、继电器线圈断路或短路等。

（2）ABS 控制继电器的检修方法

1）检查继电器是否动作。对继电器线圈通以其正常工作的电压，看继电器能否正常动作。若能正常动作，则用电阻表检测触点闭合电压，应小于 0.5V；如果触点闭合电压大于 0.5V，则说明触点接触不良，需更换继电器。

2）检测继电器线圈电阻。用电阻表检测继电器线圈的电阻，电阻值应在正常范围之内。

3. 制动压力调节器的检查

（1）制动压力调节器的常见故障

如前所述，ABS 制动压力调节器由电磁阀（二位二通电磁阀或三位三通电磁阀）、油泵、电动机等组成，可能的故障有制动压力调节器电磁阀线圈不良、阀有泄漏，油泵电动机绕组不良等。

（2）制动压力调节器的检修方法

1）检测电磁阀电阻。用电阻表检测电磁阀线圈的电阻，如果电阻值为无穷大或过小，均说明其电磁阀故障，需予以更换。

2）检测电磁阀的工作。将各电磁阀通以其工作电压，仔细听阀能否动作。如果不能正常动作，则应更换制动压力调节器。

3）检测电动机的电阻。检测电动机的电阻，看是否与标准值相符。如果电阻值过大、过小或为无穷大，则需予以更换。

4. ABS 控制器的故障检修

（1）ABS ECU 的常见故障

ABS ECU 本身的故障概率很低，其可能出现的故障主要有内部输入电路、驱动电路等有元器件损坏，微处理器芯片烧坏，线路连接插接器锈蚀、松动等。

（2）ABS ECU 的检修方法

1）检查线路连接。检查 ABS ECU 线束插接器有无松动、连接导线有无松脱。

2）检测电压、电阻或波形。检查 ABS ECU 线束插接器各端子的电压、波形或电阻。如果与标准值不符，检查与之相连的部件和线路；若 ABS ECU 外部连接的部件和线路均正常，则应更换 ABS ECU 后再进行检测。

3）替换法检查。直接采用替换法检验，即在检查传感器、继电器、电磁阀及其线路均无故障而怀疑 ABS ECU 有故障时，可以用一个确认是正常的 ABS ECU 替代，如果故障现象消失，则原 ECU 有故障，需更换。

第十二章
> Chapter 12

汽车悬架电子控制系统电路的构成与特点分析

第一节　悬架电子控制系统电路部件的结构原理

阅读提示 ✔

　　汽车行驶中乘坐的舒适性和操纵的稳定性是衡量其悬架性能好坏的主要指标，但二者对悬架的刚度和阻尼的要求具有互相排斥性。降低悬架刚度可使车辆的平顺性得以改善，但会给操纵稳定性带来不良影响；增加悬架刚度可提高车辆的操纵稳定性，但会使汽车的平顺性下降。

　　传统的汽车悬架刚度和阻尼是根据一定的载荷、某种路面情况和车速，兼顾平顺性和稳定性的要求进行优化设计而选定的，而汽车在使用过程中，其载荷、路面情况及车速均变化不定。因此，传统悬架不可能适应现代汽车对乘坐舒适性和操纵稳定性的更高要求。

　　电子控制悬架除了具有传统悬架吸收、缓和车身的振动冲击等基本功能外，还能根据汽车载荷、路面、行驶车速、行驶工况等的变化情况，自动地调整悬架的刚度和阻尼及车身高度（称其为主动悬架），使汽车在瞬息变化的运行条件下，均能获得最好的平顺性和最佳的操纵稳定性。

一　电控悬架结构类型与基本控制原理

1. 电控悬架的结构类型

　　在一些中高档轿车和大客车上使用了电子控制空气悬架或油气悬架，可使悬架的刚度、阻尼及车身的高度自动适应不同的载荷、不同的行驶条件及不同的行驶工况的需要。在保证车辆具有良好操纵性的前提下，使汽车的舒适性得到了很大的提高。

　　电控悬架有多种类型，通过不同的分类方法可大致了解电控悬架的种类。

333

（1）按悬架的介质不同分类

1）油气式主动悬架。油气式主动悬架的介质为油和气，通常采以油液为媒体，将车身与车轮之间的力和力矩传送至气室中的气体，按照气体 P－V 状态方程规律，实现悬架的刚度控制，并通过改变油路小孔的节流作用实现减振器阻尼控制。

2）空气式主动悬架。空气式主动悬架如图 12-1 所示，其悬架的介质为空气，通常采用改变主、副空气室的通气孔的截面面积来改变气室压力，以实现悬架刚度控制，并通过对气室充气或排气实现汽车高度控制。

（2）按有源和无源分类

1）半主动悬架。半主动悬架为无源控制，在汽车转向、起步及制动等工况时，不能对悬架的刚度和阻尼进行有效控制，但可以根据汽车运行时的振动及行驶工况变化情况，对悬架阻尼参数进行自动调整。半主动悬架不能达到现代汽车对悬架调节特性的要求，因而在汽车上已很少使用。

2）全主动悬架。全主动悬架简称主动悬架，是一种有源控制悬架（图 12-2），它有提供能量和可控制作用力的附加装置。主动悬架可根据汽车载荷、路面状况（振动情况）、行驶速度、起动、制动、转向等工况变化，自动调整悬架的刚度和阻尼以及车身高度，从而能最大限度地满足汽车行驶平顺性和稳定性等各方面的要求。

图 12-1 空气式主动悬架

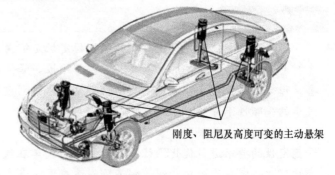

刚度、阻尼及高度可变的主动悬架

图 12-2 刚度、阻尼及高度可调的主动悬架

（3）按悬架调节的方式不同分类

1）分级调整式悬架。分级调整式悬架通常将悬架的阻尼/刚度分为 2～3 级，根据汽车载荷和行驶工况的变化，由驾驶人手动选择或由 ECU 根据各传感器的信号自动选择。

2）无级调整式悬架。无级调整式悬架的阻尼/刚度从最小到最大可实现连续调整。

2. 主动悬架电子控制系统的基本组成及控制原理

（1）主动悬架电子控制系统的基本组成

主动悬架电子控制系统由传感器、电子控制器及悬架调整执行机构组成，主动式空气悬架系统的基本组成与工作原理如图 12-3 所示。

（2）主动空气悬架电子控制系统的控制原理

在汽车行驶中，悬架 ECU 采集各个传感器信号，经过分析运算后，向各执行器发出指令，通过改变空气弹簧的刚度、减振器的阻尼及车身高度的方式，使车辆在行驶过程中车身的姿态改变尽可能小，并在保持良好的操纵稳定性的同时，将车身振动频率控制在最理想的范围之内。

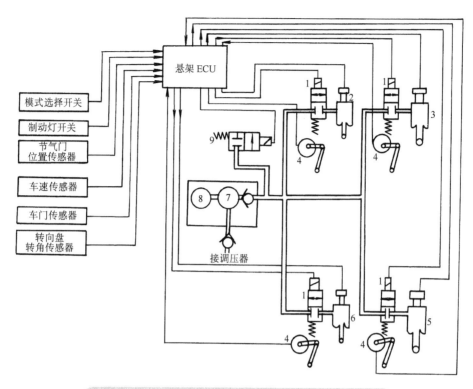

图 12-3　主动式空气悬架系统的基本组成与工作原理

1—空气控制电磁阀　2—右前空气悬架　3—左前空气悬架　4—车身高度传感器
5—左后空气悬架　6—右后空气悬架　7—干燥器　8—空气压缩机　9—排气电磁阀

　　由直流电动机驱动的空气压缩机产生压缩空气作为主动式空气悬架系统的动力源。压缩空气经干燥器干燥后，由空气管道经空气控制电磁阀送至各空气弹簧的主气室。

　　当汽车载荷减小，需减小悬架刚度和降低车身高度时，悬架 ECU 控制排气电磁阀打开，使空气悬架主气室中部分压缩空气排入大气中，以使空气悬架压缩变形适当，保持车身高度及振动频率在优选值范围内。

　　当汽车载荷加大，需要增加悬架刚度和车身高度时，悬架 ECU 控制空气控制电磁阀打开，使压缩空气进入空气悬架主气室，以减少空气弹簧的压缩变形量，并保持车身高度及振动频率仍在优选值范围内。

　　此外，空气悬架上部的执行器控制空气弹簧主、辅气室之间的连通阀。悬架 ECU 根据各传感器输入的信号分析计算后，输出控制信号，控制执行器动作，使空气悬架主、辅气室之间的连通阀改变主、辅气室的通路情况，以改变空气弹簧的刚度。

 悬架电子控制系统用传感器与开关

　　用于主动悬架电子控制系统的传感器及开关见表 12-1。

表 12-1 用于主动悬架电子控制系统的传感器及开关

名称	主要用途
车身加速度传感器	检测车身的加速度，用于判断车辆的行驶工况 检测车身的振动，用于判断汽车行驶的路面情况
车身位移传感器	检测车身相对车桥的位移，反映车身的平顺性和车身的高度
车速传感器	检测车轮的转速以获得车速信息，用于路面感应、车身姿态和高度控制
转向盘转角传感器	检测转向盘的转角，用于计算车身可能的侧倾程度
制动灯开关	提供车辆制动信号，用于车身姿态控制
制动压力开关	检测制动管路的压力，提供车辆制动信号，用于车身姿态控制
节气门位置传感器	检测节气门的开度，提供汽车加速信号，用于车身姿态控制
加速踏板位置传感器	检测加速踏板的位置，提供汽车加速信号，用于车身姿态控制
模式选择开关	用于手动选择悬架"软""硬"控制模式

1. 车身加速度传感器

车身加速度传感器按工作原理可分为压电式、压阻式、差动变压器式等不同的类型；根据检测参数不同，车身加速度传感器可分为检测车身惯性力和检测车身振动两种。

（1）检测车身惯性力加速度传感器

传感器安装在车身的前后，当汽车在加速、制动或转向时，加速度传感器将车辆所产生的纵向或横向惯性力转变为相应的电信号，悬架 ECU 根据此信号来判断汽车的行驶工况，以便对相应悬架的刚度适时地进行调整，使车身姿态的改变最小，以提高车辆行驶的稳定性和乘坐的舒适性。

（2）检测车身振动加速度传感器

传感器安装在车身与车桥之间，将汽车行驶中车身的振动情况转变为相应的电信号，悬架 ECU 根据此信号判断汽车行驶路面情况，以便对悬架的刚度、减振器的阻尼及车身的高度进行调整。

阅读提示 ✔

各种类型的车身加速度传感器无论是用来测车身惯性力还是测车身的振动，其基本组成与工作原理与汽车上其他同类型的传感器相似。压电式、压阻式及差动变压器式车身加速度传感器的结构原理可分别参考压电式爆燃传感器、压敏电阻式进气压力传感器和差动变压器式减速度传感器。

2. 车身位移传感器

（1）光电式车身位移传感器的结构

车身位移传感器也被称为车身高度传感器，传感器安装在车身与车桥之间，用于检测车身相对于车桥的位移。车身位移传感器有光电式、磁感应式等，其中光电式车身位移传感器应用较多。光电式车身位移传感器的结构与安装位置如图 12-4 所示。

传感器被固定在车身上，传感器的连杆通过拉杆与悬架臂（或车桥）连接。当车身高度发生变化时，拉杆就会推拉连杆摆动，带动传感器轴和遮光转子转动，从而使传感器输出

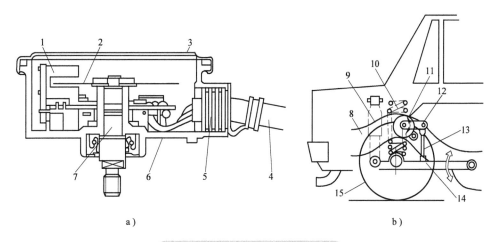

图 12-4　光电式车身位移传感器

a）结构　b）安装位置

1—光电耦合器　2—遮光盘　3—传感器盖　4—导线　5—金属油封　6—传感器壳　7—传感器轴　8—车架
9—减振器　10—螺旋弹簧　11—传感器　12—连杆　13—拉杆　14—后悬架臂　15—车轮

与车身高度相对应的信号。

（2）光电式车身位移传感器光电信号的产生原理

光电式车身位移传感器的核心部件及内部电路如图 12-5 所示。遮光转子有特殊的透光槽，布置在其两边的四个发光管和光电管组成了四对光电耦合器。当遮光转子在某一位置时，四个光电耦合器中通过透光槽有光线通过的光电管受光而输出通路（ON）信号，光线被遮挡的光电管不受光而输出不通路（OFF）信号。遮光转子透光槽的长度和位置分布使得遮光转子在每一个规定的转角范围内，都有与之对应的一组"ON""OFF"光电信号输出。

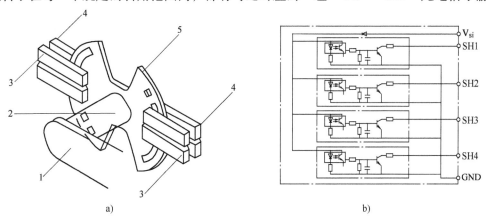

图 12-5　光电式车身位移传感器

a）核心部件　b）内部电路

1—连接杆　2—传感器轴　3—发光元件　4—光电元件　5—遮光转子（遮光盘）

（3）车身高度与振动情况的确定

通过连接杆，将车身的高度变化转变为遮光转子的转动，使车身在每一个高度位置时均对应一组"ON""OFF"光电信号。表 12-2 中，将车身高度变化范围划分为 16 个高度区所对应的光电信号，悬架 ECU 根据传感器输入的一组组信号就可获得瞬时的车身高度变化信息。

悬架 ECU 根据采样时间（一般为 1ms）内车身高度在某一区间的频度来判断车身的高度；根据车身高度变化的幅度和变化的频率，判断车身的振动情况。

表 12-2　传感器信号与车身高度区间对应关系

车高	传感器信号				车身高度区间
	SH1	SH2	SH3	SH4	
	OFF	OFF	ON	OFF	15
	OFF	OFF	ON	ON	14
	ON	OFF	ON	ON	13
	ON	OFF	ON	OFF	12
	ON	OFF	OFF	OFF	11
	ON	OFF	OFF	ON	10
	ON	ON	OFF	ON	9
	ON	ON	OFF	OFF	8
高	ON	ON	ON	OFF	7
↕	ON	ON	ON	ON	6
低	OFF	ON	ON	ON	5
	OFF	ON	ON	OFF	4
	OFF	ON	OFF	OFF	3
	OFF	ON	OFF	ON	2
	OFF	OFF	OFF	ON	1
	OFF	OFF	OFF	OFF	0

3. 转向盘转角传感器

转向盘转角传感器监测转向盘的转动角度和转动方向，是悬架 ECU 判断车辆侧倾程度的重要参数，光电式转向盘转角传感器的结构及工作原理如图 12-6 所示。

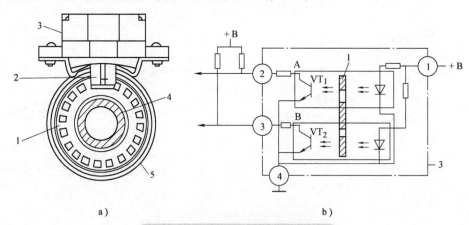

a)　　　　　　　　　　　　　　　　　b)

图 12-6　光电式转向盘转角传感器

a）结构　b）工作原理

1—转向盘转角传感器　2—光电耦合器　3—遮光盘　4—转向器轴　5—转向器圆盘

（1）转角信号的产生

传感器的遮光盘上有大小相同且均布的透光槽，当转向盘转动而带动遮光盘转动时，两个光电耦合器便产生脉冲电压。电子控制器根据传感器输出的脉冲个数就可判断转向盘转过的角度。

（2）转动方向的判断

采用两个光电耦合器就是为了能让悬架 ECU 能辨别转向盘的转动方向。A、B 两个光电耦合器产生的信号脉冲其脉宽相同，但相位相差 90°，如图 12-7 所示。悬架 ECU 可根据信号 A 从高电平转为低电平（下降沿）时，信号 B 是高电平还是低电平来判断转向。如果信号 A 在下降沿时，信号 B 是高电平，则为右

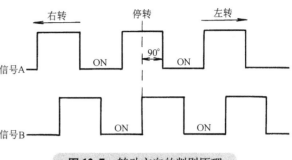

图12-7　转动方向的判别原理

转向；如果信号 A 在下降沿时，信号 B 为低电平，则为左转向。

4. 车速传感器

车速传感器用于检测变速器输出轴转速或车轮转速，向 ECU 提供汽车行驶速度电信号，在悬架电子控制系统中，悬架 ECU 根据车速传感器的信号进行车速与路面感应控制、车身姿态控制及车身高度控制。按产生信号的原理不同，车速传感器有磁感应式、光电式、霍尔式、舌簧开关式、磁阻式等多种类型。电子控制悬架系统通常用安装在车轮处的车轮转速传感器输出的脉冲信号取得车速信息。

5. 节气门位置传感器

传感器用于检测节气门的开度变化，悬架 ECU 根据此信号判断汽车的加速行驶工况，并适时地调整相关悬架的刚度，以控制车身的姿态（车身"仰头"）。节气门位置传感器可直接向悬架 ECU 提供节气门位置电信号（与其他电子控制系统共享），有的汽车则通过发动机 ECU 向悬架 ECU 提供节气门位置信息。

6. 加速踏板位置传感器

一些电子控制悬架系统装有加速踏板位置传感器，该传感器也用于向悬架 ECU 提供汽车加速信息。加速踏板位置传感器安装在加速踏板处，通常采用线性电位计式传感器。

7. 制动开关

用于向悬架 ECU 提供车辆制动电信号，ECU 根据制动开关所提供的阶跃信号，并参考车速信号对相关悬架的刚度进行调整，以抑制车身"点头"。制动开关有制动灯开关和制动液压开关两种形式。

8. 模式选择开关

一些电子控制悬架系统设有模式选择开关，可供驾驶人手动选择悬架的"软"和"硬"模式。有的电子控制悬架系统则无模式选择开关，由悬架 ECU 根据相关传感器的信号自动选择悬架的模式。

 三 悬架电子控制系统执行器

刚度与阻尼可调的悬架可分为空气式和油气式两种，空气悬架（也称空气弹簧）的结构如图 12-8 所示。

1. 悬架刚度调节装置

（1）空气悬架的结构

空气悬架的上部为空气弹簧，下部为减振器。空气悬架的主、辅助气室设计为一体，但主气室外壳具有弹性，其空气可压缩，而辅助气室外壳为刚性，其空气不可压缩。汽车运行时车轮与车身的相对运动，使主气室的容积不断变化。在主、辅气室之间有空气通道可使气体相互流动，改变通道的空气流通能力（流通截面面积）可使主气室内空气的压力（空气悬架的刚度）发生变化。

（2）悬架刚度的调节原理

空气悬架刚度调节原理如图 12-9 所示，主、辅气室间的空气阀体上有大、小两个通道，由悬架 ECU 控制的步进电动机带动空气阀控制杆转动，使空气阀阀芯转过一个角度，以改变气体通道的大小，也即改变主、辅气室之间的气体流量，使空气悬架刚度发生低、中、高三种状态的变化。

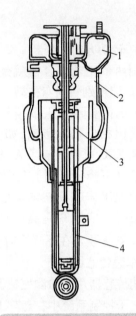

图 12-8　空气悬架的结构

1—辅助气室　2—主气室
3—低压惰性气体　4—减振器

阀芯的开口转到图 12-9b 所示的低位置时，气体大通路孔被打开，主气室的气体经过阀芯的中间孔，阀体的侧面通道与辅助气室的气体相通，两气室之间空气流量大，相当于参与工作的气体容积增大，气压降低，空气悬架刚度处于低状态。

阀芯的开口转到图 12-9b 所示中位置时，气体小通路孔被打开，主、辅两气室之间流量小，空气悬架刚度处于中状态。

阀芯的开口转到图 12-9b 所示的高位置时，主、辅两气室之间的通路全部被封住，两气室之间的气体互相隔离，悬架在振动时，只能由主气室单独承受缓冲任务，空气悬架的刚度处于高状态。

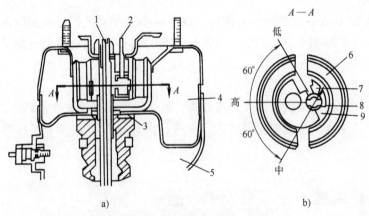

图 12-9　空气悬架刚度调节原理

1—阻尼调节器　2—气阀控制杆　3—主、辅气室通路　4—辅助气室　5—主气室
6—气阀体　7—气体小通路孔　8—阀体　9—气体大通路孔

2. 悬架阻尼调节装置

悬架阻尼调节分为有级式和无级式两种。

（1）有级式悬架减振器

有级式悬架减振器通过驱动杆带动回转阀转动相应的角度，控制不同位置阻尼孔的打开或关闭，实现减振器阻尼的调节，通常分为软、中、硬三级。三级悬架减振器的结构及阻尼调节原理如图 12-10 所示。

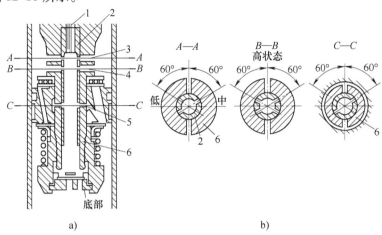

图 12-10　有级式（三级）悬架减振器

a）结构　　b）阻尼调节原理

1—阻尼调节杆（回转阀控制杆）　2—回转阀　3、4、5—阻尼孔　6—活塞杆

回转阀在 A、B、C 三个不同截面上设有阻尼孔，在 $A-A$ 上有 2 个阻尼孔，在 $B-B$ 上有 4 个阻尼孔，在 $C-C$ 上有 2 个阻尼孔。回转阀与阻尼调节杆相连，执行器通过转动阻尼调节杆来控制阻尼孔的开闭，以实现减振器阻尼的调节。

执行器通过阻尼调节杆将回转阀转至阻尼高（图 12-10b 所示的位置）时，减振器 $A-A$、$B-B$、$C-C$ 三个截面上的所有阻尼孔全部封闭，只有减振器底部的阻尼孔开通工作，所以此时减振器阻尼最大，处于"硬状态"，这是汽车载荷大，或运行在不良路面以及制动等工况下选用的阻尼。

当执行器通过阻尼调节杆将回转阀从"硬状态"位置沿逆时针方向转过 60°时，减振器 $A-A$、$B-B$、$C-C$ 三个截面上的阻尼孔全部打开，所以减振器阻尼最小，处于"软状态"，是汽车载荷较小和在好路面运行时所选用的阻尼。

当执行器通过阻尼调节杆将回转阀从"硬状态"位置沿顺时针方向转过 60°时，只有减振器 $B-B$ 截面上的阻尼孔打开，而 $A-A$、$C-C$ 截面上的阻尼孔仍被关闭，所以此时减振器的阻尼较"硬状态"时小，较"软状态"时大，称为"运动状态"。

（2）无级式悬架减振器

无级式悬架减振器的结构如图 12-11 所示。

减振器中的驱动杆和空心活塞一同上下运动，减振器油液可通过驱动杆和空心活塞的小孔流通，利用小孔节流作用形成阻尼。步进电动机通过转动驱动杆来改变驱动杆与空心活塞的相对角度，以使阻尼小孔实际通过的截面面积改变，从而实现减振器阻尼的调节。

3. 车身高度调节装置

（1）车身高度调节装置的组成

空气悬架车身高度调节装置由空气压缩机、直流电动机、高度控制电磁阀、排气阀、调压阀、空气干燥器等组成，如图 12-12 所示。

（2）车身高度的调节原理

车身高度调节装置通过对空气悬架主气室充气或排气实现车身高度的调节。

当需要增高车身高度时，悬架 ECU 输出控制信号使直流电动机带动压缩机工作，并使高度控制电磁阀通电打开。压缩空气经空气干燥器、高度控制电磁阀进入空气悬架的主气室，使车身升高。当车身达到规定的高度时，悬架 ECU 使高度控制电磁阀断电，空气悬架主气室与外界封闭，车身的高度维持不变。

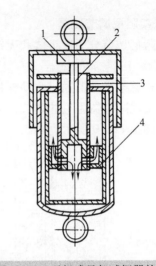

图 12-11 无级式悬架减振器的结构

1—步进电动机 2—驱动杆 3—活塞杆 4—空心活塞

当需要降低车身高度时，悬架 ECU 输出控制信号使高度控制电磁阀和排气阀同时通电打开，空气弹簧主空气室空气被排出，车身的高度随之降低。

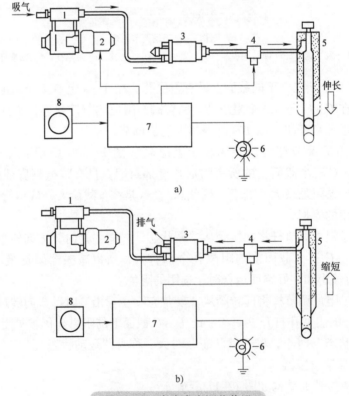

a)

b)

图 12-12 车身高度调节装置

a）调高车身过程 b）调低车身过程

1—空气压缩机及调压器 2—电动机 3—干燥器及排气阀 4—高度控制电磁阀 5—空气悬架
6—指示灯 7—悬架 ECU 8—车身高度传感器

四 **悬架 ECU**

悬架 ECU 由微机、传感器电源、执行器驱动电路及监控电路等组成。典型悬架 ECU 内部功能电路如图 12-13 所示。

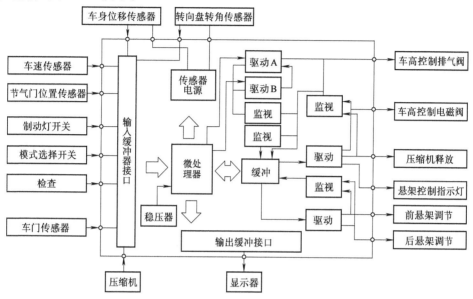

图 12-13 悬架 ECU 内部功能电路

悬架 ECU 根据各传感器的输入信号，经运算分析后输出控制信号，控制各执行器动作，及时调整悬架的刚度、减振器的阻尼以及车身的高度，以确保汽车行驶过程中的平顺性和操纵稳定性。悬架 ECU 可根据相关传感器的信号判定汽车行驶工况及路面情况等，自行选定"软"模式或"硬"模式进行控制，一些汽车的悬架电子控制系统则设置了模式选择开关，由驾驶人选择控制模式，悬架 ECU 可按照驾驶人选定的"软"模式或"硬"模式进行控制。

第二节　典型悬架电子控制系统电路的特点分析

 一 **丰田雷克萨斯 LS400 轿车的悬架电子控制系统电路分析**

以丰田雷克萨斯 LS400 轿车所采用的空气式主动悬架为例，了解悬架电子控制系统的构成、电路结构特点及故障检修方法。丰田雷克萨斯 LS400 轿车的悬架电子控制系统电路如图 12-14所示。

1. 结构特点

丰田雷克萨斯 LS400 轿车空气悬架的刚度、阻尼及高度均可根据行驶路面情况及行驶工况进行调节，悬架电子控制系统可实现车速与路面感应控制、车身姿态控制和车身高度控制。

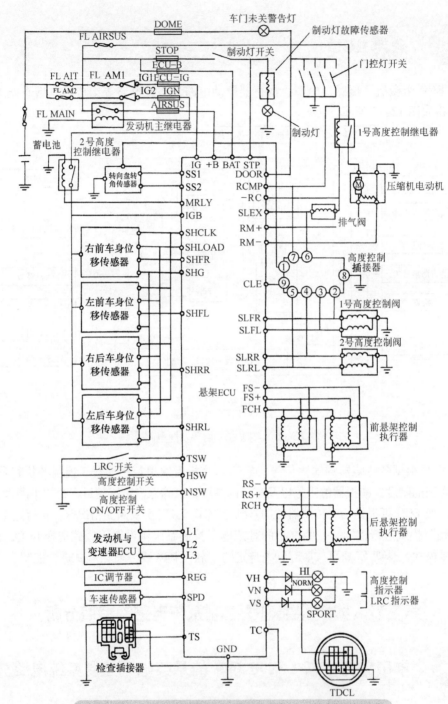

图 12-14 丰田雷克萨斯 LS400 轿车悬架电子控制系统电路

丰田雷克萨斯 LS400 轿车空气式主动悬架系统设置了平顺性开关（LRC 开关）、高度控制开关和高度控制 ON/OFF 开关 3 个选择开关，由驾驶人手动操作。

（1）平顺性开关

与高度控制开关一起安装在车内变速器操纵杆旁边，用于手动选择悬架的刚度和阻尼。选择"SPORT"位置时，系统进入"高速行驶自动控制"；选择"NORM"位置时，系统对

344

悬架的刚度、阻尼进行"常规自动控制"，悬架 ECU 根据各传感器信号，使悬架的刚度和阻尼自动地处于平顺性软、平顺性中或平顺性硬 3 个状态。

（2）高度控制开关

用于选择车身的高度，当高度控制开关处于"HI"位置时，系统对车身高度控制为高值自动控制；当选择"NORM"时，系统的车身高度控制进入常规值自动控制。

（3）高度控制 ON/OFF 开关

安装在汽车尾部行李舱的左边，当高度控制 ON/OFF 开关处于 ON 位置时，系统可按驾驶人的选择进行车身高度自动控制；当开关处于 OFF 位置时，系统停止车身高度自动控制。

2. 电路分析

丰田雷克萨斯 LS400 轿车悬架 ECU 插接器的端子排列如图 12-15 所示，各端子的连接说明见表 12-3。

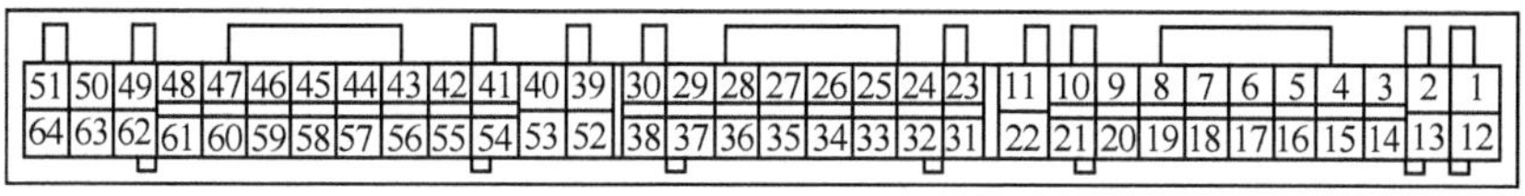

图 12-15　丰田雷克萨斯 LS400 轿车悬架 ECU 插接器的端子排列

表 12-3　丰田雷克萨斯 LS400 轿车悬架 ECU 插接器各端子连接说明

端子号	代号	连接对象	端子号	代号	连接对象
1	SLFR	1 号右高度控制阀	33	–	空脚
2	SLRR	2 号右高度控制阀	34	CLE	高度控制插接器
3	RCMP	1 号高度控制继电器	35～37	–	空脚
4	SHRL	左后车身位移传感器	38	RM –	压缩机电动机
5	SHRR	右后车身位移传感器	39	+ B	悬架控制执行器电源
6	SHFL	左前车身位移传感器	40	IGB	高度控制电源
7	SHFR	右前车身位移传感器	41	BAT	备用电源
8	NSW	高度控制 ON/OFF 开关	42		空脚
9	–	空脚	43	SHLOAD	车身位移传感器
10	TSW	LRC 开关	44	SHCLK	车身位移传感器
11	STP	制动灯开关	45	MRLY	2 号高度控制继电器
12	SLFL	1 号左高度控制阀	46	VH	高度控制 High（HI）指示灯
13	SLRL	2 号左高度控制阀	47	VN	高度控制 Normal（NORM）指示灯
14～19	–	空脚	48	–	空脚
20	DOOR	门控灯开关	49	FS +	前悬架控制执行器
21	HSW	高度控制开关	50	FS –	前悬架控制执行器
22	SLEX	排气阀	51	FCH	前悬架控制执行器
23	L1	发动机与变速器 ECU	52	IG	点火开关
24	L3	发动机与变速器 ECU	53	GND	ECU 搭铁
25	TC	TDCL 和检查插接器	54	– RC	1 号高度控制继电器
26	TS	检查插接器	55	SHG	车身位移传感器
27	SPD	汽车车速传感器	56～58	–	空脚
28	SS2	转向盘转角传感器	59	VS	LRC 指示灯
29	SS1	转向盘转角传感器	60、61	–	空脚
30	RM +	压缩机传感器	62	RS +	后悬架控制执行器
31	L2	发动机与变速器 ECU	63	RS –	后悬架控制执行器
32	REG	IG 调节器	64	RCH	后悬架控制执行器

丰田雷克萨斯 **LS400** 轿车悬架电子控制系统电路的故障诊断

1. 故障自诊断

（1）悬架电子控制系统指示灯

丰田雷克萨斯 LS400 轿车悬架电子控制系统可通过仪表板上的高度指示灯进行故障报警和故障码的闪示。接通点火开关（ON）时，仪表板上的 LRC 指示灯和车身高度控制指示灯应亮，约 2s 左右以后，各指示灯的亮灭则取决于其控制开关的位置，正常情况如下：

LRC 指示灯：如果 LRC 开关处在"SPORT"位置，则 LRC 指示灯仍亮；如果 LRC 开关在"NORM"位置，LRC 指示灯则应在亮 2s 后熄灭。

车身高度控制指示灯：如果车身高度控制开关处于"NORM"位置，则高度控制指示灯的"NORM"指示灯亮，"HI"指示灯不亮；如果高度控制开关在"HI"位置，则高度控制指示灯的"HI"指示灯亮，"NORM"指示不灯亮。

HEIGHT 照明灯：在点火开关接通（ON）时，HEIGHT 照明灯始终亮。

如果在点火开关接通（ON）时，高度控制"NORM"指示灯闪亮，则表示悬架 ECU 存储器中已储存了故障码，应进行故障码读取操作并排除故障。

如果在点火开关接通（ON）时，各指示灯的情况见表 12-4，则说明相关的电路有故障，应予以检查。

表 12-4 悬架电子控制系统指示灯不正常的表现和应检查的电路

点火开关在 ON 位时，各指示灯的不正常表现	应检查的电路
"SPORT""HI"和"NORM"指示灯均不亮	高度控制电源电路或指示灯电路
"SPORT""HI"和"NORM"指示灯亮 2s 后均熄灭	悬架控制执行器电源电路
各指示灯中或"HEIGHT"照明灯有不亮的	指示灯电路或 HEIGHT 照明灯电路
LRC 开关在"NORM"位置时，LRC 的"SPORT"指示灯亮	LRC 开关电路
所亮起的高度控制指示灯（NORM 或 HI）与高度控制开关不一致	高度控制开关电路

（2）故障码的读取

通过仪表板上车身高度控制指示灯"NORM"的闪烁读取故障码，方法如下：

1）接通点火开关（ON），并用跨接线将 TDCL 或检查用插接器上的 TC、E1 两端子连接（图 12-16）。

2）注意观察仪表板上车身高度控制指示灯"NORM"的闪烁情况，读取故障码。

丰田雷克萨斯 LS400 轿车悬架自诊系统故障码也是两位，其闪示方式与丰田汽

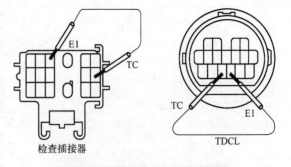

检查插接器

图 12-16 TDCL 与检查插接器

车其他电子控制系统故障码的闪示方式一样，各故障码所代表的故障见表 12-5。

表 12-5 丰田雷克萨斯 LS400 轿车悬架电子控制系统故障代码表

故障码	故障部位	故障原因	警告	储存
11	右前车身位移传感器电路	车身位移传感器电路断路或短路	O	O
12	左前车身位移传感器电路		O	O
13	右后车身位移传感器电路		O	O
14	左后车身位移传感器电路		O	O
21	前悬架控制执行器电路	悬架控制执行器电路断路或短路	O	O
22	后悬架控制执行器电路		O	O
31	1 号高度控制阀电路	高度控制阀电路断路或短路	O	O
33	2 号高度控制阀电路（右悬架）		O	O
34	2 号高度控制阀电路（左悬架）		O	O
35	排气阀电路	排气阀电路断路或短路	O	O
41	1 号高度控制继电器电路	1 号高度控制继电器电路断路或短路	O	O
42	压缩电动机电路	压缩机电动机断路，压缩机电动机被锁住	O	O
51	至 1 号高度控制继电器持续电流	1 号高度控制继电器电流通电超过 8.5min	—	O
52	至排气阀的持续电流	排气阀的电流通电超过 6min	—	O
61	悬架控制信号	悬架 ECU 失灵	—	O
71	高度控制 ON/OFF 开关电路	高度控制 ON/OFF 开关一直在 OFF 位置	O	—
		高度控制 ON/OFF 开关电路断路		
72	悬架控制执行器电源电路	悬架控制执行器电源电路断路	—	—
		AIR、SUS 熔丝烧断		

几点说明：

① 表 12-5 警告栏中的 "O" 表示若该故障码存在，在点火开关处于 ON 位置时，高度控制 "NORM" 指示灯会闪烁以示警告；"—" 表示该故障码在点火开关处于 ON 位置时，高度控制 "NORM" 指示灯不闪烁。

② 储存栏中的 "O" 表示该故障在点火开关关断（OFF）时不会消失；"—" 则表示该故障码在点火开关处于 OFF 位置时会随即消失。

③ 溢流阀的溢流压力约为 980kPa，因此在陡峭的斜坡或汽车超载的情况下，悬架 ECU 可能会储存故障码 51，并停止车身高度控制和悬架刚度及阻尼控制。这是一种非控制系统故障所引起的故障储存，点火开关关断后 70min，再接通点火开关时，车身高度控制和悬架刚度和阻尼控制均会恢复正常。

④ 在拆下车轮或抬升车辆的情况下，如果悬架电子控制系统电路接通，悬架 ECU 可能会储存故障码 52，并停止对车身高度控制和悬架刚度及阻尼控制，这也是一种非控制系统故障引起的故障码储存，点火开关关断后再接通时，系统又会恢复正常。

⑤ 当高度控制 ON/OFF 开关在 "OFF" 位置时，输出故障码 71，这并非有故障。

（3）故障码的清除

故障排除后，必须清除 RAM 中储存的故障码，方法如下：

关闭点火开关，拆下 1 号接线盒中的 ECU–B 熔断器（图 12-17a）10s 以上，故障码就被清除。另一种清除方法如图 12-17b 所示，关闭点火开关后，用跨接线将高度控制插接器的 9 号端子与 8 号端子连接，同时将检查插接器的 TC 与 E1 端子连接，并保持 10s 以上，然后接通点火开关，并脱开跨接线及插接器各端子，故障码即被清除。

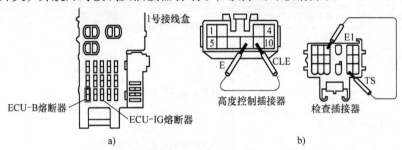

图 12-17 故障码的清除

a) 拔 ECU - B 熔断器清除故障码 b) 用高度控制与检查插接器清除故障码

2. 故障分析

电子控制系统有时无故障码显示，但悬架系统却有故障症状，或是有故障码，但按故障码所示排除故障后，故障症状并未消失。这时，就应根据故障现象分析可能的故障原因，以便准确而又迅速地排除故障。丰田雷克萨斯 LS400 轿车悬架电子控制系统故障分析见表 12-6。

表 12-6 丰田雷克萨斯 LS400 轿车悬架电子控制系统故障分析

故障现象	可能的故障部位
操作 LRC 开关时"LRC"指示灯的状态不变	①LRC 开关电路；②悬架 ECU
悬架的刚度和阻尼控制不起作用	①悬架控制执行器及电路；②TC 端子电路；③TS 端子电路；④LRC 开关电路；⑤气压缸或减振器；⑥悬架控制执行器电源电路；⑦悬架 ECU
只是防侧倾控制不起作用	①转向盘转角传感器及其电路；②悬架 ECU
只是防俯仰不起作用	①节气门位置传感器及其电路；②悬架 ECU
只是防点头不起作用	①制动灯开关及电路；②车速传感器及电路；③悬架 ECU
只是在高速时悬架的刚度和阻尼控制不起作用	①车速传感器及其电路；②悬架 ECU
车身高度控制指示灯不随高度控制开关的动作变化	①车身高度控制开关及其电路；②发电机调节器电路；③汽车高度控制电源电路；④车身位移传感器；⑤悬架 ECU
车身高度控制不起作用	①发电机调节器电路；②车身高度控制电源电路；③车身高度控制开关及其电路；④车身高度控制 ON/OFF 开关及其电路；⑤车身位移传感器；⑥悬架 ECU
只在高速时不起作用	①车速传感器及其电路；②悬架 ECU
汽车车身高度出现不规则变化	①有空气泄漏；②车身位移传感器；③悬架 ECU
汽车高度控制能起作用但汽车高度变化不均匀	①高度控制阀、排气阀及其电路；②车身位移传感器连接杆
汽车高度控制能起作用，但汽车高度控制在常规（MORM）状态时，汽车高度与标准值不符	汽车车身位移传感器连接杆

（续）

故障现象	可能的故障部位
在汽车高度调整时，汽车高度超高或超低	汽车车身位移传感器
汽车高度控制 ON/OFF 开关在"OFF"位置时，汽车高度控制仍起作用	①高度控制 ON/OFF 开关及其电路；②悬架 ECU
点火开关 OFF 控制不起作用	①门控灯开关及电路；②高度控制电源电路；③悬架 ECU
在车门打开时，点火开关 OFF 控制仍起作用	①门控灯开关及其电路；②悬架 ECU
汽车停车时车身高度很低	①有空气泄漏；②气压缸或减振器
压缩机电动机持续运转	①有空气泄漏；②1 号汽车高度控制继电器及其电路；③压缩机电动机电路；④悬架 ECU

阅读提示 ✔

　　从表 12-6 可以看出，许多故障现象都有与悬架 ECU 有关，但实际上 ECU 的故障率是很低的。因此，在检查故障时，应首先检查悬架 ECU 以外的可能故障部位，待确定这些部位均正常而故障现象不能消除时，再考虑检查或更换悬架 ECU。

3. 悬架 ECU 各端子的电压检测

　　通过检测悬架 ECU 各端子的对地（搭铁）电压正常与否，判断与该端子连接部件和线路是否有故障。丰田雷克萨斯 LS400 轿车悬架 ECU 各端子的电压检测方法及标准参数见表 12-7。

表 12-7　丰田雷克萨斯 LS400 轿车悬架 ECU 各端子的电压检测方法及标准参数

检测的端子号（代号）	检测条件		标准参数/V
1（SLFR）	发动机怠速运转，高度控制开关从"NORM"转到"HI"		9 ~ 14
2（SLRR）	发动机怠速运转，高度控制开关从"NORM"转到"HI"		9 ~ 14
3（RCMP）—54（−RC）	点火开关 OFF，拔开 ECU 插接器，测线束侧电阻		50 ~ 100Ω
4（SHRL）	发动机怠速运转，高度控制开关从"NORM"转到"HI"，然后再回到"NORM"		2.5 ~ 2.7
5（SHRR）	发动机怠速运转，高度控制开关从"NORM"转到"HI"，然后再回到"NORM"		2.5 ~ 2.7
6（SHFL）	发动机怠速运转，高度控制开关从"NORM"转到"HI"，然后再回到"NORM"		2.5 ~ 2.7
7（SHFR）	发动机怠速运转，高度控制开关从"NORM"转到"HI"，然后再回到"NORM"		2.5 ~ 2.7
8（NSW）	高度控制 ON/OFF 开关	ON	9 ~ 14
		OFF	0
10（TSW）	点火开关 ON	LRC 开关在"NORM"位置	9 ~ 14
		LRC 开关在"SPORT"位置	0
11（STP）	点火开关 ON	制动踏板松开	0 ~ 1.2
		制动踏板踩下	9 ~ 14

（续）

检测的端子号（代号）	检测条件		标准参数/V
12（SLFL）	发动机怠速运转，高度控制开关从"NORM"转到"HI"		9~14
13（SLRL）	发动机怠速运转，高度控制开关从"NORM"转到"HI"		9~14
20（DOOR）	点火开关ON	各车门打开	0~1.2
		各车门全部关闭	9~14
21（HSW）	点火开关ON	高度控制开关位于"NORM"	9~14
		高度控制开关位于"HI"	0~1.2
22（SLEX）	发动机怠速运转，高度控制开关从"NORM"转到"HI"		9~14
25（TC）	点火开关ON	连接TDCL的TC与E1端子	0~1.2
		断开TDCL的TC与E1端子	9~14
26（TS）	点火开关ON	连接检查插接器的TS与E1端子	0~1.2
		断开检查插接器的TS与E1端子	9~14
27（SPD）	连接检查插接器的TC、E1，看高度控制"NORM"指示灯	汽车在20km/h以下车速行驶	"NORM"常亮
		汽车在20km/h以上车速行驶	"NORM"闪亮
28（SS2）	点火开关ON，慢慢转动转向盘		反复0←→5
29（SS1）	点火开关ON，慢慢转动转向盘		反复0←→5
30（RM+）	发动机怠速运转，高度控制开关从"NORM"转到"HI"		9~14
32（REG）	点火开关ON		0~1.2
	发动机怠速运转		9~14
38（RM−）	发动机怠速运转，高度控制开关从"NORM"转到"HI"		0~1
30（RM+）—38（RM−）	点火开关OFF，拔开ECU插接器，测线束侧电阻		0Ω
39（+B）	点火开关ON		9~14
40（IGB）	点火开关ON		9~14
41（BAT）	—		9~14
45（MRLY）	点火开关ON		9~14
46（VH）	点火开关ON	高度控制开关位于"NORM"	0~1.2
		高度控制开关位于"HI"	9~14
47（VN）	点火开关ON	高度控制开关位于"NORM"	9~14
		高度控制开关位于"HI"	0~1.2
49（FS+）—50（FS−）	点火开关OFF，拔开ECU插接器，测线束侧电阻		1.5~3Ω
49（FS+）—51（FCH）	点火开关OFF，拔开ECU插接器，测线束侧电阻		1150~2150Ω
51（FCH）—搭铁	点火开关OFF，拔开ECU插接器，测线束侧电阻		1.5~3Ω
52（IG）	点火开关ON		9~14
53（GND）	—		0
59（VS）	点火开关ON	平顺性选择开关位于"NORM"	0~1.2
		平顺性选择开关位于"SPORT"	9~14
62（RS+）—63（RS−）	点火开关OFF，拔开ECU插接器，测线束侧电阻		1.5~3Ω
62（RS+）—64（RCH）	点火开关OFF，拔开ECU插接器，测线束侧电阻		1150~2150Ω
64（RCH）—搭铁	点火开关OFF，拔开ECU插接器，测线束侧电阻		1.5~3Ω

第三节　悬架电子控制系统电路部件的检修

 悬架电子控制系统传感器的检修

1. 车身位移传感器的检修

（1）光电式车身位移传感器

1）光电式车身位移传感器的常见故障。用于检测车身高度和振动的光电式车身位移传感器的常见故障有电源不良、光电偶合器不良或脏污、内部电路断路或短路等。

2）光电式车身位移传感器的检修方法。光电式车身位移传感器的检修方法与光电式点火信号发生器相似，方法如下：

① 检查传感器的电源：接通传感器电源电路的开关后，检测传感器的电源端子是否为正常电压。如果无电压或电压很低，则是传感器以外的电源电路故障，应检修传感器电源电路。

② 检查传感器信号输出：将传感器接上电源（5V），用直流电压表检测传感器信号输出端子的电压（图12-18），电压表示值应随传感器轴的转动而呈脉动变化；将传感器信号输出端连接示波器，则可显示方波。如果传感器信号端子无脉冲电压信号，则需更换传感器。

（2）电位计式车身位移传感器

一些汽车上使用电位计式车身位移传感器，其结构原理与节气门位置传感器相似。电位计式车身位移传感器的常见故障及检修方法也与节气门位置传感器相同。

2. 转向盘转角传感器的检修

（1）光电式转向盘转角传感器

光电式转向盘转角传感器产生信号电压的基本组成部件及光电信号的产生原理与光电式车身位移传感器相同，因此，其常见的故障及检修方法也相同。

（2）磁感应式转向盘转角传感器

少数汽车上使用磁感应式转向盘转角传感器，其产生信号电压的基本组成部件及磁感应电压信号产生原理与磁感应式发动机转速传感器等相似，有所区别的是磁感应式转向盘转角传感器为了能使 ECU 判别转向盘

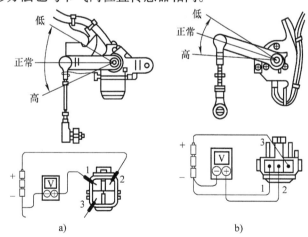

图12-18　光电式车身位移传感器的检测

a）车前部车身高度传感器　b）车后部车身高度传感器

的转动方向，采用两个感应线圈，产生两个90°相位差的感应电压脉冲。

磁感应式转向盘转角传感器的常见故障及检修方法参见其他磁感应式传感器。

二 悬架电子控制系统执行器的检修

1. 汽车高度控制执行器的检修

（1）空气压缩机电动机

1）空气压缩机电动机的作用与常见故障。空气压缩机电动机的常见故障是内部绕组短路或断路，电刷与换向器接触不良（励磁式）、内部检测电阻（该电阻用于向ECU反馈空气压缩机电动机工作电压信号）断路等。

2）空气压缩机电动机的检修方法。空气压缩机电动机的检修方法如下：

① 检查电动机通路情况：用电阻表测量电动机两端子之间的电阻，应有较小的电阻值。如果不通路或电阻很大，则说明电动机内部断路或接触不良，需更换电动机。

② 检查电动机绕组有无搭铁：用电阻表测量电动机两端子与搭铁之间的电阻，应为不通。如果通路或电阻值不足够大，则说明电动机内部绕组对搭铁短路或绝缘不良，需更换电动机。

③ 检查电动机能否转动：将电动机两端子连接蓄电池（图12-19），检查电动机的转动情况。如果电动机不转动或运转无力，需更换电动机。

（2）高度控制电磁阀

1）高度控制电磁阀的常见故障。高度控制电磁阀包括进气电磁阀和排气电磁阀，其常见故障是电磁阀线圈短路或断路、电磁阀漏气等。

2）高度控制电磁阀的检修方法。主要是检测其线圈电阻和电磁阀的动作，方法如下：

① 检测电磁阀的电阻：用电阻表测量电磁阀线圈的电阻，电阻值应与标准值相符（丰田雷克萨斯LS400轿车悬架高度控制电磁阀的电阻为9～15Ω）。如果电阻值过大、过小或为无穷大，更换该项高度控制电磁阀。

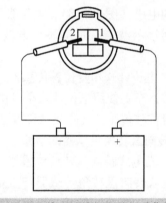

图 12-19 检查压缩机电动机动作情况

② 检查电磁阀的动作：将电磁阀线圈两端子连接蓄电池，仔细听电磁阀有无动作的声响。如果听不到电磁阀动作声响，则需更换电磁阀。

2. 悬架刚度与阻尼控制执行器的检修

（1）空气悬架刚度控制执行器

空气悬架刚度控制执行器通常采用电磁阀控制方式，电磁阀的常见故障与检修方法与高度控制电磁阀相似。

（2）悬架阻尼控制执行器

悬架阻尼控制执行器有电磁阀式、电动机式（电动机又有普通直流电动机和步进电动机），悬架阻尼控制执行器的常见故障与检修方法参见同类型的其他电子控制执行器。

第十三章
Chapter 13

汽车电子控制动力转向系统电路的构成与特点分析

第一节　电子控制动力转向系统电路部件的结构原理

 电子控制动力转向系统的结构类型与特点

阅读提示 ✔

　　汽车动力转向是指利用液压泵所产生的液压驱动力或电动机产生的电磁转矩提供转向动力，由驾驶人操控实现车轮转向。动力转向装置相当于转向盘操纵力放大器，它可使转向操纵灵活、轻便，而在汽车设计时对转向器结构形式的选择灵活性可大大增加。此外，液压式动力转向装置还能吸收路面对前轮产生的冲击。因此，动力转向系统在中型载货汽车、尤其是重型载货汽车上得到广泛使用，在小轿车上动力转向装置也得到了普及。

　　由于不同车速下的转向阻力是不同的，对于转向助力大小稳定不变的动力转向装置，如果确保低速转向轻便，在高速时转向助力过大，驾驶人就会失去对转向盘操纵的路感；如果为了避免失去高速操纵的稳定性而减小转向助力，在低速时就会使转向沉重。

　　理想的动力转向系统应该是随车速的变化，能自动改变转向助力的大小。

1. 汽车电子控制动力转向系统的作用

　　由于汽车在不同行驶速度下的转向阻力是不同的，所以如果转向助力机构产生的助力大小不变，就不能适应不同车速下对转向助力大小的实际需求。电子控制动力转向系统（Electronic Control Power Steering，EPS 或 ECPS）是一种转向助力（动力转向放大倍率）可控的动力转向系统，可根据车速及转向情况对转向助力大小实施控制，使动力转向系统在不同的行驶条件下都有最佳的动力转向放大倍率。EPS 具体的作用如下：

　　1）低速行驶时有较大的助力。在汽车低速行驶时，EPS 控制转向助力装置产生较大的助力，以确保汽车低速行驶时转向的轻便、灵活。

2）高速行驶时减小助力或不助力。在汽车高速行驶时，EPS能自动减小动力转向放大倍率，使驾驶人有良好的转向盘操纵手感，以提高汽车高速行驶的操纵稳定性。

3）选择适宜的助力特性。EPS可以设置不同的转向放大特性来满足不同使用对象的需要。

EPS已逐渐成为现代汽车提高其操纵轻便性、行驶安全性及舒适性的必选装备。

2. EPS 的分类

EPS主要由机械转向机构、转向助力装置和电子控制系统三大部分组成。目前汽车上使用的EPS有多种结构形式，现以不同的分类方法予以概括。

（1）按转向助力装置动力源不同分类

1）液力式EPS。液力式EPS系统的组成如图13-1所示。这种动力转向助力装置的动力源来自由发动机驱动的液压泵，动力转向ECU根据相关传感器的信号来控制电磁阀，以调节转向助力装置中液体流量或液压，实现最佳动力转向控制。

2）电动式EPS。转向助力装置的动力来自电动机，动力转向ECU根据相关传感器检测到的转向和车速参数来控制电动机转矩的大小和转动的方向，并通过电磁离合器和减速机构使汽车转向机构得到一个与行驶工况相适应的转向作用力。

（2）按液压助力转向机构转向助力大小的调节方式不同分类

液力式EPS按其液压助力转向机构转向助力大小的调节方式不同，可分为流量控制式、反力控制式和阀灵敏度控制式三种。

1）流量控制式EPS。动力转向ECU通过控制电磁阀的开度来调节动力转向装置内转向动力缸的液体流量，以实现转向助力大小的控制。

2）反力控制式EPS。动力转向ECU通过控制电磁阀开度来调节动力转向装置内控制阀柱塞的背压，以实现转向助力大小的控制。

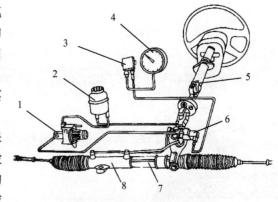

图 13-1 液力式 EPS 的组成

1—动力转向液压泵 2—储油罐 3—动力转向ECU
4—车速表 5—转向轴与万向联轴器 6—电磁阀
7—齿轮齿条式转向器 8—转向动力缸

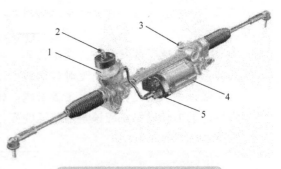

图 13-2 电动式 EPS 的组成

1—转向器 2—转向轴连接端
3—动力转向传动装置 4—电动机 5—动力转向ECU

3）阀灵敏度控制式EPS。动力转向ECU通过控制电磁阀的开度来改变动力转向控制阀的油压增益（灵敏度），以实现转向助力大小的控制。

（3）按电动式转向助力机构的位置不同分类

EPS按转向助力装置的结构与安装位置不同，可分为转向轴助力式、转向器小齿轮助力式和齿条助力式三种。

1）转向轴助力式 EPS。转向助力机构安装在转向轴上（图 13-3），电动机的动力经离合器、电动机齿轮传给转向轴的齿轮，再经联轴器及中间轴传给转向器。

2）转向器小齿轮助力式 EPS。转向助力机构安装在转向器小齿轮处（图 13-4），与转向轴助力式相比，其可以提供较大的转向力。这种助力方式的缺点是助力特性的控制难度较大。

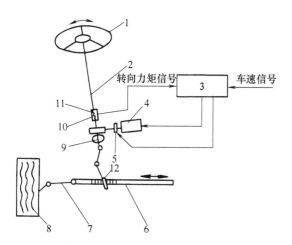

图 13-3　转向轴助力式 EPS

1—转向盘　2—转向轴　3—动力转向 ECU
4—电动机　5—电磁离合器　6—转向齿条
7—横拉杆　8—转向轮　9—输出轴　10—扭力杆
11—转矩传感器　12—转向齿轮

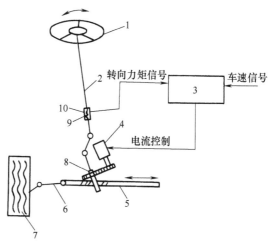

图 13-4　小齿轮助力式 EPS

1—转向盘　2—转向轴　3—动力转向 ECU
4—电动机　5—转向齿条　6—横拉杆　7—转向轮
8—小齿轮　9—扭力杆　10—转矩传感器

3）齿条助力式。转向助力机构安装在转向齿条处（图 13-5），电动机通过减速传动机构直接驱动转向齿条。与转向器小齿轮助力式相比，其可以提供更大的转向力，更适用于大型车辆。这种助力方式需要对原有的转向传动机构做较大的改变。

（4）按电动式转向助力工作范围不同分类

1）低速助力型 EPS。EPS 只在低速时才提供助力，当车速超过某一预定值时，EPS 便停止工作，转为手动转向。低速助力型 EPS 的优点是控制程序的算法比较简单，对控制系统的硬件要求相对较低，缺点是不能改善汽车高速行驶时的操纵稳定性，而且当车速在切换点附近时，驾驶人在转向盘上的作用力会有突变。

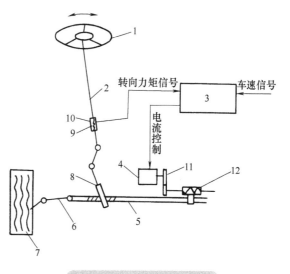

图 13-5　齿条助力式 EPS

1—转向盘　2—转向轴　3—动力转向 ECU　4—电动机
5—转向齿条　6—横拉杆　7—转向轮　8—小齿轮
9—扭力杆　10—转矩传感器　11—斜齿轮　12—螺杆螺母

2）全速助力型 EPS。EPS 在任何车速下都提供助力。全速助力型 EPS 的优点是改善了汽车的高速操纵稳定性，缺点是控制程序的算法相对复杂，对控制系统的硬件要求也相对较高。

3. 电动式 EPS 的特点

与液力式 EPS 相比，电动式 EPS 具有如下优点。

（1）可降低发动机能耗

液力式 EPS 无论汽车是否转向，动力转向液压泵一直工作，也就是说，液力式 EPS 会持续地消耗发动机的能量。电动式 EPS 只有在转向时电动机才工作，不转向时无须消耗能量，因而其能耗低。电动式 EPS 在各种行驶工况下比液力式 EPS 节能 80% ~ 90%。

（2）重量轻，安装方便

电动式 EPS 无液压缸、液压泵、液压阀、液压管路等部件，电动助力机构的零件少、结构紧凑，重量可大大减轻，因而其易于布置，并且能降低噪声。

（3）工作特性好

液压助力增减控制有一定的滞后性，反应敏感性和随动性较差。电动式 EPS 由 ECU 直接控制电动机产生相应的转向动力，反应敏感性好，容易实现最优化的转向动力特性。此外，电动式 EPS 比液力式 EPS 具有更好的低温工作性能。

（4）系统安全，可靠性高

当电动式 EPS 出现故障时，可立即切断电动机与助力齿轮机构的动力传送（不会成为转向阻力），迅速转入人工—机械转向状态。此外，由于电动式 EPS 由电动机提供助力，电动机可由蓄电池供电，所以在发动机熄火或出现故障而不能运转时，EPS 仍能正常工作，确保汽车行驶安全可靠。

（5）使用维修方便

电动式 EPS 没有液压回路，不存在渗油问题，可大大降低维修成本和对环境的污染。在使用过程中，电动式 EPS 比液力式 EPS 更易于调整和检测。

（6）生产与开发周期短

电动式 EPS 通过设置不同的控制程序，就可与不同车型匹配，因而生产和开发周期短。

 阅读提示 ✔

> 电动式 EPS 的这些优点，使其受到业界高度重视。世界各大汽车公司都相继研制出与各型轿车匹配的电动式 EPS，并已逐步解决了电动转向助力的成本及电源问题。在一些轿车上，电动式 EPS 已部分取代液力式 EPS。

二 液力式 EPS 的组成部件与控制原理

1. 液力式 EPS 的组成

液力式 EPS 是在传统的液压动力转向系统的基础上增设了可调节转向助力大小的电子控制装置，如图 13-6 所示。EPS 的主要组成部件有动力转向液压泵、动力转向装置、电磁阀、车速传感器、动力转向 ECU 等。

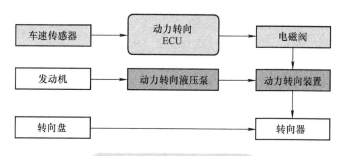

图 13-6　液力式 EPS 的组成

（1）动力转向液压泵

液压泵的作用是在发动机的驱动下吸入动力转向储油罐中的油液并产生液压能，通过液压软管将液力输入动力转向装置，以实现转向助力。动力转向液压泵有齿轮泵、柱塞泵、叶片泵等不同的类型。

（2）动力转向装置

动力转向装置的作用是将转向盘的操控力放大，利用源自液压泵的液力驱动转向车轮转向。动力转向装置一般由液压缸、液压控制阀等组成，不同类型的动力转向装置其具体的组成部件与工作原理均不相同。

（3）电磁阀

电磁阀是液力式 EPS 的执行器，其作用是在 ECU 的控制下动作，适时地调节控制液压油油压或液流量，以使动力转向装置产生适宜的转向动力。

（4）车速传感器

用来检测汽车行驶的速度，该参数是动力转向 ECU 确定转向助力大小的重要参数。车速传感器输出信号通常与防抱死电子控制系统、自动变速器电子控制系统等其他汽车电子控制系统共享。

（5）动力转向 ECU

动力转向 ECU 主要根据车速传感器的信号做出最佳转向助力判断，并输出控制信号，通过电磁阀驱动电路控制电磁阀的开度，以使动力转向装置产生适当的转向助力，使动力转向系统始终保持与车速相适宜的动力转向放大倍率。

2. EPS 的基本控制原理

在汽车行驶中，车速传感器将车速转换为相应的电信号，并输送给动力转向 ECU，ECU根据车速传感器的信号对所需的转向助力大小做出判断，并输出相应的控制信号，通过控制电磁阀的动作使用转向助力装置产生相应的转向动力，使得转向助力的大小随汽车行驶的速度而变，确保低速时转向轻便，高速时又有良好的路感。

3. 液力式 EPS 转向助力控制原理

（1）流量控制式 EPS 的工作原理

流量控制式 EPS 主要由车速传感器、电磁阀、整体式动力转向控制阀、动力转向液压泵和动力转向 ECU 等组成（图 13-7）。

1）结构特点。用来控制液流量的电磁阀安装在通向转向动力缸活塞两侧油室的油道之间，当电磁阀完全开启时，两油道就被电磁阀旁路。动力转向 ECU 根据车速传感器的信号确定转向助力放大倍率，并输出控制信号控制电磁阀的开度，以改变转向动力缸活塞两侧油室的旁路液压油流量，实现转向助力的控制。

2）工作原理。动力转向 ECU 通过输出占空
比可变的控制脉冲来控制电磁阀的开度。在车速
很低时，ECU 输出占空比很小的控制脉冲，使通
过电磁阀线圈的平均电流小，电磁阀的开度小，
旁路液压油流量也小，使得液压助力作用大，从
而确保转向盘操纵轻便。当车速较高时，ECU 输
出占空比较大的控制脉冲，使电磁阀线圈的平均
电流增大，电磁阀的开启程度增大，这时电磁阀
旁路液压油流量增大，使得液压助力作用减小，
以确保转向时驾驶人操纵转向盘有良好的路感。

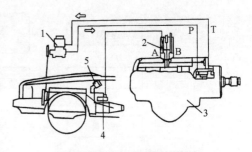

图 13-7　流量控制式 EPS

1—动力转向液压泵　2—电磁阀
3—动力转向控制阀　4—动力转向 ECU
5—车速传感器

（2）反力控制式 EPS 的工作原理

反力控制式 EPS 主要由转向控制阀、分流阀、电磁阀、转向动力缸、转向液压泵、储
油器、车速传感器及动力转向 ECU 等组成，如图 13-8 所示。

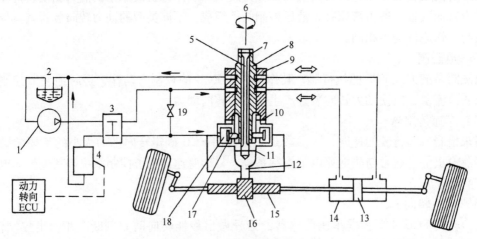

图 13-8　反力控制式 EPS

1—转向液压泵　2—储油器　3—分流阀　4—电磁阀　5—扭力杆　6—转向盘
7、10、11—销　8—转阀阀杆　9—控制阀阀体　12—小齿轮轴　13—动力缸活塞
14—转向动力缸　15—齿条　16—小齿轮　17—柱塞　18—液压反作用力室　19—小孔

1）结构特点。转向控制阀由传统的整体转阀式动力转向控制阀和液压反作用力室构
成。扭力杆的上、下端分别通过销子与转阀阀杆和小齿轮轴连接，而小齿轮轴的上端部通过
销子与控制阀阀体相连。在转向时，转向盘上的转向力通过扭力杆传递给小齿轮轴。当扭力
杆发生扭转变形时，控制阀体和转阀阀杆之间的相对转动，改变了阀体和阀杆之间油道的通
断关系和工作油液的流动方向，并通过转向动力缸实现转向助力作用。

分流阀将来自转向液压泵的液压油向控制阀一侧和电磁阀一侧分流，按照车速和转向要
求，改变控制阀一侧与电磁阀一侧的液压，确保电磁阀一侧具有稳定的液流量。固定小孔的
作用是把供给转向控制阀的一部分流量分配到液压反作用力室一侧。

2）工作原理。电磁阀开度变化可改变液压反作用力室的液压，而反作用力室液压通过

柱塞作用于转阀阀杆。当车辆停驶或车速较低时，动力转向 ECU 输出的控制信号使电磁阀线圈电流增大，电磁阀开度变大，经分流阀分流的液压油经电磁阀流回储油器中而使液压反作用力室压力（作用于柱塞的背压）降低，柱塞对转阀阀杆的作用力较小，此时较小的转向盘作用力就可使扭力杆扭转变形，使阀体与阀杆发生相对转动而实现转向助力作用（相当于转向助力增大）。当汽车在高速行驶中转向时，动力转向 ECU 使电磁阀线圈的电流减小，电磁阀开度减小而使液压反作用力室的液压升高，柱塞作用于转阀阀杆的力增大，这时需要较大的转向盘作用力才能使阀体与阀杆之间做相对转动而实现转向助力作用（相当于转向助力减小），驾驶人可获得良好的转向手感。

（3）阀灵敏度控制式 EPS 的工作原理

阀灵敏度控制式 EPS 主要由转向控制阀、电磁阀、转向动力缸、转向液压泵、储油器、车速传感器及动力转向 ECU 等组成（图 13-9）。

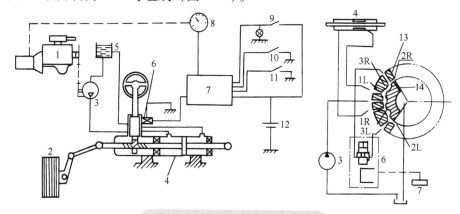

图 13-9　阀灵敏度控制式 EPS

1—发动机　2—前轮　3—转向液压泵　4—转向动力缸　5—储油器　6—电磁阀　7—动力转向 ECU
8—车速传感器　9—车灯开关　10、11—空档开关　12—蓄电池　13—转向控制阀外体　14—转向控制阀内体

1）结构特点。动力转向 ECU 通过电磁阀直接控制转向控制阀的液压增益（阀灵敏度）实现转向助力放大倍率的控制。由外体和内体构成的转向控制阀有通孔截面面积可变的低速专用小孔（1R、1L、2R、2L）和高速专用小孔（3R、3L），在高速专用可变孔的下边设有旁通电磁阀回路。转向控制阀的等效液压回路如图 13-10 所示。

2）工作原理。在车辆停止时，动力转向 ECU 使电磁阀完全关闭，如果此时转向（设向右转动转向盘），较小的转向力可使低速专用小孔 1R、2R 关闭，转向液压泵的液压油经低速专用小孔 1L 流向转向动力缸右液压腔，其左液压腔的液压油经 3L、2L 流回储油器，转向动力缸活塞在左右液压腔压力差的作用下移动，使转向器获得转向动力。此时阀灵敏度高，具有轻便的转向特性。

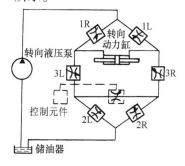

图 13-10　转向控制阀等效液压回路

当车辆高速行驶时，ECU 输出的控制信号使电磁阀的开度增大。如果此时转向（设右转向），转向液压泵的液压油液经开启的小孔 1L、3R、旁通电磁阀及 2L 流回储油器。经旁通电磁阀

旁路的液流不仅降低了转向动力缸右腔的液压，还通过小孔 2L 的节流作用使转向动力缸左腔的液压上升，因而使得转向动力缸左右液压腔压差减小，转向器获得的转向动力相应减小。可见，车速高时，电磁阀的开度大，旁路流量大，动力转向控制阀的灵敏度低，转向器获得的助力作用小，其转向特性可使驾驶人操纵转向盘时有良好的路感。

三 电动式 EPS 的组成部件与控制原理

1. 电动式 EPS 的组成

电动式 EPS 是在机械转向机构的基础上，增加了电动式助力机构及转向助力控制系统，其主要组成部件有转向盘转矩传感器、车速传感器、电动机、电磁离合器、减速机构和动力转向 ECU 等，如图 13-11 所示。

（1）转向盘转矩传感器

转向盘转矩传感器将驾驶人作用于转向盘上的力转换为相应的电信号，并输入动力转向 ECU。ECU 根据转矩传感器的信号来判断作用于转向盘转矩的大小和方向，再根据车速传感器的信号选定电动机的电流和转向，以控制转向助力的大小和方向。转向盘转矩传感器有电感式和电位计式两种类型。

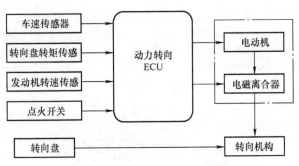

图 13-11 电动式 EPS 的组成

1）电感式转向盘转矩传感器。电感式转向盘转矩传感器的结构与工作原理如图 13-12 所示。

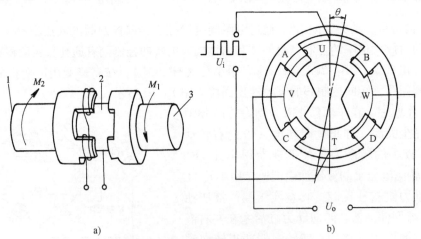

图 13-12 电感式转向盘转矩传感器

a）结构 b）工作原理

1—输出轴 2—扭力杆 3—输入轴 M_1—转向盘转矩 M_2—转向盘阻力矩

在输出轴的极靴上分别绕有 A、B、C、D 四个线圈，并连接成电感电桥。在线圈的 U、

T 两端输入持续的脉冲电压 U_i。当转向杆上的转矩为零时，定子与转子的相对转角为 0°，这时转子的纵向对称面处于图示定子 AC、BD 的对称平面上，每个极靴上的磁通量均相等，因而由线圈组成的电桥处于平衡状态，在 V、W 两端的电位差 U_o 为零。转向时，由于扭力杆与输出轴极靴之间发生相对的扭转变形，定子与转子之间产生角位移 θ。这时，极靴 A、D 间的磁阻增大，B、C 间的磁阻减小，各极靴的磁通量产生了变化，使电桥失去平衡。于是，在 V、W 之间就出现电位差 U_o。U_o 与扭力杆的扭转角 θ 和输入电压 U_i 成正比（$U_o = k\theta U_i$，k 为比例系数），而扭转角 θ 又与作用于扭力杆的转矩成比例，因此 U_o 就反映了转向盘的转矩参数。

2）电位计式转向盘转矩传感器。电位计式转向盘转矩传感器的结构如图 13-13 所示。

在转向盘转矩作用下，扭力杆扭转变形，扭力杆扭转变形的方向及变形位移量与作用在转向盘上的转矩相对应。扭力杆的变形角位移带动电位计滑片移动，转换为电位计电压的变化，并通过集电环将信号输出。

（2）直流电动机

电动式 EPS 的直流电动机通常采用永磁式电动机，通过控制电动机的电流实现其输出转矩的控制，电动机的正转和反转则是由 ECU 通过其输出的正反转触发脉冲控制的。图 13-14 所示为一种简单实用的电动机正反转控制电路。a_1、a_2 为电动机正反转信号触发端，当 a_1 端有触发信号输入时，VT_3 导通，VT_2 得到基极电流也导通，电源向电动机提供的电流经 VT_2、电动机 M、VT_3 到搭铁，电动机正转。当 a_2 端有触发信号输入时，VT_4 导通，VT_1 得到基极电流也导通，电流经 VT_1、电动机 M、VT_4 到搭铁，电动机反转。电动机的电流可由触发信号的电流控制。

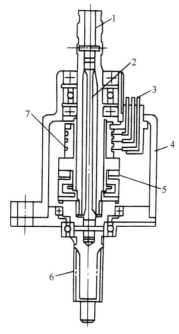

图 13-13 电位计式转向盘转矩传感器的结构

1—轴　2—扭力杆　3—输出轴　4—外壳
5—电位计　6—转向器主动小齿轮　7—集电环

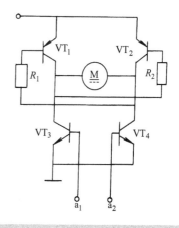

图 13-14 电动机正反转控制电路

（3）电磁离合器

在需要用电动机驱动转向机构进行动力转向时，电磁离合器通电接合，使电动机所产生的电磁转矩通过传动机构传递给转向车轮。在不进行动力转向（比如：低速助力型 EPS 在车速超出助力范围、电动机或控制电路出现故障等）时，电磁离合器则不通电而分离，使电动助力转向机构不影响驾驶人手动转向操作。

电动式 EPS 通常采用干式单片式电磁离合器（图 13-15）。装在电动机输出轴上的主动轮内装有电磁线圈，通过集电环引入电流。当离合器通电时，电磁线圈产生的电磁力使压板与主动轮端面压紧。于是，电动机的电磁转矩经主动轮、压板、花键、从动轴传递给减速机构。

（4）减速机构

电动式 EPS 减速机构的作用是增矩减速，一般采用蜗轮蜗杆传动与转向轴驱动组合方式，也有采用两级行星齿轮减速机构（两级行星齿轮传动与传动齿轮驱动的组合方式，图13-16）。为了抑制噪声和提高耐久性，减速机构中的齿轮有的采用特殊齿形，有的采用树脂材料制成。

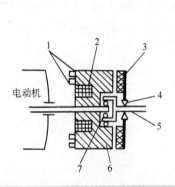

图 13-15　干式单片式电磁离合器

1—集电环　2—线圈　3—压板　4—花键
5—从动轴　6—主动轮　7—球轴承

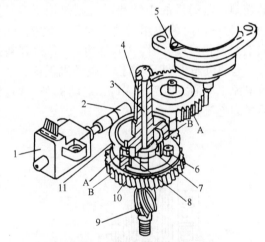

图 13-16　两级行星齿轮减速机构

1—转向盘转矩传感器　2—转轴　3—扭力杆　4—输入轴
5—电动机与电磁离合器　6—行星小齿轮 A　7—太阳轮
8—行星小齿轮 B　9—驱动小齿轮　10—齿圈 B　11—齿圈 A

（5）动力转向 ECU

动力转向 ECU 根据转向盘转矩传感器信号、车速传感器信号以及电动机反馈的电流信号等进行转向助力控制。工作中，通过对输入信号的计算、分析与比较后，输出控制信号，控制电动机和电磁离合器的工作，以实现理想的动力转向控制。电动式动力转向 ECU 的组成如图 13-17 所示。

2. 电动式 EPS 的工作原理

（1）电子控制系统的基本控制原理

电动式动力转向 ECU 根据车速、转向力矩及转向角等参数，计算得到最佳的转向助力转矩，并向转向助力机构输出控制信号，控制电动机和电磁离合器的工作。电动机的转矩通过电磁离合器和减速机构施加于转向器，使转向器得到一个与汽车行驶工况相适应的转向作用力。这种转向助力的控制，既保证了低速时转向的轻便性，又使高速时有良好的转向操纵稳定性。

低速助力型 EPS，当车辆行驶速度高于最高助力车速（切换车速）时，ECU 就会切断电动机和电磁离合器的电流，电动助力转向机构停止工作，转入手动（无助力）转向。

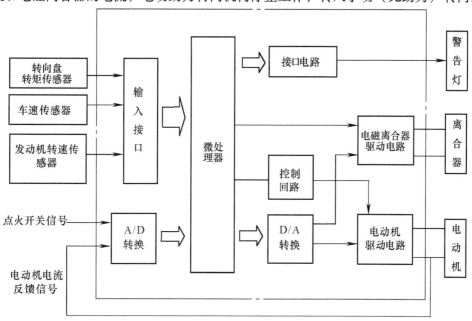

图 13-17 电动式动力转向 ECU 的组成

（2）电动式 EPS 的工作过程

当驾驶人操纵转向盘时，装在转向轴上的转矩传感器将驾驶人作用于转向盘转向力矩的大小及转动的方向转变为相应的电信号，并输入动力转向 ECU。ECU 根据转矩传感器的信号和同时输入的车速传感器信号确定所需转向助力的大小和方向，并输出控制信号，经D/A转换接口送入电动机和电磁离合器的驱动放大电路，以控制电动机电流的大小和方向，使电动机产生所需的电磁转矩，同时使离合器接合，将电动机产生的电磁转矩传递给转向机构。

工作时，ECU 实时地引入电动机的电流反馈信号，经 A/D 转换后使微处理器获得电动机实际工作电流信息，并与计算得到的最佳电流相比较，若有差值，则立刻输出调整电动机电流控制信号，使电动机的实际工作电流与最佳值趋于一致。

（3）电动式 EPS 的其他控制功能

一些电动式 EPS 通常还设有如下三种控制功能中的一种或两种：

1）发动机不工作时停止电动转向助力控制。当发动机不工作时，由于发电机不发电，电动助力转向将消耗蓄电池电能。一些电动式 EPS 为避免在发动机不工作时 EPS 工作而造成蓄电池电能不足，便设置了"发动机不工作时停止电动转向助力控制"功能。在发动机不工作时，ECU 将会中断电磁离合器和电动机的电流，使电动助力机构停止工作。ECU 可根据发动机转速信号、发电机电压信号或点火开关信号做出发动机不工作时中断电动转向助力控制。

2）电子控制系统故障时停止电动转向助力控制。当 EPS 电子控制系统出现故障时，会导致电动转向助力不能正常工作，因此 ECU 在存储故障码的同时，会切断电磁离合器和电动机的电流，使电动助力机构停止工作，确保机械转向系统的手动转向不受动力转向机构的影响。

3）转向助力高怠速控制。当发动机处于怠速工况时，为确保由发电机提供动力转向所需电能，一些电动式 EPS 的 ECU 向发动机 ECU 输出高怠速控制信号，使发动机在高怠速状态下运转。在转向时，动力转向 ECU 可根据发电机的输出端子电压、发动机转速传感器或节气门位置传感器等信号做出高怠速控制判断，并向发动机 ECU 输出相关的信息。

第二节　典型电子控制动力转向系统的构成与故障检修

一　丰田雷克萨斯 LS400 轿车 EPS 的结构与电路分析

1. 丰田雷克萨斯 LS400 轿车 EPS 的构成

丰田雷克萨斯 LS400 轿车采用液力式 EPS（丰田皇冠 3.0 轿车也采用此 EPS），在传统的液力式动力转向机构的基础上增设了液压反作用力室。工作时，动力转向 ECU 根据车速传感器的车速信号确定转向助力的大小，并输出控制信号控制电磁阀的开度，以控制液压反作用力室的液压，使转向助力大小随汽车行驶速度变化而改变。丰田轿车液力式 EPS 的组成如图 13-18 所示。

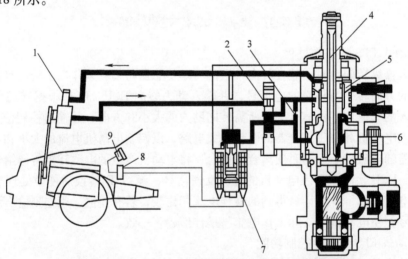

图 13-18　丰田雷克萨斯 LS400 轿车液力式 EPS 的组成

1—转向液压泵　2—分流阀　3—小孔　4—扭力杆　5—旋转阀　6—液压反作用力室
7—电磁阀　8—动力转向 ECU　9—车速传感器

2. 丰田雷克萨斯 LS400 轿车 EPS 电路特点

丰田、雷克萨斯 LS400 轿车 EPS 使用舌簧式车速传感器，执行器为电磁阀，用于控制动力转向旋转阀下端液压反作用力室的液压。EPS 电路如图 13-19 所示，动力转向 ECU 插接器端子排列如图 13-20 所示，各端子说明见表 13-1。

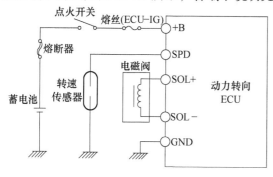

图 13-19 丰田雷克萨斯 LS400 轿车 EPS 电路

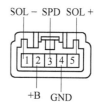

图 13-20 丰田雷克萨斯 LS400 轿车动力转向 ECU 插接器端子排列

表 13-1 丰田雷克萨斯 LS400 轿车动力转向 ECU 插接器端子说明

序号	端子符号	端子连接的部件
1	SOL –	连接电磁阀
2	+ B	连接蓄电池，在点火开关接通时通电
3	SPD	连接车速传感器
4	GND	连接搭铁，ECU 的接地端
5	SOL +	连接电磁阀

 二 丰田雷克萨斯 LS400 轿车 EPS 电路的故障检修

1. EPS 故障的初步检查

若发动机怠速或汽车低速行驶时转向沉重，或高速行驶时转向力过轻（太灵敏而路感差），均说明 EPS 有故障。在进行 EPS 故障检修前，应先对 EPS 以外的可能原因进行检查，确认均为良好时，再进行 EPS 检查。EPS 故障时应进行初步检查的项目如下：

1）检查轮胎气压是否过低或过高。

2）检查悬架与转向连接件之间的润滑是否良好。

3）检查前轮定位是否正确。

4）检查转向杆接头和悬架臂球接头是否灵活。

5）检查转向柱管是否弯曲。

6）检查液压管路接头有无松动、漏油。

7）检查转向液压泵液压是否正常。

2. EPS 的故障检修方法

（1）检查 ECU – IG 熔断器

打开 1 号接线盒盖，检查 ECU – IG 熔断器熔丝是否烧断，ECU – IG 熔断器的位置如图 13-21 所示。

如果熔断器熔丝已烧断，则更换新的熔断器，若动力转向故障消失，则故障已排除；若故障未消失，且熔断器熔丝又被烧断，则需检查ECU - IG 熔断器与 ECU 的 + B 端子之间的线路有无短路故障。

如果熔断器正常，则进行下一步检查。

（2）检查 ECU 的 + B 端子电压

1）拔开动力转向 ECU 插接器，然后接通点火开关。

2）用直流电压表测量插接器（线束侧）+ B 端子与搭铁之间的电压，应为蓄电池电压。

如果电压不正常，则故障为 ECU - IG 熔断器与 ECU 的 + B 端子之间的线路断路，需予以修理或更换；如果电压正常，则进行下一步检查。

（3）检查 ECU 的搭铁是否良好

关闭点火开关，用万用表电阻档测量 ECU 插接器（线束侧）GND 端子与搭铁之间的电阻，电阻值应为零。

如果电阻值不为零，则需检修 ECU 的 GND 端子与车身搭铁之间的线路；如果电阻值为零，则进行下一步检查。

（4）检查车速传感器及线路

1）将车辆举升，使车轮悬空。

2）转动后车轮，并用万用表电阻档测量 ECU 插接器（线束侧）SPD 端子与 GND 端子之间的电阻，正常电阻值应 $0\Omega \to \infty \to 0\Omega$ 变化。

如果电阻值无变化，则需检查 ECU 的 SPD 端子与车速传感器之间的线路有无断路或短路故障，若线路良好，则需检查或更换车速传感器；如果电阻值变化正常，则进行下一步检查。

（5）检查电磁阀线路是否搭铁

用电阻表测量 ECU 插接器（线束侧）SOL + 或 SOL - 端子与 GND 端子之间的电阻，电阻值应为 ∞ 。

如果电阻值很小或为零，则电磁阀线路或电磁阀搭铁故障，需予以检修；如果电阻值正常，则进行下一步检查。

（6）检查电磁阀电阻

用万用表电阻档测量 ECU 插接器（线束侧）SOL + 与 SOL - 端子之间的电阻，电阻值应为 $6 \sim 11\Omega$。

如果电阻值不正常，则电磁阀线路断路或电磁阀故障，需予以检修；如果电阻值正常，则需检查或更换动力转向 ECU。

3. EPS 部件检修

电磁阀故障检修的方法如下：

（1）检查电磁阀电阻

拔开电磁阀导线插接器后，用万用表电阻档测量两端子之间的电阻（图 13-22），电阻值应为 $6 \sim 11\Omega$。

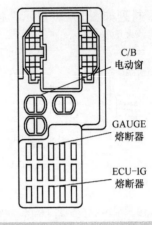

图 13-21 ECU - IG 熔断器位置

如果电阻值不正常，需更换电磁阀；如果电阻值正常，则进行下一步检查。

（2）检查电磁阀的动作

将蓄电池正极接 SOL＋，负极接 SOL－，检查电磁阀是否正常动作（图 13-23），正常情况阀芯应缩进约 2mm。

如果电磁阀动作正常，说明电磁阀性能良好；如果电磁阀动作不正常，则需更换电磁阀。

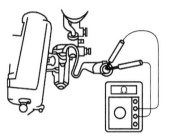

图 13-22　检查电磁阀电阻

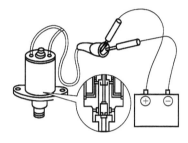

图 13-23　检查电磁阀动作

第十四章
Chapter 14

汽车安全气囊系统电路的构成与特点分析

第一节　安全气囊系统电路部件的结构原理

一　安全气囊系统的组成与工作原理

1. 安全气囊系统的组成

安全气囊系统也称辅助乘员保护系统（Supplemental Restraint System，SRS），是汽车上的一种被动安全保护装置。当汽车遭遇碰撞时，安全气囊迅速充气膨胀，在车内乘员与硬物之间形成一个缓冲垫，从而起到安全保护作用。

安全气囊的触发方式有机械触发式和电子触发式两种，目前广泛使用电子触发式，并配有安全带收紧器。电子触发式安全气囊系统主要由安全气囊传感器、安全气囊 ECU、安全气囊引爆装置（点火器、点火剂、气体发生剂）及气囊组件等组成，如图 14-1 所示。

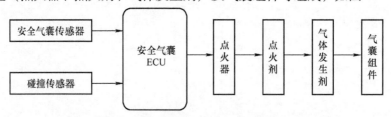

图 14-1　电子式安全气囊系统的基本组成与工作原理

2. 安全气囊系统的工作原理

当汽车发生严重碰撞时，碰撞传感器将汽车减速度转换成相应的电信号，并输入安全气囊 ECU，与此同时，安全气囊传感器内的触点也在汽车减速惯性力的作用下闭合，将点火器的电源接通。ECU 对碰撞传感器输入的信号进行分析处理后，迅速向点火器输出点火信号，点火器通电引燃点火剂并产生高温，气体发生剂在高温下产生大量气体，经过滤与冷却后，充入安全气囊。气囊可在汽车碰撞后 30ms 内快速膨胀展开，在车内人员还没触及前方硬物之前，在二者之间形成弹性气垫，并及时由小孔排气收缩，吸收强大惯性冲击能量，以保护人体头部和胸部，减轻乘员的受伤程度。

专家提示

在安全带配合下安全气囊才能起到保护作用是因为安全带延缓了车内乘员前冲的惯性力，为气囊膨胀赢得了时间。

3. 安全气囊系统的工作过程

安全气囊系统的工作过程如图 14-2 所示。

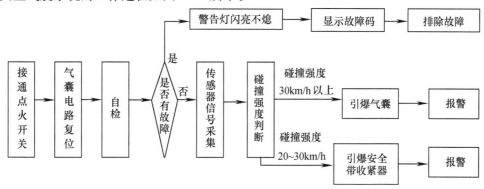

图 14-2 安全气囊系统的工作过程

当接通点火开关（点火档）后，安全气囊系统开始工作，SRS 警告灯点亮，CPU 用自检子程序通过检测电路对安全气囊系统器件和电路逐个进行检查，如果有异常，SRS 警告灯一直点亮，提示安全气囊系统故障；如果均正常，则 SRS 警告灯熄灭，并运行信号采集子程序，对各个传感器进行巡回检测，并运行信号分析与比较程序。

如果汽车运行中没有发生碰撞，CPU 在重复运行信号采集及分析比较程序的间隙，运行自检子程序，一旦检测到异常，便使 SRS 警告灯亮起，并在 RAM 中储存相应的故障码。

如果汽车运行中发生碰撞，但 CPU 分析比较其碰撞强度还不需要气囊膨胀（碰撞时汽车速度为 20 ~ 30km/h），电控装置就只发出引爆安全带收紧器的指令，使安全带拉紧，以保护驾驶人和乘员。当碰撞强度很大（碰撞时汽车速度为 30km/h 以上），CPU 发出引爆气囊充气装置和安全带收紧器指令，使安全气囊膨胀展开，同时安全带收紧。当汽车碰撞严重而使汽车电源线断路时，则由备用电源提供引爆安全气囊膨胀和安全带收紧所需的电能。

 二 安全气囊系统的传感器

安全气囊系统的传感器的作用是感知汽车的碰撞强度，因而通常称其为碰撞传感器。碰撞传感器有机电式和电子式两种类型。

1. 机电式碰撞传感器

机电式安全气囊传感器的内部有一个触点，在车辆碰撞时，惯性力使传感器内的机械装置产生运动而使触点闭合，发出汽车碰撞信号。机电式碰撞传感器有偏心锤式、滚球式、滚柱式、水银式等多种形式。

（1）偏心锤式碰撞传感器

偏心锤式碰撞传感器（图14-3）中的扭力弹簧力使重块、转盘动触点臂等固定在触点断开的位置。当汽车发生碰撞时，重块在惯性力作用下克服扭力弹簧的扭力而移动，并带动转盘及活动触点臂转动而使触点闭合，向安全气囊控制器发出汽车碰撞电信号。

（2）滚球式碰撞传感器

滚球式碰撞传感器（图14-4）中的钢球被永久磁铁吸引，传感器触点保持在断开状态。当汽车发生碰撞时，钢球在惯性力的作用下摆脱磁铁的吸引力滚向触点端，将触点接通，向安全气囊控制器发出汽车碰撞电信号。

（3）水银式碰撞传感器

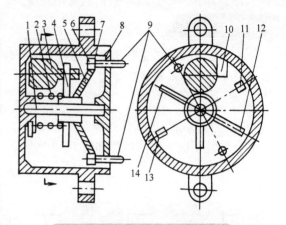

图14-3 偏心锤式碰撞传感器

1—心轴　2—扭力弹簧　3—重块　4—转盘
5—触桥　6、12、14—活动触点　7、11、13—固定触点
8—外壳　9—插头　10—止位块

水银式碰撞传感器（图14-5）中的水银在重力作用下保持在下方位置，传感器触点处于断开状态。当汽车发生碰撞时，水银在惯性力的作用下向左上方移动，将触点接通，发出汽车碰撞信号。

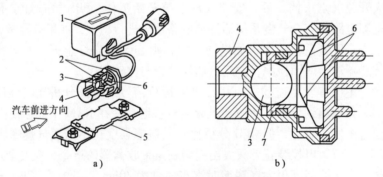

a)　　　　　　　　　b)

图14-4 滚球式碰撞传感器

a）传感器组成　b）传感器原理

1—传感器壳关　2—O形密封圈　3—钢球　4—永久磁铁　5—固定板　6—触点　7—滚筒

触点式的碰撞传感器也被用作安全开关，串联在气囊点火器的电源电路中，用以防止气囊误膨胀。当汽车发生严重碰撞时，用作安全开关的碰撞传感器触点才会在汽车减速度惯性力的作用下闭合，接通点火器电源电路，使安全气囊充气装置能正常地完成充气。在汽车正常行驶或故障检修过程中，由于碰撞传感器触点常开，断开了点火器与电源之间的连接，即使 ECU 因传感器或相关电路异常而误发点火指令，点火器也因未通电源而不会点火，气囊不会被引爆。正因为如此，通常将串联在气囊点火器电源电路中的触点式碰撞传感器称为安全传感器或安全开关。

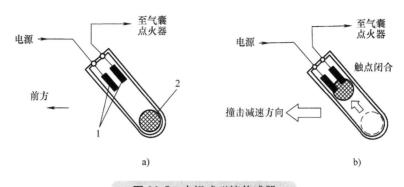

图 14-5　水银式碰撞传感器

a）正常状态　b）起作用状态
1—触点　2—水银珠

2. 电子式碰撞传感器

电子式碰撞传感器将汽车碰撞时的减速度参数转变为相应的电信号，并输送给安全气囊ECU，由ECU对信号进行处理后做出是否需要气囊膨胀的判断。安全气囊系统所用的电子式碰撞传感器主要有压电式和压敏电阻式两种。

（1）压电式碰撞传感器

压电式碰撞传感器的敏感元件是压电晶体，在汽车发生碰撞时，传感器内的晶片因受力变形而产生相应的电荷，经传感器内集成电路的信号放大处理后输出与减速度相对应的电信号。

（2）压敏电阻式碰撞传感器

图14-6所示为汽车上应用较为广泛的压敏电阻式碰撞传感器。

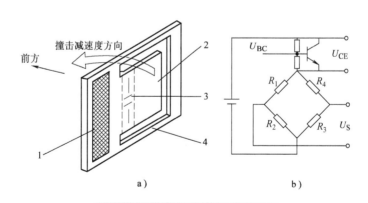

图 14-6　压敏电阻式碰撞传感器

a）传感器结构　b）传感器测量电路
1—集成电路　2—测量悬臂　3—电阻应变片　4—悬臂架

传感器的敏感元件是受力变形后其电阻值会发生改变的电阻应变片，电阻应变片按一定的布置方式固定在传感器测量悬臂的端部。当汽车发生碰撞时，测量悬臂端部在减速惯性力的作用下发生变形，使电阻应变片产生形变（其电阻值发生相应改变）。电阻应变片电阻值的变化通过电桥转换为相应的电压信号（U_S）输出。

阅读提示 ✔

电子式碰撞传感器产生与碰撞强度相对应的电信号，因此安全气囊ECU可根据其信号电压的高低来判断汽车的碰撞强度。机械触点式碰撞传感器只有当汽车发生严重碰撞时才会有汽车碰撞信号输出，因而ECU根据其信号不能做出汽车碰撞强度的判断，只能判断汽车是否发生了严重碰撞。

三 安全气囊系统的气囊组件

气囊组件包括充气装置、气囊、衬垫、饰盖和底板等。

1. 充气装置

充气装置是安全气囊系统的执行机构，由气体发生剂、点火剂（火药）、点火器（电热丝）、过滤器等组成，如图14-7所示。

点火器的组成如图14-8所示。当ECU发出指令时，点火器通电引爆点火剂，点火剂燃烧产生的高温使气体发生剂迅速产生大量气体，经过滤除去烟尘后，充入气囊，使气囊在30ms内膨胀展开。

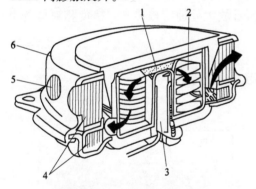

图14-7 安全气囊充气装置

1—点火剂 2—气体发生剂 3—点火器
4—金属过滤器 5—充气孔 6—充气装置壳体

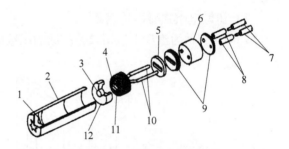

图14-8 点火器的组成

1—点火剂 2—点火剂筒 3—引药 4—电热丝
5—陶瓷片 6—永久磁铁 7—引出导线 8—绝缘套管
9—绝缘垫片 10—电极 11—电热头 12—药托

2. 气囊

气囊一般由尼龙布制成，在尼龙布上还有些排气用的小孔。气囊充气膨胀展开后，能吸收冲击能量，保护乘员的头部和胸部，减少受伤率及受伤程度。而气囊充气后可通过气囊上设置的小孔排气，使气囊逐渐变软，以增强缓冲作用，并使膨开后的气囊最终变瘪，不会影响车内人员适当的活动。

3. 衬垫

衬垫一般由聚氨酯制成，在制造过程中使用了极薄的水基发泡剂，使其重量非常轻。平时衬垫黏附在转向盘的上表面，把气囊保护起来，同时又起到了装饰作用。在汽车发生碰撞时，在气囊强大的膨胀力作用下，衬垫被快速即时地掀开，对安全气囊的膨胀展开不会有任何阻碍作用。

4. 饰盖和底板

饰盖是气囊组件中的盖板，气囊及充气装置都安装在底板上，底板固定到转向盘或车身上，气囊膨胀展开时，底板承受气囊的爆发力。

 安全带收紧器

1. 安全带收紧器的作用

安全带收紧器安设在前排座椅外侧，其作用是在汽车发生碰撞时，迅速将安全带收紧，将车内乘员拉向座椅靠背，防止乘员在惯性力的作用下前冲而造成伤害。安全带收紧器与安全气囊配合使用，进一步提高了汽车发生碰撞时的安全性。

2. 安全带收紧器的组成与原理

不同车型上使用的安全带收紧器的结构不尽相同，图 14-9 所示为活塞式安全带收紧器，主要由点火器、气体发生剂、气缸、活塞等组成。

当汽车发生碰撞时，安全气囊 ECU 根据碰撞传感器的信号判断汽车碰撞强度，如果需要收紧安全带，则向安全带收紧器的点火器发出指令，使气体发生剂膨胀，推动活塞，促使安全带迅速收紧，将车内乘员拉向座椅靠背。

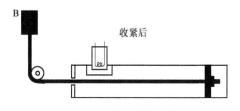

图 14-9 活塞式安全带收紧器

1—安全带锁扣　2—拉索　3—滚轮
4—点火器＋气体发生剂　5—单向移动活塞　6—气缸

 安全气囊 ECU

安全气囊 ECU 根据接收到的碰撞传感器信号判断汽车是否发生了碰撞及碰撞的强度，并确定是否输出点火信号引爆点火剂。安全气囊 ECU 的核心部分是安全气囊微处理器，一些安全气囊系统将 SRS 备用电源、点火电路、SRS 诊断电路及碰撞传感器等都集装在一个控制盒中。典型安全气囊控制盒内部结构示意图如图 14-10 所示，某安全气囊 ECU 的功能电路框图如图 14-11 所示。

1. 备用电源

在汽车发生碰撞时，往往会造成汽车电源断路。备用电源的作用就是在汽车电源电路出现意外时，提供安全气囊系统正常工作所需的电能，以确保安全气囊能发挥安全保护作用。安全气囊系统的备用电源通常是一个容量较大的储能电容器。安全气囊备用电源电路与ECU 组装在一个控制盒中，有的安全气囊系统则将备用电源单独安装。

在汽车正常运行时，发电机通过充电电路给电容器充电，使电容器始终存有电量。当汽

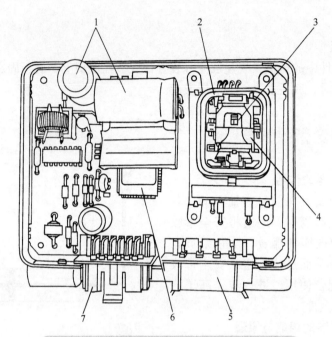

图 14-10 典型安全气囊控制盒内部结构示意图

1—备用电源（电容器） 2—安全传感器总成 3—传感器触点 4—传感器平衡块

5—四端子插接器 6—SRS 微处理器模块 7—SRS ECU 插接器

车因碰撞而造成供电线路断路时，电容器可及时释放所存储的电能，以引爆点火剂，使气囊膨胀充气。

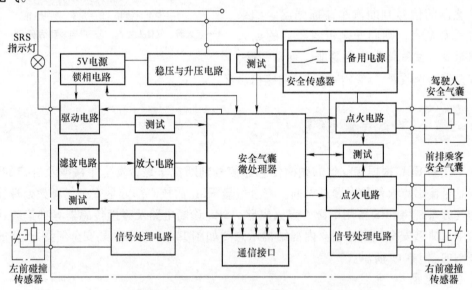

图 14-11 某安全气囊 ECU 的功能电路框图

2. 点火电路

点火电路的作用是在安全气囊微处理器输出气囊膨开指令时，迅速使气囊点火器通电，引爆点火剂和气体发生剂，使气囊迅速充气。点火电路通常通过安全传感器与电源连接

（图 14-12），因此，只有在汽车发生了碰撞，并使安全传感器触点通路时，ECU 才有可能使点火器通电，从而避免了在汽车正常使用与维修中产生误点火而引发气囊误爆。

3. 安全气囊微处理器

安全气囊微处理器由中央微处理器（CPU）、存储器（ROM/RAM）、输入/输出接口等组成。CPU 根据输入的碰撞传感器信号及 ROM 中储存的标准参数判断汽车是否发生了碰撞及碰撞的强度，并通过输出接口向点火电路发出点火指令。

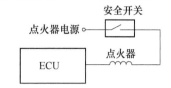

图 14-12　安全传感器防火气囊误爆原理

CPU 还通过对输入信号和测试信号的监测，进行系统的自检。当安全气囊系统部件或电路出现故障时，CPU 就使 SRS 警告灯亮起，并在 RAM 中储存相应的故障码。

第二节　典型安全气囊系统电路的特点分析

 丰田雷克萨斯 LS400 轿车安全气囊系统电路分析

丰田雷克萨斯 LS400 轿车安全气囊系统电路及 ECU 插接器端子排列如图 14-13 所示。

阅读提示 ✔

本例为单个安全气囊系统，现已很少见。选它作为实例是因为该车型的安全气囊系统电路较有特点：为确保在汽车电路检修时安全气囊系统的点火器不会通电点火，在安全气囊系统电路中设有防止气囊误爆机构。

1. 电路特点

（1）传感器

丰田雷克萨斯 LS400 轿车安全气囊系统有 5 个碰撞传感器，2 个前碰撞传感器为机电式，分别安装在汽车前部两边翼子板的内侧；1 个电子式碰撞传感器安装在安全气囊控制盒中，（也被称为中央传感器），另外 2 个水银式碰撞传感器用作安全开关（也被称为安全传感器），也安装在安全气囊控制盒中。

（2）防止气囊误爆机构

在连接点火器的各插接器上设有防止气囊误爆机构（图 14-14），该机构可在插接器拔开时将点火器侧的两端子短路，以防止静电或误通电而使点火器点燃点火剂，造成气囊误爆。

（3）电路连接诊断机构

在前安全气囊插接器上设置了电路连接诊断机构，该机构在插接器连接良好时，可使诊断销将插座上带有弹簧片（短路片）的诊断端子短接（图 14-15b），安全气囊控制器自诊断系统可监测到串接在诊断端子处电阻的电阻值；当插接器未插好时，诊断销不能将插座上的诊断端子短接（图 14-15a），安全气囊控制器监测到的电阻值为无穷大。安全气囊控制器

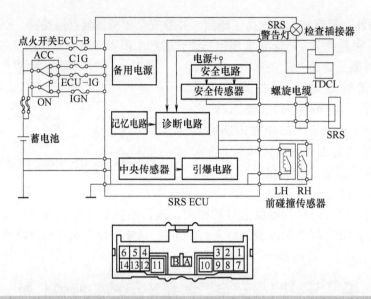

图 14-13 雷克萨斯 LS400 轿车安全气囊系统电路及 ECU 插接器端子排列

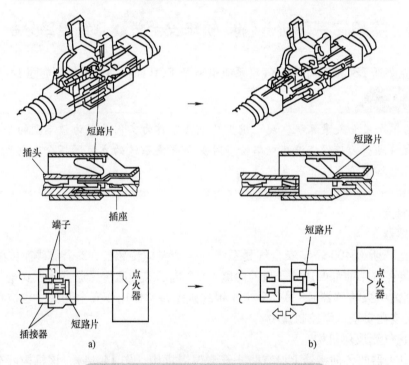

图 14-14 插接器防止气囊误爆机构的原理

a）插接器连接，短路片脱开　b）插接器拔开，短路片连接

自诊断系统可根据监测到的电阻情况诊断前安全气囊插接器连接是否有问题。

2. 电路分析

（1）安全气囊控制器

丰田雷克萨斯 LS400 轿车安全气囊 ECU 内部除了安全气囊控制微处理器、安全传感器、中央传感器外，还装有备用电源、点火驱动电路等。ECU 插接器端子说明见表 14-1。

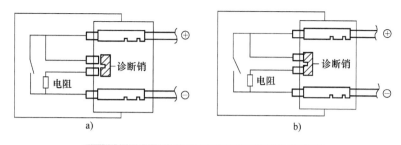

图 14-15 插接器电路连接诊断机构的原理

a）插接器连接不可靠，诊断端子断开 b）插接器连接可靠，诊断端子连接

表 14-1 丰田雷克萨斯 LS400 轿车 ECU 插接器端子说明

端子号	端子代号	连接部件	功能说明
1	IG1	电源（ECU－IG 熔断器）	ECU 电源，点火开关 ON 时接入
2	－SR	右前（RH）碰撞传感器－	汽车碰撞信号输入
3	＋SR	右前（RH）碰撞传感器＋	
4	－SL	左前（LH）碰撞传感器－	汽车碰撞信号输入
5	＋SL	左前（LH）碰撞传感器＋	
6	＋B	蓄电池（ECU－B 熔断器）	ECU 常接电源
7	IG2	电源（IGN 熔断器）	ECU 电源，点火开关 ACC 时接入
8	E2	搭铁	ECU 搭铁
9	LA	安全气囊（SRS）警告灯	SRS 警告灯控制端子
10	D－	气囊组件点火器－	气囊展开控制端子－
11	D＋	气囊组件点火器＋	气囊展开控制端子＋
12	TC	TDCL 和检查插接器	安全气囊（SRS）诊断触发端子
13	E1	搭铁	ECU 搭铁
14	ACC	电源（CIG 熔断器）	ECU 电源，点火开关 ACC 时接入
—	A	电路连接诊断机构	
—	B	电路连接诊断机构	

（2）安全气囊 ECU 电源电路

安全气囊 ECU 除了从＋B 端子与蓄电池连接的直接电源外，其通过点火开关控制的电源电路如图 14-16 所示。

在气囊 ECU 的 ACC、IG1、IG2 端子与点火开关之间，分别串联了代号为 CIG、ECU－IG 和 IGN 的熔断器，起电路过载和短路保护作用。

当点火开关关断时，安全气囊 ECU 的 ACC、IG1、IG2 端子均不通电，点火开关拨至 ON 位时，ACC、IG1、IG2 端子则接通蓄电池电源。

（3）安全气囊点火器与碰撞传感器电路

丰田雷克萨斯 LS400 轿车安全气囊的点火器电路与两个前碰撞传感器电路如图 14-17 所示。

由于安装于转向盘上的气囊组件需要随转向盘转动，所以安全气囊 ECU 与点火器之间

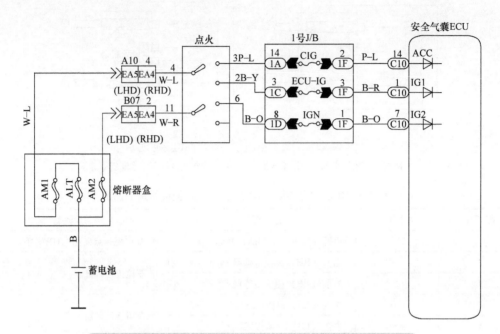

图 14-16 丰田雷克萨斯 LS400 轿车安全气囊 ECU 电源电路

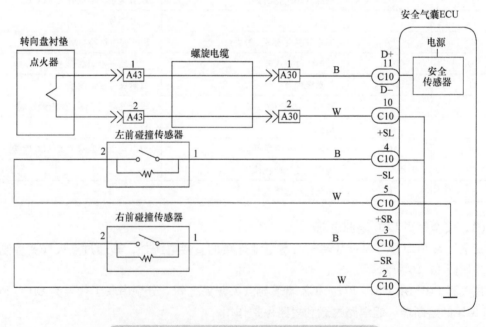

图 14-17 安全气囊点火器与前碰撞传感器电路

通过螺旋电缆连接。

　　两个前碰撞传感器分别通过 + SL、 − SL 和 + SR、 − SR 连接 ECU，只要有一个碰撞传感器因汽车碰撞而接通，ECU 就使点火器控制端 D − 接地，而 ECU 内部的安全传感器则将电源与点火器的控制端 D + 接通，点火器便通电，继而引爆安全气囊。

丰田雷克萨斯 LS400 轿车安全气囊系统电路的故障诊断

当需要对安全气囊系统进行故障检修时，应遵循正确的操作程序，牢记安全气囊检修注意事项，以避免引发气囊误爆伤人。

1. 故障诊断的一般程序

在进行安全气囊系统电路故障诊断前，应确认蓄电池存电充足、线路连接良好，以避免造成不准确的检测结果。安全气囊系统的故障诊断程序如图 14-18 所示。

2. 故障自诊断

SRS 警告灯用来故障报警和闪示故障码。当接通点火开关（ACC 或 ON）时，SRS 警告灯随即亮起，并在约 6s 后熄灭，以指示安全气囊系统正常。以下情况说明 SRS 或 SRS 警告灯电路故障：

在点火开关转到 ACC 或 ON 后，SRS 警告灯一直亮而不灭，指示安全气囊系统已有故障存在，应进行故障码读取操作，以取得故障信息。

汽车在汽车运行过程中 SRS 警告灯亮起，并且一直亮着，则说明安全气囊系统出现了故障。

点火开关 ACC 或 ON 时，SRS 警告灯不亮，则说明 SRS 警告灯电路有断路故障，安全气囊 ECU 可能储存故障码 22，也有可能无故障码。

点火开关断开时，SRS 警告灯仍亮，则说明 SRS 警告灯电路有短路故障。

（1）故障码的读取

丰田雷克萨斯 LS400 轿车安全气囊系统人工读取故障码的操作方法如下：

1）将点火开关接通（ACC 或 ON），并等待 20s 以上。

2）用跨接线将 TDCL 接口（在驾驶席左侧仪表板下）或检查插接器（位于发动机舱内）的 TC 与 E1 两端子短接（图 14-19）。

3）观察仪表板上的 SRS 警告灯，根据其闪烁规律读取相应的故障码。

如果系统无故障码储存，SRS 警告灯以连续的短闪烁（亮 0.25s、灭 0.25s）表示（图 14-20a）。

如果有故障码，则 SRS 警告灯按图 14-20b 的方式闪示两位数故障码，以第一次连续闪烁（亮 0.5s、灭 0.5s）的次数表示故障码的十位数，相隔 1.5s 后的连续闪烁次数表示故障码的个位数。若有两个或两个以上的故障码，则一个故障码闪示后，相隔 2.5s 再闪示下一个故障码，并按故障码数字从小到大的顺序逐个显示。待所有的故障码显示完后，相隔 4.5s 再重复闪示故障码。

丰田车系安全气囊系统故障码说明表 14-2。读取故障码后，即可按故障码所表示的故障部位进行故障检修。

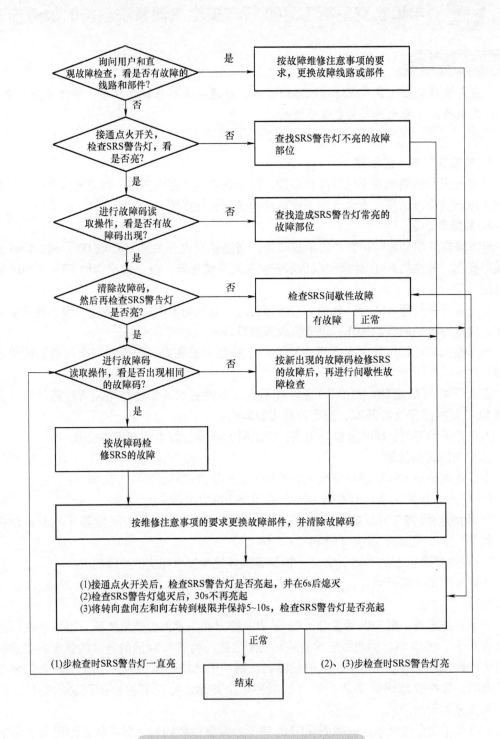

图 14-18 安全气囊系统的故障诊断程序

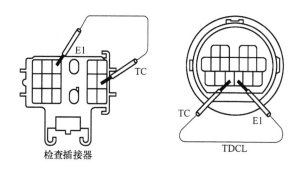

图 14-19　TDCL 与检查插接器

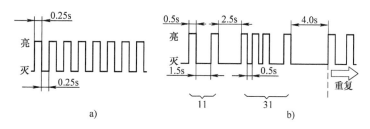

图 14-20　SRS 警告灯闪示故障码的方式

a）无故障码的闪示　b）故障码 11 和 31 的闪示

表 14-2　丰田车系安全气囊系统故障码说明

故障代码	故障原因	可能的故障部位
无	安全气囊系统正常	
	安全气囊系统电源电压过低	① 蓄电池 ② 安全气囊 ECU
11	气囊点火器线路或前碰撞传感器线路搭铁	① 气囊点火器 ② 螺旋线盘 ③ 前碰撞传感器 ④ 安全气囊 ECU ⑤ 安全气囊线束
12	气囊点火器线路或前碰撞传感器线路对电源短路	
13	气囊点火器线路短路	① 气囊点火器 ② 螺旋线盘 ③ 安全气囊 ECU ④ 安全气囊线束
14	气囊点火器线路断路	
15	前碰撞传感器线路断路	① 安全气囊线束 ② 前碰撞传感器 ③ 安全气囊 ECU
22	SRS 警告灯电路失效（断路）	① SRS 警告灯 ② 安全气囊线束 ③ 安全气囊 ECU
31	安全气囊 ECU 失效	安全气囊 ECU

（续）

故障代码	故障原因	可能的故障部位
41	安全气囊 ECU RAM 中曾储存过故障码	安全气囊 ECU
53	副驾驶席安全气囊点火器电路短路	① 副驾驶席安全气囊点火器
54	副驾驶席安全气囊点火器电路断路	② 安全气囊 ECU ③ 安全气囊线束
63	左边安全带点火器电路短路	① 座位安全带收紧器（LH）
64	左边安全带点火器电路断路	② 安全气囊 ECU ③ 安全气囊线束
73	右边安全带点火器电路短路	① 座位安全带收紧器（RH）
74	右边安全带点火器电路断路	② 安全气囊 ECU ③ 安全气囊线束

几点说明：

① 如果 SRS 警告灯闪示表 14-2 中没有的故障码，则说明安全气囊系统 ECU 故障。

② 如果在点火开关 ACC 或 ON 时，SRS 警告灯亮后一直不熄灭，故障码读取结果为正常（无故障码），则说明蓄电池电压过低或安全气囊系统备用电源电压过低。在电源电压恢复正常后约 10s，SRS 警告灯就会自动熄灭。

③ 故障码 41 表示安全气囊 ECU RAM 中曾经储存过故障码，它会使 SRS 警告灯一直亮，直到将故障码 41 清除为止。

④ 故障码 53 ~ 74 为配备了乘客席侧安全气囊和安全带收紧器的车型所有。

（2）故障码的清除

验证故障码或故障排除后均需要消除 ECU RAM 中储存的故障码。在点火开关断开（OFF）时，拆下蓄电池负极电缆或拔下熔断器盒中的 ECU – B 熔断器 10 s 或更长的时间，即可将除故障码 41 以外的其他故障码清除，同时也会将 RAM 中的时钟信息、音响防盗密码等消除。

包括故障码 41 在内的故障码清除操作方法如下：

1）在点火开关断开时，用跨接线将 TDCL 或检查插接器的 TC、AB 端子短接。

2）接通点火开关（ACC 或 ON 位置），并等待 6s 以上。

3）从 TC 端子开始，用跨接线使 TC、AB 端子交替搭铁各两次，每个端子搭铁的时间为（1.0 ±0.5）s，一个端子离开搭铁到另一个端子搭铁的时间应在 0.2s 以内，如图 14-21 所示。

4）AB 端子第二次离开搭铁后，TC 端子在 0.2s 内第三次搭铁并保持搭铁数秒钟后，待 SRS 警告灯出现连续的短闪烁（亮 64ms、灭 64ms）时，说明故障码已被清除。

5）TC 离开搭铁，故障码清除结束。

在进行清除故障码操作时应注意：

1）用拆下蓄电池负极电缆或拔下熔断器盒中的 ECU – B 熔断器的方法不能消除故障码 41，同时还会将 RAM 中的时钟信息、音响防盗密码等消除。因此，在清除故障码操作前，应记录有关的密码信息。

2）重新连接蓄电池负极电缆时，必须使点火开关处于 LOCK 位，点火开关如果在 ACC 或 ON 位置时连接蓄电池，可能会导致诊断系统工作失常。

3）用 TC、AB 端子交替搭铁清除故障码时，一个端子离开搭铁时，另一个马上搭铁，动作要连贯、迅速，但不要使 TC、AB 端子同时搭铁。

4）如果 TC 端子在第三次搭铁后，SRS 警告灯未出现表示正常的闪烁，则重复进行交替搭铁的操作，直到 SRS 警告灯出现表示正常的闪烁为止。

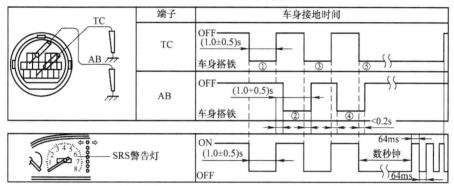

图 14-21　SRS 故障码清除操作方式

3. 安全气囊 ECU 有关端子的检测

当安全气囊 ECU 本身出现故障、SRS 警告灯电路有故障及其他原因而不能取得故障码或取得了故障码需要确认故障部位时，可通过对安全气囊 ECU 相关端子电压和通路情况的检测，判断安全气囊 ECU 及相关电路与部件是否有故障。丰田雷克萨斯 LS400 轿车安全气囊（单气囊）系统电路安全气囊 ECU 各端子的检测方法及故障诊断结果见表 14-3。

表 14-3　丰田雷克萨斯 LS400 轿车安全气囊 ECU 各端子的检测方法及故障诊断结果

端子号	检测状态	正常情况	检测异常可能的故障部位
IG1 （1）	点火开关 ON	蓄电池电压	① ECU–IG 熔断器 ② 安全气囊 ECU 与点火开关之间的电源线路
	点火开关 OFF	约 0V	
– SR （2）	点火开关 OFF	通路	① 安全气囊 ECU 搭铁线路 ② 安全气囊 ECU
– SR— + SR （2—3）	点火开关 OFF	755～885Ω	① 前右碰撞传感器及插接器 ② 前右碰撞传感器连接线路
– SL— + SL （5—4）	点火开关 OFF	755～885Ω	① 前左碰撞传感器及插接器 ② 前左碰撞传感器连接线路
– SL	点火开关 OFF	通路	① 安全气囊 ECU 搭铁线路 ② 安全气囊 ECU
B （6）	——	蓄电池电压	① ECU–B 熔断器 ② 安全气囊 ECU 与蓄电池之间的线路

（续）

端子号	检测状态	正常情况	检测异常可能的故障部位
IG2 (7)	点火开关 ON	蓄电池电压	① IGN 熔断器 ② 安全气囊 ECU 与点火开关之间的电源线路
	点火开关 OFF	约 0V	
E2 (8)	——	约 0V	安全气囊 ECU 搭铁线路
LA (9)	SRS 警告灯亮	约 0V	① SRS 警告灯及连接线路 ② 安全气囊 ECU
	SRS 警告灯熄灭	蓄电池电压	
TC (12)	点火开关 ON	蓄电池电压	① 检查插接器 ② 检查插接器与安全气囊 ECU 之间的线路 ③ 安全气囊 ECU
	点火开关 ON， 检查插接器 TC、E1 短接	约 0V	
E1 (13)	点火开关 OFF	通路	安全气囊 ECU 搭铁线路
ACC (14)	点火开关 ON	蓄电池电压	① CIG 熔断器 ② 安全气囊 ECU 与点火开关之间的电源线路
	点火开关 OFF	约 0V	

第三节　安全气囊系统电路部件的检修

 安全气囊系统的检修注意事项

安全气囊系统线路连接不良（松动、接触表面氧化、接头断脱等）可以通过修理的方法来排除故障，除此之外，安全气囊传感器、气囊组件、螺旋线盘、安全气囊 ECU、安全气囊系统线束等部件有故障或损伤时，则必须通过更换新件的方法排除故障。在检修安全气囊系统过程中，为确保遭受意外事故，还应注意以下事项。

1. 安全气囊维修前的注意事项

在进行安全气囊系统及相关检修操作时，如果不是检测电压或电流参数，一定要在关闭点火开关和断开蓄电池负极，并等待一段时间，待备用电源（电容）的电释放完后再开始进行有关检修操作，以免意外引爆气囊。

2. 进行电路故障检修时的注意事项

（1）要使用阻抗大的电阻表

要使用数字式万用表来检查安全气囊系统电路故障，如果使用模拟式万用表，则必须确认其在电阻档的直流阻抗不小于 $10k\Omega$，否则容易导致安全气囊系统电路损坏或安全气囊被意外引爆。

（2）不能直接测量气囊电阻

不要用万用表去检测安全气囊点火器的电阻，因为用万用表的电阻档测量电阻时，表内电源加在被测电路中，有引爆气囊的危险。

（3）不能随意改动 SRS 线路

在检修线路时，禁止改动、铰接或修复安全气囊系统导线，安全气囊系统的导线若有破损，必须更换新线束。

3. 拆卸、放置安全气囊系统时的注意事项

（1）人体不要正对气囊

在拆卸气囊组件时，人体不要正面对气囊，以避免因气囊误爆而造成人身伤害。

（2）正确放置气囊组件

拆下的气囊组件要放置在工作台或其他平面上时，要使其装饰面向上，放置处应是一个清洁、干燥、无高温热源的环境。

（3）不能撞击安全气囊系统部件

要避免用硬器撞击安全气囊传感器、安全气囊 ECU 等部件，也不要试图拆解安全气囊控制器盒，以避免安全气囊失效或误爆。

（4）必须引爆报废气囊

对于不再使用的旧气囊组件，应进行引爆处理，不可将未展开过的气囊组件随意丢弃，以避免安全气囊膨起伤人。

4. 安装安全气囊系统时的注意事项

（1）不能安装有损伤的安全气囊

仔细检查安全气囊部件，看是否有凹痕、裂纹或变形等，如果有，则必须更换新件，以确保安全气囊能可靠工作。

（2）必须安装原配气囊组件

不能安装从别车上拆下的安全气囊部件，必须安装本车确认良好的安全气囊部件或更换原配的新件。

（3）人体不要正对气囊

安装气囊总成时，人体不要正面对气囊组件，以避免气囊误爆而造成人身伤害。

（4）安装必须正确到位

安全气囊 ECU、碰撞传感器等必须原位安装，并用规定的拧紧力矩将其安装牢固。

 安全气囊系统的报废处理方法

检修中要更换气囊组件或汽车报废处理时，要对安全气囊系统进行引爆处理。报废汽车的安全气囊引爆一般都在车内进行，而对检修车辆的气囊引爆处理则按制造厂家的规定，有的可在车上进行，有的则要在拆下后再进行。

1. 车内引爆气囊

在未拆下安全气囊的情况下，要引爆安全气囊的步骤如下：

1）将车辆停放在较空旷无人的地方。

2）断开蓄电池正、负极电缆，并将蓄电池搬出车外。

3）等待 30s 后拔开安全气囊插接器，并用两条约 6m 长的导线连接安全气囊插接器的两端子。

4）在离车 6m 处将导线另两端分别连接蓄电池的正极和负极，即可引爆气囊。

5）在听到气囊膨开后约10min，待气囊冷却并烟尘散去后再接近车辆。

为使气囊引爆安全可靠，可连接专用的引爆器来引爆气囊，将12V的电源和气囊点火器引线与引爆器连接后（图14-22），按下引爆器按钮即可引爆气囊。

2. 车外引爆气囊

对已经拆下的安全气囊，其引爆步骤如下：

1）按正确方法拆下安全气囊组件后，将其放置在较空旷的场地，气囊组件的装饰面应朝上放置。

2）将气囊插接器两端子各连接约10m长的导线。

3）在距引爆气囊约10m远处，将导线的另两端连接蓄电池的正极和负极，以引爆气囊。

为使气囊引爆安全可靠，可利用废旧的轮胎和绳子组成一个气囊引爆室进行气囊引爆操作，如图14-23所示。

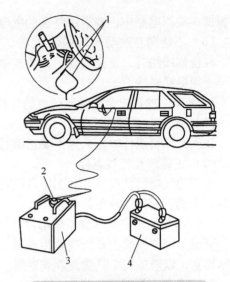

图14-22　车上引爆安全气囊

1—连接气囊点火器接线夹　2—引爆按钮
3—引爆器　4—蓄电池

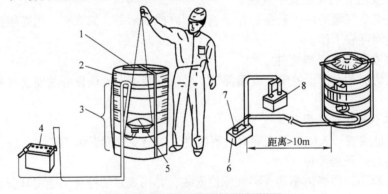

图14-23　车外引爆安全气囊

1—固定轮胎的绳子　2—未拆轮辋的车轮　3—拆掉轮辋的轮胎
4、8—蓄电池　5—气囊组件　6—引爆器　7—引爆按钮

第十五章
Chapter 15

汽车巡航控制系统电路的构成与特点分析

第一节　巡航控制系统电路部件的结构原理

一　巡航控制系统的组成与控制原理

巡航控制系统（Cruise Control System，CCS）也被称为速度控制系统或自动驾驶系统，其作用是自动控制汽车在驾驶人设定的车速下稳定行驶，以减轻驾驶人在高速公路上驾车的劳动强度，提高行驶舒适性，并可使发动机在理想的转速范围内运转。

> **阅读提示 ✔**
>
> 　　汽车 CCS 不同于飞机 CCS。飞机 CCS 具有自动驾驶功能，即飞行员设置了巡航飞行后，飞机就可自动飞行。但是，汽车 CCS 虽然也被称为自动驾驶系统，但只具有车速稳定控制功能，驾驶人可以不用操纵加速踏板，却仍然需要操纵转向盘。

1. 巡航控制系统的基本控制原理

巡航控制系统的基本控制原理如图 15-1 所示。驾驶人通过控制开关设定车速后，巡航控制 ECU 将车速传感器输入的实际车速与存储器中的记忆车速（设定车速）进行比较。当两车速有误差时，ECU 就输出控制信号，通过驱动电路控制执行器动作，使节气门开度增大或减小，以控制汽车在设定的车速下稳定行驶。

2. 巡航控制系统的工作过程

（1）巡航车速的设定

接通主开关后，汽车的行驶速度在巡航控制车速的范围内（一般为 40 ~ 200km/h）时，将"设定"开关接通后拉开，巡航控制 ECU 就会记忆开关断开时的车速，并控制汽车在此车速下稳定行驶。在巡航控制状态下，增加、降低或恢复巡航车速过程如下：

1）增加设定车速。接通"加速"开关，并使开关保持在接通位置，巡航控制 ECU 就会通过执行器使节气门的开度增大，汽车加速行驶。当前的实际车速参数也被送入 RAM，

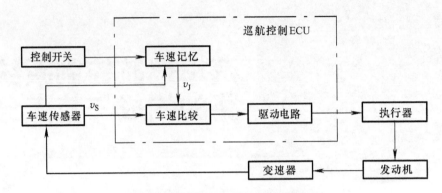

图 15-1 巡航控制系统的基本控制原理

v_S—实际车速 v_J—设定（记忆）车速

并不断刷新 RAM 所记忆的车速。"加速"开关断开瞬间，RAM 所记忆的车速就是新的巡航车速，巡航控制 ECU 便会控制汽车在此车速下稳定行驶。

2）降低设定车速。接通"滑行"开关，并使开关保持在接通位置，巡航控制 ECU 就会通过执行器使节气门开度减小，汽车减速滑行。送入 RAM 的实际车速参数不断下降，RAM 记忆此开关断开瞬间的车速，巡航控制 ECU 便会控制汽车在此车速下稳定行驶。

3）恢复设定车速。巡航控制被各种取消开关取消后，如果车辆行驶速度未降至可设定车速（40km/h）以下，原设定的车速参数仍保留在 RAM 中，这时，接通"恢复"开关即可恢复设定车速。如果车辆行驶速度已降至可设定车速以下，RAM 中的车速记忆参数已被消除，则不能恢复至设定车速。

（2）巡航功能的消除

巡航功能消除有驾驶操作取消和自动取消两种情况：

1）驾驶操作取消。车辆处于巡航控制状态时，如果驾驶人做了踩下制动踏板、拉驻车制动器、踩离合器（手动变速器）、变速器挂入 N 档（自动变速器）或按下巡航控制取消开关的某一个操作，相应的开关接通，将信号送入巡航控制 ECU，ECU 会立刻取消系统的巡航控制功能。

2）自动取消。车辆在巡航控制状态下行驶时，如果巡航控制系统出现异常，巡航控制 ECU 就会自动取消巡航控制功能，并同时清除 RAM 中储存的车速参数，此时不能通过"恢复"开关恢复巡航控制功能。此外，车辆在巡航控制状态下行驶时，如果出现车速降至巡航控制车速的下限（40km/h）、车速降到比设定车速低 16km/h 或巡航控制系统电源暂时中断超过了 5s 这几种情况之一，ECU 也将自动取消巡航控制。

（3）巡航控制系统的其他功能

巡航控制系统通常还设有如下功能：

1）车速下限控制。设定巡航控制车速的最低限，当车速低于此限定值时，巡航控制将被取消，RAM 中所存储的设定车速也会被清除。

2）车速上限控制。设定巡航控制车速的最高限，当车速已达到此限定值时，即使操作"加速"开关也不能使巡航车速再提高。

3）故障自诊断。当巡航控制 ECU 在工作中监测到传感器或开关信号异常、执行器工作不正常时，在自动取消巡航控制的同时，使仪表板上的巡航（CRUISE）警告灯闪烁，以示报警，并将相应的故障码储存于 RAM 中，以备读取。

巡航控制系统用传感器与开关

汽车巡航控制系统主要由传感器、巡航控制开关、巡航控制 ECU 及巡航控制执行器等组成，如图 15-2 所示。

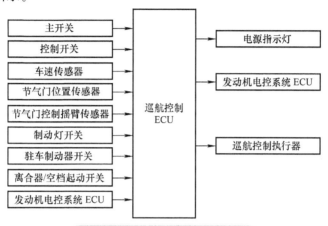

图 15-2 巡航控制系统的组成

1. 汽车巡航控制传感器

（1）车速传感器

车速传感器用于向巡航控制 ECU 提供车速信号，是巡航控制系统最重要的传感器之一。巡航控制 ECU 根据车速传感器的信号判断汽车行驶速度是否在设定的目标范围之内，以确定是否需要进行车速调整控制。

汽车巡航控制系统通常与自动变速器电子控制系统、发动机电子控制系统共用车速传感器。车速传感器有光电式、霍尔式、磁感应式等不同的类型。

（2）节气门位置传感器

节气门位置传感器用于向巡航控制 ECU 提供节气门开度信号，巡航控制 ECU 根据节气门位置传感器的信号判断发动机的工况，以协调巡航控制。

汽车巡航控制系统通常与自动变速器电子控制系统、发动机电子控制系统共用节气门位置传感器，有的汽车巡航控制系统通过发动机 ECU 获得节气门开度信息。

（3）节气门控制摇臂传感器

一些巡航控制系统的执行器中装有一个滑片随节气门摇臂一起转动的电位计，用于向巡航控制 ECU 输出一个与节气门摇臂位置成比例且连续变化的电信号。ECU 根据节气门控制摇臂传感器的电信号判断节气门的开度变化，以协调巡航控制。

2. 汽车巡航控制开关

（1）取消巡航设定开关

在汽车制动、换档和停车时，巡航控制功能将自动取消。巡航控制 ECU 通过相应的开关取得取消巡航设定信号，中止自动车速控制功能。取消巡航设定开关有如下几种：

1）制动灯开关。驾驶人踩制动踏板时此开关接通，将汽车制动信号送入巡航控制

ECU。ECU 根据制动灯开关送入的信号得到汽车制动信息，并立刻中止巡航控制程序。

2）空档起动开关。用于自动变速器车型，当自动变速器操纵手柄置于 P 或 N 档位时，此开关接通。巡航控制 ECU 根据空档起动开关信号得到汽车空档信息，并立即取消巡航控制。

3）离合器开关。用于手动变速器车型，当驾驶人踩下离合器踏板时此开关接通，将离合器分离信息送入巡航控制 ECU，巡航控制 ECU 据此信号便会自动取消巡航控制。

4）驻车制动器开关。当驾驶人拉起驻车制动器时，驻车制动开关接通，并将信号送入巡航控制 ECU。巡航控制 ECU 在得到驻车制动器拉起信息时，也将立即取消巡航控制。

（2）巡航操控开关

驾驶人通过巡航操控开关进行巡航控制系统的开启与关闭、巡航车速的设定操作，巡航操控开关一般可分为主开关和控制开关两部分。

1）主开关。主开关就是巡航控制系统的主电源开关，通常采用按键方式，每按下一次，开关接通或关断。在主开关接通状态下关断点火开关，主开关也关断，再接通点火开关时，主开关仍保持关闭状态，需再按一下主开关才能接通巡航控制系统电源。

2）控制开关。巡航控制系统设有设定（SET）、滑行（COAST）、恢复（RES）、加速（ACC）、取消（CANCEL）等控制开关，用于设定巡航车速、提高或降低巡航车速、

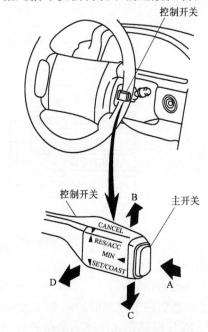

图 15-3 汽车巡航操控开关
A—主开关 B—恢复（RES）/加速（ACC）开关
C—设定（SET）/滑行（COAST）开关
D—取消开关（CANCEL）

恢复巡航车速、取消巡航控制等。控制开关有采用组合式的，图 15-3 所示汽车巡航操控开关将 SET 与 COAST 设为一个开关，而 RES 与 ACC 共用另一个开关。通过不同的操纵方式使一个巡航控制开关实现不同的控制功能。

阅读提示 ✔

　　SET 与 COAST 共用一个开关，开关接通后马上断开，为设定巡航操作，ECU 以当前 RAM 所记忆的车速为巡航车速；将此开关接通并保持，是滑行操作，此时车速下降，RAM 中所记忆的车速参数不断被刷新，直到将此开关断开，RAM 中所记忆的车速即为巡航车速。RES 与 ACC 共用另一个开关，开关接通后马上断开为恢复巡航操作，ECU 以当前 RAM 所记忆的车速为巡航车速；将开关接通后并保持则为加速巡航操作，ECU 以此开关断开时 RAM 所记忆的车速为巡航车速。

三 巡航控制执行器

汽车巡航控制执行器有电动和气动两种形式。电动式执行器用电动机来驱动节气门动作，气动式执行器则利用进气歧管真空度或真空泵产生真空度作为操纵节气门的动力。

1. 电动式执行器

电动式执行器所采用的电动机有普通直流电动机和步进电动机两种，图 15-4 所示电动式执行器由直流电动机、传动机构、电位计等组成。

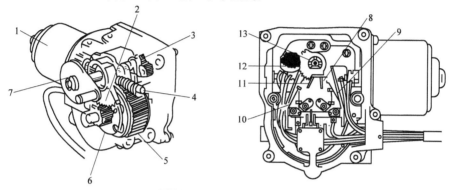

图 15-4　电动式执行器

1—直流电动机　2—主减速器　3、13—电位计主动齿轮　4—蜗轮　5—电磁离合器　6—离合器片
7—控制摇臂　8—杆 B　9、10—限位开关　11—杆 A　12—电位计

巡航控制 ECU 输出增加或减小节气门开度控制信号时，通过驱动电路使直流电动机顺时针转动或逆时针转动，经蜗轮（电磁离合器壳外圆）蜗杆（电动机输出轴）、主减速器传动使控制臂转动，再通过拉索带动节气门（图 15-5）。

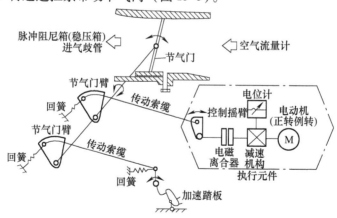

图 15-5　电动式执行器的工作原理

电磁离合器用于电动机与节气门拉索之间的结合与分离。在巡航控制起作用时，电磁离合器通电接合，使电动机通过传动机构和拉索驱动节气门；在未设定巡航控制或巡航控制取消时，电磁离合器断电分离，以避免电动机成为驾驶人操纵节气门的阻力。

设置限位开关的作用是避免电动机在节气门已处于全开或全关位置时继续转动而损坏。

电位计产生一个与控制摇臂成比例的电压参数，用于向巡航控制 ECU 提供节气门控制摇臂位置信号。

2. 气动式执行器

气动式执行器一般由压力控制阀、气缸、传动机构及空气管路等组成，其工作原理如图 15-6 所示。

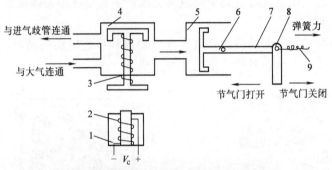

图 15-6 气动式执行器的工作原理

1—电磁铁 2—电磁线圈 3—阀弹簧 4—压力控制阀 5—气缸 6—活塞
7—连杆 8—节气门拉杆 9—弹簧

在巡航控制系统不起作用时，节气门拉杆在弹簧力作用下使节气门关闭。当巡航控制系统起作用时，控制信号 V_c 输入执行器使电磁线圈通电而产生电磁吸力，在此电磁力作用下，压力控制阀的阀芯克服阀弹簧力下移，将进气歧管和气缸连通，在进气歧管内真空度的作用下使活塞向左移动，并通过连杆带动节气门拉杆使节气门打开。

巡航控制 ECU 通过输出占空比脉冲信号来控制力控制阀阀芯的下移量，使作用在活塞上的真空吸力发生变化，以改变节气门的开度，实现车速稳定控制。

四 巡航控制 ECU

汽车巡航控制 ECU 主要由微处理器、输入输出电路、执行器驱动电路及保护电路等组成，如图 15-7 所示。

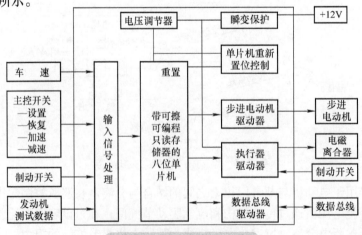

图 15-7 巡航控制 ECU

1. 输入信号处理模块

巡航控制 ECU 中输入信号处理模块的作用是将输入的传感器及开关信号进行预处理，把它们都转换为计算机可以接受的数字信号。

2. 微处理器

本例巡航控制 ECU 采用的单片机芯片集成了中央微处理器（CPU）、可擦可编程只读存储器（EPROM）、随机存储器（RAM）、输入/输出接口（I/O）等计算机的基本部件，可按储存在 ROM 中的控制程序对输入的信号进行处理，并产生相应的输出信号，控制步进电动机转动，以改变节气门开度，实现车速的稳定控制。

3. 电动机驱动模块

本例巡航控制系统配用步进电动机式执行器，因此 ECU 中设有步进电动机驱动模块。该电路根据微处理器输出的控制信号产生能驱动步进电动机的控制脉冲，使步进电动机按 ECU 的指令转动相应的角度。

对于配用气动式执行器的巡航控制 ECU，通常设有电磁铁线圈驱动电路，其作用是根据 ECU 输出的控制指令，产生一个占空比可变的脉冲信号，使电磁铁做出相应的动作。

4. 执行器驱动模块

执行器驱动模块根据微处理器的指令使节气门联动器通电接合，步进电动机与节气门连接，汽车进入巡航控制状态。与执行器驱动模块连接的制动开关为常闭触点，汽车制动时，在巡航控制 ECU 停止巡航控制程序的同时，此制动开关断开，将执行器驱动电源切断，以确保节气门完全关闭。

第二节　典型巡航控制系统电路的特点分析

以丰田雷克萨斯 LS400 轿车巡航控制系统为例，介绍巡航控制系统的结构特点、电路原理及故障检修方法。

 丰田雷克萨斯 LS400 轿车巡航控制系统电路分析

丰田雷克萨斯 LS400 轿车巡航控制系统电路如图 15-8 所示。

1. 结构特点

丰田雷克萨斯 LS400 轿车采用电动式执行器，安装在发动机的右侧，执行器内除有永磁式电动机和齿轮传动机构外，还设有电磁离合器、控制摇臂、电位计等部件。执行器与节气门之间通过钢索连接。

电位计用于检测控制摇臂的位置，并将电信号通过 VR2 端子输入巡航控制 ECU。电动机电路中串联了两个限位开关，分别用于在节气门位置传感器关闭和全开时断开电动机电路，使电动机在这两种情况下停止转动，避免电动机过载。

发动机（和 ECT）ECU 与巡航控制 ECU 通过 1（ECT）、2（OD）、5（E/G）号端子连接，并在工作中进行信息交流，用于汽车巡航与发动机的协调控制。

2. 电路分析

丰田雷克萨斯 LS400 轿车巡航控制 ECU 通过一个 12 端子插接器和一个 10 端子插接器

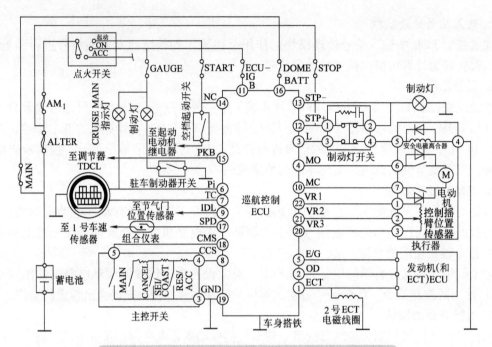

图 15-8 丰田雷克萨斯 LS400 轿车巡航控制系统电路

与外电路连接，两插接器的端子排列如图 15-9 所示，各端子说明见表 15-1。

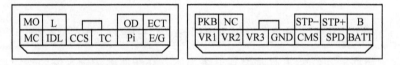

图 15-9 丰田雷克萨斯 LS400 轿车巡航控制 ECU 插接器端子排列

表 15-1 丰田雷克萨斯 LS400 轿车巡航控制 ECU 插接器端子说明

端子编号	端子代号	连接的部件	端子编号	端子代号	连接的部件
1	ECT	发动机（和 ECT）ECU	12	STP +	制动灯开关
2	OD	发动机（和 ECT）ECU	13	STP −	制动灯开关
3	L	安全电磁离合器	14	MC	空档起动开关
4	MO	执行器电动机	15	PKB	驻车制动器开关
5	E/G	发动机（和 ECT）ECU	16	BATT	备用电源
6	Pi	CRUISE MAIN 指示灯	17	SPD	车速传感器
7	TC	TDCL	18	CMS	巡航主开关
8	CCS	巡航控制开关	19	GND	巡航控制 ECU 搭铁
9	IDL	节气门位置传感器	20	VR3	控制摇臂位置传感器
10	MC	执行器电动机	21	VR2	控制摇臂位置传感器
11	B	电源	22	VR1	控制摇臂位置传感器

二　丰田雷克萨斯 LS400 轿车巡航控制系统电路的故障诊断

1. 故障自诊断

丰田雷克萨斯 LS400 轿车仪表板上的巡航控制主开关指示灯 "CRUISE MAIN" 用于指示主开关的状态、故障报警及故障码闪示。

点火开关在 ON 位置时，接通巡航控制主开关，"CRUISE MAIN" 指示灯亮起，关断主开关，指示灯熄灭，这表示巡航控制系统正常。

在接通巡航控制主开关时，如果 "CRUISE MAIN" 指示灯不亮，则说明指示灯电路有故障。

在巡航控制行驶中，如果巡航控制系统出现故障，巡航控制 ECU 在自动取消巡航控制的同时，使仪表板上的 "CRUISE MAIN" 指示灯闪烁（亮 0.5s、间隔 1.5s）5 次，以示警告，并将相应的故障码储存在 RAM 中，以供故障检修时调用。

（1）故障码的读取

接通点火开关，并用跨接线将 TDCL 或检查插接器的 TC、E1 两端子短接（图 15-10），根据仪表板上 "CRUISE MAIN" 指示灯的闪烁情况读取故障码。故障码为两位数，闪烁方式与本车型其他电子控制系统相同，各故障码说明见表 15-2。

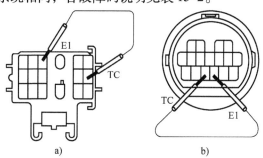

图 15-10　诊断端子 TC、E1 的排列

a）检查插接器　b）TDCL

表 15-2　丰田雷克萨斯 LS400 轿车巡航控制系统故障码说明

故障码	故障说明	需检查的电路或部件
11	执行器电动机或安全离合器电路不正常	① 执行器电动机电路 ② 安全离合器电路 ③ 巡航控制 ECU
12	安全离合器电路不正常	① 安全离合器电路 ② 巡航控制 ECU
13	执行器电动机或控制摇臂位置传感器电路不正常	① 执行器电动机电路 ② 控制摇臂位置传感器电路 ③ 巡航控制 ECU
21	转速传感器电路不正常	① 车速传感器电路 ② 巡航控制 ECU

（续）

故障码	故障说明	需检查的电路或部件
23	实际车速低于设定车速16km/h	① 执行器电动机电路 ② 巡航控制 ECU
31	巡航控制开关电路不正常	① 巡航控制开关电路 ② 巡航控制 ECU
32	巡航控制开关电路不正常	① 巡航控制开关电路 ② 巡航控制 ECU
34	巡航控制开关电路不正常	① 巡航控制开关电路 ② 巡航控制 ECU

（2）故障码的消除

关闭点火开关，拆下继电器盒盖后，拔开"DOME"熔断器10s或更长时间（图15-11），即可清除 RAM 中的故障码。重新接上"DOME"熔断器后，检查是否闪示正常码，以验证故障码已被清除。

（3）输入信号检查

利用自诊断系统（"CRUISE MAIN"指示灯闪烁）检查车速传感器及有关的开关信号是否输入巡航控制 ECU，用以判断相应的输入信号电路是否正常。方法如下：

1）接通点火开关（ON）。

2）接通设定/滑行（SET/COAST）开关，并保持在持续接通状态，同时再接通巡航主开关。这时，仪表板上的"CRUISE MAIN"指示灯会闪烁2次。

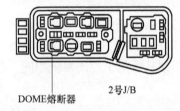

DOME熔断器　　　2号J/B

图15-11　巡航控制系统故障码的消除

3）按表15-3中的操作方法进行操作，检查相应开关和车速传感器的输入信号，通过仪表板上的"CRUISE MAIN"指示灯所闪示的代码判断检查结果。指示灯的闪烁方式为：连续闪亮（0.25s）的次数为代码数，重复闪示代码的间隔为1s。

4）关断巡航主开关或将 TDCL 的 TC、E1 端子短接，"CRUISE MAIN"指示灯则停止闪烁。

表15-3　巡航控制系统输入信号的检查

检查的部件	序号	操作方法	代码	检查结果判断
巡航控制开关	1	接通取消（CANCEL）开关	1	CANCEL 开关电路正常
	2	接通设定/滑行（SET/COAST）开关	2	SET/COAST 开关电路正常
	3	接通恢复/加速（RES/ACC）开关	3	RES/ACC 开关电路正常
制动灯开关	4	踩下制动踏板（使制动灯开关接通）	6	制动灯开关电路正常
驻车制动器开关	5	接紧驻车制动器（使驻车制动器开关接通）	7	手制动开关电路正常
空档起动开关	6	变速器置于 N 或 P 档位	8	空档起动开关电路正常
车速传感器	7	以高于40km/h 的速度行驶	灯闪烁	车速传感器电路正常
	8	以低于40km/h 的速度行驶	灯常亮	

说明：

① 在检查车速传感器输入信号，需提升车辆并起动发动机。

② 如果含两个及以上的代码，只显示最小的代码。

（4）巡航取消信号的检查

巡航控制 ECU 储存最后一次巡航取消的信号代码，通过检查巡航取消信号代码以判断巡航控制系统有无故障。方法如下：

1）接通点火开关（ON）。

2）接通取消（CANCEL）开关并保持在接通位置，再接通主开关。

3）观察仪表板上的"CRUISE MAIN"指示灯的闪烁情况，其闪示代码所表示的检查结果见表15-4。

4）关闭主开关，"CRUISE MAIN"指示灯闪烁停止，检查结束。

表 15-4 巡航控制系统巡航取消信号的检查

代码	检查结果	代码	检查结果
1	出现故障码 23 以外的其他故障	5	接收到空档起动开关的信号
2	出现故障码 23 的故障	6	接收到驻车制动器开关的信号
3	接收到取消（CANCEL）开关信号	7	车速传感器的信号降至 40km/h 以下
4	接收到制动灯开关信号	灯常亮	其他故障（电源瞬时脱开等）

2. 故障分析

若巡航控制系统工作异常，但无故障码显示，就需要根据故障现象分析故障原因，然后逐个检查排除故障。丰田雷克萨斯 LS400 轿车巡航控制系统常见故障及故障原因分析见表 15-5。

表 15-5 丰田雷克萨斯 LS400 轿车巡航控制系统常见故障及故障原因分析

故障类别	故障现象	可能的故障部位
设定或取消巡航控制异常	接通设定/滑行（SET/COAST）开关时不能进入巡航控制状态，或在巡航控制车速范围内正常行驶中巡航控制自动取消，而故障自诊断操作显示正常码	①巡航控制系统电源电路；②主开关及其电路；③车速传感器及其电路；④控制开关及其电路；⑤制动灯开关及其电路；⑥空档起动开关及其电路；⑦驻车制动器开关及其电路；⑧执行器电动机及其电路；⑨执行器拉索；⑩巡航控制 ECU
巡航车速偏离设定车速	设定好某巡航车速后，车速会继续升高或降低后再稳定，即实际的稳定车速高于或低于设定的巡航车速	①执行器拉索；②车速传感器及其电路；③与发动机（和 ECT）ECU（ECT）信息交换的电路；④执行器电动机及其电路；⑤主节气门位置传感器及其电路；⑥与发动机（和 ECT）ECU（EFI）信息交换的电路；⑦巡航控制 ECU
变速器超速档变换频繁	汽车上坡行驶中会出现变速器在 3 档和超速档之间频繁换档	①与发动机（和 ECT）ECU（ECT）信息交换的电路；②巡航控制 ECU
汽车制动时巡航控制不能取消	汽车在巡航控制状态行驶中驾驶人踩了制动踏板，但巡航控制不能取消	①执行器拉索；②制动灯开关及其电路；③执行器电动机及其电路；④巡航控制 ECU

（续）

故障类别	故障现象	可能的故障部位
驻车制动器开关取消巡航控制失灵	汽车在巡航控制状态行驶中驾驶人拉了驻车制动器，但巡航控制不能取消	①执行器拉索；②驻车制动器开关及其电路；③执行器电动机及其电路；④巡航控制 ECU
空档起动开关取消巡航控制失灵	汽车在巡航行驶中驾驶人将变速器操纵手柄置于 N 档位，但巡航控制不能取消	①执行器拉索；②空档起动开关及其电路；③执行器电动机及其电路；④巡航控制 ECU
巡航控制开关不起作用	操纵设定/滑行（SET/COAST）、恢复/加速（RES/ACC）、取消（CANCEL）等开关时不起作用	①执行器拉索；②控制开关及其电路；③执行器电动机及其电路；④巡航控制 ECU
巡航控制车速低限失灵	在车速低于 40km/h（巡航控制车速下限）时，巡航控制不能自动取消，或在车速低于 40km/h 时可以设定巡航控制	①执行器拉索；②车速传感器及其电路；③执行器电动机及其电路；④巡航控制 ECU
加速和恢复响应差	操纵恢复/加速（RES/ACC）开关时，加速和恢复反应不灵敏	①执行器拉索；②与发动机（和 ECT）ECU（ECT）信息交换的电路；③执行器电动机及其电路；④巡航控制 ECU
故障码自行消失	未进行故障码消除操作，巡航控制 ECU 中的故障码自行消失	①备用电源电路；②巡航控制 ECU
故障码输出异常	在读取故障码操作时不能输出故障码，或未进行故障码读取操作时输出故障码	①诊断电路；②巡航控制 ECU
巡航控制指示灯不亮或一直亮	接通点火开关和巡航控制主开关时，巡航控制指示灯不亮；或在巡航控制主开关关断时，巡航控制指示灯仍亮	组合仪表板电路

第三节　巡航控制系统电路部件的检修

 巡航控制系统传感器与开关的检修

1. 传感器的检修

巡航控制系统所用的车速传感器、节气门位置传感器与汽车其他电子控制系统共用，其常见故障与检修方法参见其他章节的相关内容。

一些汽车的巡航控制系统配有节气门摇臂位置传感器，该传感器通常采用滑动电位计式，其基本结构与工作原理与节气门位置传感器相似，因此其故障检修方法与节气门位置传感器相同，也是通过检测传感器的电阻，以及在转动节气门摇臂时检测其电阻是否连续变化；在接通电源电路时检测传感器信号端子的电压与节气门控制摇臂的位置是否相对应。

2. 巡航控制开关的检修

巡航控制系统各控制开关的常见故障是开关触点接触不良、内部破损而短路等，造成巡航控制不起作用或巡航控制失常。巡航控制开关通过检测开关的通断情况来检验其是否良好，如果开关不能正常通断，则需予以更换。

二 巡航控制系统执行器的检修

1. 电动式执行器的检修

（1）电动式执行器的常见故障

电动式执行器的常见故障是电动机绕组短路或断路、电刷与换向器接触不良，电磁离合器线圈烧坏、内部线路连接不良等。

（2）电动式执行器的检修方法

以丰田雷克萨斯 LS400 轿车巡航控制系统的电动式执行器为例进行介绍。

执行器电动机的检修方法如下：

1）拆下执行器并拔开其插接器。

2）将蓄电池的正极连接执行器的 5 号端子、负极连接 4 号端子，如图 15-12 所示，以使电磁离合器通电接合。

3）再将蓄电池正极连接执行器 6 号端子、负极连接 7 号端子，使电动机通电，检查电动机是否转动。正常情况下控制摇臂应向加速侧平稳转动，并在加速限位点时停止转动。

4）将蓄电池正极连接执行器 7 号端子、负极连接 6 号端子，使电动机反向通电，再检查电动机是否转动。正常情况下控制摇臂应向减速侧平稳转动，并在减速限位点时停止转动。

如果检查结果不正常，则需更换巡航控制执行器。

电磁离合器的检修方法如下：

1）检查电磁离合器线圈电阻。拔开执行器插接器，用电阻表测量插接器 5 号端子与 4 号端子之

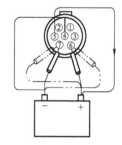

图15-12 检查巡航控制执行器电动机

间的电阻，正常电阻值应为 40Ω。如果电阻过小或过大，则需更换执行器。

2）检查电磁离合器的动作。电磁离合器不通电时，用手转动控制摇臂应能转动（电磁离合器未通电断开）；将蓄电池正极接执行器 5 号端子、负极接 4 号端子后，再用手转动控制摇臂，应不能转动（电磁离合器通电接合）。如果检查结果不正常，更换执行器。

2. 气动式执行器的检修

（1）气动式执行器的常见故障

气动式执行器的常见故障是电磁阀线圈短路或断路，气压伺服机构有漏气、阻塞或卡滞等。

（2）气动式执行器的检修方法

以本田雅阁轿车巡航控制系统的气动式执行器为例进行介绍。

电磁阀的检修方法如下：

1）断开执行器的 4 端子插接器（图 15-13）。

2）检测各电磁阀线圈的电阻。用电阻表测量3、4端子之间（通风电磁阀）的电阻，正常的电阻值应为 40~60Ω；测量 2、4 端子之间（真空电磁阀）的电阻，正常的电阻值应为 30~50Ω；测量 1、4 端子之间（安全电磁阀）的电阻，正常的电阻值为 40~60Ω。

如果检测电阻值不正常，需更换电磁阀总成。

气压伺服机构的检修方法如下：

1）断开执行器杆上的拉线，并断开 4 端子插接器。

2）将各电磁阀通电，4 号端子接蓄电池正极，1、2、3 号端子接地。

3）将真空泵与真空软管相连，并将执行器抽成真空，检查执行器杆是否完全被吸入（图 15-14）。

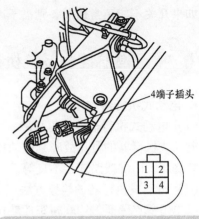

图 15-13 执行器电磁阀端子的排列

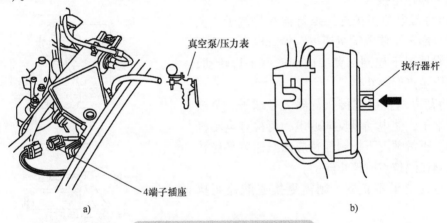

图 15-14 执行器性能的检查

a）连接真空泵 b）检查执行器杆是否被吸入

如果执行器杆不能被完全吸入或根本不能吸动，则需检查真空管路是否漏气或电磁阀是否有故障。

4）保持加压和抽真空状态，并用手抽拉执行器杆，正常情况下，应不能拉动，若能拉动，则说明执行器已损坏。

5）断开执行器插接器 3 号端子的接地，检查执行器杆是否返回原位，若不能复位，而通风管道及滤清器又没有堵塞，则说明电磁阀总成有故障，需更换。

6）重复 2）~5）步，但断开的是 1 号端子的接地，检查执行器杆是否返回原位，若不能复位，而通风管道及滤清器又没有堵塞，则说明电磁阀总成有故障，需更换。

7）将 4 端子插接器各端子的电源及接地均断开，并断开执行器的通风软管，然后将真空泵连接到执行器的通风软管口并抽真空，检查执行器杆是否被完全吸入。若不能，说明真空阀在打开位置被卡住，需更换执行器。

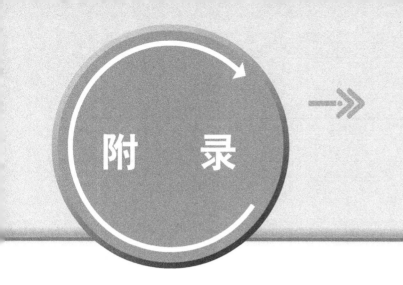

附录A 汽车电路图用图形符号

我国规定或推荐的汽车电路图符号有的与国际标准（IEC、ISO）相同，有的则是根据我国的国情自成规范，具有图形简单、含义明确的特点，在汽车图书、相关杂志与资料、汽车电器教材中得到了比较广泛的应用。

我国汽车电路图中常用的符号见附表A-1~附表A-7，各表中"＝"表示推荐的汽车电路符号或电气简图用图形符号国家标准（GB 4728系列标准，简称GB 4728）与国际标准（IEC和ISO）符号相同。

附表A-1 限定符号

序号	名称	限定符号	GB 4728	IEC	ISO
1	直流	---	S01401	＝	05 – 06
2	交流	∼	S01403	＝	05 – 08
3	交直流	≂			
4	正极	+	S00077		05 – 09
5	负极	–	S00078		05 – 10
6	中性点	N	S00079		
7	励磁（磁场）	F			
8	搭铁	⊥			05 – 38
9	交流发电机输出接线柱	B			
10	励磁二极管输出接线柱	D +			

附表A-2 导线、端子和导线的连接符号

序号	名称	限定符号	GB 4728	IEC	ISO
1	连接点	●	S00016	＝	06 – 17
2	端子	○	S00017	＝	
3	可拆卸的端子	∅			

（续）

序号	名称	限定符号	GB 4728	IEC	ISO
4	连线		S00001		
5	导线的连接				
6	T 形连接		S00019		
7	导线的分支连接		S00020	=	06 – 14
8	导线的交叉连接		S00022	=	
9	导线的跨越				
10	插座的一个极		S00031	=	06 – 22
11	插头的一个极		S00032	=	06 – 23
12	插头和插座		S00033	=	06 – 24
13	多极插头和插座 （示出为三极）		S00034		06 – 25
14	接通的连接片		S00044	=	
15	断开的连接片		S00046	=	
16	边界线		S00064	=	05 – 05
17	屏蔽（护罩）		S00065	=	
18	屏蔽导线		S00007	=	06 – 03

附表 A-3　触点与开关类符号

序号	名称	限定符号	GB 4728	IEC	ISO
1	动合（常开）触点		S00227	=	06 – 30
2	动断（常闭）触点		S00229	=	06 – 31
3	先断后合触点		S99230	=	06 – 34
4	中间断开的双向触点		S00231	=	06 – 35

（续）

序号	名称	限定符号	GB 4728	IEC	ISO
5	双动合触点		S00234	=	06 – 37
6	双动断触点		S00235	=	
7	单动断双动合触点				
8	双动断单动合触点				
9	一般情况下的手动控制		S00167	=	05 – 28
10	拉拔操作		S00169	=	05 – 30
11	旋转操作		S00170	=	05 – 31
12	推动操作		S00171	=	05 – 29
13	一般机械操作				
14	钥匙操作		S00179		
15	储存机械能操作		S00186		
16	电磁效应驱动		S00189		
17	热执行器操作		S00191	=	05 – 33
18	温度控制	θ			
19	压力控制	p			
20	制动压力控制	BP			
21	液位控制		S00195	=	
22	凸轮控制		S00182	=	05 – 32

（续）

序号	名称	限定符号	GB 4728	IEC	ISO
23	联动开关				
24	手动开关的一般符号		S00253	=	06 – 44
25	定位（非自动复位）开关				06 – 45
26	自动复位的按钮开关		S00254		
27	能定位的按钮开关				
28	自动复位的拉拔开关		S00255	=	
29	旋转、旋钮开关（闭锁）		S00256	=	
30	液位控制开关				
31	机油滤清器报警开关	OP			
32	热敏开关动合触点	θ	S00263	=	
33	热敏开关动断触点	θ	S00264	=	06 – 47
34	热敏自动开关动断触点		S00265	=	06 – 48
35	热继电器触点				06 – 50
36	旋转多档开关	0 1 2			
37	推位多档开关	0 1 2			

序号	名称	限定符号	GB 4728	IEC	ISO
38	钥匙开关（全部定位）				
39	多档开关，点火、起动开关，瞬时位置由 2 能自动返回到 1（即 2 档不能定位）				
40	节流阀开关				

附表 A-4　电气元件符号

序号	名称	限定符号	GB 4728	IEC	ISO
1	电阻器		S00555	=	07 – 01
2	可变电阻器		S00557	=	07 – 02
3	压敏电阻器		S00558	=	07 – 03
4	热敏电阻器			=	07 – 04
5	滑线式变阻器		S00559	=	07 – 05
6	分路器（带分流和分压接头的电阻器）		S00554	=	
7	滑动触点电位器		S00561	=	07 – 07
8	仪表照明灯调光电阻				
9	光敏电阻		S00684	=	07 – 27
10	加热元件		S00566	=	07 – 09

（续）

序号	名称	限定符号	GB 4728	IEC	ISO
11	电容器		S00567	=	07 – 10
12	可变电容器		S00573	=	
13	极性电容器		S00571	=	07 – 12
14	热敏极性电容器		S00581		
15	压敏极性电容器		S00582		
16	穿心电容器		S00569	=	07 – 12
17	半导体二极管一般符号		S00641	=	07 – 19
18	单向击穿二极管，电压调整二极管（稳压二极管）		S00646	=	07 – 21
19	发光二极管		S00642	=	07 – 20
20	双向二极管（变阻二极管）		S00649	=	07 – 23
21	晶闸管		S00657	=	07 – 24
22	光电二极管		S00685	=	07 – 28
23	热敏二极管		S00643		
24	双向击穿二极管		S00647		

（续）

序号	名称	限定符号	GB 4728	IEC	ISO
25	PNP 型晶体管		S00663	=	07 – 26
26	集电极接管壳晶体管（NPN）		S00664	=	
27	光电晶体管		S00687		
28	具有两个电极的压电晶体		S00600	=	07 – 18
29	电感器、线圈、绕组、扼流圈		S00583	=	07 – 13
30	带磁心的电感器		S00585	=	07 – 14
31	熔断器		S00362	=	07 – 17
32	易熔线				
33	电路断电器（双金属片式）				
34	永久磁铁		S00210	=	05 – 39
35	操作器件/继电器		S00305	=	08 – 21
36	一个绕组的电磁铁				
37	两个绕组的电磁铁				
38	不同方向绕组的电磁铁				

（续）

序号	名称	限定符号	GB 4728	IEC	ISO
39	触点常开的继电器	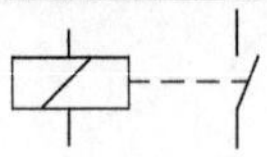			
40	触点常闭的继电器	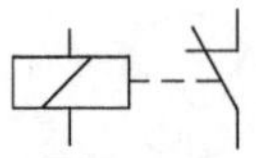			

附表 A-5　仪表符号

序号	名称	限定符号	GB 4728	IEC	ISO
1	指示仪表（星号按规定的字母或符号代入）	*	S00910	=	08－38
2	指示仪表（星号按规定的字母或符号代入）	*	S00911		
3	电压表	V	S00913	=	
4	电流表	A		=	
5	电压电流表	A/V		=	
6	电阻表	Ω		=	
7	频率计	Hz	S00919		
8	波长计	λ	S00921		
9	示波器	~	S00922		
10	温度计	θ	S00926		
11	记录式功率表	W	S00928	=	
12	油压表	OP		=	
13	转速表	n	S00927	=	
14	燃油表	Q		=	
15	速度表	v		=	
16	电钟	 ⌐	S00959	=	08－57
17	数字式电钟	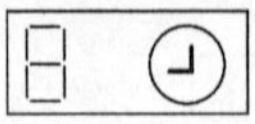		=	

附表 A-6　传感器符号

序号	名称	限定符号	GB 4728	IEC	ISO
1	传感器一般符号（星号按规定的字母或符号代入）	*			
2	温度传感器	$t°$			
3	空气温度传感器	$ta°$			
4	冷却液温度传感器	$tW°$			
5	燃油表传感器	Q			
6	油压表传感器	OP			
7	空气质量传感器	m			
8	空气流量传感器	AF			
9	氧传感器	λ			
10	爆燃传感器	K			
11	转速传感器	n			
12	速度传感器	v			
13	空气压力传感器	AP			
14	制动压力传感器	BP			

附表 A-7　电气设备符号

序号	名称	限定符号	GB 4728	IEC	ISO
1	照明灯、信号灯、仪表灯、指示灯		S00965	=	08 – 13
2	双丝灯				08 – 17
3	荧光灯				08 – 18
4	组合灯				
5	预热指示器				
6	电喇叭		S00969	=	08 – 34
7	扬声器		S01059	=	08 – 54
8	蜂鸣器		S00973	=	08 – 37
9	报警器、电警笛		S00972	=	
10	元件、装置、功能元件（填入或加上适当的符号或代号，以表示元件、装置或功能）		S00059 S00060 S00061	= = =	05 – 01 05 – 01 05 – 01
11	信号发生器	G	S01335		
12	脉冲发生器	G	S01228	=	

（续）

序号	名称	限定符号	GB 4728	IEC	ISO
13	正弦波发生器		S01226		
14	闪光器				
15	霍尔信号发生器				
16	磁感应信号发生器				
17	温度补偿器				
18	电磁阀一般符号				
19	常开电磁阀				
20	常闭电磁阀				
21	电磁离合器				
22	用电动机操纵的怠速调整装置				
23	过电压保护装置				
24	过电流保护装置				
25	加热器（除霜器）		S00566		
26	振荡器				
27	变换器、转换器		S00213	=	05 – 41

（续）

序号	名称	限定符号	GB 4728	IEC	ISO
28	光电发生器		S00908	=	
29	空气调节器				
30	滤波器		S01246	=	08 – 40
31	放大器		S01239		
32	稳压器				
33	整流器		S00894		
34	逆变器		S00896		
35	直流/直流变换器		S00893		
36	桥式整流器		S00895		
37	点烟器				
38	热继电器				
39	间歇刮水器				
40	防盗报警系统				
41	天线一般符号		S01102		

（续）

序号	名称	限定符号	GB 4728	IEC	ISO
42	发射器				
43	收音机				
44	内部通信联络及音乐系统				
45	收放机				
46	无线电话		S01017	=	08 – 50
47	传声器—般符号		S01053	=	
48	点火线圈				08 – 29
49	分电器				08 – 33 +
50	火花塞		S00371	=	08 – 28
51	电压调节器	U			05 – 42
52	转速调节器	n			
53	温度调节器	θ			
54	串励绕组			=	
55	并励或他励绕组			=	
56	双绕组变压器		S00842		
57	绕组间有屏蔽的双绕组变压器		S00853		

（续）

序号	名称	限定符号	GB 4728	IEC	ISO
58	电压互感器		S00879		
59	集电环或换向器上的电刷		S00818	=	
60	电机一般符号		S00819		
61	直线电动机		S00820	=	
62	步进电动机		S00821		
63	串励直流电动机		S00823	=	
64	并励直流电动机		S00824	=	
65	永磁直流电动机				
66	起动机（带电磁开关）				
67	燃油泵电动机、洗涤电动机				
68	晶体管电动燃油泵				
69	加热定时器				
70	点火电子组件				
71	风扇电动机				
72	刮水电动机				

（续）

序号	名称	限定符号	GB 4728	IEC	ISO
73	天线电动机				
74	直流伺服电动机				
75	直流发电机				
76	星形联结的三相绕组		S00808		
77	三角形联结的三相绕组		S00806		
78	定子绕组为星形联结的交流发电机				
79	定子绕组为三角形联结的交流发电机				
80	外接电压调节器与交流发电机				
81	整体式交流发电机				
82	原电池		S00898		
83	蓄电池		S01341	=	08 - 01
84	蓄电池或原电池		S01342		
85	原电池或蓄电池组		S01366	=	08 - 03

附录 B　汽车电器接线柱标记

为了汽车电器产品设计、制造及电路配线的方便，各国汽车业对汽车电器接线柱都规定了固定的标记。了解并熟悉汽车电器接线柱标记的含义，对汽车电路识图和故障查寻也都有很大的帮助。国家汽车行业标准《汽车电器接线柱标记》（QC/T 423—1999）的主要内容见附表 B-1。

附表 B-1　我国汽车电器接线柱标记

电器名称	接线注标记		接线柱标记的含义	曾经使用过的标记
	基本标记	下标		
点火装置	1		点火线圈和分电器上，互相连接的低压接线柱；电子点火装置中，点火线圈上输入信号的低压接线柱	—
		1a	带两个分立电路的分电器 I 的低压接线柱（自点火线圈 I 的低压接线柱 1 来）	—
		1b	带两个分立电路的分电器 II 的低压接线柱（自点火线圈 II 的低压接线柱 1 来）	—
	7		无触点分电器上的输出信号接线柱；电子点火器上的输入信号接线柱	—
	15		点火开关和点火线圈互相连接的接线柱；电子点火装置中，点火线圈、分电器、电子点火器上的电源接线柱	+
预热起动装置	15		预热起动开关上接其他用电设备的接线柱	BR
	19		预热起动开关上接预热装置的接线柱	R1
	50		预热起动开关上的起动接线柱	C、R2
一般用途（特殊规定者除外）	30		电器上接蓄电池正极或电源正极的接线柱	B
	31		电器上接蓄电池负极的接线柱	
	E		电器上的搭铁接线柱	E
起动装置		15a	起动机开关上接点火线圈的接线柱	—
		30a	12～24V 电压转换开关上接蓄电池 II 正极的接线柱	—
	31		12～24V 电压转换开关上接蓄电池 I 负极的接线柱	—
	48		起动继电器或 12～24V 电压转换开关上，接起动机电磁开关的接线柱；起动机电磁开关上相应的接线柱	—
	50		点火开关或预热起动开关上用于起动的输出接线柱；起动按钮的输出接线柱	
		60a	复合起动继电器上接充电指示灯的接线柱	L
	86		起动继电器上线圈电流输入端接线柱（接点火开关）	S、SW
	A		起动继电器上接直流发电机 A 的接线柱	—
	N		复合式起动继电器上接交流发电机 N 或类似作用的接线柱	—
发电机装置	61		交流发电机或调节器上，接充电指示灯的接线柱	L
	A		直流发电机上电枢输出接线柱；调节器上的相应接线柱	A、S

（续）

电器名称	接线注标记		接线柱标记的含义	曾经使用过的标记
	基本标记	下标		
发电机装置	B		交流发电机上的输出接线柱	B、A
			直流发电机调节器上接点火开关或电源开关的接线柱	B
			交流发电机调节器上接点火开关或电源开关的接线柱	—
		D+	交流发电机上磁场（励磁）二极管的接线柱；调节器上相应的接线柱	D+
			当无61接线柱时，用于充电指示灯的接线柱	S
	F		发电机上的励磁接线柱；调节器上的相应接线柱	F
	N		交流发电机上的中性点接线柱；调节器上的相应接线柱	N
	S		交流发电机调节器上接蓄电池电压检测点的接线柱	—
	W		交流发电机上的相电流接线柱	R、W
		W1	交流发电机上的第一个相电流接线柱	—
		W2	交流发电机上的第二个相电流接线柱	—
照明与信号灯装置（转向信号装置除外）	54		制动灯开关和制动灯互相连接的接线柱	—
	55		雾灯开关和雾灯互相连接的接线柱	—
	56		灯光总开关上和变光开关互相连接的接线柱；变光开关上除远光、近光、超车接线柱外的另一个接线柱	—
		56a	变光开关上的远光接线柱；远光灯上的相应接线柱	—
		56b	变光开关上的近光接线柱；近光灯上的相应接线柱	—
		56c	变光开关上的超车接线柱	—
	57		灯光总开关上或点火开关上与停车灯开关互相连接的接线柱	—
		57L	停车灯开关上的左停车灯接线柱；左停车灯上的相应接线柱	—
		57R	停车灯开关上的右停车灯接线柱；右停车灯上的相应接线柱	—
	58		灯光总开关上接示廓灯、尾灯、牌照灯、仪表照明灯等的接线柱；灯光开关上用于控制示廓灯、尾灯、牌照灯、仪表照明灯等的接线柱（带灯光继电器的灯开关）	—
		58a	仪表照明开关和仪表照明灯互相连接的接线柱（单独布线时）	—
		58b	室内照明开关和室内照明灯互相连接的接线柱（单独布线时）	—
		58c	灯光总开关和前示廓灯互相连接的接线柱（单独布线时）	—
	59		倒车灯开关上连接倒车灯的接线柱；倒车灯上相应的接线柱	—
		59a	倒车指示灯上电源接线柱	—
		59b	倒车报警器上的电源接线柱	—
转向信号装置	49		转向开关上的输入接线柱；报警开关上接转向开关的接线柱	—
		49a	报警闪光器和报警开关互相连接的接线柱	—
		49L	转向开关或报警开关上，和左转向灯互相连接的接线柱	—
		49R	转向开关或报警开关上，和右转向灯互相连接的接线柱	—
	L		转向信号闪光器上接转向开关的接线柱；报警开关上接转向信号闪光器的接线柱	L
	P		转向信号闪光器上接监视灯的接线柱	P
		P1	左监视灯的接线柱	
		P2	右监视灯的接线柱	

（续）

电器名称	接线注标记		接线柱标记的含义	曾经使用过的标记
	基本标记	下标		
喇叭和声响报警装置	72		报警开关上的接线柱	—
	H		喇叭继电器上的电喇叭接线柱	H
	S		喇叭继电器和电磁阀上，接喇叭按钮的接线柱	S
	W		报警继电器上接报警灯和报警蜂鸣器的接线柱	
刮水器与洗涤器	53		刮水器电动机上的主输入接线柱；刮水器开关上的相应接线柱；间歇继电器上的线圈电流输入端接线柱；洗涤器上的电源接线柱	—
		53c	洗涤器和刮水器互相连接的接线柱	—
		53e	带有复位机构刮水器上的复位接线柱；刮水器开关上相应接线柱	—
		53i	刮水器开关上和间歇继电器上线圈互相连接的接线柱	—
		53j	刮水器开关上和间歇继电器上触点互相连接的接线柱	—
		53m	刮水器和间歇继电器互相连接的接线柱	—
		53s	间歇控制板上的电源接线柱；刮水器开关上的相应接线柱	—
		53H	双速刮水器上的高速接线柱；刮水器开关上的相应接线柱	—
		53L	双速刮水器上的低速接线柱；刮水器开关上的相应接线柱	—
继电器（专用继电器除外）	84		继电器上，线圈始端和触点共同电流输入接线柱	—
		84a	继电器上，线圈末端电流输出接线柱	—
		84b	继电器上，触点电流输出接线柱	—
	85		继电器上，线圈末端电流输出接线柱	—
	86		继电器上，线圈始端电流输入接线柱	—
	87		继电器上，动断触点和转换触点的电流输入接线柱	—
		87a	继电器上，动断触点的第一个电流输出接线柱	—
		87b	继电器上，动断触点的第二个电流输出接线柱	—
		87c	继电器上，动断触点的第三个电流输出接线柱	—
		87z	继电器上，动断触点与转换触点的第一个电流输入接线柱（单独回路时）	—
		87y	继电器上，动断触点与转换触点的第二个电流输入接线柱（单独回路时）	—
		87x	继电器上，动断触点与转换触点的第三个电流输入接线柱（单独回路时）	—
	88		继电器上，动合触点的电流输入接线柱	—
		88a	继电器上，动合触点的第一个电流输出接线柱	—
		88b	继电器上，动合触点的第二个电流输出接线柱	—
		88c	继电器上，动合触点的第三个电流输出接线柱	—
		88z	继电器上，动合触点的第一个电流输入接线柱（单独回路时）	—
		88y	继电器上，动合触点的第二个电流输入接线柱（单独回路时）	—
		88x	继电器上，动合触点的第三个电流输入接线柱（单独回路时）	—

参 考 文 献

[1] 骞小平，麻友良，林广宇. 汽车电器与电子技术［M］. 2 版. 北京：人民交通出版社，2018.

[2] 贺展开，龚晓艳. 汽车传感器的检测［M］. 2 版. 北京：机械工业出版社，2011.

[3] 麻友良. 汽车电器与电子控制系统［M］. 4 版. 北京：机械工业出版社，2019.

[4] 吴文琳. 汽车传感器检修方法精讲［M］. 北京：人民邮电出版社，2012.

[5] 麻友良. 汽车点火系统原理与故障检修实例［M］. 北京：机械工业出版社，2010.

[6] 张凤山. 汽车传感器检测速查手册［M］. 北京：机械工业出版社，2012.

[7] 麻友良. 轿车电控辅助系统检修培训教程［M］. 北京：机械工业出版社，2004.

[8] 王忠良. 桑塔纳 AJR 电喷发动机氧传感器的检修［J］. 汽车电器，2004（5）：36 – 37.

[9] 邱宗敏. 桑塔纳 2000GSi 型轿车爆震传感器故障检测分析［J］. 汽车电器，2007（7）：35 – 37.

[10] 孙余凯，项绮明. 汽车电器识图技巧［M］. 北京：人民邮电出版社，2003.

[11] 谭本忠. 汽车电路图识读入门［M］. 北京：化学工业出版社，2011.

[12] 吴文琳. 汽车电路图识读与故障检修［M］. 北京：化学工业出版社，2011.

[13] 季杰，吴敬静. 轻松看懂汽车电路图［M］. 北京：化学工业出版社，2011.

[14] 舒华，姚国平，韦见民，等. 汽车电子控制技术［M］. 2 版. 北京：人民交通出版社，2008.

[15] 麻友良. 汽车电路分析与故障检修［M］. 北京：机械工业出版社，2006.

[16] 麻友良. 教你认识汽车电子控制器［M］. 北京：机械工业出版社，2014.

[17] 麻友良. 汽车车身电气系统原理与故障检修实例［M］. 北京：机械工业出版社，2011.